강대국의 길, 중국의 길

국립중앙도서관 출판예정도서목록(CIP)

강대국의 길, 중국의 길 / 지은이: 허리궈, 허친잉, 웨이수
민 ; 옮긴이: 이재연. -- 서울 : 다른생각, 2017
p. ; cm

기타표제: 强國之路
원표제: 强□之路
원저자명: 何□果, 何琴英, 魏□民
중국어 원작을 한국어로 번역
ISBN 978-89-92486-27-9 93340 : ₩20000

중국 사회[中國社會]
역사 문화[歷史文化]
정치 경제[政治經濟]

309.112-KDC6
306.0951-DDC23 CIP2017035620

강대국의 길, 중국의 길

강대국들의 흥망성쇠의 역사와 중국의 세계 패권 전략

초판 1쇄 인쇄 2017년 12월 20일
초판 1쇄 발행 2017년 12월 30일

지은이 허리궈(何礼果), 허친잉(何琴英), 웨이수민(魏树民)
옮긴이 이재연
펴낸이 이재연

펴낸곳 다른생각
주 소 서울 마포구 독막로7길 60, 4층(서교동)
전 화 02) 3471-5622
팩 스 031) 938-0979
이메일 darunbooks@naver.com
등 록 제2016-000358호(2002. 11. 1)

ISBN 978-89-92486-27-9 93340

값 20,000원

강대국의 길, 중국의 길

강대국들의 흥망성쇠의 역사와 중국의 세계 패권 전략

허리궈(何礼果), 허친잉(何琴英), 웨이수민(魏树民) 지음
이재연 옮김

다른생각

〈일러두기〉

1. 중국과 관련된 고유명사 중 인명과 지명은 한어 병음에 따라 표기했고, 기타 매체명, 사건명 등은 모두 한글 독음으로 표기했다. 예를 들면, '毛澤東'은 '마오쩌둥'으로 번역 표기했고, '人民日報'는 '인민일보'로 번역 표기했다. 또 강 이름이나 행정구역 명의 경우, 앞부분은 한어 병음 표기를 따랐고, 마지막 글자인 '江'·'省'·'縣' 등은 한글 독음으로 표기했다. 예를 들면 '松花江'의 중국식 발음은 '쑹화장'이지만, 이 책에서는 '쑹화강'으로, '淮河'는 '화이허'가 아니라 '화이하'로, '遼寧省'은 '랴오닝싱' 대신 '랴오닝성' 등으로 표기했다.
2. 이 책의 본문에서, ( ) 속에 콜론(:) 표기를 하고 설명을 부가한 것은 옮긴이가 독자들의 이해를 돕기 위해 추가한 것이다. 만약 원저자가 부가한 것에는 별도의 표기를 하지 않았고, 중국 출판사의 편집자가 부가한 것은 '–중국측 편집자'라고 표기하였다.
3. 각주에서 출처 표기 이외에, 용어 설명이나 내용 설명을 부가한 것들 중 용어 뒤에 콜론(:) 표기가 있는 것은 모두 옮긴이가 독자들의 이해를 돕기 위해 추가한 것이다.

옮긴이 서문

이 책은 중국인민대학출판사(中國人民大學出版社)에서 2016년에 발행한 『强國之路』를 완역한 것이다.

"중국은 우리에게 어떤 존재인가? 영원한 동반자일까, 아니면 숙명적 '갑을' 관계일까?"

"중국은 우리의 통일을 원할까, 아니면 분단 고착을 바랄까?"

최근 북한 핵 문제와 그로 인해 불거진 사드 배치 문제로 한중 관계가 전에 없이 심각한 갈등을 겪는 모습을 목도하면서 갖게 된 의문이다. 이러한 의문은 비록 옮긴이만이 느낀 문제는 아닐 것이다.

인구수로 보나, 경제 규모로 보나, 군사 외교적 영향력으로 보나, 국제무대에서 중국은 미국과 더불어 세계 초강대국임을 부인할 수 없다. 특히 경제적으로는 미국을 제치고 우리의 최대 교역국이 되었다. 역사를 보더라도 중국은 우리에게 떼려야 뗄 수 없는 관계였다. 우리를 여러 차례 침입하기도 했고, 우리가 일본이나 기타 외적의 침입을 받았을 때, 군대를 보내 우리를 돕기도 했다. 하지만 초강대국 중국에 대해 우리는 항상 약자로서 '을'일 수밖에 없었다. 만약 중국이 미국을 제치고 세계 제일의 강대국이 된다면, 그때 우리는 중국에 대해 어떤 자세를 취해야 하며, 중국은 우리를 또 어떻게 대할 것인가? 이런 의문과 상상이 머릿속을 떠나지 않고 있다.

30여 년에 걸친 개혁·개방의 결과 중국은 경제적으로 고도성장을 이룩했고, 종합 국력도 급속도로 커져서, 이제 세계 유일의 강대국이었던 미국에 필적할 수준까지 발전했다. 심지어는 앞으로 30여 년 후에는 미국을 제치고 세계 최강대국이 되겠다고 선언하였다. 얼마 전 시진핑 주석의 집권 2기를 여는 중국공산당 제19차 전국대표대회가 개최되었다(2017년 10월 18일). 여기에서 시진핑은 선언하기를, 중국공산당 창당 100주년이 되는 2021년까지 샤오캉(小康: 모든 인민이 먹고사는 문제에 걱정이 없는 중류 수준의 안정된 상태) 사회를 완성하고, 건국 100주년이 되는 2049년까지 중국몽(中國夢)을 실현하여, 2050년에는 미국을 제치고 세계 최강대국이 되겠다는 구체적인 로드맵을 제시하기에 이르렀다.

물론 이러한 그들의 계획이 생각대로 이루어질지는 의문이다. 하지만 어쨌든 중국이 급속도로 발전하고 있는 것만은 사실이다. 그렇다면, 앞으로 우리는 중국과의 관계를 어떻게 설정해야 하는가? 만약 중국이 그들의 계획대로 미국을 제치고 세계 초강대국이 된다면, 그 동안 한미동맹에 전적으로 의지해 온 우리 한반도의 운명은 어떻게 될 것인가?

지난 세기 중반에 중국이 공산화된 이후 양국 간 국교가 단절되었다가, 1992년에 다시 국교를 수립한 뒤에도, 우리 정부는 정권의 성격에 따라 중국과의 관계에 약간씩 변화가 있어 왔다. 상대적으로 진보적이었던 김대중, 노무현 정부에서는 미국과 중국 사이에서 비교적 균형 잡힌 외교를 추구하려고 노력하면서, 실리를 취하는 입장이었다면, 그 후 들어선 보수적인 이명박, 박근혜 정부는 상대적으로 미국 편향적 외교를 추진함으로써, 대중국 관계에도 부정적 변화가 있었다. 그에 따라 대북 관계도 역시 경색될 수밖에 없어, 남북 간에 긴장이 고조되었으며, 결국은 대화조차 중단된 작금의 사태를 초래하고 말았다. 비록 예전 같지는 않더라도 북한의 최고 우방인 중국은 남북 관계를 풀어가는 데에도 절대적으로 중요하다. 지금 문재인 정부는 균형적 실리 외교를 추구하면서, 미국과 중국 사이에서 양국과 동시에 원만한 관계를 유지하려 하고 있고, 중국을 설득하여 북한 핵문제를 해결해 보려고 노력하고 있다. 하지만 강력한 경쟁 상대인 미·중 두 나라를 동시에 만족시키기는 쉬운 일이 아니다. 아니, 어쩌면 불가능할지도 모른다.

우리가 이런 의문과 걱정을 해결할 단초를 찾기 위해서는 우선 중국이라는 나라를 사실대로 정확히 아는 작업이 선행되어야 한다. 상대를 정확히 알아야, 그에 대한 대비도 가능할 수 있기 때문이다. 중국이 현재 어떤 상태이며, 어떤 방향으로 나아가고 있는지 등, 기본적으로 정확한 이해의 바탕 위에서 그들의 행동을 과학적으로 예측하면서 대처할 수밖에 없다. 이 책은 바로 이런 문제의식에서 번역되었다. 이 책의 저자들은 중국에 거주하는 학자들로서, 내부자의 입장에서 중국이 초강대국이 되는 길을 연구하고, 그에 대한 대안을 제시하고 있다. 따라서 현재 중국인들이 추구하며 나아가는 방향과 목표를 읽어내는 데 매우 적합한 책이라고 판단된다.

이 책은 대략 다음과 같이 구성되어 있다.

전반부에서는 과거 500여 년의 세계 역사에서, 세계를 한 번 제패했던 아홉 개 나라들의 흥망성쇠의 역사를 개괄하고, 그로부터 강대국이 되기 위해 갖추어야 할 공통 요소를 귀납해 낸다. 지은이들이 귀납해 낸 네 가지 공통 요소는 다음과 같다. 즉 '뛰어난 국가 리더십', '사회의 장기적 안정', '일류 수준의 핵심 과학기술', '적정한 민주주의와 공평성'이다. 매우 평범한 진리 같지만, 이 요소들을 도출해 내는 과정은 매우 과학적이고 구체적이면서 현실적이며, 흥미진진하기까지 하다.

후반부에서는, 과연 그렇다면 중국은 이런 네 가지 요소들을 기준으로 삼았을 때, 어떤 상태에 있는지를 분석한다. 현재 중국 사회를 정치·경제·사회·문화·생태환경 등 다양한 방면에 걸쳐, 현상을 분석하여 문제를 짚어내고, 그것을 바탕으로 무엇이 부족하고 무엇이 충족되는지, 또 네 가지 요소들에 부합하기 위해서는 어떻게 해야 하는지 등등, 해결책과 대안을 제시하고 있다. 이러한 대안과 해결책은 우리에게도 많은 시사점과 영감을 준다.

한 가지 분명한 점은, 중국의 개혁·개방은 결코 사회주의의 포기가 아니며, 사회주의의 발전을 위해 일시적으로 사회주의 시장경제를 도입한 것이라는 점이다. 이를 통해 중국은 결국 사회주의를 완성하고, 더 나아가 공산주의 사회에 도달함으로써, 공산주의가 자본주의보다 우월하다는 것, 즉 마르크스-레닌주의 철학의 옳음을 증명하려 한다는 점이다.

이 책은 매우 현실적이고 구체적인 내용을 담고 있기 때문에, 정치인이나 정책 담당 관료들에게 매우 의미 있는 책이 되리라 생각되며, 일반 독자들에게도 중국을 아는 데 매우 큰 도움을 줄 것으로 여겨진다.

지난겨울 우리 국민들은 추위에도 아랑곳하지 않고 부정한 권력에 맞서 촛불을 들고 저항했다. 그 결과 세계 역사상 유례를 찾을 수 없는 명예로운 '혁명'을 이루었다. 이 책도 바로 그 촛불의 연장선상에 있다고 할 수 있다. 시민의 힘에 의한 문재인 정부의 탄생으로, 이제 나라다운 나라가 될 수 있겠다는 희망이 생겼고, 꼬일 대로 꼬인 남북문제에서도 대화 재개의 가능성과 통일에 대한 희망을 가질 수 있게 되었기 때문에, 이를 위해 조금이나마 기여하고 싶은 욕망이 이 책을 번역하도록 마음먹게 해주었으니 말이다.

독자들께서 이 책을 통해 중국을 아는 데 도움을 얻는다면 더 이상 바랄 게 없다. 욕심을 부린다면, 독서 과정에서 오류를 발견하고, 따가운 질책을 보내주신다면, 그보다 더 고마운 일도 없을 것이다.

2017년 세밑에

옮긴이 씀

출간에 부쳐

세계가 국가로 나누어진 이래, '국가 부강'은 곧 각 나라 민중, 특히 엘리트들이 갈망하는 "궁극적인 관심사"였다!

중국 민족은 세계적으로 가장 우수한 민족들 중 하나이다. 일찍이 11세기에, 중국의 GDP는 전 세계의 절반 이상을 차지했지만, 아편전쟁 이후 백여 년의 기간 동안 중국은 장기간에 걸쳐 형성된 빈곤과 약세로 인해 굴욕을 겪었다. 개혁·개방 이후, 비교적 짧은 기간 내에 중국은 세계 제2의 경제 대국이 되었으며, '국가 부강'은 머지않아 실현될 수 있게 되었다.

각종 이론과 실천은, '국가 부강'에는 자체의 법칙성이 있다는 것을 말해준다. 세계적으로 1500년대 이래 강대국들의 역사적 궤적을 살펴보면, 그들의 흥망성쇠의 법칙성은 마치 '신룡(神龍)'처럼 숨어 있는 것 같기도 하고 보이는 것 같기도 하다. 이 책의 저자들은 모든 사람들이 이 '신룡'의 실제 모습을 볼 수 있도록, 사회과학 종사자의 '최종 관심사'를 견지하면서, '국가 부강'이 기반으로 삼고 있는 가장 핵심적이고 가장 첨예한 요소를 직시하여, 여러 차례에 걸친 연구와 반복적 토론을 통해, 각 방면으로부터 '국가 부강'의 법칙성을 찾아냈다. 그리하여 이 책을 독자들께 바친다.

'국가 부강'의 법칙성이란, 바로 강대국의 흥망성쇠의 여러 현상들 사이에서 필연적이고 본질적이고 안정적이면서 반복적으로 출현하는 관계이다. 이 책 『강대국의 길, 중국의 길』(중국어판 원제는 『强國之路』－옮긴이)은 예로부터 지금까지 강대국의 흥망성쇠의 역사 변화에 입각하여, 객관적 사실을 존중하는 기초 위에서, 장기간 경시되어 왔던 주관적 요소들에 관심을 갖고, 1500년 동안 인류 사회 발전사·공산주의 운동사·중국 특색 사회주의 실천을 주요 노선으로 삼고, 강대국으로 발전해 나가는 길에 대한 모든 요소들에 대해 통시적(通時的: 시간의 흐름에 따라 종적으로) 방향으로 공시적(共時的: 동시대에 횡적으로) 비교를 통해 사유와 분석을 진행했다. 그리하여 독자적이고 특별한 시각으로 '강대국의 길의 네 가지 요소'—뛰어난 국가 리더십, 사회의 장기적 안정, 일류 수준의 핵심 과학기술, 적정한 민주주의와 공평성—를 도출해 냈다. 아울러 네 가지 요소에 따라, 중국의 사회주의 혁명과 건설, 특히 개혁·개방의 공과(功過)와 득실을 돌이켜 보면서, 국가 체제와 정책 차원에서 중국이 정치·경제·과학·기술·사회 관리 등 다양한 방면의 후속 개혁 방향과 책략에서 매우 유익한 탐색을 진행하여, 개혁과 발전에 관한 건의를 제출했다.

이 책 전체를 종합해 보면, 다음과 같은 매우 새로운 의미가 있다.

첫째는, 시각이 고차원이고 심원하다. 이 책은 국제적 시야의 높은 차원에 입각하여, 거시적 사실(史實)을 기초로 삼았을 뿐 아니라, 또한 당면한 실제를 주지(主旨)로 삼고, 조목조목 세밀하고 조리 있게 분석하여 독자들에게 알려 주고 있으며, 개별적 안건을 분석함으로써 '국가 부강'의 법칙성을 찾을 수 있었다. 그것은 바로, 포르투갈과 스페인의 황무지 개척이고, 네덜란드가 '해상의 마차부(馬車夫)'를 기꺼이 담당한 것이고, 영국의 공업혁명이고, 프랑스의 민주주의와 과학에 대한 추구이고, 독일의 세계를 쟁패하려는 두 차례의 시도이고, 일본의 부국강병이고, 소련의 굴기와 추락이며, 미국이 어떻게 세계 제일의 강대국이 되었는가 등등이다.

둘째는, 다각도로 넓은 영역에서 '강대국의 길'을 연구했다. 이 책은 체계적이고 주도면밀한 조사와 연구를 통해, 풍부한 소재·상세하고 확실한 통계수치를 가지고, 현실에 입각하여, 서방 자본주의 국가들의 역사에 대해 연구했음은 물론이고, 사회주의의 현실에 대해서도 분석했으며, 모두 실사구시, 즉 사실에 입각하여 탐구를 진행했다. 소련의 부강과 쇠락에 대해, 국가·정당·계급 등의 차원에서 분석하고 비교하였다. 사회 발전의 법칙성에 의거하고, 중국의 현재 사회 현실 상황에 의거하고, 강대국이 되는 길의 네 가지 요소들에 의거하여, 저자들은 또한 중국이 나아갈 다음 단계 종합 개혁의 방향과 사고를 전환할 것을 제시하였다.

셋째는, 엄밀한 논리성이다. 이 책은 글의 구성과 구조가 엄밀하고, 맥락이 분명하여, 논리성이 강하다. 모두 14개의 장과 거기에 포함된 각 절의 내용 간에는 밀접한 호응 관계가 있으며, 역사 자료를 취하고 정리하는 과정에서 뛰어난 분석 판별 능력을 발휘했을 뿐만 아니라, 또한 현실 문제에 대한 분석과 논증 과정에서는 지성적인 표현 방식을 구현하였다.

넷째는, 그 연구 방법의 과학성이다. 이 책은 전면적인 고찰과 개별적이고 특수한 사안에 대한 고찰을 유기적으로 결합했으며, 이론적 분석과 실증적 분석을 상호 비추어 보는 연구 방법을 채용하여, 연구 방향이 분명하고, 역사에서부터 현실에 이르기까지, 종(縱)에서 횡(橫)으로, "역사와 이론을 결합"하는 서술 기법을 이용하여, 같은 분야의 연구 성과들 중에서 학술 이론의 수준이 비교적 높은 연구 성과에 속한다.

이 책은 위와 같은 학술 이론적 가치를 가질 뿐만 아니라, 또한 다음과 같은 응용 가치도 매우 높다.

첫째는, 이 책은 다른 방법을 찾아내어, 비교적 새로운 시각에서 '국가 부강'의 법칙성을 연구함으로써, '강대국이 되는 길의 네 가지 요소들'을 특정 국가가 세계의 강대국이 되는 필요충분조건으로 확립했다. 이뿐 아니라, '네 가지 요소들'은, 특정 국가의 국가 통치 방면에서의 '장판(長板)'과 '단판(短板)'*을 살펴볼 수 있는 객관적 기초를 제공해 준다. 강조해 둘 만한 것은, '네 가지 요소들'은 중국이나 여타 국가들이 '강대국'으로 매진해 나아갈 방법을 분명히 제시해 준다는 점이다.

둘째는, 이 책은 사람들에게 깨달음을 주고, 중국이 부강해진다는 필연성—그 내적인 추진력은 모든 중국인들이 아름답고 행복한 삶을 향해 전진해 나가고 있는 것—을 선언하고 있다. 이 책은 더욱 빠른 속도로 중국이 세계의 강대국으로 나아가, 일찍 '중국몽(中國夢)'을 완성하는 데 대해 매우 중요한 현실적 의의를 갖고 있다.

탕옹진(唐永進)

2015년 4월 청두(成都)에서

---

* 장판(長板)·단판(短板): 미국의 경영학자인 피터 드러커의 경영관리 이론에 나오는 말로, 그 내용은 다음과 같다. 즉 길이가 각기 다른 나무판들을 연결하여 만든 나무통의 경우, 그 안에 담을 수 있는 물의 양은 길이가 가장 긴 나무판에 의해 결정되지도 않고, 나무판들의 평균 길이에 의해 결정되지도 않으며, 가장 짧은 나무판의 길이만큼만 담을 수 있다는 이론이다. 즉 나무통은 조직이고, 나무판은 조직 구성원인데, 그 구성원들이 고른 수준을 갖추어야만 가장 효율적으로 업무를 수행할 수 있다는 이론이다.

머리말

이 책을 집필할 때, 우리가 당면했던 몇 가지 점을 말해 두고자 한다.

1. 우리들의 의문

앞으로 나아가는 과정에서는 종종 사람들이 이해하기 어렵고 해결하기 어려운 몇 가지 문제들이 있기 마련이다. 아래의 몇 가지 문제들이 오랫동안 마음속을 떠나지 않고 빙빙 맴돌았다.

1) 어떤 요인이 세계 제일 강대국의 꿈을 완성시켰을까? 지금 세계는 전진하고 있고, 인류는 발전하고 있다. 인류가 발전하는 무대에서, 각 나라들이 혼신의 능력을 발휘하여 세계의 조류를 파악하면서, 앞 다투어 세계 일류 강대국이 되려 하고 있다. 그러나 비록 욕망은 있지만, 세상일은 예측하기가 어렵다. 인구가 많고 영토가 광활한 국가들은 대부분 원하는 바를 이루지 못한 반면, 영토가 비교적 작고, 인구가 매우 적은 몇몇 국가들이 가장 먼저 세계 제일 강대국의 지위에 도달했다. 겉으로는 강대해 보여, 거의 세계를 제패할 것 같았던 나라는 오히려 세계 제일의 강대국과 어깨만 스치고 지나가 버렸다. 이전의 세계 강대국들은 어째서 허약하고 가난한 나라로 전락했을까? 아무에게나 마음대로 유린당하는 지경에 이

르렀었고, 이전에 인구도 적고 영토도 결코 크지 않았던 국가가, 어떻게 건국한 지 그다지 길지 않은 100여 년이라는 짧은 시간 내에, 세계에서 가장 강해질 수 있었을까? 그리고 또한 그 자리를 지금까지 100여 년 동안이나 차지하고 있는데, 여전히 어떤 나라도 그 나라를 뛰어넘지 못하고 있다. 원인은 무엇일까? 어떤 요소가 세계 제일 강대국의 꿈을 완성해 준 것일까?

후발 국가들이 세계의 강대국이 되려고 하는데, 그들이 강대국이 되는 방법은 어디에 있는가? 법칙이 있는지 없는지 찾을 수는 있을까? 강대국이 되는 수수께끼의 해답은 어디에 있을까?

2) 과거에 세계 대국이었던 중국은, 1500년 후에는 오히려 점점 빈약해지다가, 1949년 이후에 중국은 다시 대국의 모습을 보여 주고 있다. 특히 개혁·개방 이후, 중국에서는 온갖 방면에서 천지가 뒤집힐 만한 변화가 일어났으며, 현재는 이미 세계 제2의 경제 대국이 되었다. 중국의 성공은 어디에 있는가? 중국은 또한 무엇이 부족한가? 중국은 세계 제일의 강대국이 될 수 있을까?

3) 신중국(新中國)이 수립된 후, 처음에는 소련을 배웠는데, 후에 소련의 진영에서 이탈하여, 개혁·개방을 통해 중국은 이미 부강한 나라로 나아가고 있으며, 오늘날 이와 같이 자랑스러운 성적을 거두었다. 중국의 개혁·개방 노선은 일부 인사들이 말하듯이 사회주의 노선이 아닐까?

4) 이론적으로 말하자면, 사회주의 제도는 자본주의 제도보다 우월하지만, 최초의 사회주의 국가인 소련은 수십 년간 존재한 후에 철저하게 무너져 내렸으며, 소련이 영도했던 사회주의 건설 모델은 곧 붕괴했다. 중국 사회주의 건설의 초보적인 성공은, 틀림없이 사회주의 제도가 자본주의 제도보다 우월하다는 최초의 본보기이다. 그러나 이러한 제도의 경쟁 또한 초보적인 것일 뿐이며, 중국은 아직도 더 많은 노력을 기울여야 한다. 노력할 방향은 어디일까?

이러한 여러 가지 의문들은 결국 풀릴 거라고 생각했으므로, 이 글을 쓰려는 충동을 느꼈고, 관련된 문제들에 대해 좀 유용한 판단을 희망하면서, 여러분들의 훌륭한 의견을 듣기 위해 먼저 우리의 미숙한 의견을 내놓을 뿐이다.

이상의 문제들 때문에, 우리의 자료 선택은 실사구시해야 하며, 관련된 역사적 사실들을 역사적·유물론적·변증법적으로 다루고 처리해야만 하며, 의식 형태의 차이로 인해 사회 발전의 객관적 법칙의 발견과 응용에 영향을 미쳐서는 안 된다는 것이 반드시 요구되었다.

2. 우리의 견해

1) 인류 사회의 발전은 자체의 법칙성이 있는데, 우리는 당연히 그 법칙성을 존중하고, 그러한 법칙을 적극적으로 이용하여, 사회주의 건설 사업을 전진시키는 노력을 해야 한다. 또 인류 사회의 발전은 계승성을 지니며, 자본주의는 인류 사회의 한 단계로서, 일정하게 인류 사회 발전의 정수(精髓)가 존재하므로, 우리는 당연히 그 정수는 취하고, 그 찌꺼기는 버림으로써, 중국의 사회주의 사업을 더욱 잘 발전시켜야 한다.

2) 자본주의와 사회주의라는 두 가지 사회가 복잡하게 뒤엉켜 있는 상태는 당연히 장기간 존재할 것이므로, 우리는 사회주의 초기 단계의 장기성을 잘 파악하여, 중국의 발전 전략을 잘 제정해야 한다. 개혁의 설계는 천천히 걷거나 빨리 달릴 수는 있어도, 너무 앞서갈 수는 없으며, 중국 내외의 무수한 사실들이 설명해 주고 있듯이, 객관적 현실을 뛰어넘는 개혁은 모두 정반대의 결과를 초래하여, 결국 실패한다.

3) 강대국의 흥망성쇠에는 본질적인 법칙성이 존재하는데, 우리는 그 법칙성을 잘 이용해야 하며, 그 법칙성의 지도하에 중국의 개혁 방향을 분명히 함으로써, 중국이 세계 제일의 강대국으로 나아가는 발걸음을 빠르게 해야 한다.

3. 우리의 결론

1) 역사적으로 중요한 사건들로부터, 찌꺼기를 버리고 정수를 취하며, 거짓을 버리고 진실을 취하여, 세계 일류 강대국들의 '강대국이 되는 길의 네 가지 요소'를 총괄해 냈다.

2) 우리는 중국이 개혁·개방 이래 이룬 주요 성취와 부족했던 점을 정리하여, 마르크스주의의 기본 원리와 중국 특색의 사회주의 이론과 중국이 당면한 국제적·국내적 형세 및 강대국이 되는 길의 네 가지 요소들에 근거하여, 정치체제의 개혁 구상·경제 체제의 개혁에 대한 건의·과학기술 교육의 개혁에 대한 건의 및 사회 관리의 개혁에 대한 건의 등 네 방면의 내용을 제출했다.

3) 우리는, 우리의 건의가 중국의 당면 형세에 부합하고, 개혁 건의는 세계에 입각하고 있으며, 현실에 입각하고 있고, 장구한 시간에 입각하고 있으며, 객관적이고 실용적이라고 생각한다. 이 글은 2013년 초에 처음 완성되었는데, 그 후 중국이 시작한 3대 개혁—즉, 기율검사위원회(紀律檢查委員會: 중국공산당의 기율 심사 기구) 계통의 개혁, 사법 개혁, 금융이 실물경제의 발전을 강력하게 지원해야 하는 것—은, 주요 방면들이 모두 우리의 개혁 건의와 서로 부합한다. 우리는, 우리의 상부로부터의 개혁 설계는, 노선이 분명하고, 방향이 명확하며, 조치가 적당하고, 매우 강력한 실용적 적용성을 가지고 있어, 중국이 빠르게 세계 제일의 강대국으로 나아가도록 촉진하는 데에도 매우 훌륭한 현실 지도의 의의를 가지고 있다고 생각한다. 중국이 이미 진행한 3대 개혁 이외에, 기타 몇 가지 방면들의 개혁 건의에 대해, 우리는 중국이 앞으로 나아가는 과정에서 충분한 검증을 받을 수 있기를 기대한다.

이 글을 집필하는 과정에서, 멘양(綿陽)직업기술학원의 웨이지(魏紫) 선생님께서 경제학에서의 관련 지식에 대해 바로잡아 주시고 제안해 주셨으며, 관련 사건과 사실의 진실성에 대해 많은 작업을 하여 바로잡아 주신 데 대해 감사드린다.

이 책은 2013년 초에 완성되었기 때문에, 관련 통계 수치와 역사적 사실들은 기본적으로 2013년 이전의 것을 채용했는데, 일부는 그 후의 통계 수치와 역사적 사실들을 사용한 점에 대해 독자 여러분의 양해를 구한다.

작업 조건의 제한으로 인해, 관련 통계 수치의 수집에서 전면성과 정확성이 부족할 수도 있으며, 아마 우리의 판단의 정확성에도 영향을 미쳤을지 모른다. 또 우리의 개혁 구상과 제안도, 그 착상의 수준이 높지 않아 제안의 질과 양 등에 영향을 미쳤을지 모른다. 삼가 독자 여러분의 질정을 부탁드리며, 그 질정은 더없는 영광일 것이다.

저자

2015년 10월 6일

강대국의 길, 중국의 길 / 차례

서론

국가의 강대함을 탐구하는 것은, 세계 각국의 엘리트들이 노력하는 방향이며, 국가가 강대해지는 길을 찾는 것은 또한 각국 학자들이 자주 토론하는 새로운 과제이다. 국내외 학자들은 약소국이 어떻게 강대국으로 변했는가에 대해 많은 연구를 진행했으며, 매우 큰 성과를 거두었다. 세계 각국의 역사학자·정치학자·경제학자·과학사 전문 학자 등은 정치·경제·사회·문화·교육·군사 및 외교 등의 방면에서, 1500년대 이래 일류 강대국들이 심혈을 기울여 나라를 다스리고 부국강병을 이루는 과정에서, 정치·경제·사회·문화·교육·군사 및 외교 등의 분야가 강대국의 흥망성쇠에 미친 영향과 이런 강대국들의 흥망성쇠의 역사적 궤적을 연구하였다. 그들의 연구 과정과 결론을 보면, 우리는 또한 상당히 부족한 점이 있다고 생각한다. 그들은 한 국가의 발전한 정치·경제·사회·문화·교육·군사 및 외교 등 방면의 종합적 실력이라는 객관적 요소에 대해서는 비교적 많은 관심을 기울였지만, 한 국가의 발전한 주관적 요소들에 대해서는 덜 중요시하여, 한 국가의 강대국으로 발전한 데 관건이 되는 전체 요소들을 충분히 찾아내지 못했다. 이로부터 우리는 세계 역사 속에서 일부 약소국들이 어떻게 개혁하고 발전하여 세계 최강대국이 될 수 있었는지에 대해 다시 생각하게 되었으며, 이에 대해서는 여전히 역사적 사건들로부터 다시 그 종적을 살펴볼 필요가 있다.

1. 강대국의 발자취는 찾아볼 수 있다

역사가 전진하고, 국가는 발전하면서, 강약이 교체되고, 끊임없이 뒤바뀌어, 각자 얼마 동안 세계 패권을 차지했다.

포르투갈은 세계를 향해 황무지를 개척할 때, 인구는 100만 명을 넘지 못했으며, 면적은 9만여 평방킬로미터였는데, 바로 이렇게 면적은 크지 않고, 인구는 많지 않고, 토지는 척박하며, 물자는 매우 부족한 조그만 나라가, 뜻밖에도 세계에서 가장 강대한 식민 제국을 건립하여, 스페인과 함께 세계에 대해 최초로 분할을 진행했으니, 사람들은 이를 기적이라고 부른다.

1500년 당시, 스페인의 인구는 고작 600만 명이었다. 1492년, 8세기에 달하는 전쟁이 끝나자, 역사는 이어서 그에게 다시 한 번 절호의 기회를 주었다. 바로 포르투갈에게 버림받은 세계적으로 유명한 두 명의 위대한 항해가인 콜럼버스와 마젤란을 얻은 것이다. 이들 두 대항해가들의 발걸음을 따라, 스페인은 처음으로 세계를 분할하는 여정을 시작했다. 대략 16세기 상반기 혹은 중엽에, 스페인 제국은 전성기에 진입했는데, 그때 영토의 면적은 1,054만 평방킬로미터에 달하여, 유럽의 거의 절반인 천주교 세계를 통치했으며, 세계 각지에 매우 많은 식민지를 보유하여, 그 세력 범위는 더욱 커졌다. 그리하여 스페인은 근대 서방 국가가 건립한 또 하나의 식민대국이자 강대국이 되었다.

네덜란드는 유럽의 매우 작은 국가인데, 면적이 4만 1,500평방킬로미터로, 고작 지금의 베이징시 크기의 2.5배에 불과하여, 타이완(臺灣)보다 약간 작으며, 17세기에 인구는 고작 150만 명에 불과했다.

바로 이렇게 작은 소국이, 완강하게 분투하고, 스스로 노력을 게을리하지 않고, 구체적인 실정에 맞게 적절한 대책을 세우고, 장점은 발양하며 단점은 방지하고, 꾸준히 태만하지 않으면서, 여러 가지 면에서 세계 최초를 창조하였다. 그들은 세계 최초로 주식회사 형태의 회사를 창조했으며, 영국보다 100년이나 먼저 세계 최초의 은행을 설립했고, 세계 역사상 최초로 증권거래소를 설립했으며, 가장 먼저 세계적인 대무역·대시장 체계를 탐색했다. 17세기 중엽에, 네덜란드의 전 세계 상업 패권은 이미 공고하게 확립되었다. 이때의 네덜란드는 근대 초기에 이미 유럽의 경제적 우두머리가 되었는데, 그들의 무역은 전 세계 총무역액의 절반을 차지했다. 네덜란드의 삼색기를 건 천여 척의 상선들이 세계 5대양 위를 누볐으며, 그들은 유럽 해운무역을 거의 독점했다.

약소국이 창조와 혁신에 의지하고, 무역에 의지하여, 위와 같이 세계 패업을 성취한 것이다.

영국의 국토 면적은 결코 크지 않고, 인구도 그다지 많지 않았지만, 그들은 오히려 제1차 산업혁명의 발원지가 되었으며, 세계 최초로 현대 사회로 매진한 국가로, 18세기와 19세기에는 세계의 발전을 선도했다. 어떤 원인이 영국으로 하여금 이처럼 거대한 발전력을 갖도록 했을까?

1776년 7월, 미국이 정식으로 독립을 선포했을 때, 이 신흥 국가는 아직 하나의 약소국에 불과했다. 면적은 40만 평방킬로미터에 불과했고, 인구도 단지 240만 명뿐이었으며, 당시 국가기구조차도 아직 완비하지 못했다. 그러나 1894년에 미국의 공업 생산은 이미 세계 1위가 되었다. 1913년, 미국의 공업 생산량은 세계 총생산량의 3분의 1 이상을 차지하여, 영국·프랑스·독일·일본 네 나라의 생산량을 합친 것보다 많았다. 미국은 농업국에서 공업국으로 변화함과 동시에, 세계 경제 발전을 이끄는 첨병이 된 이래 오늘에 이르고 있는데, 그 동력의 근원은 도대체 어디에 있는가?

프랑스는 최초로 현대 공업사회에 진입한 국가들 중 하나이며, 실제로도 현대 문명의 발상지 중 하나이다. 프랑스 사회는 세상 사람들로 하여금 주목하게 하고 존경하게 하는 사회적 특질—즉 2세기 동안 전 지구를 휩

쓴 정치화 물결의 발원지이자, 또한 단일 국가의 정치 민주화 과정의 교과서적인 본보기이기도 함—을 가지고 세계에 중대한 영향을 미쳤다. 프랑스는 일찍이 유럽에서 가장 강한 나라였고, 세계 과학기술 발전사에서 세 번째 과학기술 중심으로서, 과학기술 방면에서 한때 세계의 앞줄에 있었다. 하지만 유감스럽게도, 프랑스는 세계의 발전을 영도하는 기관차가 되지 못했다.

독일은 세계에서 유일하게 두 차례의 세계대전이 일어난 발원지로서, 강대국이 아니라고 할 수 없으며, 세계에 매우 중대한 영향을 미쳤지만, 오히려 세계 최고의 강대국이 되지는 못했다.

소련은 세계 최초의 사회주의 국가이자, 또한 줄곧 기타 모든 나라들을 압도하는 우두머리, 즉 세계에서 제일 강한 국가가 되려고 노력했다.

소련의 비약은 매우 빨랐으며, 그들의 발전은 서방 국가들의 부러움을 샀지만, 그들의 추락은 오히려 뜻밖이었는데, 그 근원은 또 무엇인가?

인류 역사의 발전 과정에서, 세계에는 4대 문명 발상지가 있었는데, 중국은 바로 그 중 하나이다. 중국은 창조성이 풍부한 국가이다. 명나라 이전에, 세계 고대 사회의 생산이나 과학기술의 각 영역들 가운데, 중국은 의심할 바 없이 멀찌감치 앞서 있었다. 1975년에 출간된『세계 자연과학 대사건 연표』의 기록에 따르면, 명나라 이전에 세계적으로 중요한 창조와 발명 및 중대한 과학적 성취는 대략 300가지인데, 그 중 중국이 대략 175가지로, 전체의 57% 이상을 차지하며, 세계 각 나라들은 고작 42% 남짓뿐이다. 15세기 이전에, 중국의 발명과 발견은 동시대의 유럽 국가들을 훨씬 뛰어넘었다.

그러나 1500년 무렵 이후, 중국은 거꾸로 쇠락하여, 세계 열강들은 크든 작든 막론하고 모두가 중국을 한 덩어리의 기름진 고기 취급을 하며, 맛있게 먹어치웠다. 중국, 즉 광활한 영토와 많은 인구를 가졌고, 예전의 과학기술 강국이자 경제 대국은 마침내 국력은 약하고 국민은 가난한 반

식민지 반봉건 국가로 변했다.

신중국 수립 후, 특히 개혁·개방 이후, 짧은 30여 년 동안에, 중국의 정치·경제·사회는 천지가 뒤집힐 정도의 큰 변화가 있었다. 2014년 국내 총생산은 63조 6,463억 위안(元)으로, 계속해서 세계 제2의 경제 대국이 되었다. 관련 자료에 따르면, 2013년에 중국은 이미 세계 제1의 화물무역 대국이 되었다. 중국의 특허 신청은 1980년대부터 시작되었는데, 2011년에 중국 전리국(專利局: 우리나라의 특허청에 해당)은 미국의 특허상표국을 밀어내고 세계 최대의 특허 기구가 되었다. 2012년, 중국의 발명특허 신청은 65만 3천 건으로, 여전히 세계 최고였다. 이로부터 알 수 있듯이, 중국이 핵심 기술을 장악하는 역량도 갈수록 강대해졌다.

이렇게 약한 나라와 작은 나라들이 약소국에서 강대국으로 바뀌는 방법은 다르고, 패턴도 각기 달라, 다른 나라들이 학습하려고 해도 간단히 복제하거나 모방할 수는 없다. 그들이 강대국이 되는 수수께끼의 답은 어디에 있는가? 법칙이 있어서 따를 수 있는가 없는가?

우리가 생각하기에, 세계적으로 강대국이 발전하고 성장한 데 대한 전면적이고 체계적인 연구는 철저하지 못하고, 강대국이 발전하고 성장한 데 대한 논리적인 해석은 전면적이지 못하다.

우리가 생각하기에, 강대국이 강대해지는 길을 보면, 일정하게 몇 가지 법칙성을 띠는 특징이 존재한다. 이러한 법칙을 이용하여, 각 나라들이 자기의 특징을 결합시키면, 당연히 자기 나라에 적합한 발전 방법을 찾아 낼 수 있을 것이다.

그런데 후발 국가들에 대해 말하자면, 그들이 강대국이 되는 수수께끼의 답은 어디에 있는가?

우리는 당연히 세계적이고 거시적인 시각에서 세계 강대국들의 흥망성쇠의 역사 궤적을 분석하고, 또한 당연히 미시적 시각에서 세계 강대국의 흥망성쇠의 필연적 법칙을 분석함으로써, 세계 강대국들의 흥망성쇠의 객관적 법칙성을 파악해야 한다. 우리는 바로 거시와 미시가 서로 통일된 시각에서 세계 강대국의 흥망성쇠의 객관적 법칙성을 찾아, 과거 역사와 미래가 서로 맞물린 현실적인 정확한 궤도를 찾으려고 한다.

2. 중국 개혁의 대비(對比)

(1) 개혁·개방이 시작되었을 당시의 부분적 상황

1978년에 중국의 개혁·개방이 시작되었을 때, 10년의 큰 재난을 거친 후의 농업은 더욱 뚜렷하게 낙후되어 있었다. 1979년에 중국의 농업 인구는 총인구의 83.8%로, 8억 명의 농민들은 여전히 수공 농기구로 농사를 지었으며, 또한 대다수의 지역들에서는 배불리 먹고 따뜻하게 생활하는 문제를 해결하지 못했다. 1956년, 중국인의 평균 식량 생산량은 307킬로그램이었고, 1978년에는 318킬로그램이었다.[1] 1인당 평균 식량 점유량의 각도에서 보면, 22년이 지났지만 아주 적게 증가했다.

1979년에 중국 철도의 전체 길이는 약 5만 킬로미터로, 미국의 6분의 1도 안 되었고, 인도보다도 짧았다.

1978년에 세계 인구의 5분의 1을 차지한 중국이, 국민 총생산은 고작 세계의 1%를 차지했으며, 대외무역의 수출입 총액은 206.4억 달러로, 세계 무역 총액의 0.75%를 차지했다. 그런데 미국은 10.8%, 서독은 10.9%, 일본은 7.5%를 차지했다. 1978년, 중국의 1인당 GDP는 고작 127달러였는데, 미국은 9,687달러로 중국의 76배였으며, 일본은 중국의 66배였다. 중국은 세계 190여 개 국가들 중 서열이, 유명한 빈곤 국가인 콩고와 같은 수준이었다.

노동 취업 문제는 엄중했는데, 1979년에 전국적으로 약 2천여 만 명이

1 谢春涛, 『中国共産党为什么能』, 86쪽, 北京, 新世界出版社, 2011을 참조하라.

미취업 상태였다.

1980년에 중국의 국민 총생산은 세계 국민 총생산의 2.5%였다. 1980년에 중국의 1인당 평균 국민소득은 343위안으로, 100달러에 해당했는데, 같은 시기에 미국인의 1인당 평균 국민소득은 1만 94달러, 일본은 7,672달러였다. 1978년에 중국에서 연간 수입이 100위안 이하인 인구가 차지하는 비중이 35.4%였다. 미국 펜실베이니아대학 사회학 교수인 스틴스는, 자신이 정량(定量) 평가 방법으로 세계 124개 국가와 지역의 발전 수준에 대해 진행한 분석에 근거하여, 중국의 사회 발전 수준은 뒤에서 48위에 해당한다고 지적했다.

이상의 수치들로부터, 우리는 중국이 개혁·개방을 시작했을 때 어느 정도로 낙후되고 빈궁했는지 알 수 있다.

(2) 2013년 당시의 부분적 상황

중국은 농촌부터 도시까지, 최하층부터 최상층까지, 정치·경제·사회의 각 방면들에서 모두 개혁을 진행했다. 30여 년 동안 중국은 빠르게 발전했으며, 그 뛰어난 성적에 대해 세계가 경탄하고 있다.

1979년부터 2013년까지, 국내 총생산은 3,645.2억 위안에서 56조 9천억 위안으로 증가했으며, 2013년에 중국의 아시아 경제 성장에 대한 공헌율은 50%를 초과했고, 세계 경제 성장에 대한 공헌율은 27.76%에 달했다.[2] 2013년에 중국의 경제 총량은 세계 제2위였다. 중국의 경제 총량이 세계에서 차지하는 비율은 1978년에 1.8%에서 2013년에 13%로 높아졌다. 중국은 이미 세계 경제 발전의 중요한 동력이 되었다.

중국은 개혁·개방 과정에서 점차 강대해지고 있다. 경제는 안정적으로 비교적 빠르게 발전하고 있으며, 종합 국력은 대폭 향상되었다. 유인 우주

2 军事科学院, 「铭记歷史, 走向復兴」, 86쪽, 『人民日报』, 2014-07-24, 제7판을 참조하라.

비행·달 탐사 공정·유인 심해 잠수·슈퍼컴퓨터·고속철도·고속도로 길이 등에서 중대한 진전을 이루었다. 철강 생산량은 1949년에 세계 제26위에서, 2000년에는 세계 제1위로 상승하여 오늘에 이르고 있으며, 석탄 생산량은 1949년에 세계 제9위에서, 1990년에는 세계 제1위로 상승하여 오늘에 이르고 있고, 시멘트 생산량은 1990년부터 지금까지 모두 세계 제1위를 차지하고 있는 것 등등이다. 통계에 따르면, 2011년에 중국은 이미 220가지 공산품 생산량이 세계 제1위를 차지하고 있다.

과학기술 발전 방면에서도, 중국은 비교적 좋은 성적을 거두었다. 바로 과학기술 수준을 반영하는 한 가지 지표인 발명특허 신청량을 보면, 2011년에 중국 전리국이 미국의 특허상표국 대신 세계 최대의 특허 기구가 되었다. 2012년에는 중국의 발명특허 신청이 65만 3천 건으로, 여전히 세계 제1위였다.

중국의 개혁·개방이 대단히 큰 성취를 이루었다는 것은 전 세계가 공인하고 있다. 그러나 지금까지 어느 누구도 해본 적이 없는 위대한 사업으로서, 중국의 개혁·개방은 또한 수많은 난관들에 직면하고 있다.

사회주의 건설은 새로운 과제인데, 소련의 영도 하에 세계 공산주의 운동은 많은 굴곡진 길을 달려왔다. 다른 길을 찾기 위해, 개혁·개방의 초기에 중국은 "돌을 더듬어 가며 강을 건너는" 신중한 방법을 채용하여, 한편으로는 전진하면서, 한편으로는 탐색했는데, 의심할 바 없이 완전히 정확한 것이었다. 그러나 개혁·개방이 깊이 있게 추진됨에 따라, 중국의 정치·경제·사회가 발전하는 과정에서 문제가 차츰차츰 드러났다. 이때 이러한 문제들을 중시하지 않았고, 일부 경험과 교훈을 제때 정리하지 못했으며, 거시적 개혁의 총체성·체계성 및 부분적인 방향성을 잘 파악하지 못했기 때문에, 훗날 중국의 개혁 방향이 제때에 조정되지 못하여, 일부 개혁은 '파편화'하는 현상이 나타났고, 어떤 개혁은 심각하게 뒤쳐졌으며, 일부 부분이나 부문들은 개혁의 방향을 찾지 못했다.

중국은 하나의 사회주의 국가로서, 의심할 필요가 없는 것은, 중국은 사실상 세계 사회주의 진영을 이끌면서 자본주의 세계와 투쟁하고 있으며, 중국은 반드시 세계 제일의 강대국이 되어야 한다는 것이다. 중국이 부흥하고, 중국몽(中國夢)을 실현하려면, 바로 "중국 특색 사회주의의 우월성을 더욱 잘 발휘해야 한다."[3]

그러나 중국이 세계 제일의 강대국이 되려면, 사회주의 제도가 자본주의 제도보다 더 좋고 더 우월하다는 것을 증명해야 하며, 오로지 사실만을 이용하여 말해야 한다. 실사구시적으로 말하자면, 중국은 지금 아직 완전히 사실만을 이용하여 사회주의 제도가 자본주의 제도보다 더 좋다는 것을 증명하지 못했으며, 중국은 현재 경제적 실력도 세계에서 두 번째일 뿐이고, 종합 국력도 세계 최강이 아니며, 세계 최고 강대국과 비교하여 중국은 아직 큰 격차가 있다.

격차는 어디에 있는가? 중국의 '장판(12쪽 참조-옮긴이)'은 어디에 있는가? 단판은 또 어디인가? 어떤 방법을 이용해야 '단판'을 장판으로 가장 빨리 바꿀 수 있는가? 중국의 개혁 실천 과정과 장차 개혁하려 하는 각 방면과 각 영역에서 보면, 아직 분명하지 않고 완전하지 않은 부분이 있으며, 현상만 보고 옳고 그름을 논하는 '파편화'된 개혁 현상이 존재한다.

우리의 목적은 바로 세계 강대국들이 탄생한 과정과 발전하는 과정으로부터, 그들의 가장 본질적인 발전 요소를 찾아내려는 것이다. 세계 강대국들의 국가 통치 체계나 통치 능력과 중국의 개혁 발전의 역사 및 현상에서 본질적인 요소를 비교하여, 중국의 우세한 점과 부족한 점을 찾아냄으로써, 중국이 한 걸음 더 개혁하고 발전할 수 있는 방향을 찾는 것이다.

3 习近平, 「切实把思想统一到党的十八届叁中全会精神上来」, 新华网, 2013-12-31을 보라.

3. 이 프로젝트의 몇 가지 출발점

(1) 인류 사회의 발전은 자체의 법칙성을 가지며, 우리는 당연히 법칙성을 존중하여, 실사구시적으로 사회주의 사업을 발전시켜 가야 한다. 인류 사회의 발전은 계승성을 지니고 있으며, 자본주의 사회는 인류 사회 발전의 한 단계로서, 일정하게 인류 사회 발전의 정수가 존재하므로, 우리는 당연히 그 정수는 취하고, 그 찌꺼기는 버려야 한다. 그렇게 하면 곧 사회주의 사업을 더 잘 발전시킬 수 있다.

(2) 자본주의의 발전은 이미 수백 년의 역사를 가지고 있지만, 사회주의는 흥기한 지 아직 100년도 채 되지 않는데, 이렇게 사회가 복잡하게 뒤엉켜 있는 상태는 당연히 더 장기간 존재할 것이다. 우리는 사회주의 초급 단계의 장기성을 충분히 자세하게 파악해야 한다. 이런 전제하에 중국의 발전 전략을 잘 세워야 한다. 제도의 설계는 너무 앞서 나가서는 안 되는데, 그러지 않으면 정반대의 결과를 초래하게 된다.

(3) 강대국의 흥망성쇠에는 본질적인 법칙성이 존재한다. 세계 강대국들의 흥망성쇠의 궤적으로부터 필연적으로 그런 법칙성을 찾을 수 있다. 우리는 이러한 법칙성의 지도하에, 중국의 개혁 방향을 분명히 하여, 중국이 세계 제일의 강대국으로 나아가는 발걸음을 가속화해야 한다.

(4) 역사를 존중하고, 사실을 존중한다. 역사 자료를 취사선택할 때에는, 반드시 객관적이고 진실해야만, 사실을 왜곡하지 않을 수 있다.

(5) "역사, 현실, 미래는 상통하는 것이다. 역사는 과거의 현실이며, 현실은 미래의 역사다."[4] 우리는 역사적 시각에서 현실의 정확성을 살펴보고 검증한 다음, 다시 역사와 현실의 사실에서 출발하여, 미래의 발전의 객관적 법칙성을 전망하고, 미래 발전의 객관적 법칙성의 궤적을 찾기를 희망한다.

4 习近平, 「第十八届中共中央政治局第二次集体学习时的讲话」, 『解放军报』 2013-01-02에 게재.

제1장 | 황무지 개척자

포르투갈과 스페인

Ⅰ. 포르투갈

포르투갈은 유럽의 작은 국가로, 유럽 서남단의 삼면이 바다로 둘러싸인 이베리아 반도에 위치한다. 그 동부와 북부는 모두 스페인과 영토를 접하고 있으며, 서부와 남부는 대서양이고, 면적은 9만여 평방킬로미터(대서양 상에 있는 아조레스 군도와 마데이라 군도 포함)이다. 15, 16세기에, 포르투갈 인구는 겨우 100만 명이었으며, 2012년 인구는 1,049만 명이다.

바로 이렇게 면적이 크지 않고, 인구도 많지 않으며, 토지는 척박하고, 물자는 부족한 작은 나라가, 15, 16세기에는 오히려 세계에서 가장 강대한 식민 제국을 건설했으니, 사람들은 이를 기적이라 부른다.

오랜 전쟁을 치른 후, 1143년에 포르투갈은 정식으로 독립했는데, 이는 유럽 대륙에서의 최초의 독립적이고 통일적인 군주제 국가였다.

2천여 년 동안 전쟁이 끊임없이 이어졌는데, 그들은 로마인·게르만인과 무어인들의 정복에 반대하여 대항하는 과정에서, 조금도 두려워하지 않는 투우사 정신을 배양했으며, 그들은 자극을 추구하고 모험을 즐겼다.

그때 포르투갈인은 물자가 부족하여, 주로 근해 어업에 의지하여 살았다.

포르투갈의 역사학자인 J. H. 사라비아(Jose Hermano Saraiva)는 이렇게 지적했다. "12세기와 13세기 포르투갈의 특징은, 봉건 할거 국가가 아니라 인민의 왕국이었으며, 포르투갈 국왕은 귀족과 그의 신하들의 지지를 받았을 뿐만 아니라, 백성들의 추대도 받았다."

1500년 전후에, 인류는 서로 단절되어 있으면서도 각자 독립되어 있는 몇 조각의 육지 위에서 살았으며, 또한 당시 사람들은 세계에는 단지 세 개의 대륙—즉 유럽, 아시아 및 아프리카—만이 있다고 여겼다. 그때 사람들은 직관에 의지하여 하늘은 둥글고, 지구는 네모나다고 생각했으며, 각각의 육지에 사는 사람들은 모두 자기가 살고 있는 곳이 바로 세계의 중심이라고 여겼다.

그들은, 세계는 도대체 몇 개의 대륙으로 이루어져 있는가, 지구는 도대체 네모인가 둥근가, 세계의 동쪽은 도대체 어떻게 생겼는가를 분명히 밝히려고 생각했다. 그들은 자신의 생활을 개선하기 위해, 값싼 동방의 향료(이것은 중세기에 그들이 가장 필요로 하는 기본 생활물자였다)를 얻기 위해, 열광적인 종교 등등을 위해 출발했다.

그들을 인솔하고 나아간 첫 번째 사람은 항해가이자 해상의 길을 발견한 엔히크 왕자였다. 엔히크 왕자의 인솔 하에, 포르투갈은 대양을 정복하는 여정을 시작했으며, 계속해서 걸출한 사람들의 인솔 하에 해상의 길이 확장됨에 따라, 포르투갈은 점차 빈궁과 낙후를 벗어나, 세계 강대국의 길로 달려갔다.

엔히크의 완전한 이름은 인판테 돈 엔히크(Infante Dom Henrique)로, 포르투갈의 대공(大公)이었으며, 포르투갈 국왕 후앙(Joao) 1세의 셋째 아들이었다. 엔히크는 탐구를 좋아하여, 이미 정해 놓은 목표에 대해서는 끝까지 추구하기를 좋아했다.

당시 이탈리아의 문예부흥이 점차 유럽으로 확산되었는데, 과학의 빛이 점차 밝아지고 눈을 부시게 하면서, 초점을 모아 인류가 앞으로 나아가도록 인도하자, 인류의 무지와 몽매는 점차 사라졌다.

1406년, 고대 그리스의 천문학자인 프톨레마이오스의 저작인 『지리학 안내』라는 책이 다시 출판되어, 지리학 지식이 다시 사람들의 주목을 끌었다.

세계는 정말 『지리학 안내』에서 말하고 있는 것 같을까? 대서양은 항해할 수 있을까? 이러한 의문들이 사람들을 곤혹스럽게 했으며, 마찬가지로 항해 전략을 짜는 데 정신을 몰두하고 있던 엔히크 왕자도 곤혹스럽게 했다. 그는 열심히 수많은 역사 문헌들을 연구하고, 소중한 항해 자료들을 축적한 다음, 그는 지구상에는 아직 수많은 미지의 의심스러운 일들이 있으며, 사람들이 탐구해 오기를 기다리고 있다고 확신했다. 그리하여 웅대한 대양 탐험 계획은 점차 형성되었고, 그는 포르투갈이 장차 새로운 시대를 열게 될 것이라고 생각했다.

엔히크는 호화롭고 편안한 궁정 생활을 버리고, 포르투갈 서남쪽 모서리에 위치한 황량한 세인트 빈센트 곶(Saint Vincent, Cape) 부근의 작은 마을인 사그레스(Segres)에 정착한 다음, 거기에 항해 학원—이것은 세계 최초의 항해 학원이기도 하다—을 창립하고, 이 나라가 해양을 탐험하는 데 필요한 인재를 양성하여, 그들의 항해 기술을 높여 나갔다. 탐험이 성공을 거둘 수 있도록 하기 위해, 또한 천문대를 설립하고, 항해와 관련된 정보를 얻었다. 그는 도량이 넓어서, 폭넓게 인재를 받아들였다. 이탈리아인, 아랍인, 유태인, 무어인 등 서로 다른 종족의 사람들이 그의 휘하에 모여들었다. 각국의 지리학자·지도 제작자·수학자 및 천문학자들이 공동으로 연구하여, 계획과 방안을 세웠으며, 지리·기상·계절풍·해류·조선·항해 등에 관한 각종 문헌 자료를 광범위하게 수집하고, 이를 분석·정리하여 탐험에 필요한 준비를 해 나갔다. 그는 또한 사람들에게 새로운 항해 기구들을 개량하고 제작하도록 했는데, 예를 들면 중국에서 전래된 지남침 같은 것들이다. 그들은 수학과 천문학 지식을 항해에 응용하여, 항해 탐험이 하나의 실용과학이 되도록 했다. 그는 또한 선박을 만드는 일에 그의 온 정력을 쏟아 부었다.

만반의 준비가 갖추어지자, 단지 출항만 기다렸다.

1415년, 포르투갈 대군이 지브롤터 해협을 건너, 북아프리카의 세우타(Ceuta)를 점령했다.

1419년 혹은 1420년, 엔히크 왕자는 자신의 제1탐험대를 보내, 포르투갈이 세계적으로 굴기하는 위대한 항해를 시작했다. 40년 동안, 그는 지속적이고 체계적인 탐험을 조직적으로 진행했다. 그의 조직적 영도 하에, 포르투갈은 세계 최고의 함대를 건립했으며, 최고의 조선 기술을 보유했고, 수많은 세계적인 일류 탐험가와 항해가들을 양성했다. 그리하여 그는 포르투갈이 유럽의 대문을 나가, 유럽의 항해 중심이 되도록 추동하여, 포르투갈을 세계 제일의 식민 제국이 되게 하였다. 만약 엔히크 왕자가 없었다면, 포르투갈의 모든 것은 거의 실현 불가능했을 것이다.

1960년, 포르투갈은 항해기념비 하나를 건립하여, 항해 왕자 엔히크 서거 500주년을 기념하였다.

엔히크 왕자는 또한 탐험을 식민과 결합하여, 탐험을 이윤이 남을 수 있는 사업으로 바꾸었다.

당시 서양 국가들은 동양의 재화에 대한 수요가 매우 컸는데, 예를 들면 비단·자기·차·향료 및 황금 같은 것들이다. 특히 향료는 수요량이 대단히 많았지만, 유럽 현지에서는 오히려 생산되지 않았다. 당시 이러한 상품들은 주로 전통적인 바다와 육지의 연락 운송 상로(商路)를 통해 운송되었다. 향료 시장을 쟁탈하기 위한 대전이 역사의 전진을 추동했다.

그때 유럽인들은 향료를 이용해 음식을 보존하여, 향료는 생활필수품이었으므로, 수요가 대단히 커지자, 향료 가격의 등귀를 초래하여, 이윤이 많이 남았다. 유럽 각국은 모두 이윤이 많이 남는 향료 무역으로 최대한 많은 이윤을 남기려고, 끊임없이 그와 관련된 개혁을 진행하고, 개혁을 최적화했다. 특히 군사 무기와 장비 및 범선을 끊임없이 개선했다.

포르투갈인들도 향료 무역 과정에서 한몫 차지하려고 생각했다. 그들은 이 무역의 주도권을 장악하려고 서둘렀다. 육지에서의 군사 투쟁에 실패한 후, 그들은 바다에게 방책을 묻기 시작했는데, 다방면의 노력을 통해, 군사적 우세와 해군의 우세를 확보하여, 세계적 범위에서 최초로 식민지 확장을 진행한 강대국은 세계를 제패하는 여정을 시작했다.

포르투갈의 역사학자 사라비아는 이렇게 지적했다. "항해의 발견은 맨 먼저 포르투갈에서 국가가 계획한 것으로, 전국적 단위의 계획이자, 한 명의 왕자가 주관했던 계획이었다. 이는 포르투갈의 항해 대발견을, 몇몇 상인들이 무역을 위해 진행했던 고립된 탐험과는 달리, 200년 동안 계획적이고 체계적인 조직을 갖춘 임무와 전략이 되도록 해주었다."[5]

1420년 전후로 오래지 않아, 포르투갈의 함대가 아프리카 서해안을 따라 남하하면서 차례차례 탐험을 했는데, 한편으로는 연안의 아프리카인들과 장사를 하거나 혹은 노예를 판매하며, 미친 듯이 식민 활동을 진행했다. 포르투갈 왕자이자 항해가인 엔히크 휘하의 두 명의 선장들은 폭풍우 속에서 마데이라(Madeira)로 항해를 해 나아갔으며, 그 밖의 포르투갈 항해가들은 1427년에 아조레스 군도를 발견했다. 포르투갈 식민 제국은 이때부터 뜻을 이루기 시작했다. 포르투갈의 함대는 연달아 1434년과 1445년에 아프리카의 보자도르 곶(Cabo Bojador)·세네갈 및 카보베르데(Cape Verde)에 도달했다. 1446년, 포르투갈 항해가인 앤서니 페르난도가 시에라리온을 발견했는데, 이러한 지리상의 대발견들은 모두 포르투갈 제국이 굴기하는 데 유리한 조건을 제공했다. 1460년, 포르투갈 제국의 세력은 이미 아프리카 서해안의 약 4천 킬로미터까지 뻗어 나갔다. 1487년 가을, 그들은 처음으로 희망봉을 우회하여 통과했다.

그들의 식민 활동 발걸음에 따라, 세계의 판도도 확대되었다. 그때 또

5 CCTV다큐멘터리 〈大国崛起〉, 제1집, 2006.

하나의 제국, 즉 스페인이 흥기했는데. 두 제국은 항상 새로운 이익과 새로운 판도의 소유권 다툼을 벌였다. 1479년과 1480년, 포르투갈과 스페인은 대서양에서의 충돌을 해결하기 위해 하나의 조약을 체결했다. 조약에서는, 포르투갈인이 대서양에 있는 마데이라·카보베르데 및 아조레스 등 3대 군도를 점유하고, 아프리카를 따라 남하하여 곧바로 동쪽으로 가는 각종 권리를 독점한다고 규정했다. 그리고 스페인인은 대서양에 있는 카나리아 제도를 점유하고, 서쪽으로 향할 권리를 독점한다고 규정했다. 이것이 바로 세계 제국의 제1차 세계 분할이다.

'원대한 계획'이 이루어지자, 이익까지도 계속 탈취하려 했다. 1497년에 인도를 향해 출발하여, 1498년 5월 20일에 그들은 인도 서해안의 코지코드(Kozhikode)에 도달했다. 포르투갈인은 80여 년의 노력을 거쳐, 마침내 원하던 대로 꿈에도 그리던 인도에 도착하여 무장 정복에 종사했으며, 아울러 장사도 했다. 1509년에는 디우 섬(Diu Island) 부근의 해전(海戰)에서, 포르투갈 함대는 아라비아인과 인도인 연합 함대를 패퇴시키고, 인도양을 장악했다. 1511년, 포르투갈은 말라카(Melaka)를 점령했으며, 이어서 군대를 두 방면으로 나누어 동쪽으로 확장해 나갔다. 한 방면은 말라카에서 직접 동쪽으로 향하여, 오늘날의 인도네시아 동부의 말루쿠(Maluku) 군도로 깊숙이 들어갔다. 그곳은 향료가 많이 생산되었기 때문에, 서양인들은 향료 군도라고 불렀다. 그들이 그 군도 중 일부 섬들을 장악함에 따라, 생산된 향료의 판매 루트도 장악했다. 대략 1513년이나 1514년에, 포르투갈의 말라카 주둔 총독은, 선장 알바레즈가 인솔하는 선박을 말라카 동북쪽에 있는 중국으로 파견했다. 당시 중국은 아직 매우 강대한 나라였으므로, 포르투갈인들은 무력을 사용하여 중국의 문호를 열 수 없게 되자, 후퇴하여 차선책을 물색한 다음, 중국과 통상(通商)할 방법을 강구했다. 1543년, 포르투갈인들은 중국 동남쪽을 거쳐 일본에 도착했고, 일본과 무역 관계를 수립했다. 1554년에 포르투갈 함대의 지휘관인 소사와 광동(廣

東)의 해도부사(海道副使)인 왕백(汪柏)이 합의를 체결했는데, 이때부터 양국은 정식으로 무역 관계를 수립한 셈이다. 1555년부터 포르투갈인들이 마카오에 거주하는 것은 중국 지방 정부의 묵인을 받았다. 이 밖에, 1530년에 포르투갈인들은 브라질에 대한 개발을 시작했다.

16세기 상반기 혹은 중기에, 포르투갈 제국은 전성기에 진입했는데, 그 식민지는 아프리카·브라질 및 환대서양·인도양 항로의 도서들에 두루 분포되어 있어, 인도양상에서 이루어지는 모든 무역을 통제하였다. 그들은 또한 인도의 고아(Goa)를 점령하고, 아울러 사람을 파견하여 고아 총독, 즉 인도 총독 임무를 맡겼다. 그는 포르투갈 국왕을 대신하여 동방에서의 전권을 대표하는 사람으로, 국왕을 대표하여 모잠비크·호르무즈·실론·말라카·티모르 및 중국의 마카오 등지를 영도하거나 혹은 관련 사무를 처리했다.

서양의 어떤 학자는 포르투갈 수도 리스본이 당시 성황을 이루었던 모습을 다음과 같이 묘사했다.

매년 봄이 되면 한 무리의 삼각돛을 단 경쾌한 범선들이 말라게타(Malagueta: 라이베리아에 있는 해안으로, 후추를 비롯해 갖가지 곡물들의 집하장 역할을 했으므로, '곡물 해안'이라고 불렸다) 후추 부대·상아 묶음·흑인 노예 및 금사(金砂) 상자들을 가득 싣고 와서 타구스강(떼주강, Rio Tejo)으로 실어 날랐다. ……연안의 각 부두와 옛 도회지들의 좁은 거리와 작은 골목에서는 아이슬란드에서부터 카메룬까지 각지의 언어들을 모두 들을 수 있었다. ……국왕 후앙은 상업광장 위에 있는 궁전의 창문을 통해, 서로 다른 12개 나라의 선박들이 마룻줄만을 단단히 당긴 채 물살이 빠른 타구스강을 항해하고……이탈리아 은행가와 유태인 환전상들이 광장 주변에 수많은 사무소를 세워 놓은 장면을 볼 수 있었다.

이상의 자료로부터 어렵지 않게 알 수 있듯이, 당시 포르투갈 사회의 각계각층은 모두 확장에 몰두했으며, 식민 탐험은 거국적으로 상하 모두의 일치된 이익 추구 수단이 되었다. 그리하여 인류 사회가 새로운 발전의 시기—해양 시대—에 진입할 때, 그들은 이 절호의 찬스를 단단히 움켜쥠으로써, 당시 세계의 강대국이 되었다.

절호의 찬스를 움켜쥐고, 필요한 인재가 있으면, 바로 발전을 촉진시킬 수 있지만, 만약 인재, 특히 관건이 되는 중요한 인재를 잃으면, 또한 국가에게 쇠락의 화근을 남겨 주게 된다. 세계에 이름을 떨친 콜럼버스는 위대한 항해 계획을 가지고, 먼저 당시 세계 강대국이던 포르투갈에 갔지만, 유감스럽게도 콜럼버스는 포르투갈에서 6년 동안 냉대를 받았다. 줄곧 푸대접을 받은 그는, 후에 방향을 바꾸어 스페인에 투신했다. 똑같은 일이 또 일어나고 있었다. 그것은 바로 세계를 뒤흔든, 인류 역사상 최초로 지구 일주 항해를 한 항해가 마젤란도, 처음에는 포르투갈에 투신했지만, 포르투갈은 마찬가지로 마젤란을 냉대하자, 후에 그도 다시 스페인에 투신했다. 두 명의 세계적인 항해가들의 가담은, 스페인의 발전을 크게 촉진했고, 포르투갈의 쇠락을 가속화했다. 1580년에 포르투갈은 스페인에게 겸병되었는데, 후에 비록 다시 독립했지만, 그 쇠락은 이미 피할 수 없었다.

II. 스페인

스페인도 마찬가지로 유럽 서남단의 삼면이 바다로 둘러싸인 이베리아 반도에 위치하며, 이베리아 반도의 85%를 점유하는 유럽의 대국 중 하나로, 면적은 50여만 평방킬로미터이다. 동북쪽은 프랑스와 국경을 접하고 있으며, 서쪽의 대부분은 포르투갈과 접하고 있고, 나머지 육지는 모두 대양과 닿아 있다. 1500년경, 인구는 단지 600만 명이었는데, 2011년의 인구는 4,611만 명이다.

스페인은 매우 뛰어난 관광 자원을 보유하고 있으며, 대부분의 국토는 기후가 온화하고, 산 좋고 물 맑으며, 햇빛은 아름답고, 풍경이 빼어나다. 전국에 골고루 분포하는 세계문화유산과 다원화된 문명의 융합은 예외 없이 사람들로 하여금 구경하느라 정신이 팔려 발길을 돌리지 못하게 만든다. 스페인은 또한 수많은 왕궁과 교회와 성(城)들을 보유하고 있는데, 그중 10여 개의 고적들은 유네스코가 중점 보호하는 문화유산에 포함되었다. 3월부터 10월까지는 투우의 계절로, 주말이면 멋진 투우 경기를 볼 수 있다.

1. 스페인의 통일

현대 스페인 국가의 통일은, 이사벨 1세(Isabel Ⅰ)가 기초를 다졌다. 이사벨은 원래 카스티야(Castilla)-레온(León) 연합 왕국의 공주이자 계승자였는데, 오빠가 그녀를 자기보다 20살이나 많은 홀아비 포르투갈 국왕인 알폰소 5세에게 출가시키려 하는 데 불만을 가졌으므로, 곧 오빠를 배반하고, 자기 생각대로 아라곤 왕국의 왕자인 페르난도와 결혼했다. 1479년, 페르난도가 아라곤의 왕위를 계승했다. 부부인 이들 두 사람이 왕위에 오른 다음에 일련의 법률과 법령 제정에 착수하여, 훗날 스페인의 통일을 위한 기초를 다졌다.

이사벨 1세의 미모에 대해 유럽의 왕실들은 놀라워하며 흠모했다. 그는 생각이 민첩하고, 의지가 강하며, 재능이 넘쳤다. 살아 있는 동안 이사벨 1세는 고귀하고 우아했으며, 반드시 온 몸에 흰색 옷을 입었으므로, 사람들은 그를 '백의의 여왕'이라고 불렀다.

500여 년 전, 스페인의 나라를 되찾기 위한 운동은 꼬박 8세기 동안이나 지속되었다. 무슬림 신도인 무어인들이 통치하는 것은 단지 마지막 왕국인 그라나다(Granada)뿐이었다. 1490년 봄, 스페인의 이사벨 여왕은 10

만 대군을 이끌고 그라나다를 포위했다. 페르난도 2세는 전선에서 전투를 벌였고, 이사벨 여왕은 직접 전투를 독려하면서 한가운데에서 지휘하였다. 1492년, 8개월에 걸쳐 겹겹이 포위되어 있는 동안, 그라나다는 탄약과 식량이 바닥난 상태에서 스페인 군대의 맹렬한 공격을 받자, 무어인들은 성을 버리고 투항했다. 길고 긴 8세기에 달하는 전쟁은 종결을 고했다. 이사벨 여왕과 그의 남편인 페르난도 국왕은 함께 알람브라 궁전(Alhambra Palace)으로 진입했다.

2. 신대륙을 발견한 콜럼버스

1492년에 스페인은 막 통일을 이루었는데, 기쁨이 채 가시기도 전에, 역사는 다시 스페인에게 금상첨화의 기쁨을 가져다주었다.

여왕이 그라나다(이사벨 여왕에게 마지막까지 저항했던 이슬람 토후국으로, 이 토후국을 정복함으로써 스페인 통일이 완성되었다—옮긴이)에 진입하는 대오안에는 한 명의 실의에 빠진 나그네가 포함되어 있었는데, 10년 동안의 좌절을 겪은 후, 여왕이 제노바(Genova)인을 불러 만나 주기를 희망하고 있었으니, 그가 바로 훗날 세계에 이름을 떨친 크리스토퍼 콜럼버스(Christopher Columbus)다.

콜럼버스는 어려서부터 항해와 모험을 좋아하여, 『동방견문록(*The Travels of Marco Polo*)』을 읽고 인도와 중국을 매우 동경했다. 당시 지구는 둥글다는 학설의 영향을 받아, 그는 해양 탐험을 하는 과정에서 곧바로 서쪽으로 가 동방의 중국과 인도에 도달할 수 있기를 희망했다. 그러나 포르투갈에서는 아무도 콜럼버스를 거들떠보지도 않고, 줄곧 푸대접만 받았다.

이사벨 여왕은 혜안으로 영웅을 알아보았는데, 막 통일 대업을 완성하자, 곧 세 차례 콜럼버스를 불러 만났다. 이사벨 여왕은 국왕을 설복시켰고, 아울러 자기의 개인 자금을 부담하여 콜럼버스를 도우면서, 스페인 원양 탐험의 최고 후원자가 됨으로써, 콜럼버스의 계획은 마침내 실행될 수 있게 되었다.

1492년 4월 17일, 콜럼버스는 스페인 국왕 카스티야 및 이사벨 여왕과 서면 협정을 체결했는데, 거기에서 이렇게 약정했다. 즉 콜럼버스를, 그가 발견하고 빼앗은 일체의 섬과 대륙의 사령관에 임명하며, 또한 현지의 정무 책임자로 삼아, 식민지에 대해 식민 개발을 진행한다. 콜럼버스는 자신이 발견한 땅에서 얻은 모든 재화의 10분의 1을 취득할 수 있으며, 아울러 세금을 일절 면제해 준다. 또한 이후 이러한 식민지에 가는 선박에 대해서는 콜럼버스가 그 이윤의 8분의 1을 수취할 수 있지만, 식민지 주권은 왕실에 속한다. 이리하여 국가의 의지와 항해가의 바람은 마침내 하나로 합쳐졌다.

포목상 가정에서 출생한 콜럼버스는 어려서부터 흥정하는 상업 행위를 항상 보고 들어서 익숙하고 습관이 되었으며, 풍부한 상업 지식을 가지고 있었다. 그는 왕실과 합의할 때, 당당하게 자신을 위해 충분한 권익을 얻어냈다.

한 사람의 보통 백성이 대등하게 왕실과 흥정을 하고, 합작 협상을 벌여 합의하는 방식으로 새로운 영토를 개척하고 이익을 분배하는 문제를 처리했는데, 이런 합작 방식에 대해 스페인 왕실도 왕권의 체면을 잃는다고 여기지 않았다. 이것은 당시 중국에서는 대역무도한 일이었으며, 아무도 할 수 없는 일로 여겨졌다.

1492년 8월 3일, 콜럼버스는 스페인 국왕 부처의 파견 명령을 받았는데, 수여한 해군대원수(海軍大元帥) 임명장과 여왕이 그에게 원조한 백 톤 정도 되는 세 척의 범선들을 거느리고, 인도 왕과 중국 황제에게 주는 국서(國書)를 지닌 채, 대범선 위에 올라 출항 명령을 내렸다. 그들은 스페인 바로스 항으로부터 대서양으로 나가, 곧바로 정확히 서쪽을 향해 항해했다.

서쪽으로, 또 서쪽으로 항해하여, 범선은 대서양의 오지로 들어갔다.

해상 항해의 생활은 단조로운 것으로, 두 달남짓 동안 항해하면서 거의 붕괴된 선원들은 1492년 10월 12일, 마침내 기쁘게도 육지를 발견하자, 콜럼버스는 인도에 도달했다고 생각했다. 하지만 그것은 북아메리카에 있는 바하마 군도였다. 이 날부터 그 동안 막혀 있던 세계는 하나로 이어졌다.

영웅은 이렇게 탄생했다.

스페인인들의 성공은 전 유럽을 뒤흔들었다. 이 날, 즉 10월 12일은 훗날 스페인의 국경일로 정해졌다.

돌아올 때 콜럼버스는 먼저 리스본에 도착했는데, 포르투갈 국왕 후앙 2세는 일부러 그를 접견했다. 이렇게 중요한 인재를 잃었다는 사실에 포르투갈 국왕 후앙 2세는 속으로는 가슴을 치며 매우 원통해하면서 후회했다.

3. 처음으로 지구가 둥글다는 것을 증명한 마젤란

포르투갈에 의해 거부당한 또 한 명의 항해가 페르디난드 마젤란은 1519년 9월 20일에 다섯 척의 배와 265명의 선원을 거느리고, 인류 역사 이래 최초로 지구 일주 항해를 시작했다.

이것은 또 한 번 포르투갈에 의해 버림받았던 획기적인 장거였다.

마젤란은 1480년에 포르투갈 북부에 있는 포르토(Porto)의 몰락한 기사 집안에서 태어났다. 10살 때 그의 아버지는 그를 왕궁에 보내 복역하게 했는데, 후에 왕후의 시동(侍童: 잔심부름하는 아이)이 되었다. 1496년, 그는 국가 항해사무소에 편입되었고, 1505년에는 포르투갈의 초대 인도 총독 알메이다(Francisco de Almeida)의 원정대에 참가했다. 여러 차례 원정대를 따라 동부 아프리카·인도 및 말라카 등지에 가서 탐험과 식민 활동을 진행했다. 이러한 경력은 그에게 풍부한 항해 경험을 쌓도록 했는데, 그는 지구는 둥글다고 확신했다. 그리하여 그는 곧 지구 일주 항해를 한 번 하려고 생각했다.

33살 때, 마젤란은 고향 포르투갈로 돌아왔다. 그는 포르투갈 국왕 마누엘에게 함대를 조직하여 탐험을 떠나, 지구 일주 항해를 한 번 진행할 것을 요청했다. 그러나 국왕은 응답이 없었다.

1517년, 그는 포르투갈을 떠나 스페인의 세비야로 가서 다시 한 번 지구 일주 항해를 요청했다. 세비야의 요새 사령관은 그의 재능과 용기를 매우 마음에 들어 하여, 그의 요청에 응답했을 뿐 아니라, 자신의 딸을 마젤란과 결혼시키기도 했다.

1518년 3월, 스페인 국왕 카를 5세가 마젤란을 접견하자, 마젤란은 다시 지구 일주 항해를 요청했으며, 국왕은 매우 신속하게 그에게 응답했다.

1519년 9월 20일, 마젤란은 다섯 척의 배와 265명의 선원을 이끌고 세비야를 출발하여, 대서양으로 나가 브라질을 향해 나아갔다. 1520년 11월 28일, 그들은 지금의 마젤란 해협을 지나 태평양에 들어섰는데, 태평양상에서 총 3개월 20일을 항해했다. 태평양이 그렇게 클 것이라고는 예상하지 못했기 때문에, 선원들은 식량·식수와 신선한 야채·과일이 부족했으며, 죽음의 신이 곧바로 그들을 향해 다가오고 있었다. 가장 힘들었을 때, 그들은 톱밥과 벌레가 득실대는 빵부스러기를 모아 한데 섞어 허기를 채웠으며, 또한 오랜 기간 동안 비바람을 맞으며 햇볕에 말라 버려 쇳조각처럼 단단해진, 로프의 겉면에 씌워 놓은 쇠가죽을 바닷물 속에 4, 5일 동안 담가 두었다가 약간 부드러워진 다음, 불에 구워서 먹었다. 1521년 3월, 그들은 향료 군도 부근에 도착했다. 1521년 4월, 마젤란은 당시 필리핀 각 부족들 사이에 발생한 충돌에 참여했다가 맞아 죽었다. 남아 있던 일부 선원들은 빅토리아 호라고 부르는 한 척의 배를 타고, 1522년 9월 6일에 스페인으로 돌아왔다. 이때는 그들이 출발했던 때로부터 거의 3년이 지났으며, 떠날 때의 265명은 단지 18명만 돌아왔다. 지구는 둥글다는 이 과학적 가설은, 이리하여 마침내 실천적으로 증명되었다.

콜럼버스의 아메리카 대륙 '발견'과 마젤란의 지구 일주 항해에 따라,

스페인인들은 아메리카와 필리핀에서 대규모 식민 정복을 개시했다. 1519년 8월, 스페인은 멕시코를 정복하기 시작했는데, 1521년 8월에 마지막 한 무리의 저항 세력을 소탕하고, 멕시코 전역을 정복했다. 1532년 가을, 스페인은 페루 정복을 시작했으며, 1533년 11월에 페루는 정복되었다. 이리하여 아메리카에서 더 이상 스페인과 맞설 유효한 세력이 사라지자, 스페인인들은 전면적으로 아메리카 인디언들을 노예화하는 절차를 개시했다.

태평양상에서 스페인인들은 16세기 하반기에 '마닐라 대범선 무역'이라는 무역 체계를 확립했다. 이 항로의 동쪽 끝은 멕시코의 아카풀코(Acapulco de Juárez)였고, 서쪽 끝은 필리핀의 마닐라였다. 마닐라 대범선 무역은 스페인이 필리핀을 통치하는 생명선이었는데, 모두 250년간 유지되다가, 1815년에 끝났다.

4. '금·은 깔때기' 신세가 되다

대략 16세기 중엽에, 스페인 제국은 전성기에 도달했다. 유럽에서 스페인은 거의 절반의 천주교 세계를 통치했으며, 아시아에서 그들은 필리핀을 정복했고, 브라질을 제외한 아메리카는 모두 스페인 소유가 되었다. 그 관할 지역은 세 부분으로 이루어져 있었다. 즉 스페인 본토 및 스페인이 서유럽에서 계승해 온 영토 이외에, 해외 식민지가 특히 컸는데, 북아프리카에 약간 있었고, 대부분은 중·남아메리카(브라질 제외)와 필리핀에 집중되어 있었다. 그 전성기에, 스페인의 영토 면적은 1,054만 평방킬로미터로, 근대 서방 국가가 건립한 최고의 식민 대국이자 강대국이었다. 식민지는 스페인을 위해 대량의 부(富)를 제공해 주었다. 1521년부터 1544년까지만, 매년 아메리카에서 실어 온 황금은 2,900킬로그램, 은은 3만 700킬로그램으로 추정된다. 1545년부터 1560년까지, 매년 실어 온 황금은 5,500킬로그램, 은은 24만 6천 킬로그램이었다. 이것은 당시로서는 대단히 거대한 부였다. 제국이 흥성했을 때 세계에 끼친 영향은 지금도 볼 수 있다. 즉 현재 전 세계에는 스페인어를 사용하는 인구가 5억 명이나 되어, 스페인어를 세계에서 사용 인구가 세 번째로 많은 언어로 만들었다. 모국어 사용자 수에 따른 순위에서는, 스페인어는 세계에서 두 번째로 큰 언어로, 중국어 바로 다음이다.

스페인 제국은 줄곧 이처럼 번성할 수 있었을까?

스페인 왕국의 봉건 세력은 지나치게 컸으며, 스페인 제국은 무력을 남용하여 전쟁을 일삼았고, 어떤 일이든 모두 개입하려 하면서, 제국의 규모는 갈수록 커졌다. 그 결과 도처에 적들이 생겨남에 따라, 해마다 정복 전쟁을 벌이자, 경제는 쇠퇴하고, 백성들은 안심하고 생활할 수가 없게 되었다. 그들은 또한 종교 문제를 잘못 처리한 데다, 이민족을 박해하여, 국가의 내부 관계를 극도로 악화시켰다. 해외 확장과 식민의 성공은, 역으로 사회 분위기를 전면적으로 악화시켰다. 전 사회가 지나치게 금전을 추구하고, 공업과 농업 생산노동을 경시했으며, 수공업 생산 및 그 노동자들을 멸시함에 따라, 직접적으로 제국의 농업과 수공업을 쇠퇴를 초래하여, 국가의 기초를 손상시킨 것 등등이다.

수탈하여 조수처럼 쏟아져 들어왔던 부는, 국가를 부강하게 하고 백성을 부유하게 하는 상공업에 쓰인 게 아니라, 종교 신앙을 지탱하고, 식민지를 확장하기 위한 전쟁을 하는 데 사용되었다. 스페인은 급속한 발전 과정에서, 국내적으로 그에 상응하는 제도 개혁을 진행하여 빠르게 변화하는 국내·외의 형세에 적응하지 못했다. 정반대로, 스페인의 구세력은 상공업의 발전에 따른 신흥 세력이 발흥하는 것을 허락하지 않고, 그들은 터무니없게도 만여 명의 상공업에 종사하는 외국인들을 스페인에서 쫓아내자, 결국 본국 경제에 노동력 부족을 초래하여, 경제 능력이 크게 약화되었다. 당시 그들은 무역에 종사하는 데 필수적인 해운업이 부족했으며, 스페인령 아메리카 식민지에는 그들이 필요로 하는 완성품을 제공할 공업이 부족했다. 어쩔 도리가 없자, 그들은 국외의 값비싼 상품을 구매할 수밖에 없었는데, 줄곧 이런 상황이 계속되자, 국내 공업은 극도로 위축되고, 화폐도 급격하고 크게 가치가 하락했지만, 사람들은 오히려 여전히 호화롭고 사치스러운 생활에 빠져 있었다.

16세기 하반기에, 이미 비할 데 없이 강대하던 스페인은, 부가 증가하는 동안 일정 수준에 도달한 산업을 남겨 놓지 못했고, 사치스러운 사회 풍조를 제거하지 못하여, 조수처럼 쏟아져 들어왔던 부가 다시 흐르는 물처럼 빠져나가, 스페인은 금·은의 깔때기가 되었다.

16세기 말 17세기 초에, 스페인 제국은 필연적인 쇠락으로 치달았다.

제2장 해상의 마차부

네덜란드

네덜란드는 유럽의 서북부에 위치하며, 유럽의 매우 작은 나라인데, 면적이 4.5만 평방킬로미터로, 고작 오늘날의 베이징시의 두 배 반에 해당하며, 타이완(臺灣)보다 약간 크다. 동쪽은 독일과 접해 있고, 남쪽은 벨기에와 국경을 접하고 있으며, 서쪽과 북쪽은 북해로, 영국과 네덜란드가 북해를 사이에 두고 서로 마주하고 있다. 17세기에, 인구는 겨우 150만 명이었으며, 2012년 인구는 1,673만 명이다.

네덜란드의 국토는 고도가 매우 낮아, 그 국토 면적의 절반이 해발 1미터 이하이며, 4분의 1의 국토는 심지어 해수면보다 낮다. 이때문에 또한 흔히들 저지(低地) 국가라고 부르며, 네덜란드에서 가장 높은 곳은 국가의 동남쪽 가장 모서리에 있는 팔제르베르크(Vaalserberg) 산으로 해발 321미터이다. 네덜란드는 방파제·풍차 및 관용적인 사회 풍조로 유명하다. 평탄한 것은 네덜란드 지형의 가장 두드러진 특징인데, 일부 지역은 심지어 바다를 막아서 조성한 지형으로 이루어져 있다.

네덜란드 경제는 고도로 발달했으며, 1인당 평균 GDP는 5만 달러가 넘어, 세계 10위 안에 들고, 2013년에 인간개발지수(HDI)[6]는 세계 4위를 차지했으며, 서방 10대 경제 대국 중 하나이다. 2013년에는 모두 12개의 네덜란드 기업이 '세계 500대 기업'에 진입했으며, 네덜란드 황실의 셸 그룹(Shell Group of Companies)은 세계 최대의 대기업 중 하나로, 당당히 세계 500대 기업의 첫 번째 자리를 차지했다. 네덜란드는 세계 3대 농산품 수출국이자, 세계 주요 조선국(造船國)이다. 네덜란드는 자연 자원이 상대적으로 부족하지만, 천연가스 매장량은 풍부하여, 자급하고 남는 양은 수출도 할 수 있다. 네덜란드는 교통이 매우 발달했는데, 전체 수송량은 유럽연합의 30%를 차지하고 있다.[7]

네덜란드의 역사는 매우 복잡하다. 중세 초기에, 네덜란드가 있는 지역은 프랑크 왕국(Fränkisches Reich)의 일부였다. 프랑크 왕국이 분열한 후, 네덜란드는 나뉘어 도이칠란트 연방 황제와 프랑스 국왕의 관할에 편입되었다. 15세기에 들어서, 그 대부분의 영토는 부르고뉴 공국(Duchy of Burgundy)에게 합병되었다. 16세기 초, 네덜란드는 다시 혼인 관계와 계승 관계로 인해 스페인 합스부르크가(House of Habsburg)의 통치에 귀속된다. 1568년에 네덜란드는 80년간 지속된 반(反)스페인 전쟁을 일으켰다. 1581년에 북부에 있던 7개 주(州)들이 연합하여 연합공화국을 수립하고, 또한 네덜란드공화국이라고 불렀다. 1648년에 스페인은 정식으로 네덜란드의 독립을 승인했는데, 1795년에 프랑스 군대가 침입하여, 1806년에 네덜란드는 왕국으로 봉해지고, 나폴레옹의 동생이 국왕에 임명되었다. 1810년에는 프랑스 제1제국에 합병되었다가, 1814년에 프랑스에서 떨어져 나왔고, 이듬해에 과거의 남부 네덜란드를 포함하는 네덜란드 왕국을 수립했다. 1830년에 남부가 네덜란드 왕국에서 떨어져 나가 독립하여, 오늘날의 벨기에가 되었다. 1848년에 네덜란드 왕국은 입헌군주국이 되었다.

6 인간개발지수(HDI): 'HDI'는 Human Development Index의 약자로, '인류발전지수'라고도 한다. 이 지표는 유엔개발계획(UNDP)이 매년 각 국가의 교육 수준이나 1인당 소득 및 평균 수명 등을 기준으로, 그 나라의 삶의 질을 수치로 계량화하여 인간 개발의 수준을 나타내는 지수이다.

7 〈위키피디아(*Wikipedia*)〉의 '네덜란드' 항목 참조.

네덜란드의 국토 형세는 낮으며, 평탄한 것은 네덜란드 지형의 가장 뚜렷한 특징이다. 800년 전, 네덜란드의 국토에는 조수(潮水)가 드나들어, 매우 많은 습지와 호수를 이루었다. 이때문에 둑과 제방을 쌓고, 풍차를 이용해 물을 퍼냈으며, 반복적으로 수해와 싸우면서 네덜란드의 육지를 만들어, 점차 인간이 거주할 수 있는 환경을 조성했다. 만약 이러한 일련의 복잡한 수리시설의 보호를 받지 못한다면, 네덜란드에서 인구가 가장 조밀한 지역들은 모두 매일 밀물과 썰물 때 두 번씩 바닷물에 잠길 것이다. 바로 이렇게 자연 자원이 부족하고, 수해가 빈발하고, 국토 면적이 좁은 소국이, 17세기에는 오히려 무한한 영광을 누렸으며, 혼자서 세계 무대를 호령하였다. 그리하여 전 세계 경제의 중심이자 가장 부유한 지역이 되어, 유럽 국가들로부터 흠모를 받았고, 심지어는 질투를 받기도 했으며, 세계를 놀라게 했다. 고작 150만 명의 인구를 가진 이 나라는, 창조와 혁신[8]을 이용하여, 자기의 세력을 거의 세계의 구석구석까지 확대했다. 그리하여 그 당시 마르크스는 이 나라를 일컬어 "해상에서 가장 강한 나라"라고 했다.

네덜란드는 국토가 좁고 인구는 적으며, 자연 자원과 식료품·목재를 비롯하여 기타 전시(戰時)나 평화 시기에 필요한 무기도 모두 적어 보잘것없었다. 또 지세가 낮아 전 국토의 4분의 1이 해수면보다 낮으며, 해수의 침식이 심각했다. 동시에 네덜란드는 또한 유럽의 라인강·뫼즈강과 셸드강 등 3대 강이 바다로 흘러들어가는 입구에 있어, 강물의 범람은 네덜란드의 수해에 대한 압박을 더욱 가중시켰다. 이때문에, 둑과 제방을 쌓고, 풍차를 이용하여 물을 퍼내면서, 수해와 반복적으로 투쟁하는 것은 바로 네덜란드 역사에서 대사(大事) 중 하나였다.

바로 이러한 장기간의 투쟁이, 그들로 하여금 완강하게 분투하고, 끊임

8 창조와 혁신: 중국어 원문에 있는 '創新'을 번역한 것으로, '낡은 것을 버리고 새로운 것을 창조함'이라는 뜻이다. 우리가 흔히 쓰는 말이 아니어서, 이 책에서는 문맥에 따라 '창조'·'혁신'·'창조와 혁신'·'창조·혁신' 등으로 번역했다.

없이 자강하며, 각지의 구체적인 실정에 맞게 적절한 대책을 강구하고, 장점은 발양하며 단점은 지양하고, 부지런함을 견지하는 민족정신을 형성하게 해주어, 네덜란드 국민의 강국에 대한 꿈을 성취하게 해주었다.

일찍이 1229년에 네덜란드인들은 세계 최초로 인류에게 동력을 제공하는 풍차를 발명했다. 오래도록 네덜란드인들은 풍부한 수리(水利) 경험과 수리 기술을 축적했지만, 네덜란드가 강국이 되는 데 더 크게 기여한 것은 역시 어업이었다.

Ⅰ. 네덜란드의 '사업 밑천'—청어

네덜란드는 양면이 바다와 접하고 있으며, 근해는 얕은 바다가 대부분을 차지하고 있고, 어업 자원이 풍부하다. 대양을 개발하는 과정에서, 그들은 매우 많은 것들을 발명하고 창조하여, 풍부한 청어 자원을 상업 자원으로 개발했는데, 이는 바로 그들의 걸작 중 하나이다.

해류의 변화에 따라, 매년 봄부터 초여름까지 수많은 청어가 네덜란드 북부의 연해 지역으로 회유하여 모여든다. 청어를 잡는 것은 그들의 클라이맥스다. 청어를 잡은 다음, 가장 골치 아픈 부분은 신선도를 유지하는 것이다. 아이스박스 냉동기가 없던 시대에, 잡아온 청어는 항상 썩어 버렸다. 1358년, 총명한 네덜란드의 어민인 빌렘 벤켈소어가 작은 칼을 이용하여 청어의 배를 갈라, 내장을 적출하고, 대가리를 잘라 버린 다음, 마지막으로 소금을 속에 뿌리면서, 곧 큰 성공을 거두었다. 사실상 단칼에 물고기의 독이 있거나 해로운 부분 등을 제거해 버리고, 유용한 부분만 남겨두었는데, 오직 칼 한 자루만 있으면 단숨에 해치웠으며(그리고 또 시간도 매우 짧아, 가장 빠르게 배를 가르는 인부는 1분 동안에 30마리를 가를 수 있었다), 이렇게 하면 1년여 동안 보존할 수 있었다. 간단해 보이지만, 바로 이렇게 간단한 "네덜란드식 신선도 유지"라고 불리는 방법의 발명은, 네덜란드의 어선들로 하여금 마음 놓고 대담하게 장기간 바다 위에서 작업할 수 있게 해주었으므로, 더욱 먼 바다까지 들어가서, 소금에 절인 청어를 대량으로 포장하여 수송해 와서, 다른 나라들에 대량으로 수출하였다. 바로 이러한 "네덜란드식 신선도 유지"라는 간단한 발명은, 네덜란드 청어 무역의 독점적 지위를 다지게 해주었으며, 교묘하게 이 해양의 자연 자원을 네덜란드를 위해 독점적 자본으로 변화시켜 주었다.

"네덜란드식 신선도 유지"법은 네덜란드 경제에 중요했는데, 매우 많은 사람들이 이것으로 생계를 유지하면서, 가족을 부양하고 땅을 구입했다. 네덜란드인은 매년 북해로부터 1천만 킬로그램이 넘는 청어를 잡아들였다.

14세기의 네덜란드 인구는 100만 명도 안 되었지만, 약 20만 명이 어업에 종사했으니, 작은 청어가 네덜란드의 20%가 넘는 사람들의 직장을 해결해 주었으며, 소소한 청어 산업은 네덜란드의 으뜸가는 주축 산업이 되었다.

바다에는 풍부한 어류 자원이 있는데, 시간이 유수처럼 빠르게 흐르는 동안, 네덜란드인들은 청어 자원을 매우 잘 이용하였다. 17세기 상반기, 고기잡이에 참가하는 네덜란드 어선들은 무려 1,500여 척에 달하여, 수량이 상당히 많았다. 이런 배들 위에서 약 1만 2천여 명의 어민들이 작업을 진행하여, 매번 30만 통의 청어를 잡아 가공할 수 있었다. 작업하는 사람들 사이에는 서로 역할을 분담하면서도 서로 연결되어 있었는데, 고기잡이 인부는 오로지 고기만 잡고, 배를 가르는 인부는 오로지 물고기의 내장만 제거하고, 물고기를 소금에 절이는 인부는 오로지 소금에 절여 통에 담는 일만 했다. 이렇게 전체 어업 활동이 치밀하게 잘 짜인 연속 생산을 하자, 후에 이러한 청어 잡이 배를 '공장선(工場船)'이라고 불렀다. 전문적인 분업은 생산 효율을 크게 높여 주었으며, 인류가 훗날 다른 직업에서 과학적이고 세밀하게 작업 공정을 분해하는 데 본보기를 제공했다.

청어 산업이 각자 제멋대로 경쟁하면서, 대규모로 개발하는 데에도 불리하고 또 생산의 질과 양을 쉽게 파악하는 데에도 불리한 점 등의 문제들을 해결하기 위해, 1575년에 네덜란드의 청어 잡이 어업과 가장 관계가 큰 5개 항구도시들은 '대어업위원회'를 설립했다. 뒤이어 다시 의회로부터 약간의 법정(法定) 권력을 획득하여, 청어 생산에 대한 관리와 감독을 시행했다. 위원회는 일련의 어업 법령을 정리하여 반포했는데, 거기에는 청어를 잡는 계절·가공의 질과 양·포장 규격 등등이 포함되었으며, 또한 엄격하고 세밀하게 품질과 중량 검사를 시행했다. 청어를 절이는 데 사용하는 소금의 표준, 절인 청어를 담는 통의 목재 재질과 크기, 통에 담은 청어의 품질과 중량 등등에 대해 모두 명확하고 구체적인 요구사항이 있었는데, 그 목적은 네덜란드 청어가 국제 시장에서 우수한 명성과 경쟁력을 갖도록 보장하는 데 있었다. 동시에 매년 청어 잡이 시즌이 다가올 무렵, 이 위원회는 델프트(Delft)에서 전문 회의를 소집하고, 어업 허가증을 심사하여 발급했는데, 작업 조건에 불합격한 어선은 예외 없이 출항을 허가하지 않았다. 이 밖에도 위원회는 또한 어선의 항해를 보호하는 업무도 책임졌다.

어업의 흥성으로 갖가지 선박들에 대한 필요는, 더 나아가 조선업의 발달을 추동했다. 어업과 조선업은 네덜란드와 동북유럽·잉글랜드·남유럽·아프리카의 무역을 추동하여, 해상 무역의 발전을 촉진했다.

1624년 7월 19일, 네덜란드 연방의회는 헤이그에서 다음과 같이 선포했다. "위대한 어업과 청어 잡이 어업은 당연히 제1의 산업이며, 또한 네덜란드의 금광(金鑛)이다." 청어는 이때문에 네덜란드가 굴기하는 '사업 밑천'을 가득 채워 주었다.

II. "해상의 마차부"라는 월계관

서북 유럽에 있는 네덜란드는 대서양의 북해를 향해 있고, 북해와 발트

해부터 지중해로 이어지는 상업 요충지에 위치하고 있어, 네덜란드를 대서양 항로상에서 중요한 지역이 되게 하였다. 또한 유럽을 흐르는 세 개의 강, 즉 라인강·뫼즈강과 셸드강이 네덜란드로부터 바다로 흘러 들어가고 있어, 배수를 위해 네덜란드인들은 또한 많은 운하를 건설함에 따라, 사통팔달하는 수계는 당시 유럽에서 가장 발달한 수상 교통망을 형성하였다. 이와 같은 장점을 이용하여, 네덜란드는 넓디넓은 유럽 대륙의 상품 집산지가 될 수 있는 가능성을 구비하였다.

네덜란드인의 상품 경영 의식이 비교적 강하여, 그들은 비교적 일찍부터 대규모로 화물을 유통시키고 교환하는 것을 생계수단으로 삼았다. 거기에 더해 유리한 지리적 위치는 해상무역에 더욱 커다란 우월성을 뚜렷이 드러내 주었다. 국토는 겨우 수만 평방킬로미터에 불과하고, 토양은 척박하며, 지대가 낮은 소국인 데다, 강대한 왕권과 군대도 없고, 인력 자원과 자연 자원 모두 현저하게 부족한데, 그들은 도대체 어떻게 세계 최강의 국가로 나아갔을까?

매우 강한 창조력을 지닌 네덜란드인들은 정세에 따라 유리하게 이끌면서, 매우 명확하게 상업 무역에 의지하여 부를 축적해 가는 방법을 선택하여, 국가가 강대해지고 발전하도록 촉진했다. 그들은 당시 비교적 발달해 있던 수상 교통망을 이용하여, 해상 무역을 통해 위대한 상업 제국을 만들었고, 끊임없이 세계 각지로부터 부를 빨아들이기 시작했다.

무역 과정에서, 네덜란드인들은 반드시 실력이 강대한 잉글랜드 상인들과 싸워 이겨야 했다. 잉글랜드의 면적은 네덜란드보다 세 배나 컸고, 인구는 다섯 배나 되었으며, 또한 네덜란드보다 우월한 지리적 위치를 차지하고 있었다. 이러한 격차가 있는데, 네덜란드인들은 어떻게 강대한 경쟁 상대를 물리쳤을까?

해양 무역에서 배는 필수적인 도구로, 이윤의 크기를 결정하는 데에 배의 구조가 비교적 큰 요인이었다. 배의 구조에서, 그들은 두 가지 큰 개혁을 하였다.

첫 번째 개혁은, 전형적인 유럽의 상선들은 모두 화포를 가설할 수 있는 평대를 설치하여 건조했는데, 이렇게 만들면 해적들의 습격을 효과적으로 방지할 수 있었다. 네덜란드인들은 솔선하여 모험적으로, 단지 화물만 운송할 수 있고 화포는 가설할 수 없는 평대를 설치한 상선을 건조하고, 원래 배를 건조할 때 사용하던 튼튼하고 두꺼운 목판을 조금 얇은 목판으로 바꾸었다. 이렇게 하자, 항해할 때마다 온통 위험이 넘쳐나게 되었는데, 하늘과 싸우며 갖가지 열악한 기후를 막아 내야 했을 뿐 아니라, 사람들과도 싸워야 했다. 즉 바다의 해적들과 지혜와 용기를 겨루며 싸워야 했다. 그러나 그 장점도 매우 뛰어났다. 즉 배를 만드는 원가가 낮아져, 가격이 영국 배보다 3분의 1 내지 절반이나 쌌으며, 배의 운항 속도가 빨라져, 수송 주기가 크게 단축되었으므로, 화물의 운임이 뚜렷이 낮아질 수밖에 없었다. 이러했는데도, 네덜란드인들은 여전히 만족하지 못했다. 스칸디나비아 반도를 통과할 때, 배가 납부하는 세금은 배의 갑판 넓이에 따라 결정되었으므로, 갑판이 좁을수록 납부하는 세금도 적었다. 이때문에 가능하면 많은 이윤을 얻기 위해, 그들은 다시 배에 두 번째 개혁을 진행했다.

두 번째 개혁은 바로 '평저선(平底船)'의 발명인데, 이 배는 '요조선(凹槽船)' 또는 '재중선(載重船)'이라고도 불렸다.

이 배는 배(복부)가 매우 커서, 보기에는 선체가 매우 크고 매우 둥글지만, 갑판은 매우 작아서, 배가 납부하는 세금, 즉 지출하는 돈이 적었다. 그 의미는 단지 이뿐만이 아니었다. 선박 구조의 개선은 새로운 배로 하여금 확실하게 해상 운송에서 우세를 갖도록 해주었다. 서양의 선박사(船舶史) 학자들은 평가하기를, 평저선이 과거에 전선(戰船)과 상선(商船)이 구분되어 있지 않았던 상태를 바꾸어 놓았으며, 이 배는 서양의 근대 해운사에서 가장 먼저 출현한 전용 화물선으로, 장점이 매우 뛰어나다고 여긴다. 평저선은 일반적으로 적재량이 200~500톤이며, 최대 적재량은 900톤에 달하여, 단위 선박의 운반 능력을 크게 높여 주었다.

평저선의 구조는 간략하면서도 규격에 맞아, 조선소에서 대량으로 생산해 내어 제조 원가를 낮추는 데 유리했는데, 17세기에 네덜란드 상선의 제조가는 영국에 비해 3분의 1 내지 절반 정도 낮았다. 이처럼 제조 원가가 저렴하게 함으로써, 네덜란드인들의 정교하고 섬세하게 타산하여 계획하는 우수한 품성을 드러냈으며, 네덜란드인들의 창조와 혁신 정신을 구현하였다. 이러한 창조와 혁신 정신은 네덜란드가 굴기하는 데 없는 곳이 없었으며, 지금도 여전히 그들이 용기를 내어 앞으로 나아가는 길을 밝게 해주고 있다.

평저선은 대규모 무역을 촉진하고, 대규모 시장의 출현을 촉진했는데, 대규모 시장을 이용하여 규모의 경제와 외향적 경제 발전을 진행하는 것은 바로 현대 무역의 뚜렷한 특징 중 하나이다. 한동안 네덜란드인의 선단(船團)은 잉글랜드·프랑스·스코틀랜드의 화물 운송 상선의 총량보다도 많아져서, 유럽의 구석구석까지 화물을 운송할 수 있게 되었다. 1600년 무렵의 유럽 시장은, 네덜란드 선박이 모든 수로를 따라 목재·곡물·방직품·식염 및 청어를 수송했다. 이와 동시에, 적극적으로 국제 항로를 개척하여 세계 각지로 나아감으로써, 또한 네덜란드로 하여금 적지 않은 이익을 얻게 해주었다.

네덜란드인들이 선박의 우세에 의지하여 세계를 쉴 새 없이 왕래하자, 세계의 '해상 마차부'라는 칭호를 얻게 되었다.

CCTV 방영 프로그램인 〈대국굴기(大國崛起)〉 해설 등 관련 자료의 소개에 따르면, 1596년부터 1598년까지, 네덜란드의 빌렘 바렌츠(Willem Barents)라는 선장은 북쪽에서부터 아시아에 이르는 항로를 찾아, 북극권 내에 있는 노바야젬랴(Novaya Zemlya)를 통과했다. 노바야젬랴는 지금의 러시아에 소속된 섬으로, 이곳은 기후가 매우 추워서, 겨울에는 온도가 영하 50여 도까지 내려가는데, 바렌츠와 선원들은 얼음으로 뒤덮인 바다 위에서 옴짝달싹 못하게 갇혀 버리고 말았다.

18명의 선원들은 여기에서 무려 8개월을 보냈다. 그 사이에 그들은 옷과 음식물이 부족하고, 조건이 열악했다. 그들 가운데 8명은 세상을 떠났지만, 그들은 의외로 다른 사람들이 그들에게 수송을 부탁한 화물을 조금도 사용하지 않았는데, 그 화물들 안에는 그들의 생명을 구해 줄 수 있는 옷과 약품들이 들어 있었다.

겨울이 지나고 봄이 오자, 다행히도 살아남은 상인들은 마침내 화물들을 거의 완벽하게 아무 손상 없이 네덜란드로 가지고 돌아와서, 위탁자들에게 보내 주었다. 그들은 생명을 대가로 삼아 신념을 지킴으로써, 후세에 전해 줄 장사의 법칙을 창조했다. 이러한 방법은 네덜란드 상인들에게 분명히 보이는 이득을 가져다주었으며, 네덜란드에게 해운 무역의 세계 시장을 얻도록 해주었다.

바로 네덜란드인들의 완강하게 분투하고, 끊임없이 자강하며, 각지의 구체적인 실정에 맞게 대책을 강구하고, 장점은 발양하며 단점은 지양하고, 부지런함을 견지하고, 성실하게 신용을 지키고, 성실하게 경영하는 정신은, 그들로 하여금 상업 무역에서 중개인·대리상·가공자 및 판매상이 되게 해주었다.

네덜란드는 당시 유럽의 무역 중심이었다고 할 수 있다. 암스테르담과 로테르담의 부두에는 비스케이만(Bay of Biscay)에서 온 청어와 소금, 영국과 플랑드르의 포목, 지중해 지역의 술, 스웨덴의 구리와 철, 발트해 지역의 농작물과 목재 및 네덜란드 자신의 소금에 절인 물고기와 방직물들이 가득 쌓여 있었다. 유럽의 갖가지 생산품들이 끊임없이 네덜란드로 유입되어, 네덜란드에서 교역을 한 다음, 다시 유럽의 각 나라들로 유입되었다. 네덜란드는 매우 큰 매장이고, 각 나라들은 상인이나 고객이라도 되는 듯이, 네덜란드라는 큰 매장에서 각자 필요한 것들을 구입했다.

네덜란드인은 포르투갈인들 대신 아시아의 무역에서 독점적 지위를 차지했다. 그들은 전체 동남아에서 가장 명성을 떨치던 향료 군도를 침략하여 점령했으며, 일본의 무역도 독점하여, 당시 유럽과 중국의 무역량이 가장 컸던 차(茶) 무역 및 유럽 귀족들이 가장 애호하던 도자기·비단 같은 사치품 무역을 장악했다.

아메리카와 아프리카에서, 네덜란드는 이미 서아프리카 무역을 독점했으며, 17세기 중반에는 역사상 악명 높은 흑인 노예 무역을 독점했는데, 유럽은 당시 가장 큰 인신매매 상인이었다. 동시에 아프리카의 황금과 은을 끊임없이 국내로 싣고 돌아왔으며, 아메리카에서 생산한 설탕·목화·옥수수 등 농작물들을 대량으로 유럽 시장으로 운송해 와서 팔았다.

바로 그들의 완강하게 분투하고, 끊임없이 자강하며, 각지의 구체적인 실정에 맞게 대책을 강구하고, 장점은 발양하며 단점은 지양하고, 부지런함을 견지하고, 성실하게 신용을 지키고, 성실하게 경영하는 정신에 의지하여, 지금으로부터 500여 년 전인 16세기 말에, 그들은 유럽의 해운 무역을 거의 독점했던 것이다.

Ⅲ. 건국의 여정

16세기 이전, 네덜란드는 아직 작디작은 봉건 영지였는데, 스페인은 중세의 왕조 혼인과 왕위 계승을 통해 네덜란드의 영토를 점차 스페인의 일부분이 되게 하였다. 이 무렵 네덜란드는 아직 하나의 국가가 아니라, 단지 '비옥한 토지'였다고 할 수 있을 뿐이다. 그 '비옥한 토지'는 사실은 경제 발전의 능력을 가지고 있었으며, 줄곧 목축업으로 유명했다. 스페인 통치시기에, 그 유제품은 매년 스페인 정부 수입(收入)의 3분의 2를 차지했다. 그러나 스페인 봉건 황권의 압박과 수탈로 인해 네덜란드는 아무런 발전도 하지 못했다. 네덜란드인들이 상업 무역의 이윤에 대해 가졌던 관심은 국가보다 뛰어났다. 상업 무역이 발전함에 따라, 도시가 화물 교역의 집결지로서 네덜란드에서 점차 번창해 갔다. 그때 네덜란드인들은 상업 무역을 뛰어넘고 심지어는 경제생활을 뛰어넘는 난제, 즉 도대체 누가 도시를 관리해야 하고, 어떻게 도시를 관리해야 하는가 하는 문제를 발견했다.

그때 네덜란드의 도시는 실제로는 하나의 작은 왕국이었으며, 그곳 귀족들이 관리했는데, 그들은 소규모 군대를 조직하여, 도시를 보호한다는 명분으로 무력을 행사하여 세수입(稅收入)의 열매를 탈취했다.

수탈당하지 않기 위해, 경제적 자유를 위해, 점차 부유한 도시 주민들은 한 가지 현명한 선택을 했다. 즉 그들이 귀족들로부터 도시의 자치권을 사들였다. 이리하여 시민들은 스스로 입법을 행사하여, 자신들이 도시를 관리함으로써, '시민자치'를 실행했다. '시민자치'는 네덜란드의 도시가 발전하는 데 강력한 활력을 불어넣었다.

도시는 부유한 상인들이 통치하자, 그들의 관리 하에서 도시들은 더욱 많은 무역 기회를 쟁취하고 있었다.

네덜란드인들은 능숙하게 도시를 잘 경영했고, 도시를 경영하는 데 바빠, 국가를 건립하는 일을 전혀 생각하지 못했지만, 전체 유럽의 정치 환경에는 오히려 급격한 변화가 발생하고 있었다.

일부 슬기롭고 용맹한 군주는 조직적인 역량에 의지하여, 포르투갈·스페인·영국 같은 군주 집권 국가를 건립했다. 이런 국가들은 전체 민족의 역량을 효과적으로 동원하고 조직할 수 있게 되어, 국가가 이미 정한 발전 목표에 도달해 갔다. 바로 이러한 우세로 인해, 포르투갈과 스페인은 가장 먼저 세계 강대국의 행렬에 진입했다.

네덜란드인들은 처음에는 이런 조류에 대해 조금도 마음을 쓰지 않고, 여전히 어떻게 하면 부를 최대한 많이 증대시킬 수 있는가에 대해서만 관심을 집중했다.

그러나 1543년에 난처한 문제가 발생했는데, 그것은 매우 재미있는 일이었다. 그 해에 스페인 국왕은 정치적으로 혼인을 맺는 방식을 통해 네덜란드의 통치권을 취득했다. 스페인이 네덜란드는 자기 영토의 일부분이라고 선포했을 때, 네덜란드인들은 반대하지 않고 오로지 자신의 돈주머니를 돌보는 데에만 신경을 썼으며, 스페인이 네덜란드의 행정구역을 조정할 때에도 그들은 여전히 반대하지 않았고, 스페인이 네덜란드에 새로운 총독을 파견했을 때에도 그들은 역시 반대하지 않았다. 그러나 스페인이 그들의 돈주머니에 손을 뻗치자, 네덜란드인들은 빠르게 반응하여, "안돼!"라고 말했다. 그러면서 그들은 무력 항쟁을 벌였다.

이 항쟁이 바로 역사에서 말하는 80년 전쟁이며, 네덜란드 독립전쟁이라고도 부르는데, 1568년에 발생하여 1648년까지 이어졌으며, 네덜란드 연방이 스페인 제국의 통치에 반항한 전쟁이다. 스페인 제국과는 달리, 네덜란드 공화국이 소속한 네덜란드 연방은 본래 느슨한 구조의 조직이었는데, 전쟁을 위해 연방은 전에 없이 단결했으며, 그 지도자는 귀족인 빌렘 반 오란여(Willem van Oranje)였다. 처음에는 네덜란드의 각 주들이 따로 나뉘어서 스페인과 각자 싸웠으므로, 스페인 군대는 쉽게 네덜란드인들의 반항을 물리쳤다. 사실의 가르침을 통해, 네덜란드인들은 각자 정치적으로 저항하는 것은 효과가 크지 않다는 것을 알고, 반드시 긴밀하게 단결해야 한다는 것을 깨달았다. 1580년, 홀랜드와 질랜드 등 10여 개 주의 대표들은 위트레흐트(Utrecht)에서 '위트레흐트 동맹'을 체결하고, 연합하여 행동할 것이며, 아울러 통일된 군사 정책과 외교 정책을 제정할 것이라고 선포했다.

네덜란드인들의 연합 작전으로 인해, 스페인은 유럽 대륙의 각 나라들과의 모순도 가중되어, 충돌이 끊이지 않았다. 사방에 만들어 놓은 적들과 해마다 패권을 다투는 전쟁을 벌임으로써, 스페인의 재력은 소진되었다.

1581년 7월 26일, 위트레흐트 동맹의 삼부회의(Estates General)는 정식으로 〈파기 법안(Act of Abjuration)〉을 통과시키고, 스페인으로부터 벗어나 독립한다고 선포했다. 1609년 4월에 〈12년 정전협정〉을 체결하고, 스페인은 사실상 네덜란드 공화국의 독립을 승인했다. 1648년에는 〈베스트팔렌 조약〉을 체결함으로써, 스페인은 정식으로 연방 공화국의 독립을 승인했다. 홀랜드주의 경제와 정치적 지위가 가장 중요했으므로, 다시 '홀랜드 공화국'이라 불렀으며, 오늘날의 '네덜란드 공화국'이 되었다.

이 나라는 인류 역사상 전에 없던 나라로, 세계에서 처음으로 '상인 계층에게 충분한 정치적 권리를 부여한 국가'이다. 이는 세계 역사상 자산계급 혁명의 첫 번째 승리이자, 최초로 수립된 자산계급 공화국이다.

이 새로운 국가는 여전히 곤란이 겹겹이 쌓여 있어, 장래를 예측하기 어려웠다. 만약 단순히 국토나 자연 자원이나 인구 등의 정황만을 보면, 네덜란드가 하나의 국가로 생존해 가는 것은 거의 불가능해 보였다. 그리고 또한 공화국을 구성하는 주들도 각자 통치했으므로, 구조가 느슨했던 상황에 근거하여 본다면, 그것을 현재의 유럽연합에 비교할 수 있다.

스페인은 본국의 이익을 위해 네덜란드에 대해 경제적 제재를 가하기 시작했다. 스페인은 본국의 모든 항구를 봉쇄하고, 네덜란드 상선이 스페인에 들어오는 것을 금지했다. 그때, 스페인에 대한 무역은 네덜란드의 가장 중요한 경제적 원천 중 하나였다.

네덜란드는 이런 위기를 해결할 수 있었을까? 네덜란드의 출구는 어디에 있었을까?

Ⅳ. 가장 먼저 근대 시장경제 체제의 열매를 수확하다

장사하는 사람들은 풍부한 통찰력을 가지고 있어, 그들은 자신의 강점을 매우 빨리 찾아 낸다. 네덜란드인들은 부에 대한 강렬한 열망으로 가득 차 있었는데, 그 강렬한 열망을 한 가지 역량으로 변화시켰으며, 또한 이로 인해 비할 데 없이 강대한 무기를 보유하게 되었다. 네덜란드인들은, 자신들이 또한 이전의 총명한 중개인을 탈피하여 먼 바다를 항해하는 투사로 변할 수 있다는 사실을 발견하고는, 자신을 믿고 세계 각지로 나아가는 항로를 열어 나갔다. 만약 발트해 무역이 네덜란드 해상무역과 대외 경제 확장의 시작이었다면, 먼 대양으로 나아가는 것은 또한 외향형 경제가 확장하는 필연적 선택이었다.

그런데 원양 무역에 필요한 막대한 자금은 어디에서 나왔을까?

창조와 혁신에 뛰어난 네덜란드인들에 대해 말하자면, 해결 방법은 항상 문젯거리들보다 많았다. 네덜란드에는 당시 각자 경쟁을 벌이는 10여 개의 무역회사들이 있었다. 이들 회사의 무역량은 작아 경쟁력이 부족한 데다, 위험을 막아 낼 능력이 현저히 약했지만, 해상 무역의 위험은 대단히 커서, 종합적인 상황은 사람들을 걱정하게 만들었다. 해외 무역 과정에서의 악성 경쟁을 피하기 위해, 또한 계획적으로 위험을 피하고 강대한 군사력을 확립하여 해상 무역을 보호하기 위해, 그들은 대형 무역회사를 조직할 필요가 있었다. 1602년, 네덜란드는 분산되어 있던 10여 개의 무역회사들을 연합하여, 동인도회사를 설립했다.

당시 네덜란드인들은 결코 부유하지 않았지만, 그들은 작은 돈을 모아 큰 일을 벌이는 방법을 생각해 냈다. 준비와 탐색을 거쳐, 그들은 세계 최초로 주식회사의 정관을 설계해 냈다. 이 정관에서 규정하기를, 모든 네덜란드 국민은 단지 50굴덴(gulden: 네덜란드의 본위 화폐)으로 1주(株)의 동인도회사 주식을 사서 주주가 될 수 있으며, 회사는 주식 보유량에 따라 이윤을 배당한다고 했다. 그들은 일부러 주식 금액을 매우 작게 나누어 분배함으로써, 사회의 자금을 흡수하는 힘을 더욱 크게 했지만, 이것은 아직 현대적인 의미의 주식은 아니었다.

동인도회사는 또한 구호를 내걸고, 다음과 같이 대대적으로 선전을 벌였다. “우리가 가서 당신들을 위해 전 세계의 엄청난 금액의 부를 벌어 들이도록 해주십시오. 당신들은 그저 햇볕을 쬐고, 꽃향기를 맡기만 하면 평생 동안 다 쓸 수도 없는 돈을 갖게 될 겁니다." 이 구호가 부를 추구하는 사람들을 빨아들였으니, 그들은 동인도회사 사무실로 와서 앞 다투어 회사의 주식을 구매했다. 이것은 바로 네덜란드 동인도회사가 자금을 조달한 방법으로, 돈이 적은 보통 사람들도 대회사의 주주가 될 수 있었다. 당시의 주주 중에는 바로 암스테르담시 시장의 하녀도 있었는데, 그는 집안에 있는 물건들을 팔아 100굴덴의 현금으로 바꾸어 주식을 구입했다. 한동안 네덜란드는 전국적으로 동인도회사 주주가 되려는 세찬 물결로 넘쳐났다.

동인도회사의 발전을 지원하기 위해, 정부는 또한 국가만이 보유할 수 있는 권리—즉 다른 나라와 정식 조약을 체결하고, 아울러 그 지역에 대해 식민과 통치를 할 수 있는 권력—를 동인도회사에 부여함과 동시에, 또 이런 특권을 25,000 네덜란드 굴덴으로 환산했으며, 그것은 다시 국가의 이익과 회사의 이익을 한데 결합시켰다. 국가가 동인도회사의 주주가 되자, 동인도회사의 권한과 신망을 크게 증가시켜 줌으로써, 세계를 향해 무역 확장을 하거나 식민 침략을 하는 과정에서, 동인도회사는 심지어 하나의 국가처럼 활동할 수 있었다.

네덜란드인들은 바로 이렇게 모든 사회로부터 자금을 융통하는 방식을 이용하여, 분산되어 있던 작은 돈들을 성공적으로 대외 확장용 자본으로 변화시켰다.

아주 쉽게 동인도회사는 650만 네덜란드 굴덴을 모집했는데, 이는 현재의 300만 유로와 별 차이가 없는 액수로, 그때 이 돈은 이미 대단히 큰 액수였다. 이 돈으로 그들은 신속하게 네덜란드에서 가장 중요한 14개의 무역회사들을 합병하여, 동인도회사를 설립했다. 설립한 뒤 최초 5년 동안, 동인도회사는 매년 해외에 50개의 상선단을 내보냈는데, 이 수량은 스페인·포르투갈 선단의 수량을 합친 것보다 많았다. 원양 무역에서, 동인도회사는 네덜란드를 유럽의 거인이 되게 이끌었으며, 네덜란드를 단번에 세계에서 가장 강한 나라로 만든 선도적 기업이 되었다.

진실을 추구하고 실질을 중시하며, 곤란한 일을 마주하면 용감하게 진취하는 네덜란드인들의 정신은 다시 한 번 세계가 전진하는 데 하나의 훌륭한 선물, 즉 동인도회사를 헌상했다. 이것은 전에 없던 경제 조직으로, 제도를 새롭게 창조해 낸 의의를 갖는 세계 최초의 근대적 주식회사였다. 네덜란드 동인도회사의 최초 주주 358명 중에는 39명의 독일인과 일부 벨기에인들도 포함되어 있었기 때문에, 또한 네덜란드 동인도회사는 세계 최초의 '다국적' 주식회사였다고도 할 수 있다. 400여 년의 발전을 거쳐, 주식회사는 이미 지금은 전 세계 경제의 절대적 주력이 되었다.

주식회사를 설립하여 네덜란드인이 새로 창조한 것 외에, 주식회사가 존속하는 기간에 주주가 바뀜에 따라 나타나는 자금 이전의 문제를 해결하기 위해, 그들은 다시 한 번 새로운 창조를 했는데, 바로 세계 역사상 최초의 증권거래소를 설립한 것이다.

그 일은 어떻게 발생하고 발전했을까?

동인도회사가 설립되고 나서 최초의 10년 동안에는 어떤 주주에게도 이윤을 지불하지 않았고, 그들은 이윤을 자본으로 변환하여 재투자했으며, 10년 후에야 회사는 비로소 처음으로 주주들에게 이익금을 배당했다.

연속 10년 동안 주주들에게 이익금을 배당하지 않았는데도, 주주들은 승락했을까?

원래 회사 운영 과정에서 그들은 다음과 같은 사실을 발견했다. 즉 일부 주식을 사지 않았던 사람은 주식을 사고 싶어 하고, 일부 돈이 급하게 필요한 주주는 거꾸로 주식을 팔아 현금으로 바꾸고 싶어 한다는 것이었다. 이것은 새로운 비즈니스 기회였다.

동인도회사는 곧 몇 명의 사람을 파견하여, 암스테르담에서 얼핏 보면 자발적인 것처럼 보이는 주식 거래 시장을 조직했다. 중개인은 자금이 필요한 주주에게 주식을 싸게 사서, 다시 동인도회사의 주주가 되고 싶어 하는 사람에게 비싸게 팔았다. 바로 현대의 주식 거래 시장이 여기에서 탄생했다. 오랜 세월이 흐른 뒤에, 주식이 전 세계에 대해 영향이 이렇게 커지고, 범위가 이렇게 넓어지리라는 것을 당시 동인도회사는 상상하지 못했다.

이때가 1609년으로, 기념할 만한 세계 최초의 증권거래소가 탄생하였다.

네덜란드인이 세계 최초의 주식회사를 창립한 이후, 다시 증권거래소를 건립하여, 그들은 현대 회사 제도가 운영될 수 있는 기초·구조 및 시스템을 만들어 냈다. 이것은 네덜란드가 근대 시장경제 체제에 확립한 하나의 중대한 쾌거였다.

400여 년 전, 세계 최초의 증권거래소인 암스테르담 증권거래소는, 당시 전체 유럽에서 가장 활기찼던 자본시장으로, 1천여 명의 증권 브로커들이 활약했는데, 이 사람들 가운데에는 네덜란드인 외에 매우 많은 외국인들도 있었다. 대량의 주식 배당금 수입이 여기에서 네덜란드의 국고와 보통사람들의 돈주머니 속으로 흘러들어 갔으며, 단지 영국 국채 하나만으로 네덜란드는 매년 2,500만 네덜란드 굴덴의 수입을 얻었는데, 그 가치는 200톤의 은에 해당했다.

네덜란드에서 빠르게 대량으로 유통되는 금·은·화폐가 몰려서 정체되는 현상이 출현했는데, 네덜란드는 또 어떻게 이 문제를 해결했을까?

그들이 선택한 방법은 은행의 설립이었다. 1609년에 암스테르담 은행이 설립되었는데, 그것은 영국의 은행보다 100년이나 일렀다. 한 걸음 더 나아가 은행이 더욱 잘 운영되고 발전되도록 촉진하기 위해, 네덜란드인들은 다시 우리가 오늘날 말하는 신용(信用)을 발명했다. 은행과 신용은 네덜란드가 세계 경제 발전에 대해 매우 뛰어난 공헌을 한 것이다.

역사학자들은 일치되게 다음과 같이 인정하고 있다. 즉 네덜란드인은 현대 상품경제 제도의 창조자로, 그들은 은행·증권거래소·신용 및 유한책임회사를 유기적으로 통일하여, 상호 관통하는 하나의 금융과 상업 체계를 만들었는데, 이 체계 속에는 현대 시장 체제가 건립되고 시장경제가 발전하는 일련의 기본 요소들이 있으며, 이런 의미에서 말하자면, 이것은 현대 인류 사회가 발전하는 데 대한 역사적 공헌이라는 것이다. 현대 시장 체제가 건설되고, 시장경제가 발전하는 과정에서 네덜란드가 이루어 낸 창조와 혁신이 경제 발전을 위한 견실한 기초를 다졌으므로, 부의 폭발적 증가는 물이 흐르는 곳에 도랑이 생기듯이 저절로 이루어졌다.

17세기 중기에, 네덜란드의 전 세계를 지배하는 상업 패권은 이미 완전히 확립되었다.

강대한 네덜란드는 세계 각지에 모두 그들의 발자취를 남겼으며, 세력 범위는 매우 거대했는데, 이와 관련해 CCTV에서 방영한 〈대국굴기〉 프로그램의 해설을 소개한다.

> "동아시아에서 그들은 중국의 타이완을 점령하고, 일본의 대외무역을 독점했다.
> 동남아시아에서 그들은 인도네시아를 자신들의 식민지로 만들었으며, 그들이 건립한 첫 번째 식민 거점인 바타비아(Batavia)는 오늘날 자카르타의 원형이 되었다.
> 아프리카에서 그들은 포르투갈의 수중에 있던, 신항로의 요새인 희망봉을 탈취했다.
> 오세아니아에서 그들은 네덜란드의 일개 주의 이름을 따서 하나의 국가, 즉 뉴질랜드를 명명했다.
> 남아메리카에서 그들은 브라질을 점령했다.
> 북아메리카 대륙의 허드슨강 하구에, 동인도회사는 새로운 암스테르담시를 건립했는데, 오늘날 이 도시의 이름은 뉴욕이라고 부른다."

네덜란드인들의 이러한 세계 제패는, 당연히 네덜란드인들이 장사를 중시하고, 왕권을 업신여기며, 최초로 세계에서 대무역(大貿易)과 대시장(大市場) 체계를 탐색했던 것과 관련이 있다. 서양의 어떤 학자는 주장하기를, 네덜란드가 굴기한 것은, 최초로 근대적 성격의 상품 시장과 토지·자본·노동력을 포함하는 생산요소 시장을 건립함과 아울러, 또한 시장경제가 발전하는 지속성을 갖추어, 근대 초기에 가장 높은 수준의 '총요소생산성(Total Factor Productivity)'[9]을 형성한 데 있다고 했다.

1993년 노벨 경제학상 수상자 중 한 사람인 더글러스 노스(Douglass Cecil North)는 네덜란드의 굴기를 이렇게 높이 평가했다. "네덜란드는 근대 초기에 이미 유럽의 경제 우두머리가 되었으며, ……우리가 한정적인 의미에서 말하는 지속적인 경제 성장에 가장 먼저 도달한 국가이다."[10]

이상의 내용이 결코 네덜란드가 새로 창조해 낸 모든 성과는 아니며, 그들이 농업에서 이룩해 낸 성과도 마찬가지로 우리를 놀라게 한다. 이에 대해 어떤 사람은 네덜란드를 '농업의 메카'라고 찬양하는데, 나머지 관련 내용은 여기에서 일일이 장황하게 다 늘어 놓지 않겠다.

결국 네덜란드는 영토는 작고 인구는 적어, 종합 국력을 지속하는 데에 약점이 존재했는데, 다른 나라가 분기하여 곧바로 추격해 올 때, 그들의 열세는 나타났다. 17세기 말기의 네덜란드가 바로 이러했는데, 서로 발전하려고 경쟁하는 과정에서, 네덜란드의 발전 속도가 상대적으로 늦어지면서, 점차 세계를 좌우하던 패권을 상실해 갔다.

국제적으로 이름이 알려진 현대화 연구학자인 이매뉴얼 월러스틴(Im-

9 총요소생산성(Total Factor Productivity): 중국에서는 '전요소생산율(全要素生産律)'이라고 한다. 생산량 증가분에서 노동 증가에 따른 생산 증가분과 자본 증가에 따른 생산 증가분을 제외한 생산량 증가분을 말한다. 즉 일정한 자본·노동·원료 등 구체적인 생산요소들 외에 기술 혁신이나 경영 창조 같이 눈에 보이지 않는 추상적 부문이 얼마나 많은 상품을 생산하게 했는가를 나타내는 생산 효율성 지표다. 최근에는 인적 자원을 포함시키지 않는 경향이 있다.

10 道格拉斯 諾思, 罗伯特 托马斯, 『西方经济的兴起』, 厉以平 等 譯, 180쪽, 北京, 华夏出版社, 1999.

manuel Wallerstein)은 CCTV의 〈대국굴기〉 촬영 팀과 인터뷰할 때, 자신의 중요한 관점을 밝히기도 했다. 즉 지금까지 세계에는 선후로 세 개의 '패권 대국'이 출현했는데, 17세기에는 네덜란드가 굴기했고, 19세기에는 영국이 굴기했으며, 20세기 중기에는 미국이 굴기했다는 것이다. 경제학적인 의미에서 말하자면, 이것은 매우 타당하다. 네덜란드는 한동안 쇠퇴한 뒤, 지금 다시 세계의 해운 대국·무역 대국·투자 대국·농업 대국·수리 대국이 되었으며, 세계 10대 경제 대국 중 하나이다. 이 작은 나라의 발전력은 여전히 매우 강한데, 이로부터 본다면 창조와 혁신의 마력은 매우 거대하다는 것을 알 수 있다.

제3장 산업혁명의 선봉 | 영국

영국의 완전한 명칭은 '그레이트 브리튼 및 북아일랜드 연합왕국(United Kingdom of Great Britain and Northern Ireland)'으로, 유럽 서부의 섬나라이며, 면적은 24만 평방킬로미터이고, 1500년대의 인구는 약 650만 명이었으며, 2012년의 인구는 6,220만 명이다.

영국은 제1차 산업혁명의 발원지로, 세계 최초로 현대 사회에 진입한 국가이며, 18세기와 19세기에 그들은 세계 발전의 리더였다. 1848년, 영국의 철 생산량은 세계 모든 나라들의 철 생산량을 다 합친 것보다도 많았다. 1801부터 1851년 사이에, 영국의 국민 총생산(GNP)은 125% 증가했으며, 1851년부터 1901년까지 다시 214% 증가했다. 19세기 말, 영국의 세계 식민지 총면적은 3,350만 평방킬로미터에 달했으며, 세계 3억여 명의 인구를 통치하여, 세계 최강의 "해가 지지 않는 제국"이 되었다.

어떤 요인이 이렇게 인구도 많지 않고, 면적도 크지 않으며, 자연 자원도 많지 않은 해양의 작은 나라로 하여금, 자기를 변화시키고 세계도 변화시키는 에너지를 솟아나게 했을까?

I. 입헌군주제의 확립

영국의 역사는 한 편의 정복과 합병의 역사다. 정복과 합병 과정에서, 봉건 시기에 영국 귀족들의 왕권에 대한 투쟁은 두 가지 중요한 성과를 남겼는데, 그것은 바로 '마그나카르타(Magna Carta: 대헌장, Great Charter)'의 반포와 의회 권력의 끊임없는 강화였다.

먼저 〈마그나카르타〉를 보자.

〈마그나카르타〉는 봉건 귀족들이 영국 왕실에게 일부 권력을 포기할 것을 요구한 보증 합의서인데, 그것은 영국 왕권은 사법 과정을 존중해야 하고, 왕권은 당연히 법률의 제한을 받아야 한다고 요구했다. 이는 바로 왕권과 귀족의 투쟁으로, 영국 정치 체제의 발전과 형성을 촉진했다.

영국의 초기 역사에서 중요한 국왕, 즉 윌리엄 1세가 처음으로 봉건 제도를 확립했다. 그 후 영국 귀족과 왕권의 투쟁에서, 왕권은 줄곧 상대적으로 우위를 유지했는데, 이는 영국의 국가 통일을 유지하는 데 긍정적 의미를 가졌다.

중세기의 영국은 봉건 영주제로, 영주들은 모두 각자의 세력 기반을 가지고 있었으며, 각자의 세력 기반에서 봉건 영주들은 모두 경영권·사법권과 행정 관할권을 가지고 있었으므로, 장원은 사실상 하나의 독립된 국가였다.

'봉건'이라는 말은, 중국과 유럽에서 내포된 의미가 매우 다르다. 중국에서 그 말은 "짐은 곧 천하다"라는 것으로, 황권은 지고무상하다는 것을 나타내 주었다. 그러나 유럽에서의 봉건제는 실제로는 분권을 의미하여, 왕권이 일정하게 제한을 받았다.

영국 봉건제도의 초기에, 비록 성문 법률로 국왕과 귀족의 책임·권리·이익의 한계에 대해 규정하고 있지는 않았지만, 모두 자기의 책임과 권리와 이익에 대해 알고 있었다. 오랜 세월에 걸쳐 사회적으로 약속이 이루어짐으로써, 책임·권리·이익이 기본적으로 분명해져, 국왕과 귀족들 간에는 관례에 따라 각자가 권리를 누리고 의무를 이행했다. 그러나 국왕과 귀족들은 또한 항상 책임·권리·이익을 위한 일로 다투곤 했다.

13세기 초, 잉글랜드에는 호전적이고 가장 인심을 얻지 못한 국왕인 존(John)이 출현했다. 존 왕은 마음대로 기존의 봉건 질서를 유린했으며, 또한 해마다 외국과 전쟁을 벌여 연전연패하면서, 잉글랜드는 유럽 대륙에서 거의 모든 영지를 잃게 되자, 군신 간의 모순이 첨예화했다.

전쟁을 유지하기 위해 존 왕은 시민과 귀족들의 가혹한 착취에 박차를 가했으며, 갈수록 원래의 봉건 질서를 마음대로 유린하고, 끊임없이 세금을 걷고 또 걷으면서, 새로운 세금을 징수하기 시작했다. 그리하여 귀족들의 계승세는 100배가 올랐고, 병역 면제세는 16배가 오르는 등 각종 세금들이 터무니없이 올랐다.

존 왕이 제멋대로 귀족과 국왕 사이에 장구한 세월 동안 전해 오던 불문율의 관례를 파괴하자, 군신 간의 모순이 갈수록 첨예해졌다. 1215년 봄, 더는 참을 수 없던 귀족들이 집결하여 무장을 하고 국왕에게 반항했다. 귀족들은 봉건 영주의 권리를 유지해 주도록 요구했다. 이때의 무장 토벌 과정에는, 단지 대봉건 영주들뿐 아니라, 중·소봉건 영주들과 시민들까지도 국왕에 반항하는 행렬에 가담했다. 연합 세력의 압박을 받자, 절체절명의 위기에 직면한 존 왕은 어쩔 수 없이 봉건 영주들과 담판을 벌였다. 이는 매우 힘든 담판이었는데, 1215년 6월 15일, 국왕은 봉건 영주들과 타협하여, 〈마그나카르타〉, 즉 평화 정전 선언을 받아들이고 마침내 조인하였다.

〈마그나카르타〉의 주요 내용은, 귀족과 교회의 권력은 국왕의 침범을 받지 않으며, 전체 자유민은 자유권을 향유할 것을 규정하고, 국왕이 세금을 징수할 때는 반드시 귀족 의회와 상의함과 동시에 민중의 의견도 청취한다는 것 등이었다. 후에 비록 여러 차례 수정되기는 했지만, 그것의 몇 가지 기본 원칙들은 역시 유지되어 왔다.

〈마그나카르타〉는 시험적으로 법률을 통해 국왕과 귀족들 간에 각자의 권리와 의무를 정의했으며, 〈마그나카르타〉는 상인 계층의 이익을 보호하여, 상업무역과 수공업의 발전을 촉진했고, 또 영국과 미국의 법률 체계를 위한 기본 원칙을 확립했다. 〈마그나카르타〉는 또 개인의 생명·재산·자유는 보호받으며, 왕권은 제한된다는 것 등등을 규정했다. 〈마그나카르타〉의 준칙 설계는 애초에는 특권 계층을 보호하기 위한 것이었지만, 후에는 많은 평민들을 보호하는 데까지 확대되었다.

〈마그나카르타〉의 영향은 거대하면서도 매우 심각했다. 그것은 매우 소중한 원칙 정신, 즉 "왕권은 유한하며, 법률이 가장 높다"는 것과 공민의 권리를 보호한다는 원칙을 구현했다. 그것은 암담했던 중세인들이 법률의 형식을 이용하여 왕권을 제한하려 한 첫 번째 시도로서, 훗날 영국 정치 체제의 확립과 발전을 위한 견실한 기초를 다졌는데, 훗날 권력을 장악한 자산계급에 의해 영국의 첫 번째 헌법적 문건으로 확인되었고, 영국 헌법이 기원한 상징으로 여겨지고 있다.

〈마그나카르타〉의 확립은 영국이 발전하는 데 심원한 사회적 영향을 미쳤으며, 또한 인류 사회가 발전하는 데에도 매우 중대한 진보적 의의를 가지고 있다.

존 왕 이후, 영국은 다음 군주들이 당시의 사회적 상황에 의거하여, 계속 〈마그나카르타〉를 수정한 후 반포하여 시행했다. 〈마그나카르타〉는 수 세기 동안 모두 40번 넘게 수정하여 반포되었다. 이렇게 장기간 견지해 오는 동안, 은연중에 감화되어 커다란 구속력을 갖게 되었고, 계약과 법제의 기본 정신을 영국인들의 사회와 의식 속에 깊숙이 심어 주었으며, 세계의 발전에 영향을 미쳤다.

바로 이 〈마그나카르타〉는 영국 역사에서 중요한 문장으로, 훗날 그것은 영국의 통치 제도와 통치 원칙의 초석이 되었다. 그러나 〈마그나카르타〉에서 의회의 업무는 언급하고 있지 않다.

〈마그나카르타〉가 체결된 지 21년 후에, 영국의 공문서에 처음으로 '의회(Parliament)'라는 말이 등장한다. '의회'는 후에 〈마그나카르타〉의 법제 원칙에 의거하여 군주 권력을 제한하는 중요한 세력이 되었다. 1295년, 에드워드 1세는 의회를 소집하여, 귀족·기사(騎士) 및 목사(牧師)를 포괄하는 의회 제도를 확립했다.

의회 제도는 비록 확립되었지만, 최초의 의회는 지금의 의회와는 몇 가지 다른 점이 있었는데, 역사의 변화와 발전에 따라 그것도 사회적 실천 과정에서 한 걸음씩 완벽해졌으며, 의회의 권력과 영향도 그에 따라 증대되었다. 의회는 본질적으로 이익에 관해서는 영국 국왕과 맞설 수 있는 정치기구이기 때문에, 이익의 양쪽 당사자는 필연적으로 완전히 협동할 수는 없었고, 반드시 다투게 되었으며, 몇몇 큰 이익이 걸린 곳에서는 격렬한 충돌까지 발생할 수 있었다.

가장 격렬한 충돌은 찰스 1세의 집정 시기에 발생했다. 1603년, 엘리자베스 1세가 세상을 떠나자, 왕위는 제임스 1세가 물려받았다. 1625년, 제임스 1세의 아들이 영국의 왕위를 계승했는데, 그가 바로 찰스 1세다. 사나운 말을 다룰 줄도 알고, 활과 총을 쏠 줄도 아는 이 젊은 군주는 영국 역사에 심각한 영향을 미쳤다.

엘리자베스 1세가 군주제를 이용하여 영국을 유럽의 강대국 대열로 끌어들인 뒤, 찰스 1세는 선대의 일을 물려받아 발전시키면서 영국을 이끌고 계속 앞으로 나아갈 수 있었을까?

찰스 1세는, 자신은 하늘이 이 세상에 보낸 사람으로, 무한한 권력을 지니고 있다고 굳게 믿었다. 즉 자신은 권력이 무한하므로, 하고 싶은 것은 무엇이든 할 수 있다고 여겼다. 그 자신이 주도하여, 영국은 스페인·프랑스와 여러 가지로 뒤엉켜 복잡한 종교전쟁을 시작했으며, 또한 참혹하게 대패하여, 국고는 텅 비고, 재정은 부족했다. 1628년에 의회에서, 찰스 1세는 자신이 더욱 많은 군비를 조달하도록 도와달라고 요구했다. 그러자 의회도 국왕에게 한 건의 〈권리청원서〉를 제출했는데, 그 주요 내용은 〈마그나카르타〉가 규정하고 있는 원칙들, 즉 법률적 심판을 통하지 않고는 신민을 감옥에 가둘 수 없으며, 의회의 동의를 얻지 않고 새로운 세금을 징수할 수 없다는 것 등을 다시 천명했다. 국왕은 동의했다. 하지만 의회가 이듬해에 찰스 1세에게 약속을 이행하라고 요구했을 때에는 결국 국왕에게 거부당했다. 의회가 즉시 민중에게 더 이상 국왕에게 세금을 내지 말도록 호소하자, 그에 대응하여 찰스 1세는 곧 강제로 의회를 해산했다. 1640년까지, 그 기간 동안에 영국 왕은 다시는 의회를 소집하지 않았다. 이것이 바로 영국 역사에서 17세기의 그 유명한 '무의회 시기'이다.

'무의회 시기'에, 찰스 1세는 강제로 세금을 징수하고, 특허권 등을 팔아먹었는데, 그것이 영국 민중들의 강한 불만을 불러일으키자, 찰스 1세는 납세를 거부하는 행위를 단호하게 진압했다. 결국 민중들은 무장 봉기를 일으켰다. 할 수 없이 찰스 1세는 1640년 11월에 다시 의회를 소집했다.

〈마그나카르타〉 공포 후, 영국의 국가 관리에는 두 가지 대원칙이 있었다. 하나는 국왕은 반드시 의회를 통해 통치해야 한다는 것이고, 다른 하나는 법률이 국왕보다 우위에 있으며, 국왕은 반드시 법률에 복종해야 한다는 것이었다. 그러나 찰스 1세는 원칙을 지키지 않고 제멋대로 행동했으며, 또한 1628년에는 의회를 해산했다. 1629년부터 1640년까지, 찰스는 의회가 없는 국왕 전제 통치를 실행했다. 전제 통치 시기에, 찰스는 과중하고 잡다한 세금들을 강제로 징수하고, 마구잡이로 난폭하게 세금을 거둬들임으로써, 경제를 불황에 빠지게 하여 백성들의 생활이 어려워지자, 봉기가 끊이지 않았다. 찰스의 갖가지 악행들은 의회와 국왕 사이의 모순을 끊임없이 심화시켜, 결국 1642년의 전쟁을 초래했는데, 이것이 바로 근대사에 그 유명한 '영국 혁명'이며, '영국 내전'이라고도 부른다.

영국 내전은 국가 최고 권력의 다툼으로, 내전은 의회파와 왕당파 사이에서 발생했다. 내전의 전반 2년은 의회파 군대가 여러 차례 패배하고, 왕당파 군대가 전략적 주도권을 장악했다. 의회파 군대가 잇달아 패배하는 상황에서, 걸출한 장교인 올리버 크롬웰(Oliver Cromwell)이 등장했는데, 그의 통솔 하에 1644년에 의회파 군대는 열세를 만회하자, 1646년에 왕당파 군대는 패배했고, 찰스 1세는 체포되었다. 1649년 1월, 찰스 1세는 의회에 의해 "폭군·살인범 및 국가의 공적"으로 판결 받은 뒤 처형되었다.

1649년에 찰스가 처형된 사건은, 유럽의 크고 작은 궁정들을 깜짝 놀라게 했다. 이 시기에, 어떤 나라는 군주 전제 통치하에 있었고, 어떤 나라는 군주 전제의 실행을 갈망하고 있었다. 영국의 이러한 방법은 이 시대의 보편적인 정치 관념을 뛰어넘는 것이었다.

찰스 1세 이후, 의회가 행정 관리권을 크롬웰이 수장으로 있던 국무회의(Council of State)에 부여하자, 영국인들은 새로운 삶을 기대했다. 그러나 현실은 기대와 달랐다. 크롬웰이 정권을 장악한 기간에, 그의 권한은 이전의 국왕과 다를 바 없었다. 의회의 권력은 너무 크게 제한당하여, 의회는 거의 크롬웰이 마음대로 조종하는 도구가 되었다. 올리버 크롬웰은 이미 국왕이라는 명칭만 없는 '국왕'이 되었으며, 의회와 그 국왕 사이에서는 모순이 대단히 크게 충돌하여, 매우 협조가 안 되자, 의회는 해산되었다.

크롬웰이 죽고 나서 1660년 5월, 찰스 1세의 아들인 찰스 2세가 왕위를 계승했다. 찰스 2세는 비교적 은밀하게 전제 왕권을 회복했는데, 1685년에 세상을 떠날 때는 영국의 군주 전제가 거의 완전히 회복되었다.

왕위를 계승한 제임스 2세는 훨씬 공개적으로 영국의 전제 왕권을 회복하는 데 힘을 쏟았다. 그는 남의 의견을 받아들이지 않고 자기 고집만 내세우면서, 온 힘을 다해 왕권을 강화하는 방법이 영국 의회 안에서 불만과 공포를 불러일으켰다. 이 전제 군주에 대해, 영국 자산계급 엘리트들은 반드시 그를 전복시켜야 한다고 느꼈다.

역사적 사실은 영국 자산계급에게 다음과 같은 사실을 가르쳐 주었다.

즉 낡은 왕조를 전복시키는 것을 쉽고, 새로운 제도를 건립하는 것은 매우 어렵다는 것이다. 그래서 이번에 영국인들은 폭력혁명의 방식으로 제임스 2세를 상대하지 않았다. 1688년, 영국인들은 '명예혁명'의 방식으로 제임스 2세의 전제 통치를 끝장냈다.

자산계급 엘리트들은 제임스 2세의 사위이자 프로테스탄트를 신봉하는 네덜란드 총독 윌리엄에게 한 통의 유명한 편지 써 주어, 그와 제임스 2세의 장녀인 메리가 함께 영국에 와서 종교의 자유와 재산을 보호해 달라고 초청했다.

의회는 그 사건이 전개되는 과정에서 주도적 역할을 했다. 윌리엄은 영국의 왕위를 획득하고 반프랑스 투쟁을 할 필요성 때문에, 1만여 명의 군대를 이끌고 1688년 11월에 영국에 상륙했는데, 1688년 12월에 윌리엄의 군대가 칼에 피를 묻히지 않고 순조롭게 런던에 진입하자, 제임스 2세는 황급히 프랑스로 도망쳤다.

1689년 1월, 제임스 2세가 물러나고, 윌리엄과 메리가 함께 영국을 통치했으니, 윌리엄 3세와 메리 2세라고 불렀다. 그때, 의회는 윌리엄에게 하나의 〈권리 선언〉을 제출했다. 선언은 제임스 2세가 법률을 파괴한 행위를 규탄하고, 이후에는 국왕이 의회의 동의를 거치지 않고는 어떤 법률 효력도 정지시킬 수 없으며, 의회의 동의를 거치지 않고는 어떤 세금도 징수할 수 없다는 것 등등을 제시했다. 윌리엄과 메리는 선언이 제시한 요구를 받아들였다.

〈권리 선언〉은 그 해 10월에 의회의 정식 비준을 거쳐 법률로 제정되었는데, 이것이 바로 〈권리장전(Bill of Rights)〉이다. 이로부터 영국은 정식으로 의회가 왕권보다 높다는 정치 원칙을 확립했으며, 영국이 입헌군주제 국가가 되었다는 것을 상징했다. 이것은 이전에 없었던 변화로, 영국에서 이미 천 년의 장구한 시간 동안 존재했던 왕권의 성격을 근본적으로 바꾸어 놓았다. 국왕이 의회에서 결정하여 탄생한다는 것은, 군권(君權)이 "신이 수여하는 것"에서 "백성이 수여하는 것"으로 바뀌었고, 통치 방식이 인치(人治)에서 법치(法治)로 바뀌었다는 것을 의미했다. 이때부터 영국 사회는 장기간 안정적으로 발전하는 시기에 진입하여, 영국이 훗날 굴기하기 위한 안정적인 정치적·사회적 환경을 조성했다.

명예혁명은 영국의 국가 관리를 의회제도라는 틀 속으로 끌어들임으로써, 영국은 세계 최초로 전제 통치를 탈피한 국가가 되었다. 의회제도의 틀 속에서, 영국은 평화롭고 점진적인 제도 개혁을 진행함에 따라, 영국에는 상대적으로 여유롭고 상대적으로 자유로운 사회 환경이 출현하였다.

입헌군주제 정치 체제의 확립은 자산계급과 토지 귀족이 함께 국가의 정권을 장악하게 하여, 자산계급 혁명을 실현했다. 이 혁명은 인류 사회가 처음 자본주의 사회로 넘어가는 중요한 혁명이었다. 그것은 봉건제를 무너뜨리고, 영국의 통치에서 자본주의 생산관계를 확립했으며, 영국에서 나라의 정세와 생산력 발전의 요구에 부합하는 정치체제를 확립했다. 이 체제는 영국 사회가 상대적으로 여유롭고 평화로운 사회 환경을 갖도록 보장했으며, 또한 영국인들이 개인적 목표를 추구하도록 보장함과 동시에, 최대한도로 능력을 발휘하도록 보장함으로써, 영국이 세계적인 공업 패권을 지닌 식민 제국을 건설하기 위한 기초를 다져 주었다.

II. 영국의 초보적 굴기

처음으로 되돌아가서, 우리는 또한 스페인의 쇠락과 영국의 굴기를 얘기를 할 때 '영국-스페인 해전'을 언급해야 한다.

1558년, 엘리자베스 1세가 영국의 왕위를 계승했는데, 그가 통치한 44년 동안 근대 초기 영국의 찬란한 시대를 이룩했으며, 또한 영국이 19세기에 으뜸가는 세계 강대국이 되기 위한 견실한 기초를 다졌다.

엘리자베스 1세는 영국 역사상 가장 환영을 받는 군주다. 2002년에 BBC가 주관하여 대중이 공개 선정한 '가장 위대한 100명의 영국인' 가운데, 엘리자베스의 이름이 7위로, 영국의 각 지역 각 시대 모든 다른 군주들을 뛰어넘었다. 2005년에 '영국에서 가장 위대한 군주' 선정에서는 엘리자베스가 가장 높은 48점을 얻었는데, 이로부터 대중들이 보편적으로 그를 그리워하고 숭배한다는 것을 알 수 있다.

집권한 기간 동안, 엘리자베스 1세는 공인된 법률과 관습에 의거하여 통치하려고 힘썼고, 〈마그나카르타〉의 약정을 준수했으며, 관용적이고 진보적인 정치를 한 것으로 유명하다. 그는 신중하고 원활하게 의회와의 관계를 처리하여, 의회와 왕권 사이에서 모순과 충돌이 발생할 때마다 적절하게 조치할 수 있었다. 그는 항상 의회를 소집하여, 국가와 관련된 사무를 토론했다. 그는 협조 관계를 맺는 데 능숙하여, 왕권의 행사는 시종일관 의회가 참을 수 있을 만한 범위 내에서 규제하자, 왕권과 의회 사이는 협조적이었다. 그래서 그는 영국에게 상대적으로 안정적이고 여유로운 발전 환경을 마련해 주었다.

엘리자베스 1세가 1558년에 왕위를 계승할 때, 스페인과 포르투갈이 항해 탐험에 성공했다는 소식이 끊임없이 전해 왔다. 다시 말하자면, 막 발견된 어떤 신세계가 있는데, 누구든 이 세계를 가장 먼저 인지할 수 있으면, 누구든 새로운 사상을 획득할 수만 있으면, 누구든 기존의 가치관을 타파할 수만 있으면, 누구든 더 빨리 부강해질 수 있었다. 이 신세계에서는, 바다가 육지보다 중요해 보였다.

역사 발전 앞에서, 각 민족이 날아오를 기회는 제한되어 있다. 해양으로의 발전 방면에서, 잉글랜드는 유난히 좋은 조건을 갖추고 있다. 즉 어떤 지방도 모두 바다와 120킬로미터 이내에 있다. 엘리자베스 1세는 현명하게 정책을 결정하여, 조금만 머뭇거렸더라면 사라졌을 기회를 움켜쥐었다. 그는 섬나라라는 자연적인 우세를 이용하여, 해양 무역을 발전시켜, 세계 패권을 쟁탈했다. 그가 그의 구상을 하나하나 행동으로 변화시키자, 영국은 그에 따라 뚜렷이 강대해져 갔다.

그러나 영국이 경쟁에 가담하면서, 당시 세계 최대의 제국인 스페인의 이익을 빼앗아 갈 것이 분명했던 데다, 또한 영국은 신교를 믿었다. 여러 차례의 쟁탈과 충돌을 거친 후, 스페인 국왕 필립 2세(Phillips Ⅱ)는 1588년 7월 7일에 자신의 정예 군대인 무적함대를 파견했다. 그 함대는 130척의 전함, 8천 명의 선원과 2만여 명의 사병을 보유하고서, 스페인을 출발하여 온 하늘을 가릴 기세로 잉글랜드 해협을 건너 영국을 공격했다. 정예군 무적함대가 호위하는 스페인 제국은 수많은 어려움들을 극복하고 파도를 헤치며 나아가서, 세계를 제패한 지 이미 반세기가 넘었다.

그러나 예상치 못하게도, 며칠 동안 격전을 벌인 후, 스페인의 무적함대는 영국인에게 패배하여 고국으로 도망쳐 돌아갈 수밖에 없었다.

이 승리는 영국인의 사기를 극도로 진작시켰으며, 이때부터 영국의 해상 역량은 급속히 발전하여, 영국이 세계 최고의 강대국으로 나아가는 여정을 추동하도록 도왔다. 이 해전이 영국을 처음으로 유럽의 대국이 되어 세계 역사의 무대에 등장하도록 했으며, 이때부터 스페인의 패권은 쇠락했다.

엘리자베스 1세는 영국에 상대적으로 안정되고 여유로운 사회 발전 환경을 가져다주었는데, 여기에서 다시 하나의 예를 들어보자.

강력한 군주제는 영국에게 초기의 찬란함을 가져다주었으니, 런던 시의 면적이 두 배로 확대되어 유럽에서 가장 큰 도시가 되었으며, 문화사업도 전에 없이 발전하여, 런던의 템스강 남쪽 강변은 각종 극장들로 가득 찼다.

경제와 사회가 번영하고, 민중들이 부유해짐과 동시에, 시대는 또한 희극을 필요로 했는데, 그때 바로 마르크스가 "인류 역사상 가장 위대한 천재 중 한 명"이라고 불렀던 극작가 셰익스피어가 나타났다. 셰익스피어의 사극(史劇)에서 군주는 종종 부정적인 배역으로 등장하는데, 엘리자베스 여왕은 당시 결코 자신을 연기하는 희극을 금지하라고 명령하지 않았다.

극중에 "연약한 자여! 그대 이름은 여자이어라."와 같은 대사가 있는데도, 무대를 향한 특별석에 앉아 흥미진진하게 연극을 보던 엘리자베스 여왕은 아무런 영향도 받지 않았다.

여왕의 현명함과 관용은, 세익스피어의 성취를 촉진했을 뿐만 아니라, 국가의 업무를 처리할 때에도 마찬가지로 출중한 기교와 심오한 지혜와 현명한 정책 결정으로 나타났다.

여왕은 영국을 눈부시게 이끌어, 세계 강대국으로 빠르게 떨쳐 일어나도록 촉진하였다.

명예혁명을 전후로, 영국의 인구가 크게 증가했으며, 상업과 수공업이 급격히 발전하여, 대외 무역은 이미 영국에서 갈수록 중요한 발전 동력이 되었다.

엘리자베스 시대가 열리면서부터 영국의 각 방면들에서는 상업 무역을 매우 중요시하여, 그들은 대외 확장의 발걸음을 더욱 빠르게 했다.

세 번에 걸친 영국-네덜란드 전쟁을 거쳐, 영국은 마침내 네덜란드에 승리를 거두고, 해상 마차부 네덜란드를 해상 패주의 지위에서 몰아냈다.

영국과 프랑스 두 나라는 유럽의 패권과 식민 패권을 쟁탈하기 위해 격렬한 투쟁을 벌였다. 1763년, 영국과 프랑스는 7년 전쟁을 통해, 영국이 프랑스와 스페인을 격파하고, 영국의 패주 지위가 한층 분명해지자, 역사 이래 처음으로 영국은 자신을 세계적인 강대국으로 간주했다.

이제 영국인들이 해양 경쟁과 대국 경쟁의 게임 규칙을 제정할 차례가 되었다.

명예혁명 후, 영국의 정치와 사회는 안정된 데다, 영국이 대외 확장에 힘을 쏟으면서, 상품 수요를 자극하자, 어떻게 하면 더욱 많은 상품을 생산하여 국제적·국내적 수요를 만족시킬 것인가를 고민하기 시작했다. 이로 인해 제1차 산업혁명을 촉발시켰다.

Ⅲ. 제1차 산업혁명

1. 가장 앞서 나아간 면방직업

산업혁명은 공업혁명이라고도 하는데, 자본주의 생산이 공장제 수공업 단계에서 기계제 대공업 단계로 넘어간 것을 가리킨다. 산업혁명은 가장 먼저 영국에서 폭발했다.

14세기 말, 영국의 농노제는 이미 해체되고, 자본주의가 싹트기 시작했다. 16세기 당시, 영국의 수공업 공장이 매우 빠르게 발전함에 따라 자본주의 상공업의 신속한 발전을 촉진했다.

17세기 중엽부터 영국에는 일부 면방직업 수공업 공장들이 출현하기 시작했다. 영국의 산업혁명은 가장 먼저 경공업인 면방직업에서 발생했다. 1700년 당시, 영국 의회는 막 건립되기 시작한 면방직업이 인도·페르시아와 중국으로부터 들어오는 날염포(捺染布)의 충격을 받지 않도록 하기 위해 특별히 법령을 반포하여, 한편으로는 동양으로부터 면직품 수입을 금지하고, 다른 한편으로는 본국 면방직업의 발전을 적극적으로 격려했다.

면직품의 생산량을 증가시키고, 시장이 나날이 증가하는 수요에 부응하기 위해, 매우 많은 사람들이 열심히 기술 혁신 작업에 종사했다. 1733년, 기술자인 존 케이(John Kay)가 플라잉 셔틀[flying shuttle: '나는 북(梭)'이라고도 하며, 베틀에서 날실 사이로 왔다 갔다 하면서 씨실을 풀어 주는 기구]을 발명하여 직포(織布: 베를 짜는 작업) 속도가 빨라져, 원래의 손으로 북(셔틀)을 던져 넣는 방법에 비해 작업 효율이 두 배로 높아지자, 원래부터 직포 능력보다 낙후되어 있던 방사(紡絲: 실을 뽑는 작업)는 직포와의 격차가 더욱 심해졌다. 방사의 경우 공급이 수요를 따르지 못하자 '섬유 기근'이 출현했다. 1764년, 방적공 하그리브스(James Hargreaves)가 '제니 방적기'를 발명하여 방사 효율을 10배나 높였다. 1768년, 시계공 아크라이트(Richard

Arkwright)가 수력 방적기를 제작했다. 1779년, 소년공 출신의 크럼프턴(Samuel Crompton)이 제니 방적기와 수력 방적기의 장점을 종합하여 '뮬(mule) 방적기'를 발명했는데, 그것은 바로 말과 나귀 사이에서 태어나 양자의 장점을 지닌 후손인 노새와 같다는 의미이다. 방적기는 이와 같은 개선을 거친 후, 매우 빠르게 방사 속도를 100배나 높여 줌으로써, 면방직의 기계화를 실현했다.

방적기의 효율이 크게 높아진 다음에는, 직포 기술이 다시 크게 뒤쳐졌다. 1785년, 목사 카트라이트(Edmund Cartwright)가 새로운 방직기를 발명하여, 직포 속도를 40배나 높일 수 있게 되자, 기본적으로 방사와 직포의 격차는 해결되었다. 이리하여 방직업의 기계화를 촉진하였다.

방직업의 큰 발전으로 인해, 시장이 대량의 제조기계를 필요로 하자, 금속에 대한 수요량도 급격히 증가했는데, 당시 영국의 철 생산량은 고작 연간 1만 7천 톤으로, 필요량에 턱없이 부족했다. 1784년, 헨리 코트(Henry Cort)가 퍼들 제련법을 발명한 후에는 석탄을 이용하여 선철을 열철(熱鐵)로 제련했으며, 석탄과 유리 가루의 혼합물을 이용하여 제강(製鋼)하는 방법도 발명했다. 이리하여 1780년대부터 영국의 강철업과 철광업은 다시 크게 발전하기 시작했다.

2. 핵심적 역할을 한 증기기관

제1차 산업혁명은 비록 방직을 기계화하는 것으로 시작되었지만, 전체 공업 부문의 변혁이라는 측면에서 말하자면, 증기기관이 폭발을 일으키는 핵심적 역할을 했다고 할 수 있다. 증기기관의 폭넓은 사용은, 공장으로 하여금 동력기·전동기·공작기계로 이루어진 기계 체계를 형성하도록 해주었다. 이리하여 기계제 대공업이 공장제 수공업을 대체하고, 대량 생산의 사회화가 시작되었으며, 증기기관으로 상징되는 제1차 산업혁명을 실현했다.

증기기관의 발명은 몇 세대 사람들의 공동 노력을 거쳤다. 일찍이 기원전 2세기에, 그리스인 헤론(Heron)은 증기가 분사하는 반작용 원리에 근거하여 증기회전구(蒸氣回轉球: '헤론의 공', 혹은 '아에올리스의 공'이라고도 함)를 제작했다. 르네상스 시기에 레오나르도 다빈치(Leonardo di ser Piero da Vinci)는 증기를 이용하여 대포를 이동시키는 도안을 남겼다. 1690년, 프랑스인 드니 파팽(Denis Papin)이 피스톤식 증기기관을 제작했지만, 단지 시험용이었을 뿐 응용되지는 않았다. 1698년, 영국의 기술자 토머스 세이버리(Thomas Savery)가 피스톤 없는 증기기관을 제작하여 광산에서 사용했다. 1705년, 영국의 철공 토머스 뉴커먼(Thomas Newcomen)이 증기로 피스톤을 추동하여 작동하는 양수기를 제작했다. 1712년부터 그것은 탄광에서 물을 퍼내는 데 광범위하게 사용되었다. 그러나 이 기계는 석탄 소모량은 크고 효율은 낮아, 탄광 이외에는 널리 보급되기 어려웠다.

제임스 와트(James Watt)는 스코틀랜드에서 출생했으며, 체계적인 교육을 받지 못했지만, 기계 공장에서 수많은 기계 지식을 배웠다. 그는 글래스고대학에서 연구원이 되었으며, 열심히 배우는 것을 좋아하여 지식이 풍부했고, 프랑스어·독일어와 이탈리아어를 능숙하게 구사했다. 와트는 글래스고대학의 실험실에 있을 때 일종의 증기 발동기를 발명했다. 하지만 그 증기기관은 뉴커먼이 발명한, 증기로 피스톤을 추동하여 작동하는 양수기와 별 차이가 없어, 단지 광산에서 물을 퍼내는 데에만 사용할 수 있었다. 후에 와트는 이것을 기초로 꾸준히 개선하여, 마침내 "만능 증기기관"을 발명했다. 1784년, 와트는 만능 증기기관의 특허권을 획득했다.

와트에 대해 이야기하려면, 특허권이 발명과 창조 및 인재 보호에 얼마나 중요한가, 또 더 나아가 핵심적 인재가 국가에 얼마나 중요한가에 대해 설명할 필요가 있다.

와트가 뉴커먼식 증기기관을 개선하여 만능 증기기관을 발명한 것은, 뉴커먼식 증기기관이 단지 광산에서 물을 퍼내는 데에만 사용할 수 있었기 때문이다. 1766년에 와트와 부유한 사업가 로벅(John Roebuck)은 합작으로 연구 제작하여, 1769년에 첫 번째 샘플 기계를 내놓았다. 그러나 그것은 뉴커먼의 증기기관에 비해 열 효율이 현저하게 높은 것을 제외하고는, 동력기로서 기타 공작기계를 작동하게 하는 성능 면에서는 여전히 실질적인 진전을 이루지 못했다. 와트의 이 증기기관이 여전히 이상적이지 못했기 때문에, 판로가 결코 넓지 못했다. 1773년 3월, 와트가 계속 탐색을 진행하고 있을 때, 로벅이 파산했다. 이것은 와트로 하여금 안정된 수입을 잃게 했을 뿐만 아니라, 재산을 팔아 돈을 마련하여 빚을 갚지 않으면 안 되도록 했다. 와트는 시름이 깊었다.

그런데 불행은 겹쳐 일어나는 법이다. 1773년 가을, 제임스 와트와 함께 9년을 살았던 아내가 세상을 떠났는데, 여섯 명의 자녀들까지 있었고, 거기에 더해 다른 사람과 합작으로 경영하던 공장마저 다시 파산했다. 이렇게 연속적인 타격은 와트의 생활을 최악의 상태로 몰아넣었다. 이때 한 친구가 그를 러시아에 가서 작업하도록 추천했다.

하지만 영국이라는 생기발랄하던 곳에서는, 이때 바로 무한한 사업 기회가 생겨나고 있었고, 더구나 영국에는 사람들로 하여금 분발하여 향상하도록 격려하는 각종 메커니즘들이 있었다. 가슴에 무한한 사업 기회를 품고 있던 발명가는 당연히 고국을 떠나기 어려웠다.

얼마 지나지 않아, 와트는 또 다른 한 사람의 공장주 매튜 볼턴(Matthew Boulton)과 합작을 했고, 마침내 1776년에 신형 증기기관을 제조하는 데 성공했다. 아울러 실제 생산에 들어간 다음, 사용하면서 계속 개량하고 완벽하게 하여, 결국 공업에 광범위하게 응용될 수 있게 되었다. 이리하여 인류가 에너지원을 사용할 수 있는 신시대를 열었으며, 산업혁명의 신기원으로 진입했다. 증기기관의 응용은 제1차 산업기술 혁명의 시작을 상징하며, 그것은 사회적 생산력의 발전을 극대화시켰다.

말년에 와트의 생활은 매우 부유했는데, 재산의 주요 원천은 바로 광범위한 분야들에 양도된 증기기관의 발명 특허였다.

특허의 제출은 최초로 이탈리아에서 이루어졌는데, 1474년에 이탈리아에 예속된 하나의 공화국이 단지 한 조항의 법률 조문으로만 이루어진 세계 최초의 특허법을 반포했다. 이로부터 특허 제도는 점차 유럽의 다른 나라들로 확산되었지만, 이후 200여 년 동안 사람들은 특허 신청을 결코 중시하지 않다가, 18세기 이후에야 특허 신청이 비교적 보편화되었다. 특허를 신청하는 목적은 매우 간단한데, 바로 발명을 보호하고, 발명인의 권리를 보호하려는 것이다. 보호를 받는 기간에는 다른 어떤 사람도 모방할 수 없으며, 특허를 사용하려면 반드시 발명자의 동의를 얻고, 비용을 지불해야 한다.

250년 전, 영국은 지식재산권을 보호하고 장려함으로써, 사람들이 신기술과 신발명의 특허 기술을 열광적으로 추구하도록 촉진했다. 당시 영국의 한 간행물에는 다음과 같이 기록되어 있다. "공학 기술은 전쟁과 외교에 크게 공헌했는데, 그것의 공헌은 교회와 대학보다 크며, 그것의 공헌은 추상적인 철학과 문학보다 크다. 사회를 변화시키는 방면에서, 그것의 공헌은 우리의 법률이 한 공헌보다 크다……."

근대 과학이 탄생하기 전의 수천 년 동안, 인류의 생산은 처음에는 구체적인 생산 과정에서의 경험에 의지하여 생산했으며, 다시 생산 경험을 종합하여 기술을 도출한 다음, 기술을 개량하는 과정에서 법칙을 찾아냈고, 나아가 과학을 탄생시켰기 때문에, 적지 않은 우회로와 시행착오를 겪어 왔다. 그것은 실천—종합—재실천—재종합의 과정이었다.

14세기부터 17세기까지, 르네상스 운동은 생기발랄하고 용맹하게 봉건제도에 충격을 가했는데, 종교적 구속과 봉건적 속박이 무려 천 년에 달했던 유럽인들에 대해 말하자면, 그것은 하나의 위대한 사상해방 운동이자, 인류 문명발전사에서 전에 없는 위대한 변혁이기도 했다. 이 위대한 변혁 과정에서 매우 많은 위대한 인물들이 쏟아져 나왔는데, 예를 들면 위대한

화가이자 역학자이자 기술자인 레오나르도 다빈치, 유명한 물리학자이자 팔방미인 '천재'인 아이작 뉴턴(Isaac Newton), '화학의 아버지' 앙투안 로랑 라부아지에(Antoine Laurent Lavoisier) 같은 사람들이다. 그들은 역학·수학·화학 등 관련 영역에서 근대 과학기술의 전면적인 발전을 위한 견실한 기초를 닦았다.

와트는 구식 증기기관을 개조하기 위해, 역학·수학·화학 등 관련 지식을 열심히 탐구하여, 실린더의 열 효능을 자세히 계산하면서 체계적인 실험을 했다. 와트는 어떻게 이전의 기술자들이 근본적으로 생각하지 못했던 방식을 이용하여 발명과 창조를 진행할 수 있었을까? 그 이유는 인류가 이미 관련 학문 분야에서 공업 발전을 위한 관련 지식을 준비해 놓았기 때문이다. 와트가 증기기관을 연구하여 제작하기 이전의 100여 년 동안에, 유럽 국가들의 과학은 매우 빠르고 맹렬하게 발전했으며, 성취도 풍성했다. 와트는 바로 이런 과학 거장들의 관련 지식으로부터 도움을 받고, 산업혁명 물결의 추동을 받아, 증기기관을 개량하고 발명함으로써, 인류 사회가 큰 걸음으로 나아가도록 촉진했다.

17세기의 이들 많은 과학 거장들 가운데, 근대 과학을 위해 거대한 공헌을 한 사람으로, 우리는 또한 저명한 물리학자이자 수학자이며, 팔방미인 '천재'인 아이작 뉴턴을 언급해야 한다.

3. 근대 과학의 기초를 다진 사람—뉴턴

근대 과학의 측면에서 보면, 뉴턴이 산업혁명의 대문을 열어젖혔다고 할 수 있다.

300여 년 전, 인류는 비교적 무지했고, 미신이 만연했다. 사과는 어째서 땅 위로 떨어지고, 하늘을 향해 날아가지 않는가? 공중으로 던진 작은 돌멩이는 날아가는 궤적이 어째서 포물선을 이루는가? 달은 어째서 찼다가

기우는가? 현재는 간단해 보이는 문제들이지만, 그때는 사람들이 도무지 이해하지 못했고, 그 안에 있는 법칙을 아무도 분명하게 설명하지 못했다. 1642년에 출생한 아이작 뉴턴은 인류가 무지 상태를 마감하기 위한 복음을 가져왔다. 뉴턴은 인류 역사상 가장 위대한 과학자 중 한 사람인데, 그는 자신의 위대한 발견을 통해 과학의 시대가 다가왔음을 선언했으며, 또한 세상 사람들에게 이렇게 알렸다. 즉 자연계에는 법칙성이 존재하며, 법칙성은 인식할 수 있는 것이므로, 자연과학의 연구를 마침내 종교의 족쇄에서 어렵게 벗어나도록 했다는 것이다.

많은 과학자들, 특히 갈릴레오 갈릴레이(Galileo Galilei)와 케플러(Johannes Kepler)의 과학적 성취 위에서, 뉴턴은 그들의 연구를 계속함으로써, 근대 기초과학 연구의 성취를 집대성하여 시대의 획을 긋는 과학자가 되었다. 그 시대에 그는 거의 모든 학과 영역에서 획기적인 공헌을 이루었다. 천문학 분야에서, 그는 밀물과 썰물 현상을 해석했으며, 수학을 이용하여 니콜라우스 코페르니쿠스(Nicolaus Copernicus)의 태양중심설(지동설–옮긴이)과 천체 운동의 현상 등을 해석해 냈다. 수학 분야에서, 그는 라이프니츠(Gottfried Wilhelm von Leibniz)와 거의 동시에 미적분학을 창립했다. 물리학 분야에서, 세 가지 운동의 기본 법칙과 만유인력의 법칙을 수립하고, 고전역학 이론체계를 확립하여, 물리학사에서 처음으로 대통합을 완성한 것 등등이다. 그는 매우 많은 학과의 역사에서 획기적이고 기초적인 거대한 공헌을 남겼으며, 또한 후대를 위해 폭넓은 발전 공간을 남겨 놓았다. 1703년, 뉴턴은 처음으로 영국 학술원(The Royal Society) 회장이 되었으며, 그가 세상을 떠날 때까지 회장을 맡았다.

뉴턴의 발견은, 인류에게 전에 없던 자신감을 가져다주었다. 그는 인류에게, 우리가 법칙이 있고 법칙의 지배를 받는 우주에서 살고 있다고 믿도록 해주었으며, 한 걸음 더 나아가, 우리에게 우주는 인식할 수 있다는 것을 깨닫도록 해주었다. 이리하여 그 후 줄곧 지금까지, 여러 과학 영역의 연구를 위한 길을 닦아 주었다.

1727년에 뉴턴이 세상을 떠났다. 영국은 성대한 국장(國葬) 의식으로 그를 웨스트민스터 대성당에 안장했다. 이곳은 원래 왕공이나 귀족들의 묘지인데, 뉴턴은 여기에 안장된 첫 번째 과학자이다. 발인하는 날, 수많은 보통 시민들·왕공 귀족들·정부 고관들 및 문인과 학자들이 그를 배웅하면서, 함께 그 과학 거장과 고별했다.

뉴턴의 장례를 지켜본 프랑스 사상가 볼테르는 깊이 감동하여, 이렇게 말했다. "웨스트민스터 성당에 가서 사람들이 참배하는 것은 군왕들의 무덤이 아니라, 국가가 나라를 빛낸 위대한 인물들을 위해 건립한 기념비다. 이는 바로 영국 국민들의 재능에 대한 존경이다."

이는 전체 사회가 한 명의 과학자에게 표현하는 진심에서 우러난 경의이며, 또한 한 국가가 과학자를 대하는 태도이기도 하고, 국가가 과학을 대하는 태도이다.

바로 국가가 이렇게 과학자를 예우했기 때문에, 영국은 비로소 그처럼 큰 창조력을 가질 수 있었고, 국가의 거대한 응집력을 형성할 수 있었으며, 사회 경제적으로 폭발적 발전을 추동할 수 있었다. 제1차 산업혁명의 핵심적 발명인 와트의 증기기관도 국가의 거대한 응집력과 떼어 놓을 수 없다.

4. 세계 과학기술 중심의 이동

한 국가가 과학을 대하는 태도를 말하려면, 또한 세계 과학기술 중심의 이동 문제를 얘기할 필요가 있다. 모든 사람들이 알고 있듯이, 국가의 강대함은 과학기술의 강대함과 떼어 놓을 수 없다. 15세기 하반기부터 17세기 초까지, 자본주의적 생산관계는 이탈리아에서 싹이 텄고, 아울러 신속히 발전했으므로, 르네상스 운동이 최초로 이탈리아에서 일어났는데, 그것은 근대 과학기술의 탄생과 발전을 위해 장애를 제거했다. 세계적으로 근대 과학 문화의 번영은 가장 먼저 이탈리아에서 시작되었으며, 그곳은 근대 세계 과학기술 발전의 첫 번째 중심이었다.

그러나 그때, 이탈리아는 정치적으로 분열되어 강대한 민족국가를 형성하지 못했으며, 이로 인해 외국의 침략자들에게 침략의 기회를 주게 되어, 1494년에 시작된 전쟁이 수십 년이나 계속되었다. 침략자들 중 하나는 스페인이었는데, 1559년에 스페인은 이탈리아 영토의 거의 대부분을 장악했다. 게다가 또한 스페인이 갖가지 방법을 이용하여 이탈리아의 상업 발전을 제한하자, 이탈리아의 경제는 심각하게 파괴되었고, 문화와 과학기술은 엄중하게 손상을 받았으며, 과학기술 인력은 타향을 떠돌았다. 이렇게 정치와 경제가 쇠락함에 따라, 이탈리아의 과학기술도 쇠락했다.

바로 유럽 대륙의 각 나라들이 안팎으로 곤경에 처하고, 해마다 이어지는 전쟁이 과학기술의 발전을 가로막고 있을 때, 영국의 과학기술은 국가의 적극적인 창도와 개인들의 활발한 참여로 인해 왕성하게 발전함으로써, 1650년에 영국은 일약 발전하여 세계 과학기술 중심이 되었다. 이는 영국이 세계의 경쟁에 참여하여 과학기술을 리드하게 되는 핵심적 기초를 다져 주었다.

1640년부터 1688년까지 부르주아 혁명이 발생한 후, 영국 국내의 평화롭고 통일된 사회적 환경은, 영국의 과학기술이 떨쳐 일어나기 위해 필요한 사회적 조건을 조성했다. 자신의 종합 국력을 강화하기 위해, 과학기술의 힘을 빌리는 것이 절실히 필요했다. 그들은 과학기술 발전을 장려하는 많은 정책들을 채택했는데, 예를 들면 기술을 도입하고, 폭넓게 인재를 불러 모으고, 교육을 일으키고, 학회를 설립하고, 과학 연구를 중시하고, 발명을 장려한 것 등등이다. 그런데 교육을 일으키고 인재를 양성한 것이 영국 과학기술 발전의 근본적인 방법이었다. 산업혁명의 발전은 과학을 이해하고 최신 기술에 정통한 많은 인재들을 필요로 했으므로, 영국은 18세기에 먼저 기술공업학교를 창립했다. 1840년 전후에, 이러한 학교는 이미 수

백 곳으로 발전했는데, 그 가운데 일부는 훗날 기술대학이 되었다. 학술 논쟁과 교류 등을 강화하기 위해, 그들은 학술단체를 설립했다. 산업혁명 시기에 설립된 최초의 학술사회단체는 영국이 1766년에 버밍엄(Birmingham)에 설립한 태양학회다. 1817년부터 1844년까지, 각종 전문 학회들이 더욱 활발히 설립되었는데, 예를 들면 식물학회, 지질학회, 화학학회 등이다. 19세기 말까지, 영국에는 전국적으로 모두 100여 개의 과학 단체들이 있었으며, 전체 회원 수는 100배나 증가했다. 1831년, 전국적 단체인 영국 과학촉진회를 설립했는데, 그 단체의 주요 임무는 과학 발전의 전모를 분석하여, 한 걸음 더 연구해 가는 과정에서 가장 성공 가능성이 있는 새로운 방향을 제시하는 것이었다.[11]

과학기술 발전 정책의 실시는 영국 과학기술의 비약적 발전을 크게 촉진했다. 영국은 1650년부터 18세기 중엽까지, 과학기술이 줄곧 선두의 지위를 유지하여, 세계의 과학기술 중심이 됨에 따라, 마침내 영국을 세계의 가공 공장이 되게 하였다.

5. 자유무역의 경제 이론

영국은 세계의 가공 공장이 된 뒤, 세계를 제패하려 했으며, 또 당연히 세계로부터 더욱 많은 이익을 쟁취하려 했다. 시류에 순응하여, 영국의 자유무역 경제 이론이 출현했다. 그것은 주로 아담 스미스(Adam Smith)와 데이비드 리카도(David Ricardo) 같은 사람들이 주창했다. 아담 스미스는 자신의 명저 『국부론』에서, 보호무역을 실행할 경우 발생하는 갖가지 폐해들을 열거하면서, 자유무역을 실행해야 할 필요성을 역설했다. '자유경쟁'은 아담 스미스의 경제학설을 관통하는 핵심이다.

11 郝侠君 等, 『中西500年比较』, 235쪽, 北京, 中国工人出版社, 1996을 참조하라.

1817년, 리카도는 자신이 쓴 『정치경제학과 과세의 원리』라는 책에서, 아담 스미스 경제학 이론으로부터 한 걸음 더 나아가, 자유무역의 경제정책을 실행할 것을 적극 주장하면서, 국가가 경제 활동에 관여하는 것을 반대하였다.

말하자면, 뉴턴이 산업혁명에 과학이라는 열쇠를 창조했고, 와트는 이 과학이라는 열쇠를 이용하여 산업혁명의 대문을 열었다고 한다면, 아담 스미스는 바로 보이지 않는 손[12]을 휘둘러, 산업혁명이 한 걸음 더 발전하기 위한 새로운 경제발전 유형을 구축했다고 할 수 있다.

아담 스미스의 이론이 결국 영국의 국가 정책에 심각한 영향을 미쳐, 영국은 자유무역 정책을 적극적으로 추진하기 시작했다. 자신들이 가장 우세한 공업을 이용하여 점차 자유주의 경제 체제를 확립했으며, 자유무역이 영국의 국가 시책이 되었는데, 'Made in Britain'은 이때부터 세계 시장에서 종횡무진 휘젓고 다니면서 크게 유행하였다.

자유무역 정책을 널리 추진하기 위해, 영국은 다시 무력을 이용하여 차례차례 세계 각 나라들에게 문호를 열도록 강요함으로써, 영국으로 하여금 신속히 확장하여 '해가 지지 않는 제국'이 되게 했다. 이 제국 안에 건립한 것은 영국을 핵심으로 하는 상업 무역권이었다.

강력하게 추진한 해외 무역과 식민지 확장은, 동시에 또한 영국의 공업화 과정도 매우 크게 추동하였다. 1850년경, 영국의 도시 인구는 이미 60%를 넘어섰으며, 철 생산량은 세계 모든 나라의 철 생산량을 합친 것보다 많았다. 또 석탄 생산량은 세계 총생산량의 3분의 2를 차지했으며, 면직물 생산량은 전 세계 생산량의 절반 이상을 차지했다. 1801년부터 1851년까지, 영국의 국민 총생산은 125% 증가했으며, 1851년부터 1901년까지 다시 214% 증가했다.

12 '보이지 않는 손'은 바로 오늘날 경제학자들이 흔히 말하는 시장에서의 공급과 수요의 법칙이다.

산업혁명은 영국을 크게 발전시켜, 종합 국력이 크게 증강되었다. 그리하여 영국은 최초의 현대화 국가가 되어 현대 세계의 대문을 열어 젖혔으며, 당시 세계의 공업 발전을 이끄는 첨병이 되었다.

영국 산업혁명의 완성과 과학기술의 발전은, 영국 사회의 생산성을 크게 높였다. 1770년부터 1840년까지, 영국 노동자가 매일 작업하는 생산성은 평균 20배가 높아졌다. 노동생산성이 수십 배 높아짐에 따라, 생산 제품이 수십 배 증가했다. 예컨대 1790년 영국의 선철 생산량은 겨우 7만 톤이었는데, 1835년에는 일약 102만 톤에 달하여, 영국을 선철 수입국에서 수출국으로 바꿔 놓았다. 석탄 생산량의 발전도 매우 빨랐는데, 과거에는 1년에 단지 수십만 톤의 석탄만을 생산하다가, 1835년에는 일약 3천만 톤에 달해, 영국은 유럽 최대의 석탄 생산국이 되었다. 기타 공업들은 당시 모두 빠른 속도로 도약하였다. 영국의 공업은 빠른 속도로 발전하여, 세계 다른 나라들을 앞서 성큼성큼 나아가, 세계의 가공 공장이 되었다. 1820년에 영국의 총석탄채굴량은 전 세계의 75%를 차지했으며, 1839년에는 프랑스·벨기에·프로이센의 총합보다도 3배나 많았다. 선철 생산량은 세계의 40%를 차지했다. 19세기 중엽에, 영국의 기계와 선반 제조업은 세계에서 독점적 지위에 있었다. 영국의 상품은 다른 나라들이 경쟁할 수 없는 지위에 올랐으며, 멀리 세계 각지로 팔려 나갔다. 수많은 나라들이 모두 정도는 다르지만 영국의 원료 공급지와 상품 판매지가 되었다. 영국의 국민소득(national income)은 1740년에 64만 파운드였는데, 1840년에는 515만 파운드로 증가하여, 8배나 성장했다.

영국 정부는 세상 사람들에게 산업혁명의 성취를 보여주기 위해, 1851년에 런던시 중심에서 만국 공산품 박람회를 거행했으며, 이를 위해 호화로운 전문 전시관을 건설하고, 이를 '수정궁(Crystal Palace)'이라고 불렀다. 수정궁은 유럽에서 가장 웅장하고 가장 상상력이 풍부한 건축물로, 길이가 560미터, 높이가 20여 미터이고, 3만 7천여 평방미터의 땅을 점유했으며, 완전히 강철 골조와 평판 유리를 조립하여 만들었다. 1851년 5월 1일, 세계 25개국에서 온 산업계·정계의 대표자들이 이곳에 모였다. 이는 전에 없이 큰 규모의 회합이었는데, 사람들이 서로 모인 목적은 진보와 번영을 보여 주기 위한 것이었다. 애석하게도 1936년에 대형 화재가 발생하여 이 '수정궁'을 잿더미로 만들어 버렸다.

방대한 식민지는 영국에게 거대한 발전 공간을 제공했으며, 또한 점차 영국 자신이 발전하는 데 짐이 되기도 했다. 세계적으로 민족해방 운동이 고조됨에 따라, 이 짐은 마침내 제국의 허리를 휘어지게 짓눌렀다.

세계는 전진하고, 사회는 발전하면서, 세계 각국의 경쟁은 한 순간도 멈추지 않았다. 영국의 공업은 방직·석탄 등의 공업 방면에 집중되어 있어, 기술 혁신이 비교적 완만했다. 19세기 후기부터, 독일과 미국이 활력을 띠기 시작하면서 제2차 산업혁명의 조류를 통솔하기 시작했다. 동시에 자유경제 유형 자체의 결함은 20세기에 세계에 비통하고 심각한 교훈을 가져다주었다. 영국의 공업 생산액은 1880년대에 미국에게 추월당했으며, 20세기 초에는 다시 독일에게도 추월당해, 세계 제3위로 밀려났다.

영국이 굴기한 과정을 살펴보면, 가장 주요한 요인은 역시 영국이 시기와 형세를 잘 파악하여, 국가 정세와 생산력 발전의 요구에 적합한 정치체제를 수립했다는 점이다. 그리하여 이 체제가 영국 사회에 상대적으로 여유롭고 평화로운 환경을 보장해 줌으로써, 사회·경제·문화·산업·무역 및 군사 등 각 방면의 발전을 위해 유리한 조건을 조성했으며, 영국인들로 하여금 개인의 목표를 추구함과 동시에, 창조 능력을 최대한도로 발휘하게 하여, 영국 사회 전체의 발전을 강력히 추동했다.

제4장 민주 투사

프랑스

프랑스 공화국은 유라시아 대륙의 서쪽 끝에 위치하는데, 서쪽은 대서양에 접해 있고, 서북쪽은 영국과 바다를 사이에 두고 서로 마주하고 있으며, 동북쪽과 동쪽으로는 벨기에·룩셈부르크·독일·스위스·이탈리아와 국경을 접하고 있다. 동남쪽은 지중해와 접하고 있으면서 또한 모나코와 서로 의지하고 있고, 서남쪽은 스페인·안도라와 인접해 있으며, 면적은 55만 1,602평방킬로미터이다. 19세기 초, 프랑스의 인구는 대략 2,300만 내지 2,400만 명이었는데, 2013년에는 6,580만 명이었다.

프랑스는 가장 먼저 전통 농업사회에서 현대 공업사회로 진입한 국가 중 하나이며, 실제로 또한 현대 문명의 발상지 중 하나이다. 하지만 프랑스의 현대화 과정은 매우 많은 어려움과 굴곡을 거쳐야만 했다. 프랑스는 전 세계를 휩쓴 정치 민주화라는 대조류의 발원지이자, 또한 단일 국가가 정치적으로 민주화하는 과정의 고전적 본보기이기도 하다. 18세기 후반부터 19세기 후반까지, 프랑스는 영국을 대체하여 세계 과학기술의 중심이 되었다. 19세기에, 프랑스가 보유한 해외 식민지는 영국 바로 다음으로 많았다.

Ⅰ. 봉건 왕조의 멸망

프랑스는 중세기에 건국했지만, 국가는 아직 단지 이론상의 의미밖에 없었으며, 국왕은 전 국토를 관리하는 실제적인 권력을 갖지 못했고, 귀족들은 대단한 특권을 지니고 있었다. 유럽의 다른 일부 국가 사람들과 마찬가지로, 생산력 수준이 높아지고 상품경제가 발전함에 따라, 프랑스인들도 중세기 말기에 민족국가의 중요성을 인식하면서, 점차 왕권을 강화하여 영토가 통일되고 주권이 완전한 민족국가를 수립하는 길로 나아갔다.

몇 차례 전란을 겪으면서, 프랑스 민족은 참혹한 재난을 당하고 나서, 결국 "왕권을 강화하여 주권이 완전한 민족국가를 건립하자"는 신념하에 응집하였다. 프랑스는 마침내 루이 14세 시대(1661~1715년)에 귀족 할거 세력을 성공적으로 억제하고, 유럽에서 가장 전형적인 절대군주제 국가로 발전하였다. 루이 14세가 등극한 초기에, 프랑스의 당시 재정 상황은 매우 좋지 않았다. 이전 정부가 재정을 미리 당겨서 사용해 버려, 국고의 적자가 극도로 심각했기 때문에, 1661년의 비용은 결국 어쩔 수 없이 1663년의 수입에서 미리 지출할 수밖에 없었다. 루이 14세는 관리를 임명하고, 여러 가지 조치를 취했으며, 관리들의 공무 집행을 정돈하여, 관련된 지출을 삭감하고, 세제 개혁 등을 실시함으로써, 왕국의 재정은 마침내 1675년야 수지의 균형을 맞출 수 있었다. 그들은 한 걸음 더 나아가 국내의 신흥 수공업을 지원했으며, 나라 밖으로부터 수많은 우수한 기술자들도 끌어들임과 아울러, 각 공장들에 생산의 요구에 맞춰 생산하도록 명령을 내려, 제품의 품질과 수량을 확보함으로써, 자국 상품의 경쟁력을 강화하고, 대외무역을 힘껏 확대했다. 동시에 또한 도로를 건설하고, 수로를 준설하고, 세관을 줄이고, 세율을 낮추고, 농민의 세금 부담을 경감시켜 주는 등, 국내시장의 발전을 적극적으로 도왔다. 이러한 일련의 정책들의 추진으로 인해, 프랑스 경제는 신속히 발전했으며, 국력은 나날이 융성했다. 이와 동시에, 그들은 또한 적극적으로 해외 식민지를 확장하여, 해외 시장으로부터 더욱 큰 이익을 획득했다. 자신들의 해외 무역에 장애가 되는 걸림돌을 제거하고 발전을 보장해 주기 위해, 그들은 276척의 전함을 보유한 강대한 해군을 창설했으며, 무기가 우수하고 훈련이 잘 되어 있는 육군을 설립했는데, 그 병력 수가 1703년에 40여만 명이나 되었다. 그때, 프랑스는 이미 두 말할 필요 없이 유럽 대륙에서 가장 강한 나라가 되었다. 루이 14세는 재능이 뛰어나고 계략이 원대하며, 문무를 겸비하여, 프랑스 왕국을 당시 유럽 대륙에서 가장 강대한 국가의 하나로 만들었으며, 프랑스어를 꼭 2세기 만에 전체 유럽의 외교와 상류 사회에서 통용되는 언어로 만들었다.

루이 14세는 프랑스 역사에서 가장 위대한 군주의 한 명이자, 세계 역사상 가장 오랫동안 집정한 군주 중 한 명이기도 하다. 유럽의 패권을 탈취하기 위해, 루이 14세는 자신이 집정한 54년 동안에 31년간이나 전쟁을 벌였는데, 장기간의 전쟁이 프랑스의 재력을 소진시켜, 국가 채무가 산더미처럼 쌓이자, 재정의 원천인 세입(稅入)이 모순의 초점이 되었다.

당시 프랑스 사회는 세 개의 등급으로 나뉘어 있었다. 바로 성직자와 귀족 및 평민이 그것이다. 앞의 두 등급은 고작 인구의 2%밖에 차지하지 않았지만, 약 35%의 토지를 보유했으며, 세금을 낼 필요가 없었지만, 세금과 기타 특권을 누렸으므로, 납세의 의무는 곧 총인구의 98%를 차지하는 세 번째 등급에 속하는 사람들이 졌다.

특권계층과 제3등급의 모순은 이미 매우 분명해졌다. 전쟁을 지탱하기 위해, 무거운 세금에다 또 세금을 올리자, 모순은 갈수록 심각해졌다. 무거운 세금은 귀족들에 대한 권한 박탈과 정치 권력이 없는 시민 계층의 정책에 대한 불만을 초래했으며, 이는 1789년에 프랑스 대혁명이 일어나도록 하는 정치·사회 및 경제 방면의 화근이 되었다.

루이 14세는 자신의 전제 통치를 강화하기 위해, 프랑스 백성들이 천주교 이외의 종교를 믿는 것을 허용하지 않았다. 그가 꿈속에서도 갈망하던 것은, 프랑스는 단지 "하나의 국왕, 하나의 법률, 하나의 하느님"만 갖는 것이었다. 1685년, 그는 마음대로 전 국왕 앙리 4세가 1598년에 반포한, 프랑스의 신교도(위그노 교도)에게 정치적 특권을 준 〈낭트 칙령〉을 취소하도록 명령하고, 강제로 위그노 교도들에게 천주교로 개종하도록 명령했다. 루이 14세는 잔혹하게 위그노 교파를 박해하여, 수십만 명의 위그노 교도들—숙련공과 부유한 상인 및 수공업 공장주들—을 영국·네덜란드 등지로 뿔뿔이 도망치도록 했는데, 이들은 대량의 자금과 기술을 가지고 갔고, 이는 프랑스 자본주의의 발전에 엄청난 손실이었다.

루이 14세는 프랑스를 강대하게 만들어 존경을 받았지만, 그의 오랜 기간에 걸친 전쟁은 프랑스의 국가 경제를 파산하게 만들었다. 1715년에 루이 14세가 세상을 떠났을 때, 프랑스의 국가 채무는 24억 리브르나 되었다. 1716년의 예산 수입은 겨우 7천만 리브르였는데, 지출은 2억 3천만 리브르나 되었다. 이런 재정 위기를 해결하기 위해, 국가는 함부로 적정액을 초과하여 지폐를 발행하는 금융 모험을 감행했다. 1720년 연말에 소식이 전해지기를, 국가가 이미 30억 리브르의 지폐를 발행했는데, 은행의 금고에 실제로 남아 있는 금·은은 5억 리브르 분량밖에 없다고 했다. 그러자 금융시장은 순식간에 붕괴되어, 금융자산 계급에게 엄청난 손실을 안겨주었다. 이렇게 닭을 잡아 계란을 취하는 식의 방법은, 국가의 은행 신용에 화를 끼침으로써, 훗날 프랑스의 산업으로 하여금 장기간 쇠퇴하고 부진에 빠지게 만들었다.

1723년에 루이 15세가 정식으로 등극한 후, 여러 원인들로 인해 전쟁이 여전히 끊이지 않았는데, 특히 영국과 프랑스의 7년 전쟁은 프랑스에 가장 큰 피해를 입혔다. 7년 전쟁이라는 코앞의 적에게 보복하기 위해, 프랑스는 밑천을 그러모아 영국령 북아메리카 13개 식민지(미국을 말함)의 독립전쟁을 지원했다. 결국 미국 혁명은 승리했지만, 프랑스 자신은 오히려 스스로 헤어날 수 없는 재정 위기에 빠졌다. 재정이 본래 매우 엉망이었는데, 미국을 지원하여 영국에 대항하면서 다시 20억 리브르를 소모하는 바람에, 국고의 총적자가 무려 40억 리브르나 되었다. 당시 프랑스의 연간 재정 수입은 단지 대략 5억 리브르에 불과했다.

루이 14세는 프랑스에 재정의 혼란과 보편적 쇠락을 남겨 주었다. 루이 15세는 이런 상황을 타개하고 프랑스의 쇠락을 만회할 수 없었으며, 그의 집정 후기에는, 독단적으로 혼자서 결정하고 행동하면서, 터무니없이 무거운 세금을 징수하고, 전국의 돈과 재물을 착취하여 궁정의 사치스럽고 부패한 생활을 유지했다. 루이 15세의 전제 통치에 대해, 프랑스의 도시와 농촌 백성들은 끊임없이 봉기를 일으키며 반항했다. 그러나 루이 15세는 매우 호기 있게 그 순간을 즐기며 살았는데, 그는 "내가 죽은 다음, 홍수가 하늘까지 차서 넘친들 무슨 상관이란 말인가!"라고 말하곤 했다. 루이 15세의 이런 예언이 있고 나서 얼마 후, 과연 홍수가 났으며, 결국 전제적인 봉건 왕조는 물속에 잠기고 말았다.

1774년, 루이 16세가 왕위를 계승했다.

루이 16세가 집정할 때, 그가 물려받은 것은 루이 14세 때 전에 없이 전성기에 도달했던 전제적인 왕조로, 국왕의 권력은 하느님의 대리인이자 화신으로 여겨졌다.

루이 16세는 온화하고 내성적이었으며, 우유부단하고 결단성이 부족했다. 그는 기계를 좋아했는데, 자물쇠 만드는 일을 무척 좋아했고, 조정에는 소홀했다.

프랑스는 이때 이미 위기가 사방에 도사리고 있었다. 전제 체제의 인간에 대한 경시와, 인간의 권리에 대한 박탈 및 그 방식에서의 횡포함은 전에 없이 심각했다. 이런 체제하에서, 하층에 있던 제3등급 신분의 백성들은 전체 국가의 무거운 채무를 짊어졌지만, 아무런 정치적 권리도 누리지 못했기 때문에 그들의 원성이 도처에 자자했다. 또한 관료제도는 매우 타성에 젖어 있었고, 정부 사람들은 부패하고 나태했으며, 행정 처리는 무질서하고 혼란스러웠다.

전제 체제의 폭정과 불합리성이 여러 가지 불만과 반항을 불러일으키자, 방대한 제국은 갖가지 곤란을 겪었다. 이때 루이 16세는 당시의 제도를 반드시 개혁을 해야 한다고 인식했는데, 개혁의 주요 임무는 국가의 재정 위기를 해결해야 하는 것이었다.

루이 16세는 개혁을 하기로 결심했다. 그는 농민의 부역을 면제하고, 각 주(州)들의 경계에 있는 장벽을 제거하고, 무역 세관을 폐지하고, 공업을 진흥할 것을 건의했는데, 가장 중요한 것은 귀족과 승려들에게도 제3계급과 마찬가지로 세금을 부과하자는 건의였다. 정치면에서, 그는 현존하는 주 의회라는 수단을 이용하여, 정치 개방을 확대하고, 인민들로 하여금 정치적 권리를 획득하여 국가의 정치 생활에 참여하도록 할 계획이었다. 여러 차례의 노력을 거쳤지만, 특권 계급의 반대로 인해 이 방대한 개혁 계획은 실패하고 말았다.

엎친 데 덮친 격으로, 프랑스는 연속해서 전국적으로 농업에서 흉년이 들어 물가가 폭등하자, 1788년에 빈곤 가정의 절반은 수입의 절반을 빵 값으로 지출했으며, 1789에는 80%를 빵 값으로 지출했다. 사람들은 겨우 가까스로 살아갔으며, 농민들은 여전히 갈수록 무거운 세금을 부담하게 되자, 사회적 모순이 더욱 격화되었다.

이와 동시에, 전쟁은 여전히 계속되었다.

국내의 정치·경제 위기가 엄중하고 하층 민중들의 혁명 열기가 고조되는 상황에서, 1789년 5월 5일, 루이 16세는 어쩔 수 없이 이미 175년 동안이나 중단되었던 삼부회[프랑스 중세기의 각 신분 등급의 대표자 회의. 참가자는 성직자(제1등급)·귀족(제2등급)·시민(제3등급) 등 세 등급의 대표자들이었다]를 소집하고, 회의에서 증세 등의 문제를 토론하기를 희망했지만, 제3등급 대표는 증세에 동의하지 않았다. 모두들 언쟁은 멈추지 않았으며, 회의는 아무 성과를 거두지 못했다. 제3등급 대표들이 국민회의를 설립하겠다고 선포하자, 루이 16세는 국민회의를 해산하도록 강력하게 명령함과 동시에 많은 군대를 파리로 출동시킴으로써, 쌍방 간에 충돌이 발생했다.

제3등급과 국왕으로 대표되는 봉건 세력은 대치 국면을 형성했는데, 제3등급은 폭력을 사용하여 그들의 통치를 전복시키지 않는다면, 자신들의 정치적 요구를 실현할 수 없었다. 모순의 폭발은 이미 임계점에 이르렀다.

7월 12일, 소식이 자극을 가하자, 인민 대중들은 자발적으로 길거리로 뛰쳐나왔고, 그날 저녁에 파리 시민과 군대가 충돌했다. 13일 아침, 파리 상공에 경종이 울려 퍼지자, 군중들은 보잘것없는 무기들을 휴대하고 길거리로 쏟아져 나왔다. 군대는 군중들의 공격을 받자, 차례로 시가지를 포기했으며, 일부 사병들은 혁명 진영으로 돌아섰다. 7월 14일 아침, 바스티유 감옥을 제외하고, 전체 파리가 혁명 군중의 수중에 장악되었다.

"14일, 화요일, 무사함." 이는 루이 16세가 1789년 7월 14일에 대해 간략히 적은 것이다. 그러나 바로 이날, 분노한 파리 시민들은 손에 무기를 들고 바스티유 감옥을 공격했다. 시민들은 하루 동안 격전을 벌여, 98명이 희생당하면서, 당시 감옥 속에 수감되어 남아 있던 단지 7명을 석방시키고, 바스티유 감옥을 무너뜨렸는데, 이는 전제적인 왕권을 무너뜨렸다는 것을 의미했다.

이 혁명은 후세 사람들에 의해 프랑스 대혁명이라고 불리게 되었으며, 7월 14일은 후에 프랑스 국경일로 정해졌다.

질풍노도 같은 혁명은 잠자고 있던 루이 16세를 정신이 번쩍 들게 했으며, 프랑스의 최고 권력은 급속하게 국왕의 수중에서 국민회의로 옮겨갔다. 얼마 후 국민회의는, 일체의 봉건 특권을 폐지한다고 선포했다. 이는, 프랑스에서 천여 년 동안 이어져 온 봉건 통치가 이미 끝났으며, 프랑스가 부르주아 공화국 정치체제를 초보적으로 확립했다는 것을 말해 주었다.

Ⅱ. 〈인권선언〉

〈인권선언〉 즉 〈인간과 시민의 권리 선언(Declaration of the Rights of Man and of the Citizen)〉은, 1789년 8월 26일에 선포되었으며, 프랑스 대혁명 시기에 반포한 강령적 성격의 문건이다.

선언은 모두 17개 조항으로, 자유·재산·안전 및 압박에 대해 반항하는 것은 천부적이고 박탈할 수 없는 인권이며, 언론·신앙·저술 및 출판의 자유를 인정하고, 권력 분립·법률 앞에서 모든 사람의 평등·사유재산의 신성불가침 등의 원칙을 장엄하게 선포했다.

〈인권선언〉은 구시대의 왕권을 완전히 부정했으며, 새로운 사회질서는 인권과 준법을 기초로 삼는다고 확정했다. 1789년 8월, 파리로부터 전해진 자유·평등·박애의 목소리는 전체 유럽으로 울려 퍼졌다.

프랑스는 1792년 9월 22일에 제1공화국을 수립했다. 뒤이어 수십 년 동안, 혁명 세력과 반동 세력은 반복하여 대결을 펼치면서, 혼란이 끊이지 않았다. 공업화의 완성이 민주 진영의 역량을 전에 없이 강화해 놓았기 때문에, 프랑스의 현대 민주 정체(政體)는 마침내 1871년 9월에 제3공화국을 수립하는 형식으로 초보적으로 확립되었으며, 현대 프랑스는 그에 따라 기본이 형성되었다.

1789년 이후 100년이 안 되는 기간에, 프랑스는 네 차례의 대규모 혁명을 거쳤으며, 두 개의 제국과 두 개의 왕조, 그리고 두 개의 공화국이 있었다. 프랑스 영토는 정치 철학의 거대한 실험장이 되었으며, 파리의 길거리는 계속된 봉기·혁명·정변의 증거가 됨으로써, 사회는 오래도록 평화를 누릴 수 없었다. 이처럼 사회의 지속적인 동요와 불안은 경제 발전에 장애가 되어, 프랑스가 세계 강대국으로 나아가는 데 유리한 시기를 잃게 만들었다.

Ⅲ. 세 번째의 세계 과학 중심

봉건주의에서 자본주의로 이행하는 시기에, 두 제도의 모순이 끊임없이 심화되자, 프랑스의 신흥 부르주아 계급은 의식 형태의 영역에서, 봉건 통치와 교회 특권에 반대하는 투쟁도 신속하게 전개했는데, 이것이 바로 18세기 초의 프랑스 계몽주의 운동이다. 그것은 르네상스의 뒤를 이어, 유럽 역사에서 출현한 또 한 번의 위대한 사상해방 운동이었다.

계몽 운동에는 각종 학설 체계와 많은 나라들의 저명한 인물들이 관여했는데, 예를 들면 영국·독일·이탈리아·미국·러시아 등지의 일부 저명한 인물들이 모두 거기에 참여했지만, 운동의 중심은 프랑스였으며, 볼테르(Voltaire)·몽테스키외(Baron de Montesquieu)·루소(Jean-Jacques Rousseau) 및 디드로(Denis Diderot)로 대표되는 백과전서파가 뚜렷한 역할을 하면서, 운동에 크고 깊은 영향을 미쳤다.

18세기에, 프랑스의 일부 선진적인 부르주아 사상가들은 영국의 정치제도와 자유 사상을 숭상하고, 뉴턴의 철학 사상과 과학적 성취를 열정적으로 선전했다. 또 그들은 종교 몽매주의(obscurantisme)와 봉건 의식 형태를 규탄하고, 유물주의와 자연과학 지식을 선양했다. 프랑스 대혁명이 성공한 후, 프랑스의 새로운 집정자는 과학기술의 힘을 매우 중시하고, 일련의 조치들을 취하여 프랑스의 과학기술이 번영하도록 촉진했다. 정부는 인재를 기용하고, 기술을 도입하고, 교육을 발전시키는 것 등등을 중시하면서, 과학기술이 발전하는 데 유리하도록 강력한 사회적 협력을 이루어 냈다. 특히 나폴레옹 시기에는 과학기술 발전이 한층 중시되었으며, 그는 항상 과학학회에 참석했다. 정부는 과학 장려제도를 설립하여, 발명과 창조를 격려했다. 프랑스 정부는 과학자들이 군대와 정부의 요직을 맡도록 채용하기 시작했으며, 각 사업들을 과학기술의 진보에 의지하는 궤도에 올려놓았다. 그들은 또한 수많은 유학생들을 외국에 나가 깊이 연구하도록 파견했으며, 대대적으로 선진 기술을 도입했다. 프랑스는 매우 오랜 기간 동안 교육을 매우 중요한 위치에 올려 놓았는데, 나폴레옹은 말하기를, 종합기술학교는 "황금 알을 낳는 암탉"이라고 했다. 동시에 뉴턴 과학 이론의 영향으로, 라그랑주(Joseph-Louis Lagrange)·라플라스(Pierre-Simon Laplace)·라부아지에(Antoine-Laurent de Lavoisier) 등으로 대표되는 수많은 탁월한 과학자들이 출현하여, 『해석 역학(*Mécanique Analytique*)』·『확률의 해석적 이론(*Theorie Analytique des Probabilites*)』·『화학 요강(*Trait El mentaire de Chimie*)』 등 많은 중요한 과학 저작들을 완성했다. 다방면의 조치들을 취함에 따라, 프랑스의 과학기술은 신속하게 발전했다. 18세기 후반기부터 19세기 후반기까지, 프랑스는 영국을 대체하여 세계의 과학 중심이 되었다.

비록 프랑스가 세 번째 세계 과학 중심으로서, 과학기술 방면에서 한때 세계의 선두를 달렸지만, 유감스럽게도 프랑스는 장기간에 걸친 정국 불안으로 인해, 사회가 장기간 요동치고 불안정하여, 경제 발전은 사회 발전의 중심이 되지 못했다. 그리하여 프랑스는 줄곧 세계의 발전을 선도하는 견인차가 되지는 못했다.

1870년부터 1913년까지 40여 년 동안, 프랑스의 공업 생산은 거의 두 배가 되었다. 프랑스의 모든 공업들이 발전했지만, 다른 대국들에 비하면, 그 발전은 상대적으로 비교적 완만했다고 할 수 있다. 같은 시기에, 독일의 공업 생산은 7.6배 증가했고, 미국은 8.1배 증가했다. 제1차, 제2차 세계대전 기간에, 프랑스는 독일의 침략을 받아, 발전은 다시 한 번 파괴되었다. 제2차 세계대전 승리 후, 프랑스는 제4공화국을 수립했다. 1958년 9월에 신헌법을 통과시킴으로써, 제5공화국이 수립되었고, 드골(Charles AndréJoseph Marie de Gaulle)은 프랑스 제5공화국의 대통령이 되었다. 바로 드골 시대에, 프랑스 경제는 전면적으로 회복되었다. 오늘날 프랑스는 여전히 국제무대에서 중요한 영향력을 발휘하고 있다.

제5장 두 차례 세계대전의 발원지 | 독일

독일, 즉 도이칠란트 연방 공화국은 유럽의 중부에 위치하며, 그 주위에는 9개의 인접국들이 있다. 북쪽은 덴마크와 인접해 있고, 서쪽으로는 네덜란드·벨기에·룩셈부르크 및 프랑스와 맞닿아 있으며, 남쪽에는 스위스·오스트리아가 국경을 접하고 있고, 동쪽에는 체코 공화국 및 폴란드와 인접해 있으며, 면적은 35만 7천 평방킬로미터이고, 현재 인구는 약 8,200만 명이다.

Ⅰ. 제1제국

기원전, 독일 경내에는 게르만인이 거주하고 있었으며, 2세기부터 3세기까지 점차 부락을 형성했고, 10세기경에는 독일의 초기 봉건국가를 형성했는데, 역사에서는 이를 '독일 제1제국'(신성로마제국-옮긴이)이라고 부른다. 그것은 시종 중앙집권적 통일국가가 아니었다. 지방 봉건 세력이 나날이 강대해짐에 따라, 황제의 권력은 끊임없이 쇠락하여, 많은 방국(邦國)들을 이루었다. 15, 16세기부터 인류의 현대화 진행 과정이 유럽에서 시작된 이래, 주변의 강대국들은 이미 중앙집권적 통치 방식을 이용하여 민족 통일을 완성했고, 그 중 일부는 이미 현대 사회로 신속하게 매진할 때, 독일은 여전히 사분오열되어 있었다. 16세기경, 그 국토에는 300여 개의 제후국들이 있었으며, 제후국들 간의 연계는 매우 취약했는데, 가장 큰 두 개의 제후국은 프로이센과 오스트리아였다.

Ⅱ. 제2제국

1806년, 나폴레옹이 강대한 프랑스 군대를 이끌고 파죽지세로 침입했을 때, 이른바 독일 제1제국은 전혀 반격할 힘이 없어, 프랑스 군대는 가볍게 이 유럽 중부에 위치한 땅을 정복함으로써, 제1제국은 무너졌다. 나폴레옹은 314개의 크고 작은 제후국들을 39개의 주권을 보유한 국가와 도시로 합병했다. 1815년, 나폴레옹이 유럽의 몇몇 나라들로 이루어진 제6차 반프랑스 동맹에 의해 격파된 후, 39개 방국들은 '독일 동맹'을 결성했다. 독일 동맹은 하나의 통일된 민족국가가 아니라, 페르시아를 포함한 39개의 주권을 보유한 나라와 도시들로 이루어진 국가 연합(연방)이었다. 이리하여 독일은 여전히 분열되어 있었다.

1. 독일 혁명

하나의 통일된 민족국가를 건립하는 것은, 오랜 시간 동안 독일인들의 마음속에 맴돌고 있던 꿈이었다. 독일인들은 열심히 탐색하면서, 그들의 꿈이 실제가 되기를 희망했다.

1847년 말, 농업의 흉년과 경제 위기의 영향으로 인해, 독일 내 각 방국들에서는 파업의 물결이 넘쳐나고 굶주린 백성들이 폭동을 일으켜, 혁명

일촉즉발의 상황이었다. 파리의 2월 혁명이 승리했다는 소식은 프랑스와 인접한 서남부의 각 방국들, 즉 바덴·헤센·뷔르템베르크·바이에른 등지에서 가장 먼저 혁명의 폭발을 불러일으켰다.

도시에서는 군중들이 대규모 시위행진을 벌이면서 봉건 전제 정부에 반대했으며, 반동 내각을 교체하고 입헌제도를 실행하라고 요구했다. 농촌에서는, 농민들이 지주들의 장원을 파괴하고, 토지 매매계약서를 태워 버렸다. 혁명 물결의 충격으로, 각 나라들의 반동 내각이 잇달아 무너지자, 새로운 세력은 부르주아 자유파가 참가하는 새로운 정부를 구성했다.

서남부 각 나라들에서 일어난 혁명의 영향을 받아, 독일의 여타 많은 방국들에서도 1848년 3월에 구정권을 무너뜨리고 통일 독일을 확립하는 운동이 폭발했다. 힘써 분투하면서, 몇 차례 우여곡절을 겪은 뒤, 마침내 각 방국들이 대표를 파견하여, 1848년 5월 18일에 프랑크푸르트에서 전 독일 국민의회를 구성하고, 하나로 통일된 연방 국가 건립에 대해 협상을 벌였다.

그러나 건국 유형이 다양하고, 의견 차이가 커서, 의회는 끊임없는 변론과 말다툼을 벌이면서 1년을 소모했다. 이 '노파 의회'(나이순으로 의장을 정하는 등 늙고 무능하고 독단적인 행태에 대해, 엥겔스가 비판한 말에서 따온 말-옮긴이)가 절호의 기회를 놓치자, 구정권은 적극적으로 반격을 조직하여, 각 방국들이 잇따라 자기들의 군주 전제를 회복했다.

부르주아 계급이 의회를 통해 평화롭게 민족 통일을 실현하려고 희망했던 노력은 실패했다. 독일의 통일은 성공할 수 있었을까?

19세기의 50년대와 60년대에, 독일 자본주의 경제는 결정적 의미가 있는 발전을 이루었는데, "그들이 이 20년 동안 거둔 성취는 이전의 꼬박 1세기 동안의 성취보다도 더 많았다."[13] 1850년부터 1870년까지, 독일의 석

13 엥겔스, 『独逸农民战争』序言』, 『马克思恩格斯选集』, 3版, 第3卷, 26쪽, 北京, 人民出版社, 2012.

탄 생산량은 670만 톤에서 3,400만 톤으로 증가했으며, 선철 생산량은 21만 톤에서 139만 톤으로 증가했고, 강철 생산량은 5,900톤에서 17만 톤으로 급증했다. 1846년부터 1861년까지, 증기기관은 5배 증가했고, 철도의 길이는 6천 킬로미터에서 1만 8천 킬로미터로 증가했다. 독일 공업의 발전 속도는 매우 빨랐다. 1870년, 독일 공업의 총생산량은 세계 제3위로, 영국이나 미국보다는 뒤쳐졌지만, 프랑스는 추월했다. 독일의 전 국민 소양 교육도 매우 큰 성적을 거두었다.[14]

자본주의가 한 걸음 더 발전함에 따라 독일의 통일문제가 다시 의사 일정에 제출되었다. 어떻게 통일을 했을까?

2. 철혈 재상 비스마르크와 독일 통일

비스마르크는 19세기 독일에서 가장 탁월한 정치가로, 독일 제국의 초대 재상이었다. 비스마르크는 정치·외교적 수단을 총동원하여 연합하고 분열시키고 이간시키고 포섭하면서 종횡무진 활약하여, 19세기 후반기에 유럽 정치 무대에서 풍운의 인물이 되었으며, 독일 통일을 대표하는 인물이다.

독일의 각 방국들 중, 프로이센의 종합 실력이 가장 강했는데, 이는 그에게 독일 통일의 역사적 사명을 담당하여 기초를 다지게 했다.

1862년, 비스마르크는 페르시아 수상 겸 외무장관에 임명되었는데, 그 해 9월 26일에 수상으로서 그는 하원에서 연설하면서, 의회에 대해 다음과 같이 확고하게 말했다. “당대의 중대한 문제는 연설과 다수파의 결의를 통해 해결 가능한 것이 아닙니다. ……철(鐵)과 혈(血)을 통해 해결해야 합니다!” 그는 성격이 강직하고, 정치적 수완이 강경했으며, 독일 역사상 현저히 총명했던 전략가였고, ‘철혈 정책’을 신봉했으므로, 사람들이 ‘철혈

14 汪涛, 『世界近代史』, 241쪽, 上海, 上海社会科学院出版社, 1987을 참조하라.

재상'이라고 불렀다. 그가 통일된 독일 민족국가를 건설하기 위해 채택한 행동은 때마침 좋은 시점을 만났는데, 한 차례 절호의 기회를 얻자, 그는 이를 움켜쥐었다.

1860년대의 국제 형세는 비스마르크가 '철혈 정책'을 통해 통일을 실현하기에 대단히 유리했다.

비스마르크는, 원칙은 여태껏 역사 속에서 변해 왔으니, 어떤 국가도 동맹을 맺을 수 없는 나라는 없고, 또 어떤 국가도 자기 나라의 적이 될 수 없는 나라는 없다고 생각했다. 독일 통일 과정에서, 이러한 생각이 남김없이 다 드러났다.

실제로 활동하는 과정에서, 그는 다음과 같은 사실을 분명하게 알았다. 즉 유럽의 각 나라들, 특히 영국·프랑스·러시아는 통일된 신생 독일을 매우 보고 싶어 하지 않는다. 왜냐하면 통일된 신생 독일은 반드시 장차 기존의 대국들에 대해 충격을 가할 것이기 때문이라는 것이었다. 비스마르크는 이후 여러 차례의 전쟁 과정에서 자유자재로 활동하면서, 독일을 마침내 통일로 끌어올렸다.

프로이센-덴마크 전쟁: 덴마크는 독일의 북쪽에 인접한 국가로, 항상 독일의 정세에 개입했는데, 이때문에 비스마르크는 가장 먼저 덴마크와의 국경 충돌 문제를 해결하려고 했다. 1861년, 덴마크 국왕이 프로이센과 덴마크의 국경 지대에 있는 슐레스비히와 홀슈타인 등 두 개 주를 접수하여 관할하려고 하자, 비스마르크는 즉각 이것을 분쟁의 빌미로 만들었다. 그는 먼저 만약 프로이센과 덴마크가 전쟁을 시작하더라도 다른 열강들이 간섭하지 못하도록 확실히 보장함과 아울러, 오스트리아와 동맹을 맺어 함께 덴마크를 공격했다. 그리하여 마침내 덴마크로 하여금 이들 두 개의 주를 포기하지 않을 수 없게 만들었다.

프로이센-오스트리아 전쟁: 프로이센-덴마크 전쟁이 끝난 후, 비스마르크는 오스트리아를 독일 연방에서 몰아내어, 장래 독일의 통일에 유리하게 하기로 결정했다. 오스트리아를 고립시키기 위해, 비스마르크는 온갖 수단을 다 동원하고, 모든 책략을 다 사용하여, 좌우를 방어했다. 그리하여 프랑스와 영국이 프로이센-오스트리아 전쟁에서 중립을 지키도록 확보하고, 이탈리아와는 공수(攻守) 동맹을 체결하여 함께 오스트리아를 공격했다. 1866년 6월, 프로이센과 이탈리아는 동시에 오스트리아에 대해 선전포고를 했다. 오스트리아군은 전쟁에서 패했다.

프로이센-오스트리아 전쟁이 끝난 후, 독일 통일을 방해하는 것은 바로 배후에서 남부 독일의 여러 나라들을 장악하고 있던 프랑스만 남게 되었다.

프로이센-프랑스 전쟁: 프랑스는 여전히 막후에서 남부 독일 지역의 각 나라들을 조종함으로써, 독일 통일을 방해했다. 이때문에 비스마르크는 스페인 왕위 계승 문제를 분쟁의 빌미로 삼아, 프랑스 황제 나폴레옹 3세로 하여금 프로이센에 대해 선전포고를 하지 않을 수 없게 했으며, 프로이센은 이를 이용하여 독일 민족을 단결시켜 프랑스를 공격했다. 그리하여 곧바로 파리 교외에 도착했고, 프랑스 황제는 패배하여 포로가 되었다.

독일 남부의 몇몇 나라들은 프랑스의 통제에서 벗어났다. 1871년 1월 18일, 독일은 완전 통일을 선포하고, 독일 제국이 성립되었는데, 이를 '독일 제2제국'이라고도 부른다.

이것이 독일 최초의 진정한 의미에서 통일이다.

Ⅲ. 교육과 과학

막 통일된 독일은 세계를 놀라게 했다. 그들은 인구수·국민 총생산 및 강철 생산량 등등의 방면에서, 모두 유럽 제2위로, 1세기 동안이나 세계를 제패했던 영국 바로 다음이었다.

1. 교육 방면

18세기 영국의 산업혁명과 과학기술의 급속한 발전은 독일에 매우 큰 영향을 미쳤다. 영국의 발전은, 독일인들로 하여금 인재의 중요성을 인식하게 하였다. 통일된 독일은 교육과 과학기술의 발전을 중시하고, 국민의 소질 배양을 매우 중시했으며, 이것을 국가 진흥의 기초로 삼았다. 인재를 배양하려면 반드시 교육에 의지해야 한다. 그리하여 그들은 교육을 발전시키는 것을 매우 중요한 위치에 두었다.

비스마르크 정부는 교육에 대한 관리를 강화하고, 일련의 교육 법령들을 반포했다. 1870년대에 근대 교육 혁명을 완성하고, 강제로 의무교육제를 실행함으로써, 독일 민족의 전체 문화적 소양을 크게 제고시켰다.

독일 교육 개혁의 선구자는 프로이센이었다. 프로이센의 국왕 빌헬름 1세와 빌헬름 2세는, 자신들의 집정 기간에 독일은 낙후되고 빈궁했기 때문에, 그들은 평소에 매우 절약했으며, 심지어는 생활에 가혹하기까지 했지만, 교육에 대해서는 오히려 매우 대범했다. 국민의 소질을 제고하기 위해, 빌헬름 1세는 〈보통의무교육〉 훈령에 서명했다. 훈령은 "프로이센 왕국 내에 있는 모든 5세부터 12세까지의 어린이는 반드시 입학하여 학교 교육을 받아야 하며, 그러지 않으면 보호자는 처벌받는다"고 규정했으며, 또한 강력하게 추진했다. 1763년 8월 12일, 빌헬름 2세는 직접 세계 최초의 〈보통의무교육법〉에 서명했다. 1794년, 빌헬름 2세는 법령에 서명하여, 대학교·중등학교·초등학교를 모두 국가가 설립한다고 선포했다. 1810년, 프로이센은 교사는 국가가 인증하는 자격을 받도록 하는 제도를 도입했는데, 이는 교사의 교육 수준을 높여 주었다. 1812년, 프로이센은 중등학교의 진학 시험을 실시하기 시작했으며, 1871년까지 전 독일 제국에서 모두 이 제도를 받아들였다. 독일 통일 직전에, 적령기 아동의 취학률은 이미 97.5%에 달했다. 이런 취학률은 현재 세계 각국에 비교해도 대단히 높은 비율이다.

학생들의 학습 과정에서, 그들은 또한 애국주의 교육을 진행했다. 예를 들면, 삶은 단지 자기만을 위한 삶이 아니라, 전체 민족을 위해 살아야 한다고 하여, 민족의 응집력을 높였는데, 그 효과는 뛰어났다. 국가 지도자는 바로 민족의 응집력을 이용하고, 국민의 신뢰를 이용하여, 두 차례의 세계대전을 일으켰다. 특히 제2차 세계대전은 이 점이 더욱 두드러지게 드러났다.

교육을 진흥시켜 국가와 국민을 이롭게 하는 것은, 자손만대에 공덕을 쌓는 대사업이다. 국가의 지도자라고 해서 반드시 이런 사실을 알고 있지는 못하며, 알고 있다고 해서 반드시 실행하는 것도 아니다.

그러나 프로이센 국왕 빌헬름 3세(1797년 11월 16일부터 1840년 6월 7일까지 재위)는 의외로 핵심을 깊이 깨닫고 이렇게 말했다. "이 나라는 반드시 정신적 역량으로 신체적 손실을 보충해야 한다. 바로 빈곤하기 때문에 교육을 일으켜야 한다. 나는 지금까지 한 나라가 교육을 일으켜 빈궁해졌다거나 나라를 망해먹었다는 말을 들어본 적이 없다."

프로이센은 단지 중등교육과 초등교육만을 강화한 게 아니라, 마찬가지로 현대적 대학을 설립하는 것도 중요시했다. 국왕은 대학에 경비와 물자를 지원한 것 말고도, 대학이 제시한 한 가지 요구도 받아들였다. 그 요구란, 바로 국가는 반드시 교육과 과학 연구 활동에 물질적 지원을 해야 하지만, 교육과 학술 활동에 간섭해서는 안 된다는 것이었다. 후에 학교는 '학술 자유'·'교육과 과학 연구의 상호 결합'·'과학 연구 선도' 등의 원칙을 실행했으며, 연구의 자유와 교육의 자유는 정부가 승인한, 대학의 기본적인 법적 권리가 되었다.

국가의 강력한 물질적 지원, 그리고 교육·과학 연구 및 학술 활동에서의 충분한 자유는, 독일의 대학이 비약하도록 날개를 달아 주었는데, 세계 일류 대학들 안에는 그들의 웅건한 그림자들이 많이 남아 있다. 독일

교육의 육성으로 인해, 독일 대지에서 하나씩 찬란하게 빛나는 큰 별들이 떠올랐다. 헤겔, 칸트, 마르크스, 엥겔스, 괴테, 실레, 바흐, 베토벤, 아인슈타인, 막스 플랑크 같은 인류의 걸출한 사상·문화·과학 분야 거장들이 인류 문명을 위해 불후의 악장들을 연주해 냈다.

국제 역사학회 회장인 위르겐 코카(Jurgen Kocka)는 이렇게 말했다. "독일에서 교육·철학 및 과학은 중요한 역할을 발휘했다. 유럽에서 현대적인 의미를 갖는 대학은 독일에서 출현했으며, 이는 유럽의 수많은 다른 나라들의 본보기가 되었는데, 예를 들면 훔볼트가 창립한 베를린대학이다. 독일의 현대화 과정에서는, 교육·과학·대학이 중요한 역할을 발휘하여, 미국·영국·프랑스의 현대화 과정과는 달랐다."

2. 네 번째 과학기술 중심국

19세기 초, 독일은 여전히 봉건 세력이 할거하는 낙후된 국가였다. 그러나 그들은 오히려 교육을 매우 중요시했다. 18세기 말, 독일은 이미 유럽 국가들 가운데 대학의 숫자가 가장 많은 나라였으며, 19세기 후반에 들어서면서 독일의 대학 교육은 더욱 크게 진보했다. 그들은 정치·경제에서나 과학기술의 발전에서, 일련의 중대한 조치들을 취했다. 그들은 계획적이고 조직적으로 학교를 설립하고, 과학기술 교육 체계를 구축했는데, 이는 단기간 내에 수많은 과학기술 인재들을 배양해 내는 데 매우 좋은 기초를 다져 주었다. 독일의 교육은 과학과 공업의 결합을 더욱 중요시하여, 배운 것을 실제로 활용할 것을 제창했으며, 나라를 실제로 새롭게 만드는 데 결합할 것을 제창했다. 다른 나라의 대학들은 아직 과학의 분과(分科)를 중시하지 않고 있을 때, 독일의 대학들은 이미 과학 분과가 독립적으로 존재하고 발전하도록 허용했다. 그 자체의 발전 과정에서 수많은 효과적인 조직 방법과 형식들을 창조해 냈는데, 예컨대 실험실·대학원생 지도제도·

대학원·연구소·전문적인 과학기술 간행물의 출판 등으로, 이러한 것들은 모두 독일이 처음으로 창조해 낸 것들이다. 이러한 성과들은 독일 민족의 정신 속에 있는 '체계적인 학습'과 '철저한 정신'을 더욱 널리 드러나게 해 주어, 독일은 세계 교육계가 주목하는 중심이 되었다. 독일은 영국·미국·프랑스 등의 선진 과학기술을 학습하는 방면에서도 한 가지 획기적인 전환을 이루었는데, 그것은 바로 과학을 생산에 응용하도록 방향을 바꾼 것이다. 응용과학의 연구와 교육을 중시했는데, 예를 들어 화학 공업과 전기 공업의 발전은 독일의 특색을 매우 많이 띠고 있다. 독일은 세계 과학기술의 주요 성과와 최신 성과에 맞추어, 선택적으로 기술을 도입했다. 유학생을 선발하여 파견하는 것도 합목적적이고 계획적으로 진행했다. 독일은 외국을 학습할 때, 계승하고 발전시켰을 뿐만 아니라, 자국의 특징을 골고루 잘 살펴서 자신에 맞는 생산 체계와 관리 체계를 확립함으로써, 과학기술의 효능을 최대한 발휘하였다. 자주적인 과학 연구를 깊이 있고 꾸준하게 전개하여, 생산을 더욱 잘 촉진하기 위해, 계속해서 각종 연구소들을 설립했다. 1873년에는 국립물리연구소를 설립했고, 1877년에는 국립화공연구소를 설립했으며, 1879년에는 국립기계연구소를 설립했다.

근대 독일의 공업화된 과학기술 발전은 세상 사람들의 주목을 끄는 성과를 거두었는데, 독일은 전기 시대와 유기화학에서 많은 중요한 성과를 이루어 냈다. 1851년부터 1900년까지, 중요 과학기술의 발명과 창조 방면에서, 독일은 202가지 성과를 거두어, 영국과 프랑스 두 나라를 합친 것보다 많았으며, 세계 제2위를 차지했다. 특히 1905년에 독일의 위대한 과학자인 아인슈타인(Albert Einstein)이 제출한 특수상대성이론과 일반상대성이론은, 고전물리학—뉴턴의 절대시간과 절대공간—의 기초를 뒤엎고, 현대 물리학의 이론적 기초 중 하나가 되었으며, 과학의 발전을 크게 추동했다. 또한 독일의 과학자인 막스 프랑크(Max Planck)는 양자역학 개념을 제시했다. 1920년대에, 독일의 물리학자 하이젠베르크(Werner Karl Heisenberg)와 오스트리아의 물리학자 슈뢰딩거(Erwin Schrödinger)는 이 개념을 한 걸음 더 발전시켜, 양자역학을 창건했다. 이 발견은 원자의 구조 및 원자에서의 전자의 운동 문제를 해결했는데, 이는 전자 기술과 반도체 기술 및 레이저 기술 등을 위한 이론적 기초를 확립했다. 이 시기에 양자역학과 상대성이론이 결합하여 원자핵 물리학을 이루었다. 유기화학도 독일 과학자들의 위대한 공헌 중 하나이다. 뵐러(Friedrich Wöhler)는 1828년에 요소(尿素)를 인공적으로 합성하여, 무기물과 유기물 사이에 뛰어넘을 수 없는 간격을 메웠다. 유기화학의 아버지 리비히(Justus Freiherr von Liebig)는 유기화합물의 분석법 등을 확립했다. 줄곧 오늘날까지 독일은 여전히 세계에서 가장 중요한 과학 대국 중 하나이다.

독일의 공업화 과정에서 처음에는 영국보다 낙후했지만, 힘껏 교육과 과학기술을 발전시켜 독일을 위해 높은 소질을 갖춘 국민을 배양한 데다, 대학은 독일의 창조와 발명을 위한 이상적인 날개를 달게 되자, 지력(智力)은 독일에서 가장 중요한 자원이 되었다. 그리하여 독일은 세계 과학기술 발전의 최전방에 서서, 19세기에 발생한 세계 제2차 산업혁명을 이끌었다. 19세기 후반기, 세계 과학기술 중심이 프랑스에서 독일로 옮겨감으로써, 독일은 전 세계에서 네 번째 과학기술 중심 국가가 되었다.

독일 통일 후 40여 년 동안, 경제는 비약적인 발전을 이루었다. 독일의 석탄과 강철 생산량은 유럽에서 제1위였고, 유럽의 전력 공업도 장악했으며, 화공 생산품의 총생산량은 일약 세계 제1위가 되었다. 1910년이 되자, 독일의 공업 총량은 모든 유럽 국가를 뛰어넘었다. 1900년, 독일의 철도 길이는 4만 9,878킬로미터에 달했다. 20세기 초에 독일은 최신 기술의 기초 위에 완전한 공업 체계를 건립하여, 공업 강국이 되었다. 독일이 세계 공업 총생산액에서 차지하는 비율은, 1870년에는 아직 제3위였는데, 1910년에는 제2위로 뛰어올랐다.

공업의 발전과 동시에, 독일의 농업도 빠르게 발전했다. 1878년부터

1913년까지, 독일의 밀 생산량은 90%가 증가했으며, 감자 생산량은 두 배로 증가했다.

이런 일체의 일들이 일어날 수 있었던 것은, 모두 독일이 훌륭한 지도자인 비스마르크를 보유하고 있었다는 것과 관계가 있다. 비스마르크는 후발 국가가 선진 국가를 추월하는 한 가지 발전 모델을 찾아냈다. 그것은 바로 국가는 응당 과학기술과 교육을 힘써 발전시켜야 하고, 국가는 경제 발전을 추동하는 중요한 역량이니, 국가는 당연히 경제가 나아갈 발전 방향을 인도해야 하며, 또한 훌륭한 국가의 사회복지 제도도 건설해야 한다는 것이었다.

우리가 역사 속에서 빠르게 굴기한 독일을 관찰할 때, 그들은 강력한 국가 영도 체계와 상대적으로 평화로운 사회 발전 환경을 가졌으며, 교육과 과학기술을 힘써 발전시켜 국민의 소질을 제고함과 동시에, 또한 개인에 대해 가능한 한 많은 보장 및 충분한 학술과 인권의 자유를 보유하고 있다는 점을 발견했다. 이렇게 평화로운 환경을 창조한 사람이 바로 제국의 항해사인 비스마르크였는데, 그는 제국의 수상을 20년 동안이나 맡으면서, 일찍이 유럽 열강들로부터 끊임없이 저지당하던 이 나라를 위해, 소중한 발전 기회를 쟁취했다.

Ⅳ. 세계의 패권을 다투다

1888년, 독일 황제 빌헬름 2세는 왕위를 계승하자, '세계 정책'의 논조를 제시했다. 독일 통치 집단은 자신들이 발전하기 위한 '공간이 부족하고' '영토가 너무 작다'고 제멋대로 떠들어대면서, 다시 세계를 분할하기 위한 여론을 조성했다. 일부 조직들은 반동적인 '게르만 민족 우월론'을 떠벌이는가 하면, 터무니없게도 "프로이센은 국왕을 우두머리로 삼고, 독일은 프로이센을 우두머리로 삼고, 전 세계는 독일을 우두머리로 삼자"는 반동적 구호를 제시했다. 독일 군국주의는 이미 태동하고 있었다. 이렇게 되자, 통일되어 막 강대해진 독일, 사람들을 걱정하게 하는 독일은, 세계인들을 불안하게 하는 기운을 전달하기 시작했는데, 걱정은 바로 현실이 되고 있었다.

프로이센식 군주제도·관료경찰제도 및 군국주의 전통이 전체 독일로 확대되자, 독일은 세계의 패권을 다투는 여정을 시작했으며, 그들은 세계를 다시 분할하기를 희망했다.

19세기 말과 20세기 초, '세계 정책'의 지도하에, 독일은 침략 확장 활동에 박차를 가했는데, 그 창끝은 주로 동아시아와 아프리카 및 중동 지역을 향했다. 그 과정에서, 1897년에 독일은 중국의 자오저우만(膠州灣)을 강점하고, 자오지철로(膠濟鐵路: 칭다오부터 지난까지의 철로) 건설과 광산 채굴권을 약탈했으며, 1900년에는 8국연합군에 참가하여 중국을 침략했다. 특히 독일이 세계 제2의 경제 대국이 되었을 때, 세계를 분할하는 발걸음은 더욱 빨라졌는데, 1914년과 1939년에 제1차, 제2차 세계대전을 일으킴으로써, 독일은 인류 역사상 유일하게 두 차례 세계대전을 일으킨 발원지가 되었다.

두 차례의 세계대전은 인류 역사에 가장 어둡고 가장 참혹한 한 페이지를 남겼는데, 거대한 파괴력으로 세계를 아프게 했으며, 자신에게도 손상을 가했다.

제2차 세계대전 후, 독일은 다시 분열했다. 1990년 10월 3일, 41년간 분열되었던 독일은 다시 통일되었다. 평화로운 환경에서, 독일인들은 다시 경제 기적을 창조했는데, 2012년과 2013년의 경제 규모는 미국·중국·일본 바로 다음으로, 세계 제4의 경제 강국이 되었다.

제6장 탈아입구(脫亞入歐) | 일본

일본은 아시아의 동북부에 위치하며, 서태평양에 있는 섬나라로, 육지 면적은 37만 평방킬로미터이다. 일본 동부와 남부는 끝없이 넓은 태평양이고, 서쪽은 동해와 맞닿아 있으며, 북쪽은 오호츠크해와 이어져 있는데, 바다를 사이에 두고 한국·중국·러시아·필리핀 등과 마주하고 있다. 그 영토는 중국 대륙과 가장 가까운 곳은 400여 해리밖에 안 되고, 타이완 섬과는 겨우 100여 해리밖에 안 된다. 일본의 자연 자원은 부족하고, 국토는 대부분이 산으로, 농사를 지을 수 있는 땅은 단지 20%뿐이다. 1890년경 인구는 3,990만 명이었는데, 2013년 3월 말에는 총인구가 1억 2,600만 명이었다.

Ⅰ. 메이지(明治) 유신

일본은 19세기 중엽에 아직 봉건적이고 낙후된 농업국가였는데, 1868년 메이지 유신 이후, 19세기 말엽에 빠르게 굴기하여 세계 열강의 일원이 되었다. 그리하여 세계의 패권을 다투고 세계를 분할하는 나라가 되었으며,

오늘날 일본은 여전히 세계 제3의 경제 대국이다. 그 연유는 자세히 탐구할 만한 가치가 있다.

1. 도쿠가와(德川) 막부(幕府)의 종결

메이지 유신 전에, 일본은 봉건적이고 낙후된 농업국가였으며, 일본 천황은 상징적인 의미에서의 통치자였고, 도쿠가와가 전국 최대의 봉건 영주로, 실권이 도쿠가와 장군의 수중에 장악되어 있었으며, 도쿠가와가 국가의 경제적 명맥을 장악했다. 도쿠가와 막부는 일체의 정부 법령들을 반포할 권한을 가진, 사실상 전국 최고의 권력기관이었다. 도쿠가와 막부는 무려 200여 년 동안이나 통치했는데, 그들은 대내적으로는 봉건 통치를 실행했고, 대외적으로는 관문을 닫고 쇄국 정책을 실행했다.

막 강대해지고 있던 미국은 해군을 보내, 1853년 7월에 요코스카(橫須賀) 항에 불시에 입항한 뒤, 무력으로 위협하면서 개항과 통상을 요구했다. 미국의 강대한 군사력을 보자, 일본은 스스로 적수가 되지 못한다는 것을 알고, 어쩔 수 없이 나라의 문호를 개방할 수밖에 없었다. 부끄러움을 알고 난 다음에 용감해진다고 했듯이, 일본은 이를 자신들이 낡은 것을 벗어나 새로운 것을 도모하면서 박차를 가하여 선두를 따라잡을 기회로 삼아, 나라를 강하게 하고 백성들을 부유하게 할 길을 찾기 시작했다.

수천 년 동안 일본은 모두 중국을 본받았다. 그런데 근대 이래로 중국이 줄곧 서양 제국에게 업신여김을 당하자, 중국은 이미 더 이상 스승이 될 수 없었고, 서양 국가들을 스승으로 받들었다.

이 시기는 여전히 도쿠가와 막부 시대로, 본래 위기가 도처에 잠복해 있었던 데다, 미국이 일본을 강요하여 일련의 불평등조약을 체결한 것 말고도, 영국·러시아·네덜란드 같은 나라들도 잇달아 일본으로 하여금 불평등조약을 체결하도록 강요하였다. 이는 민족 모순과 계급 모순을 급속하게 격화시켜, 일본 국내에서 도막전쟁(倒幕戰爭: 막부를 타도하려는 전쟁)을 불러일으켰다. 1868년, 도쿠가와 막부의 통치가 막을 내리고, 메이지 유신이 시작되었다.

2. 메이지 유신의 정책과 그 실시

메이지 연간(1868~1912년)을 일컬어 메이지 시대라고 한다.

메이지 신정부의 중요한 임무는 전면적인 개혁을 추진하여, 일본을 낙후된 봉건 농업국가로부터 선진적인 자본주의 공업국으로 건설하는 것이었다. 어떻게 정치를 개혁할 것인가? 어떻게 공업 건설의 발걸음을 빠르게 할 것인가? 신정부의 관원들은 심도 있게 연구를 진행했다. 근대화를 실현하려면, 반드시 "아시아를 벗어나 서구를 지향해야 했는데[脫亞入歐]", 그들은 반드시 고위 관료를 현지에 파견해 서방을 고찰하고, 서방 문명에 대해 "직접 체험해야만", 완전하게 서방 문명을 이해할 수 있다고 점차 인식하기 시작했다.

1871년, 100명 정도의 고급 정부 사절단인 이와쿠라 사절단(岩倉使節團)이 요코하마(橫濱) 항을 출발하여, 구미 각 나라들로 갔다. 사절단에는 49명의 메이지 정부 고급 관료들이 포함되어 있었고, 50여 명의 유학생들이 수행했다. 출장에 나선 고위 관료는 당시 정부의 전체 고위 관료의 거의 절반에 해당하는 숫자였다. 이들은 모두 훗날 메이지 유신의 주력군이 되었다. 이때의 대규모 출장에 메이지 정부의 그 해 재정 수입의 2%를 사용했다.

1년 10개월 동안, 시찰단은 미국·영국·프랑스·독일·네덜란드·벨기에·러시아·이탈리아·덴마크·오스트리아·스위스·스웨덴 등 12개 국가들을 시찰했으며, 무려 100권에 달하는 시찰 실록을 작성했다. 정부가 투입한 양으로 보나, 관원의 직급 수준으로 보나, 방문 기간의 길이로 보나, 일본 및 아시아 국가와 서방 세계의 교류사에서, 이 사절단의 방문은 모든 것이 전에 없던 행동이었다.

사절단의 방문 성과는 일본을 농업 국가로부터 공업 국가를 건설하기 위한 방향을 명확히 제시해 주었으며, 이는 일본이 개혁과 발전을 설계하는 중요한 참고자료였다.

정책이 일단 정해지자, 행동은 즉각 시작되었다.

조정(朝廷)을 추대한 여러 번[藩: 일본 에도 시대에 봉건 영주인 다이묘(大名)가 지배하던 영지]들은 메이지 대일본제국 정부를 수립했다. 신정부는 구미의 각종 제도들을 적극적으로 도입하여 번을 폐지하고 현(縣)을 설치하는 등등 많은 개혁들을 진행했는데, 이러한 개혁들을 통틀어 메이지 유신이라 부른다. 유신 과정에서, 한편으로 신정부는 국가 제도를 확립했는데, 예를 들면 제국의회를 설립하고 대일본제국 헌법을 제정한 것 등등이다. 다른 한편으로는, 또한 공업을 육성하고 군사력을 강화하는 것(부국강병)을 국가 정책으로 추진하여, 근대 국가를 급속히 발전시켰다.

일본은 일련의 부르주아 계급 성격을 띤 개혁을 진행했는데, 주로 다음과 같은 방면들에서 이루어졌다. 첫째, 봉건 영주제를 폐지하고, 중앙집권적 통일 정부 국가를 건립했다. 둘째, 봉건 계급제도를 폐지하고, 지주·자산계급 독재정치의 기초를 확대했다. 셋째, 토지제도를 개혁하고, 새로운 조세제도를 실행했다. 넷째, 자본주의 상공업을 보호하고 지원했다. 다섯째, '문명 개화'를 제창하고, 교육을 힘껏 발전시켰다. 1871년에는 문부성(文部省)을 설치하고, 서양의 문화 교육을 본받아 개혁을 실행했다. 소학교 의무 교육을 보급하여, 남녀를 가리지 않고 모두 의무 교육을 받도록 했다. 동시에 그들은 또한 실업 교육을 중시하여 공업·농업·상업 등 실업학교를 설립하고, 구미 각 나라들에 유학생을 파견하여 선진 과학·문화를 더욱 빠르게 학습했다.

메이지 천황을 선두로 하는 신정부는, 자본주의 개조를 실행하던 시기에, '식산흥업(殖産興業: 생산을 늘리고 산업을 일으킴)'·'부국강병' 및 '문명개화'라는 3대 정책을 제시하고, 제정하여 관철시키고, 널리 시행했다.

이와쿠라를 대표로 하는 일본 최고 지도층이 구미를 방문한 이 대표단은, 서양의 문명과 번영을 보며 매우 경탄했으며, 귀국한 후에 일본 공업화 과정을 주도한 것은, 바로 이와쿠라 사절단의 부단장인 오쿠보 도시미치(大久保利通)였다. 그들의 주된 생각은 독일의 발전 경험을 거울로 삼아, 일본의 공업화 과정은 당연히 국가가 주도해야 한다는 것이었다. 처음에 그들은 맹목적으로 구미의 경험을 모방한 경제 정책을 제정하고, 받아들여 이식함으로써 빠르게 현대화를 실현하려고 생각했다. 그러나 환경과 조건이 맞지 않았는데, 첫째, 일본은 당시 반봉건적 소농경제가 절대적인 부분을 차지하고 있던 상황이었으므로, 재정 규모가 투자 수요를 충족시킬 수 없어, 자금이 부족했다. 둘째, 당시 일본은 전국적으로 취업 능력을 가진 인구 중 84%가 문맹이었으며, 중등 이상의 교육을 받은 인구는 겨우 0.3%에 지나지 않아, 선진 기술을 장악하고 관리할 방법이 없었다. 셋째, 일본은 당시 민간의 자본력이 아직 매우 빈약했고, 대부분 갖가지 수공업 방식의 중소기업이었으므로, 그들은 선진 기술을 이해하지 못했고, 또 섣불리 모험을 하려고 하지 않았다. 기술을 도입하는 것이 곤경에 빠졌다.

메이지 정부는 그것이 불가하다는 것을 인식한 뒤, 일본의 당시 현실에 착안하여 정책을 조정했다. 첫째, 농업과 농기구를 발전시켜, 농민과 농업의 발전을 증강하고 난 다음, 둘째로 일본이 실제 보유하고 있는 공업적 기초와 자원에서부터 출발하여, 우선 방직업·제지업 및 인쇄업을 발전시켰다. 이어서 광산을 개발하고, 동력 공업을 발전시키고, 제련업과 광산 기계업을 발전시켜, 차후 기계 공업의 발전을 위한 기초를 다졌다. 셋째, 기존의 중소기업을 기초로 삼아, 선진 기술과 설비를 도입하고, 그것을 최대한 국산화하면서, 끊임없이 기술 개혁과 설비 갱신을 진행함과 동시에, 점차 경영 규모를 확대하고, 다시 대형 플랜트를 도입했다. 넷째, 인재를 힘껏 양성했다. 인재는 현대화를 실현하는 선결 조건이었다. 메이지 유신 후, 일본 정부는 줄곧 교육을 중요한 위치에 두었다. 1898년, 취학 연령 아동의 취학률이 97%에 달하여, 당시 세계에서 가장 높은 수준이 되었다. 고등교육과 중등 실업기술교육 모두 매우 잘 발전했으며, 동시에 유학생을 파견하여 외국의 선진 기술을 학습하고, 외국 국적의 전문가들을 일본에 와서 일하도록 초빙하였다.

3. 식산흥업을 강력하게 추진하다

식산흥업 정책의 구체적인 내용은 다음과 같다. 첫째, 국가 정권의 역량을 운용하여, 각종 정책들을 지렛대로 삼고, 국고 자금을 이용하여 자본의 본원적 축적 과정을 가속화한다. 둘째, 국영 군수산업을 주축으로 하여, 서양의 모델에 따라, 일본 자본주의의 성장을 힘껏 육성한다.

설계된 식산흥업 정책에 따라, 구미의 기술을 학습하고 공업화 개혁을 진행하는 과정에서, 정부는 군수·광산·철도·해운을 중심으로 하는 국영기업을 설립했다. 이와 동시에, 제사(製絲)·방직 등 근대적 설비를 도입하여, 시범적 공장을 설립하고, 선진 기술을 널리 보급했다. 이 밖에도 정부는 또한 높은 임금을 주고 많은 외국의 기술 인력을 초빙했는데, 외국 전문가들 중 월급이 가장 높은 사람은 정부 고위 관료의 세 배가 넘었다.

추산에 따르면, 당시 메이지 정부 재정 지출의 5분의 1이 기업을 설립하는 데 사용되었다.

국영 공장을 설립함과 동시에, 일본은 또한 농업·목축업·제사·면모(綿毛) 방직 등 민간 기업을 설립하도록 호소하고 지원했다.

일본의 발전한 기업의 특징과 국민들이 상업을 중시한 상황에 대해, 두 가지 사례를 보기로 하자.

첫째는 세계적인 기업인 미쓰비시(三菱) 기업의 발전 과정이다. 세계적으로 유명한 일본의 미쓰비시 그룹은, 현재 국내에 백여 개의 기업이 있고, 해외에 수백 개의 미쓰비시 계열사를 가지고 있다.

1870년, 미쓰비시는 단지 세 척의 선박만을 보유한 무명의 작은 회사였다. 1874년, 일본은 타이완 섬을 침략하기 위해, 정부가 거액을 들여 13척의 배를 구입함과 아울러, 이 13척의 배를 미쓰비시에게 빌려 주어 해상 군사 운송을 경영하고 종사하도록 했다. 얼마 후 정부는 아예 이 13척의 운송선을 미쓰비시에 주고, 매년 25만 엔의 경영 보상금까지 지급했다. 후에 정부는 다시 18척의 운송선을 구매하여, 무상으로 미쓰비시가 경영하도록 넘겨 주었다.

미쓰비시 경제연구소 상무이사인 나리타 세이이치(成田誠一)는 이렇게 말한다. "일본 정부는 그 사업을 민간 기업에 넘겨 발전시켜 갔다. 다시 말하면 처음에는 정부가 실시한 다음에, 점차 육성하여 성숙한 민영 기업에 매각하여 계속 발전시켜 나갔다. 일본은 줄곧 그런 방식을 채택하여 발전하였다. 그 과정에서, 미쓰비시뿐만 아니라, 미쓰이(三井)·스미토모(住友) 같은 회사들도 모두 정부로부터 관영 기업을 사들여서 발전한 것들이다."

정부의 육성으로 미쓰비시는 세계적인 대기업으로 급속히 성장했는데, 지금도 여전히 생기가 넘치고, 활력이 무궁무진하다.

둘째는 시부사와 에이이치(澁澤榮一)가 관직을 버리고 사업에 종사한 일이다.

1867년, 일본 사절단의 일원으로서 시부사와 에이이치는 프랑스 파리에서 개최된 만국박람회에 참석했으며, 후에 다시 유럽에서 거의 20년 동안 유람했다. 당시 유럽의 산업 발전과 경제제도는 그에게 깊은 인상을 남겼는데, 이는 그가 이후에 활동하는 데 기초를 다져 주었다. 귀국한 후, 그는 메이지 신정부의 초빙을 받아 대장성(大藏省: 우리나라의 기획재정부에 해당)에 근무했으며, 대장대신(大藏大臣: 대장성 장관)으로 승진했다. 그는 신정부의 화폐제도 개혁과 번(藩)을 폐지하고 현(縣)을 설치하는 등의 거의 모든 중대한 정책을 마련하고 제정하는 데에 참가했다. 하지만 얼마 지나지 않아 사직하고 "장사에 뛰어들어[下海]" 사업에 투신했으며, 일본 근대 '기업의 아버지' 혹은 '경제의 아버지'라고 불린다.

1873년, 33세의 시부사와 에이이치는 국가 예산을 주관하는 대장소보(大藏少輔)로, 전도가 유망했다고 할 수 있다. 그러나 시부사와 에이이치는 뜻밖에도 사표를 내고, 관직을 포기하면서 사업에 종사하려 했으니, 이는 당시에는 불가사의한 일로 보였다.

관직을 사임한 뒤, 시부사와 에이이치는 먼저 일본 최초의 주식회사 은행을 창설했는데, 이때부터 풍부하고 다채로운 기업가로서의 생애가 시작되었다. 그의 사업은 금융·철도·해운·광산·방직·철강·조선·기전(機電)·보험·건축 등 수많은 영역으로 두루 퍼졌으며, 평생 500여 개의 기업을 창설했다.

메이지 유신 이전의 일본은 중국과 마찬가지로 상인의 지위가 높지 않았는데, 시부사와 에이이치는 관직을 버리고 장사에 종사하여, 한 시대의 풍조를 앞장서서 열었다. 그것은 바로, 장사하는 사람도 매우 지위가 있는 사람이며, 매우 지위가 있는 사람도 장사를 할 수 있다는 것이었다.

메이지 유신은 일본으로 하여금 면모를 일신해 보이도록 했지만, 거대한 위험을 간직하고 있었다.

1878년 5월 14일 아침 8시가 지났을 때, 메이지 정부의 실제 권력을 장악하고 있던 오쿠보 도시미치가 궁궐로 들어가던 도중에, 시미즈다니(清水谷)에서 사족(士族)들에게 칼을 맞고 살해되었는데, 이때 나이 49세였다.

무슨 문제가 이처럼 첨예했기에, 그를 죽이면서까지 한을 풀려고 했던 걸까?

오쿠보 도시미치는 일본 메이지 유신 시기의 정치가로, 1868년 1월에 그는 사이고 다카모리(西鄕隆盛) 등과 함께 정변을 일으켜, 도쿠가와 막부의 통치를 전복시켰다. 메이지 유신 정부에서는 참여(參與)·총재국(總裁局) 고문·참의(參議)·대장경(大藏卿) 등의 직책을 역임했던 정부의 주요 지도자로, '번을 폐지하는 대신 현을 설치하고', '지세(地稅)를 개혁하고', '식산흥업' 등 자산계급 혁명 운동을 이끌면서, 자본주의를 힘써 발전시켰다.

1871년 12월, 오쿠보 도시미치는 이와쿠라 사절단의 부단장에 임명되어 구미 지역을 시찰하러 갔다. 오쿠보 도시미치는 의지가 매우 결연하고, 업무 처리가 과감했으며, 타협할 줄 모르는 인물이었다. 부국강병·식산흥업 및 문명개화라는 유신의 3대 목표를 실현하기 위해, 오쿠보 도시미치는 언제나 간단한 방법을 채용하여 개혁을 폭넓게 추진했다. 공업을 발전시키는 방면에서는 정부가 서둘러 성공시키려고 추구했으며, 문명개화 과정에서는 일본의 전통문화를 붕괴에 직면하도록 한 것 등이다. 이러한 개혁은 신·구 양쪽 세력 간에 격렬한 충돌을 불러 일으켰다.

오쿠보 도시미치가 칼에 맞아 세상을 떠난 후, 그의 직위를 물려받은 사람이 이토 히로부미(伊藤博文)다.

4. 최초의 헌법—〈대일본제국 헌법〉

이토 히로부미가 부임한 후, 가장 먼저 해결한 것은 서양의 제도 및 문화를 도입하고 일본의 전통문화를 계승하는 문제였는데, 일부 일본 민중들이 보존하기를 바랐던 전통문화, 예컨대 스모 같은 것들은 풀어 주었다.

서양을 따라 배우는 과정에서, 일본 민중들이 자신의 권리를 주장하는 목소리를 갈수록 높이자, 현상에 불만을 가진 여러 정치 세력들은 민선(民選) 의회를 개설하고, 입헌군주제를 실행하고, 지세(地稅)를 경감하고, 불평등조약을 폐기할 것을 요구하는 정치 투쟁을 일으켰는데, 이것이 바로 일본 메이지 시대에 발생한 정치 및 사회 운동으로, 역사에서는 이를 자유민권 운동이라고 부른다.

1874년 1월, 이전 정부의 참의(參議)였던 이타가키 다이스케(板垣退助)·

에토 신페이(江藤新平) 같은 사람들이 일본 최초의 정당인 애국공당(愛國公黨)을 설립하고 자유민권 운동을 벌였으며, 이어서 입지사(立志社)·애국사(愛國社) 등을 설립했다. 1877년, 자유민권 운동은 점차 전국 규모의 정치운동으로 발전해 갔다.

일본 민중은 자유민권 운동을 중심으로, 정부에 대해 헌법을 제정할 것 등의 요구사항들을 제시했다. 기세등등한 민권 운동을 대하자, 메이지 정부는 헌법을 제정하지 않으면, 일본은 더 이상 전진할 수 없다는 것을 알았다.

1882년, 이토 히로부미는 세력을 조직하여 일본 최초의 헌법 초안 작성을 시작했다. 일본의 개혁이 진행됨에 따라, 1885년에 일본은 처음으로 내각제를 실행했는데, 이토 히로부미는 최초의 내각 총리대신에 임명되자, 헌법 제정 절차를 가속화했다.

이토 히로부미는 경험이 풍부하여, 단순한 나래주의(拿來主義: 과거의 문화유산이나 외국의 문물을 그대로 받아들이지 않고, 자신의 입장과 형편에 맞는 것을 취사선택하여 계승·발전시키자는 주장)는 더 이상 일본 사회가 진일보하는 개혁을 추동할 수 없으며, 헌법 제정도 당연히 일본 자신의 실제 상황과 결합시켜야 한다는 것을 알았다. 헌법 제정 과정에서, 그는 천황의 절대 권력을 확립하는 조항을 추가했는데, 이는 약간 불가사의해 보인다. 천황을 중심으로 삼는 사상은 종교적 성격처럼 보이지만, 이는 오히려 일본의 현실이었다. 다수의 일본인들은, 만약 이 종교가 없다면 일본은 곧 일본이 아니라고 여겼으므로, 이토 히로부미는 이러한 사상적 조류를 이용했다.

1889년 2월 11일, 〈대일본제국 헌법〉이 정식으로 전 국민에게 공포되었고, 1890년 11월 29일에 시행되었다. 이 헌법은 메이지 유신의 성과를 공고히 했으며, 법률 형식으로 천황은 신성불가침하며, 국가의 원수임과 동시에, 군대 통수권 및 대외 선전포고 등 일체의 대권을 보유한다고 확인하였다. 일본식 입헌군주제인 근대 천황제는 이리하여 정식으로 확립되었는데, 천황 통치의 세 가지 버팀목은 제국의회·내각 및 추밀원이었다.

일본의 헌법 제정 과정에서, 민권 운동이 제시했던 일련의 문제들을 해결하고 나자, 일본의 첨예한 모순들은 완화되었다. 〈헌법〉을 반포하여 실시하고 난 다음, 서구화를 중시하고 전통을 경시하는 방법이 억제되자, 일본의 사회 환경이 안정되면서, 일본 경제의 빠른 발전을 촉진했다.

일본의 경제 발전 모델은 독일과 마찬가지로, 자유주의 경제와는 다른 모델을 채택했는데, 역사학자들은 이를 '통제주의 경제 모델'이라고 부른다. 즉 자본주의라는 기본 틀 안에서, 국가가 주도하여, 경제 운용 방법을 적당히 변경함으로써, 일반적인 수준을 뛰어넘는 속도로 공업화의 비약적 발전을 실현하는 것이다.

메이지 유신 이후, 일본의 공업 실력은 꾸준히 증강되었다. 1868년경에 전국에는 단지 405개의 공업 기업만 있었고, 그것도 주로 수공업 공장들이었는데, 1893년에는 3,344개로 증가했다. 수량만 크게 증가한 것이 아니라, 절대 다수가 근대적 기업들이었다. 1893년까지, 전국의 철도망은 매우 크게 확충되어, 철도의 길이가 수백 배 증가했으며, 증기를 사용하는 동력 선박의 총적재량은 1만 5,498톤에서 11만 205톤으로 늘었고, 금융기관은 2곳에서 703곳으로 증가했다. 근대 기업의 급격한 증가에 따라, 생산도 대단히 크게 발전했는데, 국내 총생산의 통계에 따르면, 1885년부터 1890년까지만 해도, 총생산액은 7.5억 엔에서 10.24억 엔으로 증가했다. 주요 생산품의 생산량도 매우 크게 증가했는데, 1890년까지, 면사 생산량은 1887년의 4,369톤에서 2만 1,822톤으로 증가했으며, 석탄 생산량은 1875년의 56만 5천 톤에서 260만 8천 톤으로 증가했고, 동(銅) 생산량은 1875년의 2,399톤에서 1만 8,115톤으로 증가했다. 수출·입 무역도 양쪽 모두 큰 폭으로 증가했는데, 1893년까지 수출 총액은 1868년의 1,755만 3천 엔에서 9,110만 엔으로 증가했으며, 수입은 1,069만 3천 엔에서 8,825만 7천 엔으로 증가했다. 이런 수치들에서 알 수 있듯이, 일본은 이미 봉건적 농업국에서 자본주의 공업국으로 초보적인 변화를 이루었다.

메이지 유신 이후, 교육 사업도 빠른 발전을 이루었다. 1871년에 문부성(文部省)이 설립되어, 서양 국가들의 문화교육 제도를 본받아 개혁을 실행했다. 1872년에 구식 학교를 중지할 것을 선포하고, 서구식 교육 체제를 수립하여, 소학·중학·대학의 3등급으로 이루어진 완전한 근대 교육 체제를 확립했다. 1872년에 각지에 잇달아 사범학교를 설립함과 동시에, 공업·농업·상업 등 실업학교들도 설립했으며, 1877년에는 도쿄대학을 설립했다. 다층적인 학교 교육은 과학기술 인재와 관리(管理) 인재들을 대량으로 길러내어, 일본이 빠르게 굴기하기 위한 견실한 인재의 기초를 다졌다. 1910년 당시, 일본의 95% 이상의 남자와 90% 이상의 여자들이 모두 교육을 받았다.

Ⅱ. 부국강병의 행진곡—타국 침략

일본의 공업 발전은 매우 빨랐고, 매우 큰 성과를 거두었지만, 서양의 공업 강국들과 비교하면, 분명히 아직 상당한 격차가 있었다. 1900년경, 1인당 평균 공업화 수준[15]을 보면, 일본은 영국의 8분의 1에도 못 미쳤고, 미국의 5분의 1에도 못 미쳤다. 어떻게 가장 빠른 방식으로 추월한다는 목표를 실현할 것인가? 일본은 줄곧 이러한 지름길을 찾았다.

무엇이 지름길일까? 그것은 바로 군사를 확장하여 다른 나라를 침략하는 것이었다.

15 공업화 수준: 공업 발전 수준을 평가하는 지표의 하나로, 두 가지 계산 방법이 있다고 한다. 하나는 국민 총생산(GDP) 가운데 공업 생산액이 차지하는 비율을 구하는 것이고, 다른 하나는 1차 산업 생산액에 대한 2차 산업 생산액의 비율을 산출하는 방법이 있다고 한다.

사실 이는 이미 정해져 있던 방침이었으니, 그것은 메이지 유신의 3대 정책 중 하나인 부국강병(富國强兵)이었다. 이 정책이 훗날 변화하여 강병부국(强兵富國)이 되었다. 일본의 통치자에게는 역사적으로 일찍이 '팔굉일우(八紘一宇)' 조서(詔書)라는 설이 있었는데, 이 설은 바로 일본은 "세계의 사방팔방을 정복하여 하나의 지붕 아래 두는" 사명을 완성할 책임을 지고 있다는 것이다. 다시 말하자면, "일본 민족은 세계에서 가장 우수한 민족"이기 때문에, 전 세계를 하나의 대민족으로 합병하여, 하나의 대국가를 세워야 한다는 것이다. 즉 세계는 하나의 집안이고, 일본 천황은 세계의 최고 군주라는 것이다. 메이지 천황이 1869년에 반포한 어필(御筆: 임금의 친필) 서신에서 말하기를, "만 리 파도를 개척하고, 사방에 국위(國威)를 선포하여" 빈궁한 동아시아 민족을 해방하라고 했는데, 메이지 정부는 정권을 잡자 곧 "각 나라들과 대치하는" 방침을 확정했다. 이로부터 군국주의를 실행하는 것은 이미 일본 제국의 국책이었다. 다른 나라를 침략하려고, 단지 시기만 노리고 있었다. 일본이 점차 강대해져서 '동양 패주'의 지위에 오른 뒤에는, 곧 이치상 당연하게도 아시아·오세아니아 및 태평양의 여러 섬들을 망라하는 식민 대제국인 '대동아공영권(大東亞共榮圈)'을 건립한다는 무모한 계획을 날조하여 공표함과 동시에 이를 실천하여, 독일·이탈리아 파시즘과 함께 전 세계를 나누어 제패하려고 망상하였다. 이것은 뒤에서 언급하기로 한다.

메이지 정부가 수립된 다음, 가장 먼저 한 일은 바로 현대적 군대의 건립이었다.

메이지 정부가 막 수립되고 나서 5년 만에, 그들은 곧 무력을 이용하여 주변국인 조선을 강제로 개국시킴과 아울러 이익을 취했다.

1872년, 일본은 청나라에 조공을 바치던 나라인 류큐(琉球: 오키나와의 옛 이름) 국왕을 인질로 잡고, 강제로 류큐를 굴복시켜 일본을 섬기도록 했다. 1879년에 일본은 정식으로 류큐국을 병탄함과 동시에, 새로 오키나와 현(沖縄縣)을 설치했다.

1890년 전후로 일본의 국가 전략에는 다시 큰 변화가 일어났다. 1890년 전에는 주로 개혁을 통해 국내 발전을 촉진했는데, 1890년 이후부터는 주로 전쟁을 통해 국외로 발전했다. 즉 침략전쟁을 일으켜 식민 통치를 확대해 나가는 것으로 바뀌었다.

1894년부터 1895년까지, 일본은 조선과 중국에 대해 갑오전쟁을 일으켜, 강제로 중국에 대해 〈시모노세키조약(馬關條約)〉을 체결하게 했다. 1904년 러일전쟁 후, 일본이 승리를 거두자, 러시아 제국을 대체하여 중국 동북 지역의 권익을 수탈했다. 끊임없는 대외 침략으로 일본은 대량의 자원과 배상금을 획득했는데, 갑오전쟁 후에만 일본이 중국으로부터 강탈한 배상액은, 일본의 그 해 국가 재정 수입의 4배가 넘었으며, 배상액의 절반 이상을 군비를 확장하는 데 사용했다.

일본 군국주의의 야심은 계속 팽창하여, 손을 더욱 길게 뻗었다. 1927년 6월, 일본 정부는 도쿄에서 '동방회의(東方會議)'를 개최하고, 일본의 침략 방침을 토론했는데, 당시의 일본 수상인 다나카 기이치(田中義一)는 천황에게 올리는 한 통의 비밀 상주문을 작성하여, "누구나 중국을 정복하려면, 반드시 먼저 만몽(滿蒙: 만주와 몽골)을 정복해야 하며, 세계를 정복하려면, 반드시 먼저 중국을 정복해야 한다"고 떠벌였고, 곧 그 침략 계획을 실행했다. 1931년 9월 18일, 일본은 중국 동북 지역을 침략했으며, 1937년 7월 7일, 일본은 전면적인 중국 침략 전쟁을 일으켰다. 1941년 12월 8일에는 진주만을 기습하여 태평양 전쟁을 일으켰는데, 1945년 8월 15일에 결국 일본은 패망했다.

침략 전쟁은 다른 나라들에게 재난을 가져다줌과 동시에, 일본에게도 파멸적인 타격을 안겨 주었다. 메이지 유신이 시작되고 나서부터 거의 80년간 쌓아 온 물질적 성과는 전쟁의 불길 속에서 잿더미가 되어 사라졌다. 전후 일본의 국민경제는 전면적으로 붕괴되었는데, 어떤 일본의 경제학자는 이로 인해 일본 경제가 25년 후퇴했다고 주장한다. 전쟁은 일본인들에게 정신적 상처도 주었는데, 정신이 전면적으로 붕괴되었다고 할 수 있다.

전후의 일본은 초토화되고, 경제는 쇠락했다. 보수적으로 추정하더라도, 1945년 10월의 실업자 수는 천만 명이 넘었는데, 이때 일본의 총인구는 7,100여 만 명이었다. 그리고 1945년은 또 메이지 유신 이래 식량 생산량이 가장 적었던 해이며, 물자가 매우 부족하여 물가는 폭등했고, 통화 팽창이 매우 심각하여, 민생이 대단히 심각했다.

그러나 전쟁의 폐허 위에서 일본은 단지 20여 년의 시간 동안에 경제의 비약을 다시 실현했다.

1945년부터 1955년까지는 일본 경제가 회복하여 발전한 시기로, 공업 생산은 전쟁 전과 전시 때의 최고 수준을 넘어섰다.

1956년부터 1973년까지, 일본은 제3차 과학기술 혁명의 성과를 충분히 운용하여, 제때 외향적 경제 발전 전략을 제정하고, 국내 산업 구조를 조정하여, 공업 생산이 대폭 증가함에 따라, 연평균 성장률이 10%를 넘었다. 1968년, 일본의 국민 총생산은 1,419억 달러로, 미국과 소련에 바로 이어 세계 제3위의 경제 강국이 되었다. 일본은 세계 제2의 경제 대국이 되었다가, 현재 일본은 여전히 세계 제3위의 경제 대국으로, 중국 다음에 위치한다.

개혁은 일본으로 하여금 제1차 비약을 실현하게 했고, 전쟁은 일본을 폐허로 바꿔 놓았으며, 평화와 발전이 그들을 다시 비약하게 하였다. 이러한 궤적은 한 나라가 과연 어떤 발전의 길을 걸어야만 하는지를 깊이 생각하게 해준다.

제7장 두 번의 굴기와 두 번의 쇠락

소련(러시아)

소련, 그 완전한 이름은 소비에트 사회주의 공화국 연맹이다. 1922년 2월에 건립되었다가, 1991년 12월에 해체되었다. 소련은 유럽의 동부와 아시아의 북부에 위치하며, 영토 면적은 2,240만 평방킬로미터로, 대략 전 세계 육지 면적의 6분의 1을 차지하는, 세계에서 면적이 가장 큰 국가였다. 인구는 1986년 당시 2억 7,870만 명이었다.

소련은 러시아를 위주로 발전하기 시작했기 때문에, 우리는 먼저 러시아에서부터 이야기를 시작한다.

러시아인은 강렬한 민족적 우월감을 가지고 있어, 줄곧 세계의 강대국이 되기를 갈망했는데, 두 번 굴기하고, 두 번 추락했으며, 지금 세 번째 굴기를 향해 돌진하고 있다.

Ⅰ. 제1차 굴기와 쇠락

1. 차르 표트르 대제 시기

차르 러시아는 농노제도를 기초로 하는 봉건 군왕의 전제 국가였다. 러시아의 농노제도는 15세기에 처음 형성되었다. 1682년에 차르 표트르 1세가 즉위했다.

러시아 차르의 확장 정책으로 인해, 17세기 70~80년대에, 제정 러시아 제국의 영토는 유럽과 아시아 대륙을 가로질렀으며, 면적이 세계에서 가장 넓었다.

이때의 제정 러시아는 낙후된 국가로, 농노제를 실시했는데, 농노의 숫자는 여전히 증가했지만, 농노의 합법적 권리는 오히려 감소했다. 러시아는 유럽 르네상스의 세례를 거치지 못했고, 종교개혁이라는 절호의 기회를 놓쳤다. 성직자는 우매하고 무지했으며, 문학은 암담하고 어두웠으며, 수학과 자연과학은 아무도 묻는 사람이 없었다. 서양과 비교하면, 러시아는 거의 아직도 중세 시대에 처해 있었다.

(1) 타국에 몸을 낮추고 선진 문물을 배우다

표트르 1세는 러시아가 낙후된 것을 통감하여, 서방을 본받기로 결심하고, 개혁을 실행했다. 그는 친히 외국에 나가서 살펴보기로 결정했다.

표트르 1세는 성과 이름을 감춘 채, 한 사람의 평범한 대표단 일행의 신분으로 외국 방문을 진행했으며, 그는 또한 모스크바의 역대 군주들 가운데 처음으로 나라 밖으로 나간 사람이었다. 한 나라의 군주가, 성과 이름을 감추고, 다른 나라에 신분을 낮춘 채 선진 지식을 배웠으니, 이는 러시아가 강대국이 되기를 얼마나 강렬하게 추구했는지를 나타내 준다.

당시 네덜란드는 전 세계를 대상으로 무역과 약탈을 진행하여 대량의 부를 취득함으로써, 세계에서 가장 찬란한 나라가 된 지 이미 100년 가까이 되었고, 영국은 세계 시장에서 처음으로 두각을 나타내어, 기세등등하게 급히 굴기하려 하고 있었다. 중국의 청나라는 바야흐로 이른바 태평성세를 누리면서, 강희 황제는 자기의 위대한 공적 속에 도취되어 있었다.

그때 러시아는 농노제도 하에 있었는데, 농노들은 지주의 토지에 속박당해 있었고, 인신의 자유가 없었으며, 잔혹한 착취와 압박을 받고 있었기 때문에, 농노들이 생산에 적극성을 갖지 못하자, 농업의 효율과 이익은 지극히 낮았다. 공업 방면에서, 전국에는 단지 수십 개의 수공업 공장뿐이었으니, 공업은 공백 상태였다고 할 수 있다. 상업 방면에서는, 상품이 매우 부족하여, 거의 완전히 외국인들에게 지배당하고 있었다. 교육 방면에서는, 보통 민중들의 문화 지식 수준은 매우 낮았다. 수도 모스크바에조차도, 100명 중 문자를 읽을 줄 아는 사람이 3명도 안 되었다.

한마디로, 표트르 1세가 등극했을 때 러시아는 정치·경제·문화 교육·군사 등 모든 방면에서 서구 나라들보다 훨씬 낙후되어 있었다. 이러한 현실에 직면하여, 러시아는 반드시 굴기하여 줄곧 앞선 나라들을 따라잡아, 서구 여러 나라들과의 격차를 줄여야 했다.

그리하여 표트르는 대규모 사절단을 이끌고 외국 방문에 나서, 서구 등 선진국들에 가서 정치·경제·군사 및 과학 문화의 발전 현황과 발전 전망을 고찰하고 학습했다.

1697년 3월, 표트르는 이름을 하사(下士) 표트르 미하일로프로 바꿨다. 그가 외국을 방문했을 때는 마치 초등학생처럼 열심히 배웠는데, 네덜란드에서 그는 배워서 목수가 됨과 동시에 공장을 참관하였다. 영국에서는 한 걸음 더 나아가 수학·선박 설계도 제작법 및 조선 기술을 배웠다. 독일에서는 제철·보병총을 제조하는 작업 과정을 배웠다.

그는 스웨덴·프로이센·네덜란드·영국·도이치·오스트리아의 관련 도시들을 방문하고, 마지막으로 폴란드를 거쳐 1698년 8월에 모스크바로 돌아왔으니, 1년이 넘게 걸렸다.

학습을 통해 표트르는 시야가 넓어지고, 신지식을 배웠으며, 러시아의 부족한 점을 알게 되어, 러시아의 개혁 구상과 방향을 명확히 했다.

표트르 1세는 한바탕 심각한 사회 개혁을 시작했다. 정치 방면에서는, 거대 귀족 세력을 약화시켜, 군권을 회수하고, 차르의 전제 권력을 강화했다. 군사 방면에서는, 군대 설비를 개선하고, 각종 군사학교를 설립했으며, 해군을 건립하고 확대했다. 경제 방면에서는, 수공업 공장 등의 설립을 장려했다. 문화 교육 방면에서는, 슬라브 문자를 간략화하고, 신문을 창간했으며, 과학원을 건립하고, 학교 교육을 추진했다. 사회적 습속 방면에서는, 서구의 복식(服飾)·예절과 생활 방식을 제창했다. 그는 러시아의 전통 역법을 폐지하고, 유럽에서 통용되는 서기(西紀)로 연도를 표기하는 방법을 사용하도록 계도했다.

그는 또한 모두 640명에 달하는 기사(技師)와 기술자 및 교수 등을 러시아로 초빙하여 일하게 했는데, 후에 이들 중에는 해군 중장이 된 사람이 있으며, 또 23명은 러시아에 온 뒤에 함장을 맡았고, 72명은 기관사가 되었으며, 50명은 의사가 되었다.

(2) 대외 확장

발트해(Baltic Sea)로 통하는 항구를 탈취하여, 유럽과의 직접적인 연결을 편리하게 하기 위해, 1700년 9월에 표트르 1세는 스웨덴에 대해 전쟁을 일으켰다. 이 전쟁에서 러시아군은 패배했다.

전쟁에서 패한 뒤, 표트르 1세는 온 힘을 다해 개혁을 추진했는데, 중점을 둔 것은, 강력한 군대를 건립하여 스웨덴과 다시 전쟁할 준비를 하려는 것이었다. 육군은 완전히 유럽 강대국들의 모델에 따라 편제를 새롭게 개편하여 훈련을 시켰으며, 해군은 처음 조직하여 러시아의 최초의 함대인 발트 함대를 창설했다. 군수 장비와 병참 보급 물자의 절박한 수요를 충족시키기 위해, 우랄 지역에 대량의 공장을 건립하고, 수학과 해양학교·포병학원·공병학원 등을 설립했다. 이러한 신식 학교들은 완전히 병영 방식으로 관리함으로써, 군대의 요구에 맞는 군관을 양성했다. 전면적으로 과학 연구를 추진하기 위해 또한 과학원을 설립하고, 수학·물리학 및 사회학 등 세 개 부문을 개설함과 동시에, 유럽에 천여 명의 유학생들을 파견했다.

표트르 1세의 개혁은 러시아 사회의 발전에 심각한 영향을 미쳐, 러시아를 새로운 역사 시대로 나아가게 했으며, 러시아의 군대와 경제의 실력이 뚜렷이 증강되었다.

스웨덴 군대에게 패배를 당한 지 9년 후인 1709년에, 러시아와 스웨덴 군대는 다시 전쟁을 벌였다. 이 전쟁에서 러시아는 전에 없는 승리를 거두었고, 스웨덴은 참패하여, 스웨덴 국왕은 간신히 도망친 뒤 터키로 망명했다.

이 전쟁의 승리는 러시아의 유럽에서의 지위를 급격히 높여 주어, 유럽은 더 이상 러시아를 감히 얕보지 못했으며, 러시아는 이미 굴기했다.

표트르 1세는 또한 러시아 역사에 심대한 영향을 미치는 결정을 내렸다. 1703년, 표트르는 빼앗은 스웨덴의 네바(Neva) 강 하구에 성루 요새를 건설하도록 명령을 내렸는데, 후에 몇 차례 대규모 확장 건설을 거쳐, 마침내 황야의 하구에 인구 10만 명이 거주하는 도시를 건설했다. 1713년, 표트르 1세는 800여 년의 역사를 지닌 러시아의 오래된 도시인 모스크바를 포기하고, 참신한 수도인 상트페테르부르크(Saint Petersburg)로 천도하기로 결정했다. 이곳은 새롭고 생기가 넘치는 정치·경제·문화의 중심이었다.

상트페테르부르크는 러시아가 유럽으로 통하는 창구를 열어 주어, 러시아가 서구를 배우도록 추동하는 기지가 되었으며, 그들이 천하를 놓고 서구와 자웅을 겨루겠다는 포부를 분명히 드러내 주었다.

상트페테르부르크는 원래 소택지(沼澤地: 낮은 습지)여서, 황량하고 인적이 없었다. 건설 과정에서, 표트르는 각 지역에서는 매년 상트페테르부르크 건설 현장에 4만 명의 노동력을 제공하도록 명령을 내렸다. 노동 조건이 힘들었고, 노동자들은 매일 날이 밝기 전부터 깜깜해질 때까지 장시간 노동을 하여, 휴식이 부족한 데다, 기후까지 열악하고, 질병이 유행하여, 몇 년 내에 약 20만 명이 건설 현장에서 목숨을 잃었다.

표트르 1세는 매우 강경한 자세로, 모든 신민들—농노든 귀족이든 상관없이—은 전혀 예외 없이 국가를 위해 복역하라고 요구했다. 그는 거침없이 개혁을 추진했는데, 방해하는 사람은 누구든지 죽임을 당했으며, 태자일지라도 마찬가지였다. 야만적인 방식으로 러시아의 발전을 추진한 표트르 1세는 러시아인들의 인내력을 최대한 억압했다.

1725년 1월, 표트르 1세가 세상을 떠났다. 같은 해에 그가 친히 창설한 국가과학원이 정식으로 설립되었다. 표트르 1세는, 전에 없이 강대해졌지만 정신적으로는 오히려 어찌 해야 할지 모르고 갈팡질팡하는 러시아 제국을 남겨 놓았다.

표트르 대제가 죽고 나서 37년 동안, 그의 후임자들은 계속 개혁을 추진할 힘이 없어, 러시아의 발전은 곧 방향을 상실하고 말았다.

2. 여제 예카테리나 2세 시기

예카테리나는 원래 독일인인데, 15세 때 러시아 차르 표트르 3세에게 출가했다가, 1762년에 궁정 정변을 통해 차르 권좌에 올랐다. 이 젊은 33세의 여제는 이해타산에 능하고, 매우 유능했는데, 등극하자마자 곧 자신은 표트르 1세의 계승자라고 선언했다. 러시아 제국 역사상, 단 두 명의 황제만이 '대제(大帝)'라는 칭호를 획득했는데, 한 명은 제국의 기초를 닦은 표트르 1세이고, 다른 한 명이 바로 예카테리나 2세이다. 그는 통치에 능숙하고, 공적이 혁혁했으며, 그 재간과 명성이 국내외에 유명하여, 러시아인들의 마음속에서 표트르 대제 바로 다음으로 영명한 군주가 되었다. 예카테리나 시대에 접어들자, 러시아는 세계 열강의 행렬에 들어섰다.

예카테리나는 서방의 계몽사상 교육을 받았고, 서방의 경제·공업·군사 및 문화 등이 러시아보다 절대적으로 앞서 있다는 것을 알고 있었다. 그는 표트르 1세의 사업을 계승했지만, 표트르의 야만적이고 강경한 수단을 채택하지 않고, 프랑스 계몽사상을 도입하여, 개명전제(開明專制)를 실행했다.

'개명전제'[16]란, 18세기에 유럽에서 성행하던 정치 사조로, 유럽의 많은 궁정들이 모두 '개명전제'의 실행을 선포했다. 예카테리나 2세는 러시아에서 '개명전제'를 실행했는데, 이는 유럽의 궁정 정치 기풍에서도 영향을 받았으며, 프랑스 계몽사상가들의 사상에서도 추동을 받았다.

예카테리나 2세는 프랑스 계몽사상가들과 빈번하게 서신 연락을 주고받았으며, 또한 대량으로 그들의 저작들을 구입했다. 그는 계몽사상가들의 사상을 선택적으로 흡수하여, 적극적으로 실천했다. 예카테리나 2세의 통치가 주로 의지한 것은 귀족·농노주 및 신흥 상공업 자산계급들이었다.

예카테리나 2세는 러시아에 교육 보급을 추진했는데, 그는 차르의 개인 자금을 교육 사업 비용으로 사용했다. 이 비용은 대략 당시 전체 러시아 국가 지출의 13분의 1을 차지했다.

예카테리나 2세는, 한 사람의 공민(公民)을 건강하게 성장시키려면, 바로 사람의 첫 번째 스승인 어머니가 좋은 교육을 받아야 한다고 생각했다. 이를 위해 그는 러시아 최초의 여성 학원인 스몰니(Smolny) 학원을 설립했다.

1775년, 각 주(州)마다 주도(州都)에 4년제 학교를 설립하고, 각 현청(縣廳) 소재지에 2년제 학교를 설립했는데, 18세기 말에는 전국적으로 이들 학교에서 공부하는 사람이 2만여 명이나 되었다.

국가의 관리 방면에서, 그는 국가 질서를 강화하고, 귀족 계층을 육성했으며, 경제·문화의 발전을 촉진했다.

16 개명전제(開明專制): '계몽전제(啓蒙專制)'라고도 하며, 17~18세기의 유럽 계몽주의 시대에, 계몽사상에 입각하여 근대적 개혁을 실현하려 했던 전제 군주의 통치방식을 말한다.

이 위대하고 영명한 여제는, 대내적으로는 개명전제를 실시하고, 대외적으로는 확장 정책을 펴서, 러시아가 강대해지도록 했다. 그의 통치시기에, 러시아의 국토 면적은 63만 평방킬로미터가 확대되어, 총 1,705만 평방킬로미터에 달했다. 인구는 표토르 시기의 1,500만 명에서 4천만 명으로 폭증했다. 이것이 러시아의 첫 번째 굴기였다.

예카테리나 2세의 개혁은 곧 독립적으로 사고하는 러시아 인텔리겐치아들을 대량으로 길러 냈다. 그의 개혁은 러시아가 체르니셰프스키(Nikolay G. Chernyshevsky)·톨스토이(Lev N. Tolstoy)·벨린스키(Vissarion G. Belinskii) 등 많은 문화와 사상 분야의 거장들을 배출하는 기초를 다졌으며, 훗날 러시아의 과학기술이 신속히 발전하는 기초를 닦았다.

예카테리나 2세 집정 시기는 러시아의 전제제도가 변화 발전하는 가장 중요한 역사 단계의 하나였다. 그는 재위 기간에 11년 동안의 '개명전제'를 실시했는데, 이러한 정책은 유럽에서 칭송을 받았다. 1767년 8월 10일, 신법전편찬위원회가 예카테리나 2세에게 '영명하고 위대한 황제이자 국모'라는 호칭을 수여하자는 건의를 통과시키자, 예카테리나 2세는 '대제(大帝)'라고 존칭되었는데, 러시아 역사상 '대제'라는 칭호를 받은 사람은 표트르 1세와 예카테리나 2세 두 명뿐이다.

3. 제1차 쇠락

19세기 상반기, 러시아는 굴기하여 영토가 광활한 강대국이 되었다. 그 강대함은 낙후된 봉건 농노제의 기초 위에 건립된 것으로, 취약한 강대함이어서, 그 경쟁력은 산업혁명을 진행한 영국이나 프랑스 같은 나라들과의 사이에 원래 있었던 격차는 여전히 끊임없이 커졌다. 당시 관련 자료의 통계 분석에 근거하여, 1인당 평균 공업화 수준을 보면, 1800년에 러시아는 6이었는데, 영국은 16으로, 러시아의 2.7배였다. 1860년경에는, 러시아가 8이었는데, 영국(영국 연방)은 64로,[17] 영국은 러시아의 8배였다. 러시아는 이미 크게 낙후되어 있었지만, 러시아는 오히려 전혀 알지 못했다.

러시아가 영국·프랑스 두 나라와 1853년부터 1856년까지 진행한 크림 전쟁 과정에서, 이러한 격차는 매우 분명하게 드러났다. 전쟁 과정에서, 러시아 군대는 마차를 이용하여 물자를 운송했지만, 영국은 철도를 사용했으며, 영국·프랑스 연합군의 보병총 사정거리는 러시아 보병총의 3배였다. 패배는 필연적이었으니, 러시아는 유럽의 패주라는 꼭대기에서 급속히 추락하여, 일류 강대국의 지위를 상실했다.

크림 전쟁의 패배는 온 나라를 깜짝 놀라게 했다. 줄곧 국가 발전의 길을 탐구하고 있던 사람들은, 러시아의 패배를 마주하자, 새로운 사고를 하기 시작했으며, 분분하게 공업화 과정에 영향을 미친 봉건 농노제도를 지탄했다.

차르 알렉산더 1세는 절망이 극에 달하여, 1855년 2월에 독약을 먹고 자살했다. 그리하여 장남인 알렉산더 2세가 계승했다.

Ⅱ. 제2차 굴기

1. 차르의 마지막 시기

거대한 사회적 압력을 받자, 1861년에 러시아는 거의 5세기 동안 실시해 온 농노제도를 폐지했다. 이와 동시에 기타 방면에서도 비교적 큰 개혁을 진행하여, 러시아의 공업과 농업이 모두 매우 크게 발전했다. 20세기 초, 러시아는 세계 제5위의 공업 대국으로 도약하여, 구미 국가들과 거의

17 保罗肯尼迪(Paul Kennedy), 『大国的兴衰-1500～2000年的经济变革与军事衝突』, 王保存 等 譯, 186쪽, 北京, 求实出版社, 1988을 참조하라.

동시에 제국주의 단계로 진입했다.

1850년대부터 시작된 침략전쟁을 통해, 러시아는 청나라 정부를 압박하여 불평등조약을 체결하고, 150만 평방킬로미터의 중국 영토를 탈취했다. 제정 러시아는 또한 1900년에 8국 연합군의 중국 침략에 참가함과 동시에, 10만 명의 군대를 파견하여 중국 동북 지방을 침략하고, 중국 안팎을 깜짝 놀라게 한 하이란파오(海蘭泡: 지금의 러시아 블라고베시첸스크) 대학살[18]과 강동 64둔(屯) 참안(慘案)[19]을 일으켰다.

제한적인 개혁을 진행하는 도중에, 러시아는 20세기를 맞이했다. 1904년에는 중국 동북 지역에 대한 통제권을 차지하기 위해 일본과 러시아가 전쟁을 벌였는데, 러시아가 패했다.

전쟁에 패한 후, 자산계급 혁명이 일어나, 러시아는 다시 한 번 새로운 개혁을 진행할 수밖에 없었다.

새로 시작된 개혁은 다시 국민경제가 힘차게 발전하도록 추동하여, 국력을 증강시켰다. 농업에서의 풍년으로, 러시아는 당시 세계에서 가장 중

---

18 하이란파오(海蘭泡) 대학살은 '하이란파오 참안(慘案)'이라고도 한다. 하이란파오는 헤이룽강(黑龍江) 좌안, 찡찌리강(精奇里江) 우안의 두 강이 합쳐지는 곳에 위치하며, 원래는 중국의 작은 마을이었다. 1858년, 청나라 정부의 헤이룽강 주둔 장군 혁산(奕山)과 제정 러시아의 동시베리아 총독 니콜라이 무라비요프가 불평등한 〈아이훈조약(璦琿條約)〉을 체결하면서, 하이란파오는 제정 러시아에게 강점되었다. 하이란파오 참안은 1900년 7월 16일에 차르 러시아가 하이란파오에 거주하는 중국 거류민을 살육한 사건으로, 모두 5천여 명의 중국인이 살해당했다.

19 강동 64둔 참안은 '강동 64둔 혈안(血案)'이라고도 한다. 강동 64둔은 찡찌리강 어귀 남쪽부터 곽이막륵진둔(霍爾莫勒津屯)까지 위치하며, 헤이룽강 좌측 연안 지대로, "남북으로 150리 정도, 동서로 80리 정도"이다. 마을은 청나라 정부가 야크사(Jaxa)에서 제정 러시아 침략자들을 소탕할 때 설치한 군둔(軍屯) 지역들이 발전한 것으로, 통틀어 강좌기둔(江左旗屯)이라고 부른다. 사람들은 또한 둔(屯)의 숫자로 명명하는 습관이 있어서, 기록에는 '28둔'·'20여 둔'·'43둔'·'48둔' 등의 명칭도 등장한다. 참안이 발생하기 전, 여기에는 64개의 마을이 있었고, 또한 위치가 아이훈강 동쪽이었기 때문에, 아이훈강 동쪽 64둔이라고 불렀다. 강동 64둔 참안은 1900년 7월 17일부터 21일까지 제정 러시아가 강동 64둔에 거주하는 중국 거류민에 대해 살육을 진행한 사건이다. 이 사건으로 모두 2천여 명의 중국인이 사망했다. 강동 64둔 참안과 1900년 7월 16일에 발생한 하이란포 참안을 합쳐서 '경자아난(庚子俄難)'이라고 부른다.

요한 식량 수출국이 되었다. 공업도 성장 속도가 빨랐는데, 1910년부터 1913년까지 연평균 11%로 성장했다. 석유 생산량은 세계 제2위였으며, 기계와 철강 생산량은 세계 제4위를 차지하는 등 빠르게 발전했다.

경제의 빠른 성장에 따라, 차르는 대외 확장을 가속화했다. 1914년 8월 1일, 러시아는 먼저 제1차 세계대전에 가담하여 독일과 전쟁을 벌였는데, 전쟁은 3년 동안 지속되었고, 그 결과 전선이 궤멸되었다. 그리고 후방에서는 경제가 붕괴했는데, 전쟁 기간에 대량의 인원이 징집에 응해 입대하는 바람에 농사짓는 사람이 적었던 데다, 작물은 흉작이 들어 다시 기근이 일어났다. 인민들은 더 이상 참을 수 없는 지경에 이르자, 1917년에 2월 혁명을 일으켰으며, 단지 며칠 만에 러시아를 300여 년간 통치해 온 차르 정권은 곧 붕괴하고 말았다.

2월 혁명 후 러시아가 민주 국가가 되자, 사람들은 각자 정치적 견해를 표시하면서 나라를 안정적으로 통치할 방법들을 제시했다. 1917년 2월 27일, 멘셰비키와 사회혁명당 사람들이 먼저 발기하고, 볼셰비키가 참가하여 페트로그라드 소비에트(Petrogradskiy sovet)를 수립했으며, 이는 당연히 전국 유일의 최고 지도기구이어야 했다. 그러나 소비에트 집행위원회를 구성하고 있던 사회혁명당과 멘셰비키는 국가 두마 임시위원회와 타협을 했다. 그 결과 부르주아 임시정부가 3월 15일 수립을 선포함에 따라, 한동안 러시아에는 두 개의 정부가 존재하는 국면이 출현했다. 새로 수립된 임시정부도 일부 민주적 개혁을 실시했지만, 사회는 여전히 동요하며 불안하여, 더 이상 인민의 절박한 관심사인 평화와 빵 문제를 해결할 능력이 없었다.

2. 레닌 집정 시기

2월 혁명 당시, 레닌은 스위스에 살고 있었다. 1717년 4월 16일, 그는 독일을 거쳐 러시아로 돌아왔다.

레닌은 귀국한 후 신속하게 세력을 조직하여, 부르주아 혁명을 사회주의 혁명의 길로 이끌었다. 임시정부와 투쟁하는 과정에서, 레닌은 공산당의 역량을 축적하여, 무장 봉기에 관련된 사항들을 치밀하게 준비했다. 11월 6일, 무장 봉기의 포성이 상트페테르부르크(Saint Petersburg)에서 울려 퍼졌으며, 11월 7일에는 레닌이 기초한 〈러시아 인민에게 고하는 글〉을 발표하고, 10월 혁명에서 승리를 거두었으니, 세계 최초의 사회주의 국가는 이렇게 탄생했다. 1922년 말에 정식으로 소비에트 사회주의 공화국 연맹이 수립되었으며, 줄여서 소련(蘇聯)이라고도 불렀다.

소비에트 정부 수립 초기에는, 정치 방면의 문제에 적극 대응하여, 사회질서를 정돈하고, 경제 활력을 회복하는 데 온 힘을 기울였다. 이때 러시아는 여전히 독일·오스트리아와 교전 상태에 있었다. 새로 탄생한 국가의 안전을 위해, 그들은 독일·오스트리아와의 전쟁을 중단했다. 그러나 영국·프랑스·미국·일본 등 제국주의 국가들은 다시 러시아에 대해 무장 간섭하는 군사행동과 경제 봉쇄를 시작했으며, 그와 함께 혁명 진영 내부의 계급의 적들도 맹렬하게 활동하기 시작하면서, 도처에서 사건들이 발생했다.

(1) 건국 초기의 '전시(戰時) 공산주의' 정책

국가의 물자·재력 및 인력을 효과적으로 동원하여, 국내 전쟁과 제국주의의 무장 간섭에 반대하는 투쟁의 승리를 보장하기 위해, 소비에트 정부는 일련의 비상조치들을 취했다. 1919년 1월부터, 소비에트 정부는 여유 식량 수집제도 법령을 반포하여 실행함으로써, 농민의 여유 식량 전부와, 더 나아가서 일부 필수 식량을 무상으로 징발했다. 그리고 무역 독점제를 실시하여 자유무역을 금지했으며, 식량과 생활필수품의 배급제를 실행했고, "노동하지 않는 자는 먹지 말라"는 보편적 노동 의무제를 실행했다. 공업 방면에서는, 총관리국 체제를 확립하여, 원재료·연료·동력·자금 및 생산·공급·소비에 대해 고도로 중앙집권적인 관리를 실행했다. 1920

년 말에는 소기업에 대해 국유화하는 정책을 강행했다. 이러한 모든 응급 조치들은 후에 레닌이 통틀어서 '전시 공산주의' 정책이라고 불렀다.

1920년 말, 국내 전쟁과 외국의 무장 간섭은 기본적으로 종결되었다. 나이 어린 소비에트 공화국은 마침내 국내 전쟁과 14개국의 무장 간섭이라는 가혹한 시련을 견뎌 내고, 왕성한 활력으로 세계의 숲에 우뚝 솟았다.

1921년의 러시아는 국가 정국의 동요와 극단적으로 열악한 기후로 인해, 사람들이 깜짝 놀랄 정도로 심각한 남방 지역의 기근을 초래하여, 3천여 만 명의 백성들이 기아의 경계선에서 몸부림치고 있었다. 이는 러시아 역사에서 발생한 가장 심각했던 사건으로, 1년 반 동안에 500만 명이 넘는 사람들이 굶어 죽었는데, 그들은 아무 음식물도 먹지 못했으며, 매우 많은 가정에서 가족들이 사방으로 뿔뿔이 흩어졌다. 어려움이 매우 심각했던 지역에서는 살기 위해 사람이 사람을 먹는 극단적인 상황이 벌어졌다. 같은 기간에 막 끝난, 새 정권을 보위하는 전쟁에서 전시 공산주의 정책이 거대한 효과를 나타내자, 소련 정부는 농민에 대해 여유 식량을 무상으로 징발하는 정책을 계속 실행하기로 결정했다. 그러나 이 정책은 농민들의 불만을 샀다.

1920년 말과 1921년 초에, 국내 전쟁이 막 끝나자, 러시아 대지에서 눈에 보이는 것이라고는 온통 상처 입은 사람들뿐이었고, 국민경제는 이미 붕괴 직전의 상황이었다. 여러 해 동안 계속된 전쟁으로, 공업 생산은 심각하게 파괴되어 수천 개의 공장이 조업을 중단했으며, 그 중에는 일부 대기업들도 포함되어 있었다. 전체적인 생산 수준을 말하자면, 러시아는 수십 년 후퇴했다. 예를 들면, 1920년의 석탄 생산량은 870만 톤으로, 고작 1898년의 수준에 해당했으며, 선철 제련은 11만 6천 톤으로 1862년에 비해 절반이 감소한 것 등등이다. 1920년의 공업 생산은 전쟁 전의 겨우 7분의 1에 불과했다. 제국주의의 무장 간섭과 반동분자들의 반란은, 러시아의 경제적 손실을 390억 루블(전쟁이 일어나기 전의 루블 가치 기준)에 달하게 했는데, 이는 1913년 전국 국민소득의 4분의 1에 해당했다.

공장의 도산과 노동자의 대량 실업으로, 대단히 많은 노동자들의 생활이 매우 곤란해지자, 일부는 다시 농촌으로 갔다.

농업의 상황도 매우 심각했다. 식량 작물의 파종 면적이 감소하여, 생산량은 전쟁 전의 고작 절반 남짓밖에 안 되었으며, 목화 등 경제 작물 생산량은 거의 몇 분의 1로 감소했다. 방대한 농민의 생활 상황이 매우 힘들었고, 공산품이 부족한 데다, 또한 자유무역도 할 수 없었으며, 특히 전시 공산주의 정책의 계속적인 실행은 수많은 농민들의 생산 적극성을 심각하게 손상시켰다. 그들은 강한 불만을 나타냈으며, 갈수록 임계점에 가까워졌다.

국내 전쟁이 끝난 후, 인민들은 부유하고 안정된 생활을 절실하게 요구했다. 그러나 경제의 심각한 파괴와 국내 정책의 잘못으로 인해, 국내 경제의 형편은 여전히 매우 긴박했다. 어떤 농민은 원망하며 이렇게 말했다. "토지는 우리 것인데, 빵은 거꾸로 저들의 것이다." 농민들은 갖가지 방법으로, 여유 식량 징발제에 대해 소극적으로 저항했다. 정부가 징발하는 식량의 품종은 그들도 적게 경작하여, 간신히 자기 가족이 먹고 살 만큼만 수확하게 하였다. 정부는 이런 품종을 전혀 징발할 수 없었다. 만약 완두를 징발하지 않으면 곧 완두를 심었다. 방대한 농민들의 여유 식량 징발제에 대한 불만은, 점차 보편적인 소란과 폭동으로 변화했다. 1921년 2월에 해군 요새 크론슈타트에서도 반란이 발생하여, "공산당원이 참가하지 않는 소비에트의 옹호"·"식량 징발대(徵發隊)의 즉각 해산"·"농민 스스로 농산품을 처리할 수 있는 권리 회복" 등등의 요구사항들을 제시했다.

이 반란은 6만 명의 적군(赤軍)이 무력으로 진압했다. 이는 러시아 공산당이 정부 업무를 처리하는 과정에서 제때에 문제를 발견하여 제때에 문제를 해결하지 못했기 때문에 결국 빚어진 대사건이었다. 소비에트 정권은 엄중한 경제 위기와 정치 위기 속으로 빠져들었다.

(2) 신경제정책

러시아 공산당은 농민 문제에 대해 전문적인 주제의 연구를 진행하여, 국가 경제에 대해 전방위 개혁을 진행하기로 결정하고, 곧 신경제정책을 실행했다.

1921년 3월, 국가가 식량과 원료를 수매하는 징발제를 최소화하고, 실물세(實物稅: 화폐 대신 현물로 내는 세금)를 실행했다. 소비에트 정부는 1921~1922년의 실물세액을 2.4억 푸트(пуд: 러시아 고유의 무게 단위로, 1푸트는 16.38킬로그램)로 규정하여, 여유 식량 징발제를 실행할 때보다 2억 푸트를 줄이자, 농민의 부담이 크게 경감되었다.

식량세는 신경제정책의 가장 중요한 내용이다. 식량세를 실행한 후, 농업의 면모는 크게 바뀌었다. 식량 수매는 1921년에 2.33억 푸트였던 것이, 1925~1926년도에는 4.96억 푸트로, 129%가 증가했다. 국가가 구매한 기타 농산품의 양도 비교적 크게 증가했다. 1921~1922년도부터 1925~1926년도까지 유채씨는 3.2배 증가했고, 동물유(動物油)는 2배 증가했으며, 실면(實棉: 씨를 빼지 않은 목화 솜)은 27.5배 증가했고, 동물 가죽은 1배 증가했으며, 기타 농작물도 모두 증가했다. 이는 러시아 공산당(볼셰비키)이 제때 경제정책을 조정하여, 신경제정책을 실행한 중대한 성과였다.

러시아 공산당(볼셰비키)은 공업 방면에서도 개혁을 진행했는데, 일부 기업에 대해 조양제(租讓制: 임시로 양도해 주고 경영하여 성과를 내도록 하는 제도)·조임제(租賃制: 책임경영제) 등을 실행했다. 신경제정책을 실행한 후에 공업 기업의 활력은 증대되기 시작했다. 1922년부터 1925년까지, 등록된 개인 공업 기업은 856개에서 1,786개로 증가했으며, 이들 기업의 노동자 수는 2만 400명에서 6만 500명으로 증가했다.

상품 유통 방면에서는, 국가 독점무역을 자유무역으로 바꾸고, 다시 은행 체계를 확립했다.

이상이 바로 신경제정책의 세 가지 방면이다.

실천이 증명하듯이, 전시 공산주의 정책에서 신경제정책으로의 전환은, 사회주의 발전 법칙에 부합하는 대전환이었으며, 또한 한 걸음 더 나아가 레닌을 포함한 내부의 수많은 사람들이 견지하고 있던, 구사회로부터 사회주의 사회로 "직접 이행할 수 있다"는 생각은 잘못된 것이라는 것을 증명해 주었다. 레닌은 이렇게 말했다. "우리는 프롤레타리아 계급 국가가 직접 명령을 내리는 방법으로 하나의 소농 국가에서 공산주의 원칙에 따라 국가의 생산품 생산과 분배를 조정하려고 계획했다(우리가 덜 주도면밀하게 구상했다고 말하는 것이 어쩌면 비교적 정확할 것이다). 현실의 생활은 우리가 틀렸다고 말해 준다."[20] 전시 공산주의에서 신경제정책으로 전환한 것에서 우리가 알 수 있듯이, 레닌은 사회주의 건설 과정에서 나타난 문제들에 근거하여, 민의를 세심하게 살피고, 시기와 형세를 잘 살폈으며, 객관적 법칙을 중시하고, 실사구시하면서, 러시아의 국가 정세와 특징에 적합한 사회주의 건설 노선을 열심히 탐색할 수 있었다. 레닌은 상품·화폐·시장 메커니즘을 소련의 사회주의 건설에 도입했는데, 마르크스주의 발전사에서 이는 중대한 새로운 진전이었다.

신경제정책을 실시하여 소련 경제를 회복시키자, 레닌은 매우 안도하며 이렇게 말했다. "전쟁이 끝났을 때, 러시아는 마치 얻어맞아 반쯤 죽은 사람 같았는데, 그는 7년 동안 얻어맞고도, 현재는 감지덕지하게도 확실히 지팡이를 짚고 걸을 수 있게 되었다!"[21] 그리고 또 그는 이렇게 말했다. "사회주의는 이제 이미 아득히 먼 장래의 일이거나, 무슨 추상적인 장면이거나, 혹은 무슨 성상(聖像)의 문제가 아니다. ……신경제정책의 러시아는 곧 사회주의 러시아로 바뀔 것이다."[22]

20 레닌, 「十月革命四周年」, 『列宁选集』, 3版, 第4卷, 570쪽, 北京, 人民出版社, 2012.
21 레닌, 「俄共(布)第十次大表大会文献」, 『列宁选集』, 3版, 第4卷, 454쪽, 北京, 人民出版社, 2012.
22 레닌, 「在莫斯科苏维埃全会上的讲话」, 『列宁选集』, 3版, 第4卷, 737쪽, 北京, 人民出版社, 2012.

레닌은 또한 멀리 앞날을 내다보고, 외국의 선진 기술과 막대한 자금을 도입하는 데 주의를 기울였으며, 외국과의 무역 거래도 강화했다. 이러한 조치들은 소련의 과학기술 진보를 가속화하고, 드러나는 문제들을 실사구시적으로 해결했으며, 소련의 사회주의 건설을 가속화했다.

신경제정책은 경제와 문화가 낙후된 국가에서, 어떻게 사회주의를 건설할 것인가에 대한 일종의 탐색이었다. 이것은 레닌이 마르크스주의를 발전시킨 공헌 가운데 하나이다.

그가 마르크스주의의 발전에 공헌한 두 번째는, 경제와 문화가 비교적 낙후된 국가에서 사회주의 국가를 건립해 낸 것이다.

러시아가 사회주의를 실현할 수 있는지에 대해, 여성 공산주의자인 베라 자수리치가 마르크스에게 한 통의 편지를 써서 보냈는데, 그는 편지에서 이렇게 물었다. “당신이 제시한, 대공업과 노동자 계급이 긴밀하게 결부된 사회주의가, 러시아에서 실현될 수 있는가 없는가?” 마르크스는 회답하기를, 당연히 먼저 유럽의 선진국들에서 실현될 것이라고 했다.

당시 거의 모든 사회주의 신봉자들은, 사회주의는 당연히 우선 공업 기초가 발달한 영국이나 미국 등 관록 있는 자본주의 국가에서 시작될 것이고, 다른 국가들은 아직 사회주의를 실현할 조건을 갖추지 못했다고 인정했다.

물론 레닌이 마르크스주의 발전에 공헌한 것은 여기에서 그치지 않는다. 포괄적으로 말하자면, 레닌은 변화된 당시 러시아의 정치·경제·문화·사회·군사적 상황과 국제 정세 등의 상황에 근거하여, 마르크스주의를 소련화했으며, 나아가 소련의 사회주의 혁명과 건설 과정에서 관련된 문제들을 실사구시적으로 비교적 잘 해결했다고 할 수 있다.

1924년 1월 21일, 레닌은 세상을 떠났다.

3. 스탈린 집정 시기

레닌이 세상을 떠난 후, 행동이 과단성 있기로 세상 사람들에게 잘 알려진 스탈린이 후임자가 되었다.

스탈린은 강경한 수단으로 국가 공업화의 발걸음을 가속화했다.

(1) 중공업의 우선적 발전

1925년 말, 소련의 국민경제 수준은 이미 전쟁 전의 상태를 회복했지만, 전쟁 전 수준의 러시아는 발달하지 못한 자본주의 국가일 뿐이어서, 공업 수준이 낮고, 전체 국민경제 가운데 농업이 차지하는 비중이 여전히 공업보다 컸다. 이 시기에, 공업 생산에서는 또 중공업의 기초가 취약하고, 공장 설비는 낡고 낙후되었으며, 경공업의 비중이 중공업보다 큰 것 등의 문제들이 뚜렷이 존재했다.

경공업과 중공업이 어떻게 발전해야만 소련의 사회주의 건설을 더욱 가속화할 수 있을 것인가? 이 중요한 과제가 소련공산당 앞에 주어졌다. 1925년 12월, 소련공산당(볼셰비키) 제14차 대표자 대회는 결의를 통해, "아래 관점에 따라 경제 건설을 진행하려 한다. 즉 소련으로 하여금 기계와 설비를 수입하는 국가에서 기계와 설비를 생산하는 국가로 변화시키려 한다"[23]고 밝혔는데, 이것이 바로 소련이 확립한 사회주의 공업화의 발전 방향이었다.

중공업은 전체 국민경제 발전의 기초이기 때문에, 중공업을 우선적으로 발전시키는 것이 곧 소련이 사회주의 공업화를 실현하는 기본 방침이 되었다. 스탈린은 이렇게 말했다. "중공업이 없으면, 우리는 현대화된 국방 무기를 일절 가질 수 없으며, 그렇게 되었을 때 우리의 지위는 바로 현재 중

---

23 『苏联共産党代表大会·代表会议和中央全会决议汇编』 第3分册, 77쪽, 北京, 人民出版社, 1956.

국이 처한 위치와 비슷할 것이다. 중국은 자신의 중공업을 갖지 못했고, 자신의 군사 공업을 갖지 못하여, 현재 누구라도 하려고만 하면 그들을 유린할 수 있다."

모두들 주지하고 있듯이, 중공업을 발전시키는 데 드는 비용은 매우 거대한데, 그 자금의 조달은 어떻게 해결했을까?

스탈린은, 국가 공업화 자금은 국가 내부에만 의지해 축적해야 하며, 주로 농업에 의지해야 한다고 생각했기 때문에, 공산품 방면에서 그는 공산품의 가격을 좀 더 높게 책정했다. 이리하여 농민은 공산품을 구입할 때 더 많은 돈(세금의 형태로 나타남-중국측 편집자)을 지출해야 했는데, 이러한 방식을 통해 공업화에 필요한 건설 자금을 축적했다. 소련이 이와 같이 하여 농업에서 공업으로 유입한 초과 세금을 '협상가격차'라고 부른다.

공업과 농업의 '협상가격차'라는 방식으로 공업화 건설 자금을 축적함으로써, 농민의 이익을 희생시킬 수밖에 없었고, 장기간에 걸친 실행으로 인해 이들 수많은 사람들의 마음을 잃을 수밖에 없었다. 그리하여 결국 당의 대중적 기초에도 손상을 입게 되어, 훗날 소련이 거대한 변화를 이루는 데 하나의 화근으로 남게 되었다.

1920년대, 서방 각국의 경제는 이미 회복되었고 또한 발전했는데, 어떤 구미의 경제학자는 자본주의가 빈곤을 소멸시켰다고 주장할 만큼, 경제적 번영은 그들을 자신감에 충만하도록 해주었다.

(2) 제1차, 제2차 '5개년 계획' 지도하에서의 경제 발전

계획경제는 사회주의 국가 건설의 중요한 특징 중 하나이다. 비교적 완비된 전국적 차원의 국민경제 건설 계획을 제정하는 것은 사회주의 국가 경제 건설의 중요한 임무인데, 특히 소련은 더구나 처음으로 시도하는 제1차 5개년 계획이었다. 국민경제를 발전시키는 제1차 5개년 계획을 편성하는 작업은 1925년에 시작하여 1929년에야 완성되었다.

소비에트 제5차 대표자대회가 1929년 5월에 거행되어, 주로 국민경제를 발전시킬 제1차 5개년 계획을 심의하고 토론했다.

소련의 제1차 5개년 계획 과정에서, 소련 공업 발전의 방침은 "중공업 생산 부문이 가장 빠른 발전 속도를 얻는 것"이라고 확정했다. 소련이 중공업을 우선 발전시킨다는 방침은 실행되었다.

'5개년 계획'은 소련의 당(黨)과 국가가 국가 발전 관리 업무에 관해 취한 최초의 시도였다. 예를 들어 말하자면, 어느 해에는 선철을 몇 백만 톤 생산하고, 철광석을 몇 백만 톤 생산하며, 시멘트를 몇 백만 톤 생산한다는 것 등등이, 모두 정해졌다. 이러한 관리 방식은 모든 생산·운송·판매·무역을 국가가 계획하여 안배하고, 국가가 계획하여 정확하도록 힘쓰는 것이다. 판매 가격 방면에서는, 어느 지방에서 생산한 물품이든 상관없이, 전국 어느 지방에서나 모두 같았다. 예를 들면, 모스크바에서 생산한 어떤 브랜드의 맥주 한 병의 판매가가 1루블이라면, 전국 어느 곳에서나 누구든지 이 브랜드의 같은 규격의 맥주를 1루블에 살 수 있었다.

앞으로 수십 년간, 소련의 흥망성쇠의 성패는 모두 이렇게 고도로 집중된 명령적 계획경제와 한데 묶여 있었다.

제1차 5개년 계획의 완성 상황은 매우 양호하여, 일부 중요한 계획 지표를 달성하거나 초과 달성했다. 이 기간 동안, 공업 총생산액은 1928년에 158억 루블에서 1932년 말에는 368억 루블로 증가하여, 1.3배 증가했다. 국민소득은 244억 루블에서 455억 루블로 증가하여, 86% 증가했고, 노동생산성은 38% 높아졌다. 그리고 또한 이전에는 없었거나 혹은 매우 취약했던 많은 새로운 공업 부문들을 건설하기 시작했는데, 예컨대 기계·자동차·화학 공업 등등이다. 그리하여 공업 분포가 불합리했던 상태를 초보적으로나마 바꿔 놓았다. 동시에 실업을 해소하여, 전국 인민의 물질문화 생활수준이 상당히 높아졌다. 전국 공업 생산액은 공업과 농업을 합친 총생산액의 70.7%를 차지하여, 소련은 이미 농업국에서 공업국으로 변화했다.

이 기간에, 인류 역사상 전에 없었던 경제 위기가 폭발했다. 1929년 10월에 뉴욕 증시가 미친 듯이 하락하기 시작하면서부터, 위기는 급속히 만연하여, 거의 모든 자본주의 국가들을 습격했다. 그리하여 전 세계적으로 경제가 대불황에 빠졌는데, 이때의 전 세계적인 경제 위기로 인해 발생한 손실이 2,500억 달러에 달해, 제1차 세계대전이 구미의 선진 자본주의 국가들에게 입힌 손실액 1,700억 달러보다 훨씬 많았다. 이 위기는 자유시장경제의 폐단을 충분히 드러내 주었으며, 전체 자본주의 세계를 뒤흔들어, 사람들로 하여금 자본주의 자유시장경제도 흠잡을 데 없이 좋은 것만은 아니라는 것을 깨닫게 해주었으며, 정부가 경제 발전 과정에서 더 큰 역할을 할 수 있게 해주었다.

제1차 5개년 계획의 지도하에, 소련은 서방 국가들과는 달리 자기만의 방식으로 나아감으로써, 국민경제가 빠르게 발전했으며, 효과도 뚜렷했다. 그리하여 구미의 자본·기술·인재들이 소련으로 옮겨오기 시작했다. 미국이라는 전 세계에서 가장 큰 이민 수입국에서는, 처음으로 외국으로 이민을 가는 현상이 나타났는데, 10만 명의 미국인들이 소련으로의 이주를 신청했다.

전 세계적으로 경제 위기가 가장 심각했던 1929년에, 스탈린그라드(지금의 볼고그라드–옮긴이)에, 규모가 방대한 트랙터 공장 건설을 착공했다. 트랙터 공장 건설자들 중에는 소련인도 있었고, 미국인과 독일인도 있었는데, 여기에서 작업한 미국인 기사(技師)는 모두 730명이나 되었다. 10개월 후, 공장이 완공되어 생산에 들어갔다.

이처럼 기적 같은 속도는, 소련이 세계 경제의 형세에 대해 판단하고 이를 이용한 데에서 비롯된 것이고, 계획경제 체제의 효과적인 운용에서 비롯된 것이다.

1930년대, 소련의 세 개의 대형 제철소, 즉 마그니토고르스크 제철소·쿠즈네츠크 제철소 및 자포리츠 제철소는 모두 미국과 독일의 도움으로 건설되었다. 마그니토고르스크 제철소는 당시 세계 최대의 철강 콤비나트(Kombinat)[24]였으며, 미국의 맥기 사(社)가 설계와 건설을 도왔는데, 그것은 실제로는 미국 인디애나 주의 개리(Gary)에 있는 공장이 건설 계획을 진행하여 설계한 것이다. 1931년 하반기에 이 제철소의 건설이 한창일 때, 모두 250명의 미국인들이 여기에서 작업했으며, 용광로 건설 부분에만 해도 17명의 미국 기사들이 있었다.

제1차 5개년 계획 기간에, 소련은 성공적으로 서방 국가들의 수많은 선진 기술과 장비를 도입하여 이용함으로써, 비교적 빠르게 규모가 거대한 선진적 생산 능력을 획득했을 뿐 아니라, 또한 당시 가장 선진적인 기술을 습득하고 장악하여, 이후 사회주의를 건설하기 위한 견실한 기초를 다졌다.

(3) 사회주의 경쟁 운동

사회주의 공업화 실현을 가속화하는 과정에서, 방대한 소련 노동자들은 전에 없던 노동 열정을 나타냈는데, 그들은 각 직장과 각 직업에서 광범위하고 지속적으로 경쟁 운동을 전개했다.

이 사회주의 경쟁 운동에서, 스타하노프(Alexey G. Stakhanov)는 유명한 인물이다. 그는 6시간의 1교대 작업 시간 동안에 공기착암기를 이용하여 102톤의 석탄을 채굴함으로써, 원래 기술의 정량보다 13배나 초과하여 채굴했다. 며칠 후, 그는 다시 신기록을 경신하여, 1교대 작업 시간에 175톤을 채굴했다. 그리하여 한 명의 평범한 광산 노동자의 이름인 스타하노프는 전 소련에 울려 퍼졌으며, 그는 소련 공업화 과정에서 힘차게 생산기술 혁신 운동을 이끌었다. 이 운동은 예전의 기준량을 돌파하여, 신기록을 세우고, 노동생산성을 크게 높이는 것을 목적으로 삼았다. 이 운동은 매

24 콤비나트(Kombinat): '기업 집단' 혹은 '연합 기업'이라고도 하며, 원료부터 완성품에 이르기까지 제조 과정에서 기술적으로 다른 생산 단계의 연관 기업들이 한 지역에 집중되어 있는 공업단지를 말한다.

우 빠르게 전국의 각 전선에서 호응을 얻었는데, 매우 짧은 시간 내에 중공업으로부터 경공업과 운수업으로, 광공업 기업으로부터 국영농장·집단농장 및 상업 부문으로 확산되어, 거대한 사회주의 경쟁 열기를 형성했다.

1935년 11월 14일, 제1차 스타하노프 종사자 회의가 모스크바에서 개최되었는데, 회의에 참석한 사람은 3천 명의 선진 종사자들이었다. 스탈린은 회의에 참석해 연설했다. 후에 소련 최고 소비에트 주석단은 43명의 스타하노프 종사자들에게 레닌훈장을 수여했으며, 97명의 스타하노프 종사자들에게 노동홍기훈장을 수여했다. 제2차 5개년 계획이 끝났을 때, 공업 부문에는 280만 명의 스타하노프 종사자와 돌격대가 있었다. 사회주의 경쟁 운동의 추진으로 인해, 소련은 제2차 5개년 계획 기간에 공업의 노동 생산성이 82% 높아져, 원래 계획했던 63%보다 훨씬 더 초과했다. 의심의 여지 없이, 사회주의 경쟁 운동의 활발한 전개는 5개년 계획을 앞당겨 달성하는 중요한 요인 중 하나였다.

1937년, 제2차 5개년 계획이 완료되었다. 소련 정부는 높은 축적과 대규모 투자를 실행하여 매우 훌륭한 보상을 얻었다. 1922년부터 1928년까지 7년 동안, 국민경제의 기본 투자는 고작 265억 루블에 지나지 않았는데, 제1차 5개년 계획 기간에는 645억 루블로 급증했고, 제2차 5개년 계획 기간에는 다시 1,334억 루블로 증가했으며, 그 가운데 대부분은 중공업에 사용되었다. 처음 두 번의 5개년 계획 기간에, 소련은 모두 6천여 개의 대기업을 건설했는데, 제1차 5개년 계획이 시작된 첫 해인 1928년부터, 제2차 세계대전의 전야인 1940년까지, 소련의 공업 생산액은 4배 이상 증가하여, 연평균 16.8% 성장했다. 중공업의 발전은 이보다 더 빨랐는데, 9배 증가하여, 연평균 21.2% 성장했다. 같은 기간에 철강의 연간 생산량은 430만 톤에서 1,830만 톤으로 증가했으며, 석탄은 3,550만 톤에서 1.6억 톤으로 증가했고, 석유는 1,170만 톤에서 3,100여만 톤으로 증가했으며, 발전량은 50억 킬로와트에서 483억 킬로와트로 증가했다.[25]

또한 그 밖의 다른 각도에서 소련이 이룩한 자랑스러운 성과를 비교해 볼 수 있다. 중앙기위(中央紀委: 중국공산당 중앙기율심사위원회)가 촬영한 텔레비전 프로그램 〈거안사위(居安思危: 편안할 때 위기를 생각하고 대비하라는 뜻)〉에서는 이렇게 지적하고 있다. "1929년부터 1937년까지, 소련의 공업은 매년 20%의 성장 속도로 발전해 나갔다. 소련의 1937년 공업 총생산액은 1913년에 비해 7배 증가했는데, 같은 기간 자본주의 국가들은 단지 0.3% 밖에 증가하지 않았다."[26]

1937년, 소련의 공업 총생산액은 일약 세계 제2위가 되어, 소련은 이미 강대한 사회주의 국가가 되었다.

러시아 공산당 중앙의장 겐나디 주가노프(Gennady Zyuganov)는 이렇게 말했다. "러시아는 1929년 무렵, 비행기 한 대 생산하지 못했고, 콤바인 한 대 생산하지 못했으며, 자동차 한 대도 생산하지 못했다. 10여 년 후인 1941년경, 러시아는 이미 가장 훌륭한 기술을 보유했는데, 그것은 당시 세계에서 가장 뛰어난 것들이었다."

세계 육지 전체 면적의 약 5분의 1을 차지했던 국가인 소련은, 1917년 10월 혁명부터 시작하여 20년도 안 되는 기간에, 사람들이 믿기 어려운 속도로, 구미의 공업화된 국가들이 통상 수십 년 내지 심지어는 백 년이 걸려서야 비로소 이룰 수 있었던 공업화 과정을 이루어 냈다.

소련이 채용한 '계획' 방식과 그의 뛰어난 경제 건설 성과는, 서방 세계로 하여금 엄청나게 큰 매력을 느끼게 해주었다. 1930년대에 서방 인사들이 잇달아 소련에 가서 그들의 경험을 배웠다. 한 미국 기자는 소련에서 조사 연구한 뒤 귀국하여 자국인들에게 이렇게 말했다. "나는 미래를 보았으며, 그것은 실현할 수 있다." 한동안 '계획'이라는 말은 가장 유행하는 명사가 되었다.

---

25 王加丰·陈勇 等,『强国之鑑』, 181쪽, 北京, 人民出版社, 2007.

26 全国党建研究所,『居安思危』제1집 해설문, 3쪽, 中国社会科学出版社·方正出版社, 2006.

1938년부터 1942년까지 실시한 제3차 5개년 계획은, 히틀러의 독일이 소련을 침공함에 따라 중단되었다.

(4) 소련의 교육과 과학 사업의 발전

■ 교육 방면

10월 혁명 전에, 제정 러시아의 문화와 교육 사업은 매우 낙후했으며, 교육 체제는 진부하고 부패했다. 1897년의 러시아 제1차 인구조사 자료에 따르면, 9세부터 49세까지의 인민들 가운데 글을 읽을 줄 아는 사람은 겨우 28%뿐이었으며, 부녀자들 중 글을 읽을 줄 아는 사람은 16%였고, 5분의 4의 아동들이 취학할 권리를 박탈당하여, 전국의 초·중학생은 25만 명이 안 되었다.

소련은 세계 최초의 사회주의 국가로서, 사회주의 경제 건설을 가속화하는 것은 매우 절박한 일이었다. 그러나 더욱 심각한 문제는, 소련에는 공학 기술 인력과 연구 인력이 부족했고, 노동자들의 소양도 높지 않았다는 점이다. 1927년에 소련에는 아직 인구의 50%가 문맹이어서, 근본적으로 나날이 고조되는 사회주의 건설 요구에 적응할 수 없었다.

1917년 11월부터 낡은 교육 체제를 강력하게 개혁하기 시작했다. 1920년대에, 소련의 초·중등 교육은 매우 크게 발전했다. 1927~1928학년도에 전국의 각급 초·중학교는 모두(특수학교 포함) 11만 8,558곳에 달했다. 1928~1929학년도에 재학 중인 초·중학생은 1,200여만 명에 달했다.

1929년 4월에 소집된 소련공산당(볼셰비키) 제16차 대표자 대회는 '제1차 5개년 계획' 방안을 비준함과 동시에, 또한 의무교육 보급을 실시하는 것에 관한 결정을 통과시킴과 동시에 실시하기 시작했다. 1932~1933학년도부터, 전국의 중학교는 모두 10년제 중학교로 개편되었다. 초등 의무교육의 보급과 실시로 인해, 학교의 수가 크게 증가했다. 전국의 중학교(완전한 중학교)는 1929~1930학년도에 1,914곳에서, 1938~1939학년도에 1만 2,469곳으로 증가했다. 교육과 수업 등 모든 방면에서 요구를 제시하고, 그에 상응하는 개혁을 진행했다.[27]

그에 부응하여, 소련의 고등교육도 빠르게 발전했다. 1927~1928학년도에, 전국에는 고등교육기관(전문대 이상의 교육기관-옮긴이)이 148곳이었는데, 1932~1933학년도에는 832곳에 달했다. 고등교육의 관리를 강화하기 위해, 1932년에 소련 중앙집행위원회 산하에 고등기술교육위원회를 설치했으며, 후에 고등교육부로 개편하였다.

당과 정부가 교육을 특별히 중요시함에 따라, 소련의 교육 사업은 매우 크게 발전하여, 사회주의 건설에 수많은 인재들을 제공해 주었다. 제2차 5개년 계획 기간 동안에만, 전국의 고등교육기관과 중등기술학교에서는 95만 3천 명의 전문 인력을 배양해 냈다.

■ **과학기술 방면**

1930년대, 소련의 과학 사업은 빠르게 발전했으며, 매우 큰 성과를 거두었다. 첫째는 과학 연구기관 수가 크게 증가했으며, 둘째는 과학 종사자 수가 매우 많이 증가하여, 1929년의 2만 2,600명에서 1932년에는 4만 7,900명으로 증가했다.[28]

소련의 과학자들은 과학기술 영역에서도 놀라운 성과를 거두었다. 예를 들면, 물리학 방면에서는 1937년에 물리학자 이고르 탐(Igor Y. Tamm)과 일리야 프란크(Ilya M. Frank)가 감마선을 어떤 액체에 비추었을 때 나타나는 형광 현상을 해석해 냈다. 이 발견은 레이저 기술의 발전에 중요한 의의를 가지며, 탐과 프란크는 이 공헌으로 인해 1958년에 노벨 물리학상을 받았다.

실제 공업 생산 과정에서, 그들은 몇몇 창조적인 성과들도 거두었다.

27 周尙文·叶书宗·王斯德,『苏联兴亡史』, 158쪽, 北京, 人民出版社, 1993을 참조하라.
28 위의 책, 339쪽을 참조하라.

예를 들면, 암모니아·고무·메틸알코올의 생산 기술을 설계했으며, 기계 공업 방면에서도 비교적 뛰어난 성과를 거두었다.

그러나 1930년대에 소련은 과학기술 영역에서 중대한 오류를 범하기도 했는데, 그것은 두 가지 방면에서 나타났다. 첫째, 과학 연구 영역 안에서 인위적으로 계급투쟁을 확대했는데, 하나의 조작된 사건(샤흐트 사건)[29]의 인도에 따라, 소련은 대숙청 운동을 시작했다. 후에 조사하여 밝혀진 바에 따르면, 과학기술 영역의 대숙청 운동 과정에서 있었던 이른바 반혁명 파괴 사건들은, 하나도 예외 없이 모두 조작된 사건이었으며, 매우 많은 과학기술 인력이 이로 인해 화를 당했다. 대숙청 과정에서, 소련 과학원은 심각한 재난 지역이 되었는데, 모두 200여 명의 고급 연구원들[3명의 원사(院士: 학술원 회원 등 원로 학자들에게 부여하는 칭호) 포함]이 체포되었고, 또한 더욱 많은 사람들이 해고당했다. 1929년에 당국이 과학원에 대해 진행한 조사는, 소련 과학원이 "소비에트 정권에 반대하는 반혁명의 중심"이라고 인정했다. 일부 학파들에 대해 난폭한 행정 수단을 채택하여 금지시켰을 뿐 아니라, 과학 사업의 발전에 손상을 가하기도 했다. 예를 들어, 아동학과 유전학은 '가짜 과학'이라고 지탄하면서, 이 방면의 학자와 과학자들의 연구 활동을 금지시킴으로써, 이들 과학 분야 연구에 대단히 큰 손해를 입혔다. 둘째, 이론과학 연구를 경시하고, 부당하게 실천의 의의를 강조함으로써, 일부 과학 영역을 낙후하게 만들었다.

(5) 제2차 굴기

1939년 8월, 소련과 독일은 유효기간 10년의 상호불가침조약을 체결했

29 샤흐트 사건(Schacht case): 1928년 초, 세계를 깜짝 놀라게 한 '샤흐트 사건'이 발생했다. 샤흐트는 돈바스(지금의 우크라이나에 속함)에 있는 광산 구역인데, 소련의 보안기관은 이 광산 구역에서 많은 전문가들이 소련의 가장 중요한 석탄 공업기지를 파괴할 음모를 꾸미고 있다고 고발하고, 수많은 과학자와 전문가들을 사형시키거나 투옥하고 해고했다.

다. 이에 따라 스탈린과 소련 정부는, 1943년이나 1942년 전에는 독일군이 소련을 침공하지 않을 것으로 낙관했다. 특히 스탈린의 전쟁 준비에 대한 생각에 문제가 있어서, 제2차 세계대전이 폭발하기 전에, 소련이 전쟁 준비를 느슨하게 하도록 야기했다.

1941년 6월 22일 이른 새벽 무렵, 독일군은 그들의 능숙한 기습 작전으로 소련을 향해 맹렬한 공격을 가하기 시작했다. 1주일 내에 서부의 공업지구가 전부 함락되었다. 전쟁이 시작되고 나서 처음 5개월 동안, 소련군은 손실이 막대했다. 1941년 11월까지, 독일군은 150여만 평방킬로미터의 소련 국토를 점령했는데, 이 지역에서의 농·공업 생산액은 대략 전국 총생산액의 3분의 2를 차지했으며, 1941년 12월 1일까지, 소련군은 700만 명 이상의 손실을 입었고, 탱크 24만 대와 비행기 1만 6천 대를 잃었다. 1941년부터 11월까지, 전체 공업 생산량은 52.4%나 감소했다.

그러나 용감하고 두려움을 모르며, 불요불굴하고, 열렬히 자신의 조국을 사랑한 소련 인민들은, 세계인들의 지원을 받아 결연하게 저항하면서 반격을 가했다. 1945년 5월 1일, 세계의 반파시스트 전쟁은 마침내 중대한 결정적 승리를 맞이했다. 이 반파시스트 전쟁에서, 소련은 2,700만 명의 군인과 민간인이 희생당하는 대가를 치르면서, 인류의 평화적 진보를 위해 커다란 공헌을 했다.

제2차 세계대전 과정에서, 소련은 정치·경제·군사·외교 등 모든 방면에서 강대한 실력을 보여주어, 사회주의 소련의 위엄과 명망은 전에 없이 높아졌다. 전쟁이 끝난 후에는 이미 미국과 필적하는 세계 양대 초강대국의 하나로 굴기하여, 함께 세계의 미래를 수십 년 동안 주도해 나갔다.

1953년 3월 5일, 스탈린이 세상을 떠났다.

(6) 스탈린 집정의 부족점

스탈린은 30년간 집정했는데, 파시스트의 침략에 반격하는 상황에서 소련의 종합 국력은 크게 증대되어, 같은 기간의 자본주의 국가들을 크게 뛰어넘었다. 1953년을 1913년과 비교해 보면, 소련의 국민소득은 12.67배 증가했는데, 같은 기간 미국은 단지 2.03배 증가했고, 영국은 0.71배 증가했으며, 프랑스는 0.54배 증가하는 데 그쳤다. 이렇게 생생한 사실들은 사회주의 제도라는 이 신생 사물의 비할 데 없는 우월성을 전 세계에 널리 알렸다. 소련은 상대적으로 낙후되고 농업과 자연경제를 위주로 하던 국가에서, 일약 선진 사회주의의 현대화된 공업 국가가 되었다. 그리하여 미국과 맞서면서, 세계를 수십 년간 주도해 나가는 세계 제2의 경제 대국이 되어, 함께 세계의 미래를 수십 년간 주도해 나갔으니, 그의 성적은 당연히 중요한 것이었다.

그러나 그의 오류도 뚜렷했는데, 대대적인 개인숭배, 과도하고 고도의 중앙집권, 가부장제, 당으로 정부를 대체, 실제적으로 존재하는 간부 종신제, 관료주의 작태의 성행, 장기간에 걸쳐 과도하게 중공업과 군사공업의 중요성 강조, 농민의 이익 침해, 경공업 홀대, 장기간의 공업 구조 비율 조절 실패, 보통 인민의 생활을 장기간 비교적 크게 개선되지 못하게 야기한 것 등등이 그것이다.

더욱 심각한 것은 그 개인의 성품에서의 권력욕·시기심·난폭함 등의 결함이었는데, 이것이 당과 국가의 사상과 행동을 일반화시켜, 소련의 사회주의 혁명과 건설을 지도하는 것으로 이용함으로써, 소련의 당과 국가가 소련 혁명과 건설 과정에서 나타난 문제들을 장기간 실사구시적으로 정확하게 파악하여 처리할 수 없게 만들었다는 점이다. 예를 들면, 계급투쟁을 사회가 발전하는 유일한 동력으로 간주하여, 계급투쟁을 확대시켰고, 반복하여 사람들로 하여금 대규모적이고 상명하달식의 계급투쟁을 하게 함으로써, 사회주의 사회를 장기간 동요하고 불안하게 만들었다. 그리하여 수많은 무고한 인민들에게 해를 끼치고, 경제와 과학 문화의 발전에 손해를 가하여, 국가가 분열하게 하는 보이지 않는 재난을 가져다주었다.

농업 전반을 집단화하는 과정에서, 각지에서는 행정명령이나 위협과 협박 등의 수단을 보편적으로 채용하여 농민을 강제로 집단농장에 가입하게 했다. 동시에 100여만 호의 부농들에 대해 전 재산을 몰수한 뒤 내쫓아, 소련의 동부와 북부 황무지로 이주시켰다. 집단화가 사회를 동요시키자, 농업 생산은 해마다 낮아졌다. 그러나 스탈린은 공업화의 실시를 담보하기 위해, 여전히 식량의 수매와 수출을 확대하도록 끊임없이 요구했다. 제1차 5개년 계획 기간에, 식량의 연평균 생산량은 7,360만 톤이었는데, 제2차 5개년 계획 기간에는 7,290만 톤으로 하락했지만, 연평균 수매량은 오히려 1,820만 톤에서 2,750만 톤으로 급격히 증가했다. 1932~1933년에는 대기근이 발생하여 수백만 명이 굶어 죽었다. 소련의 식량 생산 지역에서 "어른이든 아이든 모두 부종병(浮腫病: 몸이 붇는 병)에 걸려, 닥치는 대로 무엇이든 먹었는데, 동물의 시체나 상수리나무 껍질이나 소택식물(沼澤植物: 습지나 물가에 사는 식물)의 뿌리 등과 같이 사람들이 먹어서는 안 되는 것들도, 그들은 모두 다 가져다 먹었다."[30] 또한 어떤 지방에서는 사람이 사람을 먹는 현상도 나타났다는 보고도 있었다. 수많은 집단농장의 조합원들은 살길을 찾아 외지를 떠돌았으며, 농촌에 남아 있는 사람의 대부분은 부녀자나 어린아이들이었다. 어떤 사람은 밤에 농작물을 훔쳐 가지고 집에 돌아와 허기를 채웠는데, 정부는 이러한 사정을 용인하지 못했다. 1932년 8월에 법령을 반포하여, 농장의 재산을 절도한 자는 사형에 처하고, 사정이 비교적 가벼운 자는 10년 이상 자유를 박탈함과 아울러 전 재산을 몰수했다. 이 법령은 큰 절도범인지 아니면 연명하기 위해 곡식을 훔친 자인지를 구분하지 않고, 일률적으로 중형에 처했다. 그 결과 수많은 농민들이 피해를 당했다. 러시아 사법인민위원 크릴렌코가 당중앙(黨中央)에 보고하면서 말하기를, 5개월 내에 이 법령에 따라 5만 4,645명이 처벌

30 「숄로호프가 스탈린에게 보낸 편지(1934년 4월 4일)」, 『苏联歷史档案选编』, 第15卷, 684, 683쪽, 北京, 社会科学文献出版社, 2002.

을 받았다고 했다. 스탈린은 1940년 9월에 있었던 한 회의에서 2,500만 내지 3,000만 명의 사람들이 굶주렸다고 시인했다.[31]

소련은 명령과 징벌의 방법을 이용하여 경제를 관리함으로써, 대중의 생산에 대한 적극성에 타격을 가하고, 시장의 조절작용을 배척하여, 사람들로 하여금 지도력에 대해 불만과 회의를 갖게 만들었다. 이러한 위기의 형세에 직면하자, 스탈린은 모순을 완화할 조치를 취하기는커녕, 오히려 계급투쟁을 첨예화하는 이론을 제시하면서, 전진 과정에서 장애가 되거나 장애가 될 거라고 그가 여기는 모든 사람들을 탄압하는 방법으로 맞서 나갔다. 소련이 후에 공표한 자료들을 보면, 스탈린 시기의 탄압 규모는 대단히 컸다. 1990년 2월 13일, 소련 국가안전위원회(KGB)가 과거에 박해받은 자의 명예 회복을 위해 연구할 때 드러난 바에 따르면, 1930년부터 1953년 사이에, 반혁명죄로 형을 받은 사람은 337만 8,234명이었으며, 그 가운데 사형을 당한 사람이 78만 6,098명이었다. 1991년 6월 14일, 소련 국가안전위원회 의장 크류치코프가 사회단체 대표들과 회견할 때 말하기를, "현재 조사하여 밝혀진 바에 따르면, 1920년부터 1953년까지, 소련에서 약 420만 명이 탄압을 받았으며, 그 가운데 200여만 명은 1937년부터 1938년까지 탄압받은 사람"[32]이라고 했다.

소련 인민은 파시스트에 반대하고, 국가를 공업화하고, 국가가 굴기하도록 하기 위해 거대한 대가를 지불했다. 그러나 사회주의 건설 과정에서, 확대되고 있던 관련 문제를 실사구시적으로 해결하지 못하여, 방대한 인민의 적극성을 동원해 내지 못함으로써, 소련의 경제 발전은 기형적인 것이 되었다. 예를 들어, 1953년의 1인당 평균 식량 생산량과 육류 생산량은 고작 432킬로그램과 30킬로그램으로, 혁명 전의 차르 시기인 1913년의

31 王加丰·陈勇 等,『强国之鑑』, 183, 184, 186쪽, 北京, 人民出版社, 2007을 참조하라.
32 高放 等,『科学社会主义的理论与实践』, 176쪽, 北京, 中国人民大学出版社, 2003을 참조하라.

540킬로그램과 31.4킬로그램보다도 낮았다.[33]

스탈린의 이러한 부족점은 소련공산당의 대중적 기초를 상당히 손상시켰다.

스탈린의 사상과 방법에도 문제가 있었다. 일부 문제들에서 변증법적 유물론의 관점을 벗어나, 문제를 바라보고 그 문제를 처리하는 데에 형이상학적이고 절대화하는 경향이 있었으며, 주관주의 문제가 있어, 이론이 현실과 동떨어지고 대중과 멀어짐으로써, 자기의 일부 사상과 행위를 자기가 신봉하고 지키던 마르크스주의의 몇몇 기본적인 관점들로부터 벗어나게 만들었다.

스탈린 집정 기간의 부족점은, 사회주의 제도의 우월성을 훼손하여, 소련의 당과 국가가 이후에 동요하게 되는 화근을 남겨 놓았다.

Ⅲ. 두 번째 쇠락

1. 흐루쇼프 집정 시기

스탈린이 사망한 후, 1953년부터 흐루쇼프가 점차 소련의 당·정·군의 대권을 장악했다.

흐루쇼프가 재임한 기간(1953~1964년)에, 국제적·국내적인 일부 업무에 대해 일정한 개혁을 진행하면서, 농업이 비교적 빠른 발전을 이루었다. 1951년부터 1955년까지 식량의 연평균 생산량은 8,850만 톤이었으나, 1961년부터 1965년까지의 연평균 생산량은 1.3억 톤으로 증가하여, 50% 가까이 성장했다. 같은 기간에, 육류의 연평균 생산량은 60% 이상 증가했

33 위의 각주 31)을 참조하라.

으며, 유제품(乳製品)의 연평균 생산량은 70% 이상 증가했다. 1951년부터 1965년까지, 공업의 연평균 성장률은 10.7%에 달해, 공업 발전도 매우 양호했다.[34]

1957년, 세계 최초의 인공위성을 소련이 발사하여 우주에 진입시켰다.

1961년 4월 12일, 소련의 '보스토크(Vostok: 동쪽이라는 의미)'호 우주선이 처음으로 인류가 우주에 진입하는 꿈을 실현시켜 주었다.

그러나 1956년 2월에 소련공산당 제20차 당대회가 시작되자, 흐루쇼프는 소련 전국적으로 스탈린을 날카롭게 비판하는 운동을 불러일으켜, 스탈린의 오류를 무한히 확대시켰다.

1961년 10월에 거행된 소련공산당 제22차 당대회에서, 그는 '전 인민의 국가'와 '전 인민의 당'을 고취하면서 이렇게 말했다. "프롤레타리아 독재 정치는 소련에서 이미 더 이상 필요치 않다. 프롤레타리아 독재 국가로서 태어난 국가가 새로운 단계, 즉 현 단계에서는 전 인민의 국가가 되었다."

흐루쇼프는 소련공산당 제22차 당대회에서 작성한 결산 보고서를 제출했다. 즉 소련은 전면적으로 공산주의를 건설하는 시기에 진입했으며, "소련이 20년 내에 기본적으로 공산주의 사회를 건설할 것이라고 계산하여 표명했다." 그가 말한 '공산주의'는 바로 "감자쇠고기볶음"[35]으로, 이는 공산주의를 비속화한 것임과 동시에, 또한 흐루쇼프의 이론과 지식의 수준이 천박하다는 것을 말해 주었다. 이와 같은 '공산주의'는 세상 사람들의 웃음거리가 되었다.

흐루쇼프 집정 기간에, 전체적으로 스탈린을 부정한 것은 스탈린 시기의 당과 국가의 역사에 대한 부정을 초래했으며, 나아가 소련공산당을 부정함으로써, 청년들이 사상적으로 갈피를 잡지 못하고 방향을 잃게 했으

---

34 王加丰·陈勇 等,『强国之鑑』, 187쪽, 北京, 人民出版社, 2007을 참조하라.

35 감자쇠고기볶음: 이 말은 흐루쇼프가 미국과 오스트리아를 방문하여 연설하면서, 노동자 계급이 공산주의를 실현하려고 투쟁하는 것은 바로 '감자쇠고기볶음'을 얻기 위한 투쟁이라고 한 말에서 유래했다.

며, 이들 중 일부로 하여금 자본주의를 신봉하게 하였다. 그가 말한 '전 인민의 국가'·'전 인민의 당' 이론은 마르크스주의와 사회주의의 일부 기본 원리와 원칙을 부정함으로써, 방대한 당원과 인민으로 하여금 소련 사회에 반공산주의·반사회주의 세력이 존재하고 있다고 잘못 생각하도록 만들었다. 그리하여 그들이 자본주의의 부활에 대한 경계심을 상실하면서, 매우 심각한 영향을 미치는 일련의 엄중한 후과를 초래했다. 바로 이러한 영향을 받은 이른바 '소련공산당 제20차 전국대표자대회의 신생아'들 가운데 일부 사람들은, 이후 소련공산당을 와해시키고 소련 사회주의 제도를 매장시키는 핵심 세력이 되었다.

경제 방면에서, 흐루쇼프는 당시 나라 안팎의 구체적 상황에 대해 전면적으로 이해하지 못하여, 경제 발전의 객관적 법칙을 고려하지 않고, 고도로 집중된 계획경제를 개혁하는 중요성과 필요성을 인식하지 못한 채, 오히려 구체적인 방법에서는 여전히 과거의 방법을 답습했다. 예를 들면, '제2차 세계대전'이 끝난 현실을 고려하지 않은 채, 여전히 중공업의 우선적 발전을 견지하면서, 국민경제의 조화로운 발전의 중요성을 계속 소홀히 했다. 또한 고도로 집중된 계획경제 체제를 개혁하지 않고, 이 체제를 거꾸로 좀 더 강화했다. 그로 인한 필연적인 결과는 경제·사회가 발전할 잠재력에 손상을 가했으며, 노동생산성이 효과적으로 높아지지 못하여, 인민대중의 생활에 심각한 영향을 미쳤다.

흐루쇼프가 전면적으로 스탈린을 부정하는 방법을 취함으로써 초래된 실제 결과는, 소련공산당 자신이 소련에서 30여 년간 사회주의를 건설하고 국가를 보위하는 전쟁 과정에서 이룩한 위대한 역사적 공적과 역할을 부정하게 되었다. 그리하여 인민 대중과 당원의 사상을 혼란스럽게 만들었으며, 소련공산당의 대중에 대한 위신을 무너뜨렸고, 인민 대중과 공산당원의 공산주의에 대한 신념을 동요하게 함으로써, 스탈린이 당의 대중적 기초와 당의 계급적 기초를 손상시킨 이후에, 다시 당의 대중적 기초와 계급적 기초에 더욱 손상을 가했다. 그가 주장한 '전 인민의 국가'·'전 인민의 당'이라는 이론은 바로 당의 계급적 기초를 혼란스럽게 함으로써, 후에 고르바초프가 주도한 개혁이 전면적으로 혼란스러워지고, 소련공산당이 망하고, 소련이 망하는 화근이 되었다. 그리고 그는 20년 내에 '감자 쇠고기볶음'의 공산주의 사회를 건설하겠다고 제시하여, 공산주의 사회의 이상적인 모습을 폄하함으로써, 인민 대중의 공산주의에 대한 이상과 신념에 상당히 큰 영향을 미쳤다.

흐루쇼프 집정 시기에, 비록 경제 발전 속도는 비교적 빨랐고, 또한 비록 약간의 개혁을 진행하기는 했지만, 그는 결코 스탈린 유형의 주요 착오가 어디에 있는지를 찾아내지 못했기 때문에, 그의 집정 유형은 여전히 스탈린의 유형을 답습했다. 그리고 또한 사상적 노선에서는 이미 마르크스-레닌주의를 위배했는데, 마르크스-레닌주의의 정수인 실사구시 정신을 위반하여, 실질적으로 소련공산당과 소련 사회는 이미 추락의 길을 걷고 있었다.

2. 브레즈네프 집정 시기

1964년 10월, 흐루쇼프가 퇴진하고, 브레즈네프가 집권했다.

브레즈네프의 집권은, 바로 당의 제20차, 제21차, 제22차 당 대표대회가 공동으로 제정한 총노선을 시종 변함없이 관철시키겠다는 것을 명확히 나타내 준 것이다. 때문에 그는 부분적인 정책만 조정하고, 흐루쇼프 시기의 일부 경솔했던 개혁만 바로잡는 데 그쳤다. 동시에 당시 소련의 나라 정세에 부합하는 일련의 정확한 개혁 조치들도 취함으로써, 정국을 안정시키는 데 주의를 기울였으며, 경제를 발전시키고, '신경제 체제'를 추진하면서, 경제 체제 부문에서는 어느 정도 개혁을 힘써 도모하였다.

그러나 경제 체제의 개혁은 소기의 목적을 달성하지 못했는데, 1970

년부터 시작하여, 몇 가지 매우 중요한 경제지표들—국민소득, 농·공업 총생산액 및 노동생산성—이 모두 10여 년 동안 지속적으로 하강 길에 접어들었다. 예를 들면, 국민소득은 1966~1970년에 7.7% 성장했는데, 1971~1975년에는 5.7%, 1976~1980년에는 3.7%, 1982년에는 더 떨어져 3.4% 성장하는 데 그쳤다. 노동생산성은 1966~1970년에 6.8% 성장했는데, 1971~1975년에는 4.6%로 떨어졌고, 1982년에는 다시 2.7%로 떨어졌다.[36]

이 시기에, 브레즈네프는 국민경제의 발전이 부족하다는 것을 알지 못한 채, 이미 취득한 몇 가지 성취들에 대해 득의양양하며 뽐내고 있었다. 한편으로, 그들은 대내적으로는 힘써서 안정을 추구하고, 현상을 유지하면서, 기본적으로 이전의 소련공산당 영도 체제의 관리 방법을 답습하였으므로, 당연히 스탈린과 흐루쇼프 시기의 몇몇 원칙적인 오류를 답습할 수밖에 없었다. 이는 소련의 고도로 집중된 정치·경제 체제를 한층 더 경직시키고 정체에 빠지게 만들었다. 다른 한편으로, 20세기의 60년대와 70년대에 서방 세계는 전자·정보 등 새로운 과학기술 방면에서 급속한 발전을 이루었는데, 소련은 과학기술에 대해 장기간 별로 중시하지 않아, 세계 과학기술 혁명의 미래의 발전 전망에 대한 이해가 부족했다. 따라서 당연히 그에 대해 힘을 기울이지 않았는데, 이것도 소련 경제가 점차 정체에 빠져들게 되는 또 다른 중요한 요인이었다.

대외 확장을 위한 패권 다툼 과정에서, 미국과 소련 양국은 세계 패권을 위한 경쟁이 매우 격렬해지면서 군비 지출이 매우 컸다. 관련 자료에 따르면, 소련의 국민소득은 대략 미국의 3분의 2도 안 되었지만, 소련은 미국과의 격차를 줄이려는 노력을 하기는커녕, 오히려 국방 건설에 대량의 인력과 물자를 투입하면서, 미국과 군비 경쟁을 진행했다. 『强國之鑑(강국

---

36 周尙文·叶书宗·王斯德, 『苏联兴亡史』, 628쪽, 上海, 上海人民出版社, 1993을 참조하라.

지감)』이라는 책자에서 지적한 바에 따르면, "소련의 국방비 지출은 1955년에 324억 달러였는데, 1970년에는 539억 달러에 달했으며, 1979년에는 무려 1,480억 달러에 달했다. 소련의 군사비 지출은 대략 국민 총생산액의 16%를 차지했지만, 미국은 단지 6%밖에 되지 않았다."[37] 이처럼 자신의 역량을 가늠하지 못하고 군비 지출을 확대한 오류는, 소련을 매우 심각한 곤란에 처하게 했으며, 이는 또한 소련 경제가 정체에 빠지도록 초래한 한 가지 중요한 원인이었다.

브레즈네프 시기에, 소련의 정국과 사회는 비교적 안정되어, 종합 국력이 크게 높아졌으며, 인민의 생활도 상당히 크게 개선되어, 개혁을 진행할 조건이 비교적 좋았다. 그러나 브레즈네프는 근본적으로 개혁의 필요성과 긴박성을 깨닫지 못하고, 현실에 안주하여 되는대로 살아갔으며, 완벽한 것을 말로만 하면서 개혁할 생각은 하지 않았다. 그리하여 본래 쌓여 있던 모순을 더욱 가중시켜, 심각한 잠재적 위기가 되었으며, 소련이 와해되는 화근이 되었다.

소련공산당 역사에서 당풍(黨風)은 스탈린 시기부터 줄곧 존재해 온 문제였는데, 흐루쇼프는 이 문제를 해결하지 못하고, 오히려 다소 확대시켰다. 브레즈네프 시기에 소련공산당의 당풍 문제는 더욱 심각해졌다.

첫째는, 간부 임용의 지나친 안정성이었다. 이 시기에 지도층 간부는 정기적인 교체가 없었고, 만약 특수한 상황이 없으면, 지도층 간부는 거의 교체가 없었으며, 최고 지도층은 특히 그러했다. 소련공산당 제23차 대회에서, 연임된 중앙위원은 79.4%였는데, 제25차 대회 때는 다시 선출되어 연임한 사람이 83.4%에 달했으며, 만약 세상을 떠난 중앙위원을 빼면, 다시 선출되어 연임한 경우가 무려 90%에 달했다. 그리고 1981년 소련공산당 제26차 대회 때는, 새로운 기(期)의 중앙정치국과 서기국 구성원들은 뜻밖에

37 王加丰·陈勇 等,『强国之鑑』, 189쪽, 北京, 人民出版社, 2007을 참조하라.

도 완전히 그 앞 기 사람들이었다. 이러한 체제는 이미 사실상 직무 종신제가 되어, 간부들의 노화가 매우 심각했으며, 브레즈네프 후기에 소련 고위층은 노인 정치였다. 소련이 활력이 부족했던 것은, 이것이 중요한 요인이었다.

둘째는, 기구는 비대해지고, 권력은 날이 갈수록 집중되어, 개인의 독단적 결정이 나날이 심각해졌다는 점이다.

셋째는, 간부의 특권층화로 인해, 관료 특권계층을 형성하였다. 스탈린 시대부터 이미 비교적 심각한 간부의 특권층화가 시작되었는데, 브레즈네프 시대에는 더욱 심해졌다. 고급 주택, 무료 별장 사용, 무료 열차 탑승, 호사스러운 수렵, 특수한 상점에서 희소 상품과 수입 사치품의 구매 등등, 이러한 것들은 간부의 직급 등급에 따라 향유하였다.

특권계층은 스탈린 시대부터 시작되었고, 브레즈네프 시기에는 이미 차츰차츰 형성되었으며, 고르바초프 시기에는 다시 심화되었다. 바로 이 특권계층이 소련공산당의 기초를 와해시켰으며, 소련의 와해를 촉진하는 중요한 요인들 중 하나가 되었다.

넷째는, 독직과 뇌물 수수·특권 부패·매관매직의 풍조가 매우 성행했다. 특권계층의 자녀들은, 아버지의 특권에 의지할 수 있어서, 일반 대중들은 믿기 어려운 온갖 방면에서의 이득을 획득했다. 가장 두드러진 것은 바로 브레즈네프의 자녀(사위)들이었다. 브레즈네프의 사위 유리 추르바노프는 장인 권세의 보호 하에 계속 승진 일로를 걸었는데, 처음에는 고작 일개 내무부 상위(上尉: 우리나라의 중위와 대위 사이의 계급) 경비원이었다가, 브레즈네프의 사위가 된 뒤에는, 내무부 정치주임·내무부 부부장·제1부부장으로 매우 빠르게 진급했으며, 동시에 소련공산당 중앙후보위원과 최고 소비에트 대표도 맡았고, 아울러 상장(上將: 중장과 대장 사이의 계급) 계급도 수여받았다. 고작 10년 만에 일개 하급 군관이 상장으로 승진한 것이다. 그 사이에 추르바노프는 65만 루블을 독직 수뢰했는데, 이것이 바로 소련 전국을 깜짝 놀라게 했던 '부마안(駙馬案: 왕의 사위가 연루된 사건이라는 뜻)'이다.

브레즈네프의 딸 갈리나는 아버지의 비호 아래, 진주·보석류 장신구들을 은닉해 두고, 오랜 기간 동안 교만하고 사치스러우며 황음하고 방탕무도한 생활을 계속했다. 1982년 1월, 세관 직원이 해외 여행을 위해 출국하는 시민을 검사하다가, 그녀의 옷 속주머니에 들어 있는 대량의 다이아몬드를 발견했다. 이를 단서로 계속 조사하는 과정에서, 다른 사람의 집 안에 브레즈네프의 딸 갈리나 소유의 약 100만 달러 상당의 다이아몬드와 기타 귀중품들이 보관되어 있는 것을 발견했으며, 약 50만 파운드의 서방 화폐와 값비싼 보석과 그림 등을 수색해서 찾아냈다. 이는 보석·다이아몬드 밀수 사건으로, 이 사건에는 브레즈네프의 아들이자 외무부 제1부장인 유리도 연루되었다. 이 사건의 조사 결과는 중간에 흐지부지되어, 브레즈네프의 아들 유리와 딸 갈리나는 여전히 아무 제제도 받지 않고 자유롭게 생활했다.

브레즈네프 시기에 매관매직은 부패의 또 다른 표현이었다. 예를 들면, 1969년에 아제르바이잔의 제1서기는 바로 '가격'이 20만 루블, 제2서기는 10만 루블이었다.

이러한 사례들은 매우 많다.

브레즈네프 후기에는 소련의 독직 부패 문제가 갈수록 심각해졌다. 소련공산당 내에 향락을 탐하고, 온갖 수단을 동원하여 명예를 추구하고, 아첨하여 떠받들고, 윗사람을 기만하며 아랫사람을 속이고, 독직 수뢰하며, 특권과 부패, 매관매직하는 풍조가 더욱 성행했다.

브레즈네프가 집정했던 18년 동안, 소련에는 수많은 정치·경제·사회적 문제들이 누적되어, 당의 대중적 기초가 더욱 약해지자, 방대한 대중의 공산주의 이념을 더욱 동요하게 만들었다.

3. 고르바초프 집정 시기

1982년 11월에 브레즈네프가 세상을 떠나자, 안드로포프가 총서기 직위를 이어받았는데, 15개월 후에 병으로 사망했고, 뒤를 이은 체르넨코도 취임한 지 13개월 만에 다시 병으로 사망했다. 1985년 3월, 고르바초프가 소련공산당 중앙총서기를 물려받았다.

고르바초프가 취임한 지 얼마 안 되어, '공개성'·'민주화'·'다원화' 및 '전 인류의 가치가 모든 것보다 높다'는 것 등 이른바 '새로운 관점'으로 마르크스주의의 일련의 기본 원칙을 대체하고, '인도적·민주적 사회주의' 노선을 제시하여 현행 정치체제를 개혁함으로써, 공산당의 영도력을 약화시키고, 행정·입법·사법의 삼권분립을 실행하려 했다. 이때부터 소련의 방향은 명확해졌는데, 고르바초프는 바로 서방 부르주아 계급의 민주제와 다당제·삼권분립의 의회제 등의 모델에 따라, 소련의 사회주의 정치 체제를 개조하려고 했다.

'공개성'·'민주화'·'다원화' 사상의 지도하에, 순식간에 소련에서는 가라앉아 있던 찌꺼기들까지 다 떠올랐고, 당파가 무성하게 생겨났으며, 각종 사회 사조가 그 사이를 가득 채워, 심각한 사회적 위기를 야기했다. 심각한 사회적 위기는 격렬한 정치 혁명을 초래하는데, 이는 역사의 필연이다. 소련공산당의 장기간의 잘못된 집정도 이러한 역사적 필연을 벗어날 수는 없었다. 고르바초프 개혁 사상의 지도하에, 소련은 오랫동안 쌓여 있던 각종 모순들이 갑자기 첨예화하고 표면화했으며, 마침내 정치·경제·사회가 전면적으로 동요하는 위기 속으로 빠져들었다. 1991년 초의 여론조사에 따르면, 소련 정부의 지지율은 고작 13%, 반대하는 비율은 73%에 달했으며, 소련공산당의 지지율은 겨우 14%였다. 1991년, 최초의 사회주의 국가는 74년의 시간을 거쳐 왔는데, 그것은 또한 마지막을 향해 갔다. 소련은 와르르 무너져 내렸으며, 국가는 사분오열하여 15개의 작은 나라들이 됨으로써, 세계의 초강대국은 여기에서 그 생명을 마치고, 역사가 되었다.

국가의 소멸에 직면하여, 소련공산당원과 일반 대중들은 이를 개의치 않고 무관심하게 내버려 두었고, 아무런 중대한 저항 행동도 하지 않았으며, 이미 당연한 일이 되어 버렸다.

第8장 강력한 권력 | 미국

미국은 서반구에 위치하며, 미국 본토·알래스카주 및 하와이주 등 세 부분으로 이루어져 있다. 미국 본토는 북아메리카의 서로 인접한 48개 주들을 포함하며, 알래스카주는 북아메리카의 가장 서북쪽에 위치하는 반도이고, 하와이주는 태평양에 자리하고 있는 군도이다. 이 밖에 태평양과 카리브해에도 푸에르토리코 등의 미국 영토가 있다. 지리적인 의미에서 '미국'이라는 말이 보편적으로 가리키는 것은 미국 대륙·알래스카주·하와이주·푸에르토리코·괌 및 미국령 버진아일랜드이다. 미국 본토는 각각 캐나다와 멕시코에 인접해 있으며, 또한 바다를 사이에 두고 러시아·쿠바·바하마와 서러 마주보고 있다. 동쪽은 대서양과 닿아 있고, 서쪽은 태평양에 인접해 있으며, 북쪽은 캐나다에 접해 있고, 남쪽은 멕시코 및 멕시코만과 잇닿아 있다. 유엔 통계부(UNSD)의 통계에 따르면, 미국의 국토 면적은 962만 9,091평방킬로미터이고, 2012년 인구는 3억 721만 명이다.

Ⅰ. 건국에서부터 세계 최강대국이 되기까지

미국은 신흥 국가로, 역사적으로 그 건국은 상당히 늦었다. 풍요로운 북아메리카 대륙의 최초 거주민은 인디언인데, 1492년에 콜럼버스가 신대륙을 발견한 이후, 유럽 식민자들이 잇달아 침입했다. 특히 영국은, 동쪽으로는 북아메리카의 대서양 연안에서부터, 서쪽으로는 애팔래치아 산맥에 이르는 좁고 긴 지대에 13개의 식민지를 세웠다. 식민 활동 과정에서, 잉글랜드인·스코틀랜드인·아일랜드인·프랑스인·스웨덴인·네덜란드인과 유대인 등 대량의 이민이 '자유낙토(自由樂土)'를 찾으러 이 땅에 왔다. 그러나 이 땅도 역시 낙토가 아니었으며, 계급 압박과 식민 통치는 여전히 존재했다.

1. 독립전쟁

역사의 발전 과정에서, 식민지와 영국의 모순은 갈수록 첨예해졌는데, 이들 13개 식민지는 영국 제국의 압박을 달가워하지 않아, 일련의 투쟁을 진행했다. 1776년 7월 4일, 그들은 정식으로 〈독립선언〉을 발표하고, 13개 주는 영국과 일체의 정치적 예속 관계를 단절한다고 선언하여, 완전히 독립된 아메리카 합중국(United States of America)이 되었다. 〈독립선언〉은 천부인권(天賦人權)과 주권재민(主權在民)의 학설에서 출발하여, 다음과 같이 장엄하게 선고했다. "우리는 아래의 진리는 자명하다고 생각한다. 즉 모든 사람은 태어나면서부터 평등하며, 그들은 모두 조물주로부터 몇 가지 양도할 수 없는 권리를 부여받았는데, 그 권리들 중에는 생명권과 자유권과 행복 추구권이 포함되어 있으며", 또한 이때문에 당연히 정부를 수립했다는 등의 내용이다. 〈독립선언〉의 발표는, 아메리카 합중국의 탄생을 상징하며, 7월 4일은 후에 미국의 국경일로 정해졌다.

이때, 이 신흥 국가는 아직 하나의 작은 나라일 뿐이어서, 면적은 40만 평방마일에 불과했으며, 인구도 단지 240만 명뿐이었고, 당시 국가기구조차도 완비되어 있지 않았지만, 그들은 매우 빠르게 발전했다.

〈독립선언〉이 비록 반포되었지만, 이때 미국의 독립은 단지 종이 위의 것에 지나지 않았다. 진정한 독립을 실현하려면, 아직 힘든 투쟁을 거쳐야만 했다. 1775년 4월 19일에 독립전쟁이 렉싱턴(Lexington)에서 처음으로 총성을 울리고부터, 1781년 10월 19일에 영국이 패배할 때까지, 6년 6개월의 세월이 걸려서야 끝이 났다.

1783년 9월 3일, 영국은 정식으로 미국의 독립을 승인함과 아울러, 새로운 국경을 확정했다. 이때 미국의 영토 면적은 독립 당시의 13개 주에 비해 2배 이상으로 증가했다.

미국이 독립한 초기의 엄혹한 형세는 다음과 같았다.

1. 경제적으로는, 당시 〈연방조례〉가 연방 국회는 징세를 정하지 못하도록 규정하여, 중앙 정부의 채권과 화폐 가치를 급격히 하락시킴으로써, 내전 기간 동안 중앙 정부를 유지해 온 채권 소지자들이 보유하고 있던 채권 가치를 위협하자, 그들은 원금조차 돌려받지 못할 수도 있게 되었다. 〈연방조례〉는 또한 연방 국회가 각 주(州)들 간·각 주들과 외국 간에 진행하는 무역활동을 관리하지 못하도록 규정하자, 각 주들은 모두 다른 주에서 온 화물에 대해 무거운 세금을 부과했는데, 이렇게 최대한 상업 활동과 운수업의 발전을 저해함으로써, 전체 연방 국가들의 무역을 갈수록 나빠지게 만들었다. 외국과의 무역 과정에서, 외국 상품이 대량으로 미국 시장으로 쏟아져 들어왔는데, 연방 정부는 오히려 통일된 관세를 제정할 권한이 없어, 미국의 공업 발전을 심각하게 위협했다.

2. 무려 8년에 달하는 독립전쟁 후, 미국은 대량의 채무를 지게 되었다.

3. 중앙 정부의 권한이 매우 작아, 다른 나라들로부터 중시되거나 존중받지 못했다. 영국은 미국의 이와 같이 느슨한 연방 형식을 업신여겼으며,

당시 북아프리카의 일부 국가들조차도 연방 미국을 업신여겼다. 미국 서북부의 변경에는 아직 영국 군대가 주둔하고 있었고, 남부와 서부 변경은 스페인인의 위협에 직면해 있었다. 더욱 심각한 것은, 전쟁 후에 국내의 계급 모순이 격화함에 따라, 농민들이 여기저기서 들고일어났으며, 폭풍처럼 거세게 일어났다. 그 중 1786년에 폭발하여 전국에 위세를 떨친 쉐이즈의 반란(Shays's rebellion)은 미국을 심각하게 뒤흔들었다.

느슨한 미국 연방 형식의 병폐가 백출하면서, 미국을 바람만 불어도 쓰러질 정도로 허약하게 만들었으니, 미국에게 필요한 것은 강대함이었으며, 미국은 더욱 통일되어야 했다.

각 주들의 공동 이익과 장구하고 조화로운 통일에 대한 고려에서 출발하고, 전체 아메리카 합중국의 각 주들 간 무역의 실제 상황을 결합하여, 반드시 유력한 조치를 취해 이러한 상태를 변화시켜야 했다. 그리하여 그들은 제헌회의를 소집하여 〈연방조례〉를 개정하기 위한 토론을 벌이기로 결정했다. 1787년, 12개 주에서 온 55명의 대표들이 필라델피아에서 개최된 제헌회의에 참가했다.

2. 미국의 첫 번째 헌법—〈아메리카 합중국 헌법〉

법률은 사회·정치 생활에서 특별한 지위를 차지하며, 그것은 사회·정치 제도의 중요 구성 부분으로, 어떤 한 계급이 국가의 권력을 장악한 다음에는, 맨 먼저 자기 계급에게 유리한 법률을 어떻게든 세심하게 제정하고 또 완전하게 만들려고 힘쓴다. 그런데 헌법은 더구나 가장 기본적인 중요한 법령이다.

1787년에 〈아메리카 합중국 헌법〉 즉 〈연방헌법〉을 제정함으로써, 미국의 연방제 국가체계를 확립했는데, 이 체계는 미국의 느슨한 연방제 형식을 제거하고, 미국을 새로운 연방제 국가로 조직함으로써, 미국이 대국으로 굴기하는 중요한 기초가 되었다.

헌법에 따르면, 미국은 입법·행정·사법의 "삼권이 분립하고" 또한 상호 견제하며, 각 주들이 연합하여 만든 연방제 국가이다. 연방 정부는 각 주들의 중앙 정부지만, 각 주들은 행정에서 대단히 큰 독립성을 보유하는데, 헌법에서는 "무릇 헌법은 각 주들이 행사하는 권력을 합중국에 수여하지 않고, 금지하지도 않으며, 모두 각 주와 시민이 그것을 보유한다"고 선포했다. 헌법은, 연방 정부는 다음과 같은 세 부분을 포함한다고 규정하고 있다. (1) 국회: 입법권은 하원과 상원으로 이루어진 국회에 속한다. (2) 대통령: 행정권은 대통령에게 속하며, 대통령의 임기는 4년이고, 각 주에서 선출된 대통령 선거인단이 선출한다. 대통령은 최고 행정 수반이자, 또한 군대의 총사령관이다. 상원의 동의를 거쳐, 대통령은 최고 법원의 법관과 합중국의 기타 정부 관료를 임명하는 권한을 갖는다. 대통령은 국회에 대해 책임지지 않으며, 국회에서 통과된 법안을 비준 혹은 부결할 권리를 갖는다. (3) 최고 법원: 최고의 사법권을 가지며, 최고 법원의 법관은 대통령이 상원의 동의를 거쳐 임명하고, 종신 근무한다. 최고 법원은 헌법과 일체의 법률을 해석할 권한을 갖는다.[38]

1787년 헌법은 세계 역사상 자산계급 민주공화국 최초의 성문 헌법이다. 이 헌법은 국가와 민중, 중앙과 지방 및 각급 정권 내부의 입법·사법·행정 간의 관계들을 비교적 잘 처리했으며, 또한 처음부터 이 체제의 불완전함과 미래에 직면하게 될 새로운 문제들을 고려하여, 특별히 '수정' 시스템을 마련해 둠으로써, 이 체제에 생기와 활력을 불어넣어 주었는데, 이 결정과 조항은 '건국의 아버지'들의 선견지명을 구현하였다. 이 헌법이 확립한 공화(共和) 원칙은 봉건 군주 전제 정체를 반대하는 중대한 작용을 했다. 그것은 봉건 군주의 절대 권력을 부정하고, 자산계급의 '주권재민' 사

38 汪涛·柯其成, 『世界近代史』, 91쪽, 上海, 上海社会科学出版社, 1987을 참조하라.

상을 선포했다. 그것은 "무릇 헌법이 합중국에 수여하지 않았거나, 또는 각 주가 행사하는 것을 금지하지 않은 권력은, 모두 각 주와 시민이 그것을 보유한다"고 선포했다. 이는 위대한 최초의 시도였는데, 이는 이후 미국 시민의 모험 정신과 창조 정신 및 개인 영웅주의가 개발되도록 광활한 공간을 미리 마련해 주어, 미국 사회가 장기간 활력을 유지할 수 있는 견실한 기초를 다져 주었다.

그러나 이 헌법은 〈독립선언〉의 기본 정신을 위배했는데, 그것은 시민의 권력을 명확히 규정하지 않았을 뿐 아니라, 인종 차별과 성적 차별도 드러냈다.

1791년에 국회는 10개 조항의 수정안을 통과시키고, 보충 조항으로 헌법에 수록해 넣어, 신앙·언론·출판 및 청원의 자유 등과 같은 시민의 기본권을 명확히 규정함으로써, 헌법이 훨씬 더 발전하게 했다.

이 헌법은 개인·주 정부 및 연방 정부가 경제를 운용하는 과정에서의 직책과 권한에 대해 비교적 잘 역할을 정하고 범위를 설정함으로써, 미국 경제가 빠르게 발전할 수 있도록 법률적으로 보장했기 때문에, 사람들은 이 헌법을 경제 헌법이라고 부르기도 한다.

헌법의 반포와 실시는, 미국을 공고한 통일 국가가 되게 하여, 객관적으로 사회 경제의 발전을 촉진하였다.

3. 건국 초기의 국정 방침과 공업 발전

1789년 1월에 대통령 선거를 실시하여, 같은 해 4월에 미국 연방 정부가 수립되고, 워싱턴이 미국의 초대 대통령에 당선되었다. 워싱턴 정부가 '공업 입국'과 '농업 입국'을 실행함에 따라, 미국이 현대화로 나아갈 기본 노선과 목표를 명확히 했다.

역사를 보면, 미국의 최초의 발전은 먼저 지역적 성격의 발전에서 시작되었는데, 각 주(州)들은 모두 자신의 통치 방법과 관리 방법을 가지고 있었고, 전체 식민지를 하나의 전체로서 취급하거나 운용하는 경우는 매우 적었으며, 미국의 발전 과정을 보아도 줄곧 중앙 집권을 배척했다. 연방 정부가 수립된 후, 국가 권력이 강화되자, 미국 중앙 정부의 통일된 관리하에, 경제 운용에 자유주의 경제 모델을 채택하고, 점차 국가 금융과 재정 제도를 확립하면서, 국가 건설은 점차 궤도에 올랐다.

미국은 남의 장점을 본받는 데 능하여, 처음에는 매우 조심스럽게 외국의 선진 기술을 도입하고 채용했는데, 공업에서는 영국이 발명한 기계 설비와 신기술을 채용했다. 건국 초기에, 미국은 외국의 기술 인력이 이주해 오도록 북돋우는 이민 정책을 채택함으로써, 대량의 이민이 유럽 공업화의 최신 성과들을 가지고 들어왔다. 그 가운데, 1789년에 영국의 기술자인 새뮤얼 슬래이터(Samuel Slater)가 미국으로 건너왔는데, 그는 미국 최초의 근대 면방직 공장을 설립했으며, 후에 그의 공장은 12개로 발전했다. 유사한 상황이 또한 적지 않은데, 이로 인해 미국은 초기 산업혁명의 서막을 열었다. 1816년, 철강업이 처음 착수되었으며, 석탄 채굴업도 초보적인 발전을 이루었다.

미국은 기술을 도입할 때, 소화 흡수하여 본국의 기술적 기초를 강화하는 데 특별히 주의를 기울였으며, 동시에 본국의 발명과 창조에 대해서도 힘껏 돕고 격려했다. 따라서 미국은 이 시기에 발명과 창조가 많았다. 예를 들면, 이 시기의 중요한 발명만 하더라도 조면기(繰綿機: 목화에서 씨를 제거하고 솜을 분리하는 기계)·바인더·자석전극(磁石電極) 등이 있다. 정부의 격려와 지지를 받아, 1790년부터 1911년까지, 평균 매년 77가지의 발명이 이루어졌으며, 1830년 한 해에는 544가지의 발명이 있었다.[39]

다양한 요인들의 촉진에 따라, 미국 산업혁명은 비록 늦게 시작되었지

39 郝侠君·毛磊 等, 『中西500年比较』, 220쪽, 北京, 中国工人出版社, 1997을 참조하라.

만, 국가의 뛰어난 관리 능력과 약간의 선천적인 강점들, 그리고 공업 발전 추세의 강력함은, 이 나라로 하여금 매우 빨리 유럽을 뛰어넘게 해주었다. 1860년 전후로, 유럽 대다수 국가들의 경제 발전 수준은 이미 미국보다 뒤졌다.

미국이 발전함에 따라, 미국은 또한 마구잡이로 영토 확장을 진행했다. 19세기 초부터 1867년까지, 미국은 갖가지 방법과 수단을 사용하여, 영토를 928만 평방킬로미터까지 확장하여, 전체 북미 대륙의 절반을 차지했다.

대규모 영토 확장과 해외 약탈은 미국 자본주의의 발전을 가속화했다. 1810년에 미국의 공업 총생산액은 고작 1.98억 달러에 불과했는데, 1840년에는 4.8억 달러가 되었고, 1860년에는 급증하여 18.8억 달러가 되어, 영국·프랑스·독일에 바로 이어 세계 제4위를 차지했다. 미국의 철강 공업은 1816년경에야 착수되었지만, 발전이 비교적 빨라, 1840년대에는 처음으로 기계로 기계를 제조했으며, 미국의 농업 기계는 세계를 선도하는 지위를 차지했다. 1828년에 미국은 처음으로 철도를 건설했는데, 1860년에는 철도의 길이가 4만 9,600킬로미터에 달해, 세계 제1위를 차지했다.[40]

4. 남북전쟁

미국 경제가 크게 발전함과 동시에, 미국이 한 걸음 더 발전하는 데 장애가 되는 모순도 뚜렷이 드러났다. 이 모순은 하마터면 이 나라를 와해시킬 뻔했다.

독립 후, 북부에 있던 각 주들이 실행한 것은 자유로운 자본주의 제도였지만, 남부에 있던 주들은 반대로 흑인 노예제도를 유지했다. 노예제도는, 미국인은 모두 평등하다는 건국이념과 충돌할 뿐 아니라, 노동력의 자

40 汪涛·柯其成, 『世界近代史』, 264, 265쪽, 上海, 上海社会科学出版社, 1987을 참조하라.

유로운 이동을 방해하여 국가의 공업화 과정도 제약했다.

남부와 북부에 두 가지 서로 다른 사회제도가 존재하고 발전함에 따라, 미국의 정치와 사회에 심각한 모순을 초래했다. 어째서 이런 모순된 상황이 출현할 수 있었을까? 이는 미국의 헌법에서부터 이야기해야 한다.

미국이 헌법을 제정할 때, 노예제를 실행하고 있던 주들의 세력이 강대하여, 만약 노예제를 폐지하면, 매우 많은 주들이 연방 정부를 승인할 리가 없었다. 일찍 국가를 수립하기 위해, 그들은 노예제를 건드리지 않았다. 이리하여 건국할 때 미국은 자유인과 노예가 병존하는 연방이었다.

건국 후, 노예제의 존폐에 대한 논쟁은 줄곧 끊이지 않았는데, 1820년대부터는 두 가지 서로 다른 사회제도의 모순이 점차 격화되었다.

1860년, 노예제를 반대하는 에이브러햄 링컨이 미국의 제16대 대통령에 당선되었다. 노예제를 실행하는 남부의 6개 주들은 1861년에 미국 연방 탈퇴를 선포하고, 남부 동맹을 결성함과 아울러, '헌법'을 제정하고, 새로운 국가를 건립하려 했으며, 후에 다시 5개 주들이 남부 동맹에 참가했다. 수립된 지 고작 87년밖에 안 된 미국은 분열의 위기로 치달았다. 노예제를 폐지한 북부의 각 주들과 노예 소유를 견지하면서 연방을 탈퇴한 남부의 각 주들 사이에 4년에 걸친 내전, 즉 남북전쟁이 폭발했다.

남북전쟁은 미국 역사상 유일한 내전이었다. 당시 남부의 노예주 세력은 방대했으며, 음모를 꾸며 온 지도 오래된 데다, 우수한 장비와 훈련이 잘된 군대까지도 보유하고 있었기 때문에, 전쟁 초기에 북부는 연달아 패배했다. 그러나 북부가 보유하고 있던 우세한 면이 훨씬 많았으며, 정의로운 세력도 보유하고 있어서, 링컨은 결국 북부를 승리로 이끌어, 흑인 노예를 해방하고, 국가의 통일을 지켜 냈다.

남북전쟁은 미국 역사상 두 번째 자산계급 혁명으로, 그것은 흑인 노예제를 폐지하고, 농민의 토지 문제를 비교적 잘 해결했으며, 국가의 통일을 수호하고, 미국의 자본주의가 발전하도록 길을 깨끗이 청소함으로써, 미국이 세계 최강국이 되기 위한 기초를 다져 주었다. 만약 당시 미국이 분열되었거나, 혹은 북부가 승리를 거두지 못했다면, 아마 우리는 오늘날의 강대한 미국을 볼 수 없었을 것이다. 남북전쟁은 미국의 미래에 긍정적이고도 심원한 영향을 미쳤으며, 세계의 미래에 대해서도 심대한 영향을 미쳤다.

5. 서부 대개척

미국의 서부 대개척은 '서진 운동(西進運動)'이라고도 부른다.

미국의 서부 대개척은 1748년에 버지니아주 오하이오 토지공사를 조직하면서부터 시작되었다고 할 수 있다. 1784년, 1785년, 1787년에 제정한 3개의 토지법은 서부 대개척의 강령적 문건인데, 그 주요 내용은 다음과 같다. 첫째는 서부 토지의 국유화를 선포한 것이며, 둘째는 서부의 공유지를 자유민에게 개방하기로 결정한 것이며, 셋째는 서부에 건립하는 새로운 주는 반드시 공화제를 채택하도록 규정한 것이다.

1862년 5월, 링컨 정부는 〈홈스테드 법(Homestead Act: 일명 '택지법'이라 함)〉을 반포했는데, 그 법은 미국 시민이 10달러를 지불하면 곧 서부에서 160에이커의 토지를 얻을 수 있고, 연속으로 5년간 경작하면 그 토지의 주인이 될 수 있다고 규정했다. 이 법률은 미국인들이 서부에 가서 미래를 창조할 거대한 열정을 한층 더 높여 주었다.

정부의 강력한 추진으로, 18세기부터 시작된 서진 운동은 다시 새롭게 고조되었다. 국가 주도하에, 수많은 독립 농민들은 이처럼 광활한 토지 위에서 어떤 봉건 세력의 속박도 받지 않고 자유롭게 발전할 수 있었다. 서부 개척은 자유로운 토지 개발을 중심으로 하여, 교통 건설과 농지 개발·목축업 개발·광업 개발·마을 개발이 함께 이루어졌으며, 또한 상호 촉진함으로써, 농업·광업·도시와 철도가 전면적으로 개발되는 형태를 띠었다.

그리하여 19세기에 미국 경제가 '폭발적'으로 발전하게 했으며, 19세기는 미국 서부 개척의 번성기가 되었다.

서진 운동은 모험 정신을 북돋워 주었으며, 모험을 좋아하는 사람들에게 기회를 제공해 주었다.

통계에 따르면, 1790년 이후 몇 십 년 동안에, 애팔래치아 산맥을 넘어 서부로 이주한 사람이 평균 매년 10만 명 이상이었으며, 1860년 이후 40년 동안에 서부에 새로 개간한 땅은 2.52억 에이커였는데, 이는 과거 270년 동안 황무지를 개간하여 경작한 토지 면적에 해당한다.[41] 19세기 말, 개간과 경작을 거치면서, 대초원은 비옥한 농토로 변했으며, 황폐했던 서부는 미국과 세계의 중요한 곡창이 되었다.

6. 미국의 과학기술 창조와 공업 발전

(1) 특허권이 헌법에 포함되다

미국의 과학 활동과 과학 조직은 관(官)의 특징을 한층 많이 띠고 있다. 1797년부터 1815년 사이에, 미국 대통령 제퍼슨(Thomas Jefferson)은 국가 발전은 반드시 과학에 의지해야 한다고 여겼고, 또한 친히 영농 기술·의학·천문학 등의 학문 분과들을 포함하고 있는 미국 철학학회 회장을 맡았으며, 과학 연구에 대해 정부 기금을 지급했다. 1844년, 미국 대통령 테일러(Zachary Taylor)는 또한 미국 제1차 전국과학대회를 주관하여 개최했다. 미국은 과학기술의 발명·운용 및 보호를 중시하고, 또한 특허법 안에 이를 구체적으로 표현했다.

여기에서 우리는 과학기술의 발명·운용 및 보호의 수호신인 특허법에 대해 좀 설명해야 한다.

---

41 王加丰·陈勇 等,『强国之鑑』, 201쪽, 北京, 人民出版社, 2007을 참조하라.

16, 17세기에 특허를 신청하는 경우는 결코 흔히 볼 수 없었다. 특허 신청의 목적은 매우 간단한데, 바로 발명을 보호하려는 것이다. 특허 보호 기간 내에 개인의 발명은 보호를 받으므로, 다른 어떤 사람도 모방할 수 없으며, 특허를 사용하려면 반드시 발명자의 동의를 얻어야 하고, 또한 비용을 지불해야 한다.

미국 〈헌법〉 제1조 제8항은 다음과 같이 규정하고 있다. "과학과 실용 기술의 보급을 촉진하기 위해, 일정 기한 동안 특허권을 보장해 준다." 영국은 16세기부터 특허 작업을 보호하기 시작했지만, 미국인이 가장 먼저 특허권을 헌법에 수록해 넣음으로써, 국가의 근본적이고 중요한 법을 이용하여 발명과 창조를 보호하였다.

미국 특허상표국(TPO)의 공공사무판공실 주임인 리처드 모스비는 이렇게 말했다. "의심할 여지 없이, 국가 창립자가 헌법에 기입해 넣은 이 조항의 제도는 사람들의 에너지를 격발시켰다. 그것은 사람들로 하여금 발명에 종사하고 싶어 하도록 했을 뿐만 아니라, 또한 사람들이 일단 그렇게 하면, 이 제도는 그들이 시장에서 사업적인 성공을 거두는 것을 보장해 줄 수 있다. 그것이 바로 전체적인 취지다."

그는 또한 이렇게 말한다. "지식재산권은 대뇌의 산물이자, 무궁한 자원이다. 우리가 이 자원을 개발하고 이용하는 것은, 우리가 그 위대한 발명가들이 제공하는 지식재산권을 보호하는 것과 매우 밀접한 관계가 있다. 이는 또한 미국이 역사적으로, 21세기의 오늘날까지를 포함하여, 세계적으로 경제 강국의 지위를 얻을 수 있었던 매우 중요한 요인이다."[42]

1802년, 미국은 국가 특허국을 설립했다.

초기의 특허는 모두 워싱턴 대통령이 친히 서명 발급하여 효력을 발휘했으니, 〈독립선언〉의 기초자이자 미국의 제3대 대통령이며, 초대 국무장

42 CCTV다큐멘터리 〈大国崛起〉, 제10집, '新国新梦', 2006.

관이었던 토머스 제퍼슨은 최초의 특허심사원이었다.

특허 제도가 전체 사회의 창조 열정을 보호하고 격발시킴으로써, 19세기 후반에 각양각색의 창조와 발명들이 우후죽순처럼 미국에서 출현했는데, 이는 특허 제도가 거대한 촉진 작용을 했기 때문이다.

미국에는 인명으로 명명한 도시가 있는데, 그것은 바로 에디슨시(Edison city)이다. 1870년대 말, 저명한 발명가인 에디슨이 바로 여기에서 살면서 발명 활동을 했다.

19세기의 60년대와 70년대부터, 발전기·발동기 및 내연기관 등을 발명한 후에, 인류는 전기 시대에 진입했는데, 이것이 바로 제2차 산업혁명이다. 이때부터 전력이 증기 동력을 대체하여 경제 발전의 새로운 에너지원이 되었으며, 제2차 산업혁명은 미국의 경제 발전에 강력한 동력을 가져다 주었다.

에디슨은 미국의 가장 위대한 발명가로, 부지런히 탐구했으며, 현재의 상태에 만족하지 않는 과학 탐구 정신을 지니고 있었다. 그는 일생 동안, 백열전구를 포함하여 거의 2천 가지를 발명했으며, 세상에 널리 알려진 '발명왕'이다.

1922년 미국 국회의 통계에 따르면, 에디슨의 창조와 발명은 미국 정부에 50년 동안 15억 달러의 세수(稅收)를 증가시켜 주었다고 한다. 1928년의 한 조사가 뚜렷이 나타내 주는 바에 따르면, 전 세계에서 에디슨의 발명과 관련이 있는 사업상의 아이템에 사용하는 자금이 157.25억 달러에 달했다.

(2) 공업의 성취

이러한 창조와 발명은 사람들의 생활을 변화시켰으며, 아울러 부를 창출하는 원천이 되었다. 1865년부터 1900년까지만 해도, 정식으로 등록이 승인된 발명 특허가 64만여 종에 달했다. 대략 19세기 하반기부터, 세계 과학기술의 중심도 유럽에서 미국으로 바뀌었다. 강대한 과학기술 실력에 의지하여, 미국은 매우 빠르게 제2차 산업혁명 과정에서 선두를 독차지했다.

뛰어난 미국 정부는 비교적 성공적인 제도와 체계를 구축하여, 미국 경제가 건강하게 발전하도록 보장함으로써, 경제의 비약적 발전을 실현했다. 제2차 산업혁명 과정에서, 그다지 강하지 않았던 이 신흥 공업 국가는 중대한 과학기술 발명을 기초로, 19세기 말에, 과거 2세기 동안 줄곧 앞서 가던 유럽의 강국들을 신속하게 따라잡았고 또한 추월했다.

19세기 후기, 미국 경제는 신속하게 발전하는 새로운 시기에 진입했다. 미국 내전은 남부의 대농장 노예제도를 폐지하고 노예를 해방했으며, 〈홈스테드 법〉을 반포하여 서부 토지의 개발과 농업 자본주의의 발전을 촉진했다. 1860년부터 1913년 사이에, 미국의 경지 면적은 4억여 에이커에서 9억여 에이커로 증가했으며, 농장은 200만 개에서 640만 개로 증가했다. 19세기의 마지막 20년 동안, 미국이 새로 황무지를 개간하여 농지로 만든 토지의 면적은 영국·프랑스·독일 세 나라의 영토 면적을 다 합친 것보다 넓었다. 외국 이민은 끊임없이 유입되었으므로, 농민 인구는 1860년에 200만 명에서 1900년에 570만 명으로 증가했다. 수많은 농장들이 농업기계와 화학비료를 사용하고, 경작 기술을 개발함으로써, 농업 생산은 신속하게 발전했다. 1860년부터 1900년까지, 미국의 밀 생산은 2.5배 증가했고, 목화 생산량은 1.5배 이상 증가했으며, 1880년에 농산품이 전국의 수출품에서 차지하는 비율은 83%를 넘었다. 미국은 세계 시장에서 식량과 육류의 주요 공급자 중 하나가 되었다.

농업의 빠른 발전과 국내 시장의 확대는 공업의 신속한 발전을 추동했다. 1870년에 미국의 선철 생산량은 190만 톤이었는데, 1890년에는 1,039만 톤으로 증가했다. 강철 생산량은 1870년에 7만 톤이 채 안 되었는데, 1880년에는 120만 톤으로 증가했으며, 1890년에는 다시 1,020만 톤으로 증가했다. 석탄 채굴량은 1870년에 3,310만 톤에서, 1900년에는 2.7억 톤으로 증가했다. 많은 새로운 공업 부문들, 예컨대 전기·화학·자동차 등과 같은 공업도 신속히 발전하여, 1859년부터 1899년까지 미국의 공장 수는 2배가 넘게 증가했다. 또 1900년에 철도의 총길이는 31만 킬로미터에 달했는데, 이는 전 세계 철도의 절반에 해당하는 양이었다.[43]

1860년, 미국의 공업 생산은 세계 제4위를 차지했으며, 1894년에는 세계 제1위로 뛰어올랐다. 1913년, 미국의 공업 생산량은 세계 총생산량의 3분의 1 이상을 차지하여, 영국·프랑스·독일·일본 네 나라를 합친 것보다 많았다. 미국은 일개 농업국에서 공업국으로 바뀌었다.

7. 미국이 신속하게 굴기한 원인

19세기 하반기, 미국 경제가 신속히 발전한 원인으로는 다음과 같은 것들을 들 수 있다.

첫째, 국가의 거시적 정책과 조치가 적절했다. 내전 후 재건 기간에, 정부는 일련의 정책과 조치를 취해, 국가의 농업·공업·교통 및 교육 등 모든 방면의 발전에 전방위적으로 영향을 미쳤는데, 이는 내전 후 미국이 비약적으로 발전하는 거대한 동력이었다. 주요 정책과 조치들로는 다음과 같은 것들이 있었다. 1) 남부의 반란에 참여했던 주들에 대해 군대가 관리하여 재건을 진행하고, 국회의 재건 방안 요구를 달성한 후에 다시 연방에 가입했다. 2) 1863년부터 〈홈스테드 법〉을 실행함으로써, 수많은 이민들이 대평원·로키 산맥 및 태평양 연안으로 쏟아져 들어오자, 서부 개척이 새로운 단계에 진입했다. 3) 관세를 조정하여, 1866년부터 1868년까지 세 차례에 걸쳐 공산품의 내국세를 면제해 줌으로써, 제조업의 발전을 촉진하고, 국내 시장의 조정을 통한 일치를 가속화했다. 4) 대량으로 '공공 토지를

43 汪涛·柯其成, 『世界近代史』, 383쪽, 上海, 上海社会科学出版社, 1987을 참조하라.

제공'했는데, 특히 철도공사에 토지를 제공하여, 미국 철도의 급속한 발전을 자극함으로써, 철도망의 형성을 가속화했다. 5) 1865년, 헌법 제13조의 수정안이 비준되어 인종 노예제가 정식으로 폐지됨에 따라, 이들이 해방됨과 동시에 인력 자원을 보충해 주었다. 6) 1862년, 〈모릴의 토지 무상 증여 대학법(Morrill Land-Grant Colleges Act)〉을 제정하여, 대학과 실업기술 교육이 전에 없이 발전하도록 추동함으로써, 19세기 말과 20세기 초의 공업화를 위한 중요한 지식과 기술의 버팀목을 제공했다. 7) 이 밖에도, 내전 기간에 국가는 또한 30.5억 달러의 국채를 발행하여, 주로 상공업 자본가들을 이롭게 하였다.

둘째, 내전으로 인해 남부의 노예제가 폐지되고, 사회적 생산력을 해방함에 따라, 통일되고 광활한 국내 시장을 형성했다.

셋째, 외국 이민이 끊임없이 미국으로 몰려 들어왔는데, 1860년부터 1900년까지 모두 1,400만 명이 미국으로 이주해 왔다. 이는 미국의 경제발전을 위한 노동력을 제공해 주었을 뿐만 아니라, 선진 생산 기술과 경험까지도 가져다주었다.

넷째, 대량의 외자를 도입했다. 1880년에 미국은 20억 달러의 외자를 도입했으며, 1890년에는 35억 달러를 도입했고, 1914년에는 67억 달러를 도입했다. 외국 자본의 도입은 미국 경제가 발전하는 데 더욱 많은 활력을 불어넣었다.

다섯째, 미국의 지리적 위치가 좋았으며, 영토가 광활하고, 자연 자원이 풍부했다.

여섯째, 미국이 진행한 국지적인 침략 전쟁도, 마찬가지로 국내 경제 발전을 자극했으며, 수익이 풍부했다. 19세기 후반, 미국은 세 차례에 걸쳐 조선을 침략했고, 1898년에는 정식으로 하와이를 자신의 영토로 만들었다. 또 1898년에는 미국-스페인 전쟁을 일으켜, 스페인으로부터 필리핀·푸에르토리코 및 괌을 강탈했으며, 쿠바를 자신의 보호국으로 만들었다.

1899년에는 "문호를 개방하고, 이익을 고르게 누리는" 정책을 제시하면서, 중국 등을 침략했다.

일곱째, 과학기술의 발명·활용 및 보호를 중시했다.

세월이 조용히 흐르면서, 세계의 강대국과 약소국의 구도에도 소리 없이 변화가 생겨났다. 19세기 말, 통일된 지 얼마 안 된 독일이 영국과 프랑스를 뛰어넘어 유럽의 최강국이 되었고, 메이지 유신을 겪은 일본은 확실히 강대해져서 야심만만하게 세계무대에 등장했으며, 미국은 이미 세계 최강국이 되어 있었다. 이 당시의 중국은 아직도 깊은 잠에 빠져 있어, 세계의 변화에 대해 여전히 불안해하면서 대충 아무렇게나 대응하였다.

II. 진보 운동

미국의 역사학계는 일반적으로 1900년부터 1917년까지 미국에서 발생한 정치·경제 및 사회 분야의 개혁 운동을 통틀어서 '진보 운동'이라고 부른다. 성격상, 진보 운동은 중산 계급을 주체로 했고, 사회 각 계층이 참여한 부르주아 개혁 운동이었다. 그 목적은 미국이 '자유' 자본주의로부터 독점 자본주의로 이행하면서 야기된 갖가지 사회적 폐단들을 제거하고, 사회적 가치 체계와 경제 질서를 재건하는 데 있었다. 진보 운동은 동시에 연방·주(州) 및 시(市) 등 세 차원에서 전개되었는데, 정치적으로는 여성의 선거권 쟁취·시정 개혁에서부터 경제 영역의 반트러스트(anti-trust: 반독점) 운동까지, 빈민 구제와 노동자 처우 개선 등 사회 정의 운동에서부터 자연자원 보호까지, 사회생활의 각 방면들을 포괄했으며, 그 영향은 대단히 컸다.

1894년에 미국이 세계 제1의 경제 강국이 된 후, 그 경제는 여전히 빠른 속도를 유지하면서 전진하였다. 공업화된 도시는 빠르게 일어났고, 국민의 부(富)는 급격히 증가했다. 공업화는 사회에 풍부한 물질적 부를 가져다주었지만, 사회의 빈곤은 결코 없애지 못하여, 물질적 풍요와 사회적 진보 사이에 '이율배반'이 출현함으로써, 민중의 불만과 사회적 동요를 불러일으켰다.

1. 독점의 폐단

미국 경제의 신속한 발전에 따라, 자본과 생산이 급속히 집중되었다. 19세기 후기의 세 차례에 걸친 경제 위기와 격렬한 경쟁 과정에서, 소수의 기업들이 대량으로 중소기업들을 합병하자, 자본과 생산은 나날이 집중되었다. 1870년대에 미국에는 이미 독점적 조직이 출현했다. 예컨대 1870년에 록펠러(John Davison Rockefeller)가 설립한 스탠더드 석유회사가 그것이다. 다른 공업 부문에서도 일련의 트러스트와 기타 연합 조직들이 출현했다.

19세기 말과 20세기 초에, 미국의 절대 다수 공업 부문들에는 이미 독점 조직이 형성되어 있었는데, 그 주요 형태는 트러스트였다. 1904년에, 공업·교통·공공기업 부문에 445개의 트러스트가 형성되었으며, 자본금은 203억 달러에 달했고, 전국 공업 생산품의 4분의 3 정도를 장악했다. 미국의 각 공업 부문들은 이미 소수의 대형 트러스트가 독점했는데, 그들은 95%의 석유, 66%의 철강, 77%의 금속 공업, 81%의 화학 공업, 80%의 자동차 제조업·제당업·연초업을 장악했다.[44] 각 부문들에는 이른바 '왕'들이 형성되었는데, 예를 들면 석유왕 록펠러, 자동차왕 포드, 철강왕 카네기, 철도왕 밴드빌트 등이다. 1910년, 미국 전체 기업 수의 63%를 차지하는 3천 개의 대형 기업들이 전국 생산의 절반을 차지했다. 독점 조직의 독점 생산과 독점 판매는 수많은 중소기업들을 합병되거나 파산하도록 만들

44 汪涛·柯其成, 『世界近代史』, 384쪽, 上海, 上海社会科学出版社, 1987을 참조하라.

었으며, 방대한 소비자들도 그들의 노예화되는 재난을 피하기 어렵게 만들었다. 경제 운용 시스템은 파괴되고, 경제활동은 혼란과 무질서 상태에 빠져들었다. 독점 조직의 삼림과 광산 자원에 대한 약탈적 개발은, 미국의 삼림 면적을 내전 전의 8억 에이커에서, 1901년에는 2억 에이커에도 미치지 않을 만큼 급격히 감소시킴으로써, 생태 환경이 심각하게 파괴되었다. 그들은 미국의 경제·정치 및 문화 생활의 각 방면들을 지배하면서 대단히 큰 영향을 미쳤으며, 국가의 내정과 외교를 좌우했고, 개인의 자유로운 발전에 영향을 미침으로써, 수많은 폐단을 만들어 내자, 온 사회가 그들에 대해 강렬한 불만을 갖게 되었다.

(1) 스탠더드 석유회사에 관해

석유왕 록펠러의 발달사를 살펴보자.

1870년 1월 10일, 록펠러는 오하이오주에 스탠더드 석유회사를 설립하고, 그가 생산한 석유는 고객이 믿을 수 있는 "표준에 부합하는 생산품"이라고 선전했다. 이 회사는 온 힘을 다해 세계 석유 무역의 전체 지배권과 주도력을 모색하면서, 복잡한 전 지구적 기업으로 발전했다. 1879년 말, 스탠더드 회사는 합법적인 실체로 설립된 지 꼭 9년 만에 전체 미국 정유업의 90%를 장악했다. 미국 역사 이래 아직 하나의 기업이 이처럼 완벽하게 시장을 제패했던 적이 없었다.

1882년 1월, 록펠러와 그의 공동 출자 경영자가 '스탠더드 석유회사 트러스트 협정'을 정식으로 체결함에 따라, 세계 최대의 '트러스트'가 만들어졌다. 이 트러스트는 40여 개의 공장을 합병하여, 전국 80%의 정유 공업과 90%의 송유관 영업을 독점했다. 소비자를 쟁취하기 위해, 스탠더드 석유회사는 또한 판매 시장으로 진군했다. 통계에 따르면, 1880년대에 그 회사는 80% 정도의 판매 시장을 장악했다.

스탠더드 석유회사는 창립한 지 10년 후에, 이미 전체 미국에 골고루 퍼져 있는 석유 공업의 거대 트러스트가 되었다.

공업 트러스트의 시장 규모는 매우 컸으며, 그 단위 원가는 낮아, 경쟁력이 강했다. 스탠더드 석유회사의 구매량은 대단히 컸기 때문에, 석유 생산업자들을 지배하고, 구매 가격을 결정했다. 운송 방면에서, 스탠더드 석유회사는 저렴한 운송 비용을 지불했다. 스탠더드 석유회사는 석유의 생산에서부터 최종 판매시장까지, 전 과정을 통제할 수 있었으며, 경영을 독점했다.

『뉴욕 월드(*New York World*)』는 당시 록펠러를 가리켜 "트러스트의 아버지, 독점 사업의 왕, 석유업의 차르"라고 했다. 그때 스탠더드 석유회사의 허가가 없으면, 아무도 미국에서 대량의 유류 제품을 운송할 생각을 할 수 없었다. 이렇게 극도로 불공평한 독점 국면을 형성하여, 시장의 공정 경쟁에 영향을 미쳤다.

미국 정부는 처음에는, 트러스트를 형성하면 대기업에게 유리하고, 국가에도 유리할 것이라고 생각했다. 처음에는 알고도 모르는 체하면서, 기업이 더 커지고 더 강해지는 것을 허락했다.

미국 건국 후, 줄곧 시행한 것은 사유(私有) 경제와 자유 경쟁이었다. 기업은 자유롭게 발전하면서, 우세한 기업은 살아남고 열등한 기업은 도태되었다. 실제로 우세한 기업은 연합·인수·재편성 등의 수단을 통해, 생산과 시장과 가격을 동시에 독점적으로 통제할 수 있게 됨으로써, 고액의 이윤을 추구했다. 독점적 조직의 독점 생산과 독점 판매로 인해, 수많은 중소기업들은 합병당하거나 파산할 수밖에 없었으며, 방대한 소비자들도 그들의 노예가 되는 운명의 재난을 피하기 어려웠다. 이렇게 경제 운용 시스템이 파괴됨으로써, 경제 활동은 무질서 상태로 빠져들었다.

(2) 기타 문제들

당시 미국 노동자들은 매주 6일 노동했으며, 매일 12시간 내지 16시간 노동했는데, 하루 임금은 고작 2달러 정도였다. 뿐만 아니라, 미국 노동자들 가운데는 대략 200만 명 정도의 아동들이 있었으며, 가장 어린 아동은 겨우 네 살짜리도 있었다. 미국은 공업화된 나라들 가운데 작업 중 부상을 당한 사람의 치사율이 가장 높은 나라였다.

이 밖에도 힘든 노동과 상응하여 수반하는 것으로는, 또한 광산 사고와 화재의 끊임없는 발생도 있었다. 예를 들면, 뉴욕 맨해튼의 한 의류 공장에서 화재가 발생하여 146명의 노동자들이 사망했다.[45]

펜실베이니아주의 피츠버그는 미국 철강의 도시였다. 그러나 이 철강의 도시는 환경 파괴와 심각한 대기오염을 통해 번영을 이루었다.

번영의 이면에서, 미국 사회에는 또한 심각한 양극 분화가 나타났다. 1896년의 한 통계에 따르면, 1%의 미국인이 국가 부의 거의 절반을 차지하고 있었으며, 12%의 미국인이 국가 부의 거의 90%를 차지하고 있었다. 이와 선명한 대조를 이루는 것은, 방대한 노동자·농민·이민 및 흑인은 오히려 나날이 빈곤의 심연으로 빠져들어 갔다는 것이다. 1890년, 뉴욕시에서만 50만 명이 빈민굴에서 살고 있었다. 저명한 사회활동가인 로버트 헌터가 추정한 바에 따르면, 세기의 교체기에 미국에는 적어도 1천만 명(전체 인구의 약 14%)이 장기간 빈곤 상태에 처해 있었다. 다시 노동자·농민의 빈곤화는 직접적으로 사회적 소요와 계급 충돌을 불러일으켰다. 19세기의 80, 90년대에 미국의 노동 운동이 고조되었는데, 예를 들어 1886년의 '5·1'운동 및 헤이마켓 참사(Haymarket Massacre), 1892년의 홈스테드(Homestead) 철강 노동자 대파업, 1894년의 풀먼시(Pullman city) 노동자 대파업 등이 그러한 것들이다.[46]

이 시기에는 매우 많은 모순들이 표출되어 나왔다. 자유 경쟁·자유 시

---

45 CCTV 다큐멘터리 〈大国崛起〉, 제10집, '新国新梦', 2006.

46 〈百度百科〉의 '美国进步运动' 항목을 참조하라. http://baike.haosou.com/doc/620378-656713.html을 보라.

장 경제는 마치 고삐 풀린 야생마처럼 날뛰었는데, 자유 경쟁의 결과는 독점의 형성이었다. 그리하여 대량의 트러스트를 만들어 냈고, 그들은 대량의 경제 자원을 한 곳에 그러모아 독점 경영을 실행함으로써, 첨예한 사회 문제를 조성했다. 그것은 노동자의 이익에 손상을 가하고, 사회적 형평을 파괴했으며, 수많은 중소기업들이 독점 경영의 충격을 받아 파산하자, 도시 실업과 빈곤 인구가 크게 증가했다. 노동자들의 매일 노동 시간은 매우 길었는데, 임금 수입은 지나치게 낮았고, 노동 환경은 매우 나빠, 노동자들이 다치거나 죽는 사고가 대단히 많았다. 또 아동 노동자의 대량 고용, 여권(女權) 문제, 흑인 문제 및 사기와 부패 등등도 문제였다. 미국의 도시들에서는 각양각색의 병폐들이 모두 드러났다.

2. 개혁 진행 시기

갖가지 사회적 폐단들이 전 사회의 광범위한 관심을 불러일으키자, 미국 사회의 각계 인사들은 강렬하게 개혁을 요구했다.

(1) "추문 폭로자(muckraker)"

19세기 말, 스테펜스(Lincoln Steffens)·베이커(Ray S. Baker)·타벨(Ida Tarbell) 등을 필두로 하는 많은 기자나 작가들이 미국 사회의 정치적·도덕적 타락을 통감하고는, 정계 및 사회 각 차원의 부패와 폐단을 향해 무정한 폭로와 맹렬한 규탄을 전개했다. "정부와 마피아의 결탁, 금융과 보험의 사기, 약품과 식품의 불순물 첨가, 감옥 안에서의 학대" 등등, 그들은 날카로운 필봉으로 하나하나 폭로하고 규탄했다. 사람들은 미국 사회와 미국 신문사(新聞史)에 심대한 영향을 미쳤던 이 운동을 '흑막 폭로 운동'이라고 부른다. 당시 이들 기자와 작가들은 글 속에서 날카로운 언어로 잘못과 결점을 폭로했기 때문에, 당시 미국 대통령 시어도어 루스벨트도 부득불 한 차례 연설에서, 이들 '흑막 폭로자'들이 마치 영국의 작가 존 번연(John Bunyan)의 소설 『천로역정』 속에 나오는 추문 폭로자처럼, 좋은 사물에 대해서는 보고도 못 본 체하며, 오로지 비열하고 타락한 것들이 없는지만 주시한다고 말했다. 비록 대통령은 부정적인 말을 했지만, 처음 예상과는 달리, '추문 폭로자'라는 말은 미국 사회에서 오히려 '고귀한 존칭'이 되었다. 왜냐하면 미국 시민들은 그들의 사회에 이러한 '추문 폭로자'들이 있는 것을 좋아했고 또 필요로 했기 때문이다.

바로 이들 '추문 폭로자'들—중산층을 위주로 하는 일군(一群)의 미국인들—이 사고하기 시작하면서, 그들은 곳곳을 다니며 외쳐댔고, 개혁을 선동하고, 수많은 구체적인 지도 활동을 했다. 그들은 정부의 관리(管理)를 개선할 수 있고, 개인이 더욱 많이 더욱 효과적으로 정부의 관리에 참여할 수 있게 되고, 도시의 부패를 일소하고, 노동자들을 위해 합리적인 복리를 도모하기를 희망했으며, 또 대다수의 미국인들이 국가가 고속으로 성장하는 과정에서 이익을 얻을 수 있기를 희망했다. 이 운동은 줄곧 1920년대까지 지속되었으며, 역사가들에 의해 '진보 운동'이라고 불렸다.

'진보 운동'은 결코 완벽한 사회적 강령이 없었으며, 그들은 단지 사실에 입각하여 옳고 그름을 논하여 의견과 대안을 제시하면서, 정부의 개혁을 촉진하고, 사회가 공정하고 평등하게 발전하도록 촉진했다.

미국의 중산계층은 진보 운동의 제창자이자 중견 세력이었다. 그들은 이 시기에 진보 운동의 발전에 대단히 큰 공헌을 했는데, 저명한 기자인 아이다 타벨이 바로 그 중 한 사람이었다. 타벨의 아버지는 영세한 정유 사업자였다. 타벨은 석유왕 록펠러에 의해 타격을 받은 경쟁 상대들, 즉 그의 아버지와 다른 소생산자들이 배제당하여 가산을 탕진하는 과정을 두 눈으로 직접 목도했다.

이후 타벨은, 이들 부(富)의 배후에 감추어져 있는 사회적 흑막에 대해 조사와 폭로를 진행하여, 그의 장편 시리즈 보도인 〈스탠더드 석유회사의 역사〉를 발표함으로써, 이 석유 두목이 어떻게 잔혹한 수단을 이용하여 부를 축적했고, 독점 제국을 건설했는지를 폭로했다. 이 시리즈 보도 후에는 편집되어 책으로 만들어졌으며, 미국에서 한때 널리 팔렸다.

타벨의 시리즈 보도는 미국 정부와 사회에 한 가지 의문을 제기했다. 즉 "우리는 도대체 어떤 경제 발전과 사회 진보를 필요로 하는 것일까?" 이때부터 사회적으로 광범위한 공명을 불러일으켜, 많은 진보적 인사들이 잇달아 토론에 참가했다.

수많은 미국인들이 개혁가들이었는데, 그들은 어질고 유능하며 깨어 있는 정부를 건설하기를 희망하고, 정부의 권력을 확대하여, 광범위한 사회 및 경제 정책 문제들에서 집단의 결정으로 개인의 독단적 전횡을 대체하기를 희망했다. 즉 그들은 정치와 경제 영역에서 개량을 하려 한 것이지, 어떠한 전복성(顚覆性) 혁명이 일어나기를 바란 것은 아니었다.

시어도어 루스벨트는 1901년에 대통령에 취임했는데, 앞에 펼쳐져 있는 것은 바로 위와 같은 현실이었다. 미국 경제는 빠르게 발전했고, 사회는 번영했는데, 독점적 트러스트는 미국의 경제 발전을 추진함과 동시에, 사회적 모순도 확대하여, 사회적 위기를 증대시켰다. 미국은 이미 한바탕 정치가 요동치는 시작 단계에 놓여 있었다.

이러한 문제들에 직면하여, 사회 영역에서 초래된 첨예한 모순들과 진보적 인사들의 강렬한 질책에 직면하여, 강대한 사회적 압력에 직면하여, 정부는 어떻게 대처했을까? 시어도어 루스벨트 대통령은 어떻게 처리했을까?

(2) 정부의 행동

정부는 진보 운동을 받아들였고, 나아가 이 운동을 이끌었다. 시어도어 루스벨트는 독점자본을 향해 전쟁을 시작했는데, 정부가 관리 감독하는 창끝이 먼저 겨냥한 것은 독점적 대회사와 대재벌이었다. 트러스트의 발전 추세를 제한하여, 트러스트에 타격을 가했다. 루스벨트는 현대 반(反)트러스트 입법의 선구자였다.

1907년, 정부는 스탠더드 석유회사를 향해 칼을 들이댔다.

스탠더드 석유회사가 이전에는 문제에 봉착하면 뇌물을 주어 문제를 덮고 넘어갔는데, 이제 이렇게 개혁에 온 힘을 다하는 정부를 만나자, 이 문턱은 넘지 못했다.

1907년 여름, 미국 최고법원은 스탠더드 석유회사 사건을 심리하기 시작했다. 1911년 5월에 최고법원은 판결하기를, 스탠더드 석유회사의 독점은 위법이므로, 스탠더드 석유회사를 해산하라고 명령하자, 이 석유 제국은 몇 개의 작은 회사로 쪼갤 수밖에 없었다. 오늘날의 엑슨(Exxon) 석유회사와 모빌(Mobil) 석유회사는 모두 이때 스탠더드 석유회사가 쪼개진 뒤 작은 회사가 발전한 것들이다(1999년 11월 30일, 두 회사는 740억 달러 규모의 합병 협정을 맺음으로써, 엑슨모빌이라는 회사로 재탄생했다—옮긴이).

독점이 사람들에게 받아들여질 수 없었던 것은, 그것이 기회의 평등을 파괴했기 때문이다. 시장 안에 있는 독점 기업은, 그들의 제품의 양과 질에서 모두 여러 가지로 우세하고, 초강세의 지위를 차지하고 있어, 이렇게 깊은 차원에서 다른 사람이 이 영역에 진입하려는 권리를 배제했다. 이러한 점에서 말하자면, 평등한 기회는 크게 낮아지므로, 사람들이 받아들이기 어려웠다.

시어도어 루스벨트가 취임하면서부터, 미국 정부는 잇달아 40여 개 회사들에 대해 소송을 제기하여, 많은 트러스트를 해체했다. 정부가 헌법을 통해 독점에 대해 제한을 가하는 원칙도 이로부터 확립되었으며, 반트러스트 행동은 정식으로 미국 정부가 제도화하는 장구한 정책 속에 포함됨으로써, 세계적으로 반트러스트 시대가 시작되었다.

독점 문제를 해결하는 동시에, 몇몇 주 정부들은 사회가 전진하는 과정에서 나타난 문제들에 대해서도 적극적으로 해결했는데, 노동자들의 권익을 보호하는 일부 법률 조문을 공포하여 실시했으며, 여성과 아동의 합법적 권익을 보호하는 등의 문제들도 해결했다. 어떤 주 정부는 또한 공중 생활과 관련이 있는 기업에 대해 통제를 가했으며, 공개적인 청문회 제도를 확립하기도 했다.

진보 운동, 즉 개혁 운동이 각 주들에서 비교적 많은 개혁 성과들을 거둔 다음, 미국 국회도 사회가 전진하는 데 영향을 미치는 전국적인 성격의 문제들에 대해 입법을 진행함으로써, 사람들이 모두 평등하게 발전하고 행복해질 기회를 얻도록 촉진하였다.

시어도어 루스벨트는 사회 발전의 요구에 순응하면서, 진보 운동을 정세에 따라 유리하게 이끌었는데, 자원 보호 정책을 수립하여, 삼림·광물·석유 등의 자원을 보호했다. 또 공정거래 법안을 제정하여, 노동자와 자본가의 화해를 추진했다. 그의 개혁주의 정책은, 미국이 힘차게 굴기하도록 추동하여, 그를 미국 역사상 가장 위대한 대통령의 한 사람이 되게 했으며, '현대 미국의 아버지'라고 칭송되고 있다.

미국의 개혁이 효과를 거두고 있을 때, 국제무대에서도 미국이 발전할 기회를 만들어 주었다. 1914년의 제1차 세계대전 때, 대량의 무기와 철강 장사로 미국의 공업이 거대한 이윤을 획득함에 따라, 미국은 전쟁 전의 채무국에서 유럽의 채권국으로 바뀌었으며, 전 세계 부의 40%를 보유하게 되었다.

'제1차 세계대전'이 끝났을 때, 미국은 전후 새로운 국제 질서를 구축하려고 시도했다가 실패한 후, 다시 중점을 아메리카 대륙으로 돌려, 자신의 사회 정세를 관리하는 데 전력을 기울였다.

3. 번영과 혁신—강대한 미국

20세기 초, 미국에서 진보 운동과 동시에 전개된 것들로는, 많은 과학기술 발명과 신흥 산업 및 시스템 창조도 있었다.

1) 과학기술 발명의 사례.

CCTV에서 방영한 〈대국굴기〉의 해설에 따르면,

"1903년, 라이트 형제가 4기통 12마력의 가솔린 엔진 비행기를 제조함으로써, 인류 역사상 최초의 동력 비행기가 탄생했다."

"1927년, 미국 영화 〈재즈 가수〉가 최초로 영화 기술의 새로운 시스템을 성공적으로 사용함으로써, 영화 산업이 유성(有聲) 시대로 진입했다."

2) 신흥 산업으로는 자동차 산업, 전력·전기 기계 및 가전제품 산업, 무선 전기공학 산업, 항공 산업, 영화 산업 등등이 있었다.

3) 시스템을 창조했다. 이 기간에 미국인들은 공업 영역에서 가장 혁명성이 강한 두 가지 시스템을 창조해 냈다. 하나는 테일러(F. W. Taylor)의 과학적 관리 이론이고, 다른 하나는 '포드(Ford) 생산 방식'이다.

테일러의 과학적 관리 이론: 19세기의 80년대부터 90년대까지, 젊은 공업 기사인 프레드릭 윈즐로 테일러(Frederick W. Taylor)가 연구한 공장의 과학적 관리 이론이 점차 형성되었다. 이 이론의 내용은 다음과 같다. 즉 생산 과정의 각 요소들을 객관적으로 분석하여, 노동력과 기계의 합리적 작업량을 확정하며, 생산량을 최고로 높일 수 있고, 또한 각 개인의 최고 효율을 발휘할 수 있게 함으로써, 최고의 효과와 이익을 실현할 수 있다는 것이다. 그는 세상을 떠난 후에 '과학적 관리의 아버지'라고 불리며 존경을 받았다. 그의 이론은 일관 작업공정 생산방식에 영향을 미쳤으며, 인류의 공업화 발전 과정에 영향을 미쳤다. 그의 이론은 매우 성공적이어서, 1920년대 초기까지 미국 상공업의 거의 모든 부분이 정도의 차이는 있지만 이 과학적 관리 방식을 받아들였다.

포드 생산 방식: 포드 생산 방식은 미국의 자동차 기사이자 기업가이며, 포드 자동차 회사의 설립자인 헨리 포드가 창안했다. 젊었을 때, 포드는 이름이 널리 알려진 총명한 기사였는데, 1903년에 포드 자동차 회사를 창

립했으며, 1908년에는 포드 자동차 회사가 세계 최초로 보통 사람들의 자동차에 속하는 T형 차를 생산했는데, 세계 자동차 공업 혁명은 이로부터 시작되었다. 어느 날, 헨리 포드는 노동자들이 고정된 조립 라인에서 전체 차를 조립하면서 왔다 갔다 하는 것을 보고 있다가, 갑자기 이런 생각을 했다. '자동차를 노동자들 앞으로 서서히 통과하게 할 수는 없을까?' 매우 빠르게 이 영감은 현실이 되었다. 1913년 8월의 어느 날, 자동차가 노동자들 앞을 서서히 통과하자, 노동자들은 부품을 서서히 이동하는 자동차 차체에 빠르게 조립했다. 이것은 표준화·일관 작업공정 및 과학적 관리가 한데 융합된 현대화된 대규모 생산의 개시를 상징하는데, 세계 최초의 조립 라인 개념의 실제 응용은 이렇게 탄생되었다. 이 신기술은 한 대의 자동차 차대(車臺)를 1시간에 조립하는 데 필요한 노동력을 14명에서 2명 이하로 낮춰 주었다.[47] 제1차 세계대전 기간에, 생산을 증가시키려고 노력함에 따라, 조립 라인 기술은 조선·비행기 엔진 및 무기 등의 부문들에 의해 채용된 다음, 다시 다른 수많은 부문들에 널리 보급되어 사용되었다. 이는 미국 경제 발전 모델의 첫 번째 대전환이었다. 이러한 대규모 생산방식은, 역사적으로 '포드 생산 방식' 혹은 '포드주의'라고 불린다.

테일러와 포드의 이러한 창조는 인류의 생산 방식 변혁 과정에서 또 하나의 이정표가 되었다.

미국의 자동차 공업은 비록 독일보다 늦었지만, '포드 생산 방식'이 있고 난 뒤부터 우위를 차지했다. 포드는 당시 세계 최대의 새 공장을 건립하여, 매일 8만 명이 넘는 사람들이 여기에서 작업했으며, 매일 2,500대의 T형 차를 생산해 냈다.

1924년, 천만 번째 T형 차가 정식으로 생산 라인에서 출하되었는데, 판매가격은 최초의 800달러에서 290달러로 낮아졌다. 자동차가 미국의 보통

47 Arthur S. Link, William B. Catton (미), 『1900年以来的美国史』 上卷, 刘绪贻 等 譯, 299쪽, 北京, 中国社会科学出版社, 1983.

가정에 보급되기 시작하면서, 자동차 바퀴 위의 미국은 점차 현실이 되었다.[48]

포드 생산 방식이 다른 제조 영역에 빠르게 도입되면서, 미국의 노동생산성이 전에 없이 높아지자, 미국 경제는 다시 비약하여, 경제가 전에 없던 번영을 누렸다.

미국의 이러한 기술 혁명은 또 하나의 중요한 추동력을 갖게 되었는데, 그것은 바로 공업에서의 연구였다. 1920년까지, 수많은 회사들이 독립적인 연구 실험실을 건립했다. 1927년에, 최소한 1천여 개의 회사들이 독립적으로든 연합해서든 연구 작업을 진행했는데, 1927년의 연구비는 다소 자료가 부족하기는 하지만, 208개 회사의 보고에 따르면, 그들은 총 1,200만 달러를 사용했다. 1937년에 공업 기업들이 사용한 연구비는 이미 1.8억 달러에 달했으며, 4년 후에는 5.1억 달러로 증가했다.

기술 혁명이 깊이 있고 빠르게 발전함에 따라, 1919년부터 1929년까지, 제조업 생산율은 40% 높아졌으며, 농업 생산율은 26% 높아졌다.[49]

공업 관리의 개선과 기술 혁명의 추진 및 '제1차 세계대전' 때의 수요로 인해, 미국의 공업 생산은 빠르게 발전하여, 사회에는 전에 없던 번영 상황이 출현했다. 국민 총생산액은 1919년에 742억 달러에서, 1929년에 1,031억 달러로 증가했으며, 국민 총소득액은 1921년에 594억 달러에서 1929년에 872억 달러로 증가했고, 1인당 평균소득도 1900년 당시의 480달러에서, 1929년에 681달러로 증가했다. 또 자본 수출은 1919년에 30억 달러에서, 1929년에 172억 달러로 급증했다. 자동차·전기 기계 및 건축은 그 번영의 주요 버팀목이었는데, 단지 자동차 산업 하나가 공업 총생산액

48 CCTV다큐멘터리 〈大国崛起〉, 第10集, '新国新梦', 2006을 참조하라.

49 Arthur S. Link, William B. Catton (미), 『1900年以来的美国史』上卷, 刘緒贻 等 譯, 301쪽, 北京, 中国社会科学出版社, 1983을 참조하라.

에서 8%를 차지했다.[50]

자동차가 대량으로 가정에 보급되면서, 도로망 건설과 여행업 및 기타 관련 산업의 발전을 촉진했다. 쿨리지(John Calvin Coolidge: 미국의 제30대 대통령) 대통령 집정 기간에, 주식 가격은 수직 상승했으며, 노동자의 취업률은 높았고, 라디오·소형 자동차는 대규모로 생산하는 소비품이 되었다. 소도시는 빠르게 인구가 집중한 대도시가 되었으며, 수십 층 높이의 마천루들이 우후죽순처럼 생겨났고, 미국인의 생활 수준은 유럽인들을 깜짝 놀라게 했는데, 사람들은 이 시기를 일컬어 '쿨리지 번영'이라고 한다.

자동차의 보급은 미국을 자동차 바퀴 위에 얹혀진 나라로 만들었으며, 무선 라디오는 뉴스 전파 방식을 바꿔 놓았고, 산업화한 영화 세계는 스타를 만들어 냄과 동시에, 아메리칸 드림도 창조했다. 과학기술의 창조와 발명은 미국인들의 생활 방식을 대대적으로 바꿔 놓았다.

이것이 바로 1920년대의 미국이었으니, 경제는 활기가 넘쳐났고, 삶은 만족스러웠으며, 하늘은 쾌청한 짙푸른 색이었고, 사람들 모두가 한층 더 행복한 미래를 동경했다.

Ⅲ. 경제 대공황과 루스벨트의 뉴딜—세계 강대국의 확립

1920년대의 번영에는 허위적인 요소들이 있었는데, 경제 형세에 대한 사람들의 견해는 지나치게 낙관적이었다. 곧 신임 대통령이 될 후버는 1928년 8월 11일에 대통령 추천을 수락하는 연설에서 이렇게 말했다. "우리 미국은 지금 역사상 어떤 다른 나라들보다도 빈곤과 싸워 마지막 승리를 거두는 데 훨씬 더 접근해 있으며, ……우리는 모든 가정들이 생활에서

50 王加丰·陈勇 等, 『强国之鑑』, 207쪽, 北京, 人民出版社, 2007을 참조하라.

모두 보장받기를 희망하며, 우리는 우리나라 국민 모두가 주택을 갖고, 모두 농장을 갖기를 희망하며, ……우리는 그들 모두가 평안하게 살면서 즐겁게 일하기를 희망합니다."

이는 대통령의 마음속으로부터 우러나온, 훨씬 더 행복한 미국을 희망하는 자백이었다. 그러나 이 말을 한 지 얼마 지나지 않아, 뉴욕 증권거래소에서는 전에 없던 대재난이 일어났다.

1. 대공황

1927년, 미국에는 세찬 투기 광풍이 일어나, 미국 사회에서 증권 거래는 매우 이윤이 많이 남는 장사가 되었다. 투기 상인들이 크게 증권 거래를 할 뿐만 아니라, 보통사람들도 증권을 사서 돈을 벌려고 생각했으며, 돈이 없으면 돈을 빌려 증권을 샀고, 정부는 편리한 대출 정책을 널리 시행하여 증권 거래를 조장했다. 1924년에 뉴욕 증권거래소에 등기된 총액은 270억 달러였는데, 1929년 8월에는 거의 900억 달러나 되었다. 증권 발행액이 사회의 자금액을 크게 뛰어넘으면서, 증권 가격이 차츰 떨어지자, 사람들은 수중에 가지고 있는 증권을 서둘러 투매하려고 했다. 그리하여 금융 신용은 미국 경제제도 가운데 가장 쉽게 고위험이 나타나는 취약한 부분이 되었다. 1929년 초에 이미 불길한 징조가 나타나자, 관련 부서의 관리자도 일부 조치들을 취하려고 생각했다. 그러나 1929년 10월 24일 하루, 증권을 투매하는 물결이 거세게 일어나자, 증시는 가격 폭락이 그치지 않았는데, 마치 쓰러지는 도미노패 같았다. 이 날 하루 동안에만 300억 달러가 넘는 시가(市價) 총액이 증발하여 사라졌다. 평소에는 매일 거래량이 2, 3백만 주였는데, 24일 하루에 1,280만 주를 투매했다. 10월 29일 이후, 상황은 더욱 심각해졌다. 이 한 달 동안에, 증권 가격은 40%가 떨어졌으며, 이후에도 상황은 계속 악화되었다.

증시의 붕괴는 사람들이 투자에 대한 자신이 없다는 것을 의미하여, 투자와 소비 모두가 급격히 하락하기 시작했다.

증시의 붕괴는 경제가 대규모로 쇠퇴하는 서막을 열었다. 잇달아 계속되는 1929년부터 1933년까지, 엄중한 경제 위기는 미국의 국민경제를 철저히 붕괴 직전에 이르게 했으며, 농·공업과 신용 금융의 전면적 위기는 미국의 공업 생산 수준을 1913년 이전 수준으로 떨어뜨렸다. 그리하여 공업 생산의 전체 지수가 46.2% 하락했으며, 도산한 기업이 14만 개였고, 농업 생산은 전에 없이 크게 파괴되어, 전체 국민 총생산액은 5분의 3이 하락했다. 미국의 국민 총생산액은 1929년에 1,040억 달러였던 것이, 1932년에 580억 달러로 급격히 하락하여, 절반의 부가 연기나 구름처럼 사라지고 말았다. 실업 노동자는 1,700만 명에 달해, 전체 노동자 수의 32%를 차지했다. 1929년부터 1932년까지, 5,761곳의 은행이 파산했으며,[51] 무수한 사람들의 생활 저축은 순식간에 빈 깡통이 되었다. 크고 작은 도시들에서는, 무료로 지급되는 빵과 약간의 수프를 얻기 위해 굶주린 사람들이 장사진을 쳤다.

전에 없던 번영이 급격히 끝을 알 수 없는 위기로 변하면서, 위기가 미국을 휩쓸었으며, 전체 서방 세계에까지 만연하여, 영국과 독일 등 유럽 국가들도 잇달아 위기 속으로 빠져들었다.

절망의 검은 구름이 미국의 대지를 뒤덮었으며, 출구를 찾지 못하고 자신감을 잃은 사람들은 뉴욕에 막 완공된 워싱턴교(George Washington Bridge) 위에서 몸을 던져 뛰어내렸으니, 이것이 1930년대 초의 끔찍했던 대공황의 형세였다.

당시의 정부는, 백여 년 동안 자유주의 경제 모델이 전에 없는 번영을 가져다준 이상, 그것은 또한 스스로 조절하면서 이 위기를 극복할 것이라

51 Arthur S. Link, William B. Catton (미), 『1900年以来的美国史』 上卷, 刘緒貽 等 譯, 11쪽, 北京, 中国社会科学出版社, 1983을 참조하라.

고 여겼다. 그러나 대공황은 여전히 하루하루 계속되었으며, 마치 까마득하게 기약이 없는 듯했다.

그렇다면, 이렇게 전에 없던 위기는 어떻게 해서 마침내 해소될 수 있었을까?

2. 루스벨트의 뉴딜

1933년 3월 4일, 뉴욕주의 주지사인 프랭클린 루스벨트(Franklin Delano Roosevelt)가 대통령이 되었다.

1929년 대공황의 도화선은 금융업이었는데, 1933년 3월에 새 대통령이 취임할 때까지, 금융업 가운데 은행 체계는 여전히 계속해서 붕괴의 심연 속으로 빠져들고 있었으며, 사람들의 경제에 대한 자신감은 여전히 악화하고 있었다. 3월 6일, 루스벨트는 모든 은행에 대해 4일 동안 문을 닫고, 아울러 금의 지불과 수출도 금지하도록 명령했다. 3월 9일, 국회는 긴급 은행법을 통과시키고, 이 법에 근거하여 유관 부서들이 즉시 일련의 행동을 취하자, 4월 초에 경제 악화의 가장 위험한 단계는 지나갔다. 사람들의 정부에 대한 이해를 증대시키고, 민중들의 정부에 대한 믿음을 높이기 위해, 루스벨트는 당시 정부가 생각하고 있거나 실시하고 있는 것, 그리고 장차 하려고 하는 것에 관련된 사항들을 라디오 방송 형태로 담화를 진행했는데, 이것이 바로 '노변담화'다.

(1) '노변담화'

프랭클린 루스벨트는 먼저 사람들의 정부에 대한 신임과 삶의 희망에 대해 환기시켰다. 대통령에 취임한 지 며칠 후인 3월 12일, 그는 라디오 방송의 방식을 이용하여, 처음으로 미국 국민들에게 미국이 당면한 곤란과 정부가 취하고 있는 조치들에 대해 밝히고, 아울러 공공신용은행 제도를 호소했다. 프랭클린 루스벨트가 집권한 12년 동안, 이러한 '노변담화'('노변정담'이라고도 함–옮긴이)는 대략 35차례 진행되었다. '노변담화'를 할 때, 무수한 사람들이 집안에서, 난로 옆에서, 라디오 옆에서, 대통령의 뉴딜 계획을 경청하려고 기다렸다.

노변담화가 사람들의 지지와 신임을 얻는 것은 초보적인 것이었고, 위기를 넘기려면 또한 그것을 행할 효과적인 방법도 필요했다. 대통령은 어떤 방법으로 미국인들이 다시 행복한 나날들을 보내도록 도왔을까?

(2) 새로운 길의 모색

서방 세계의 경제가 대공황에 빠졌을 때, 사회주의 국가인 소련의 경제 발전에는 반대로 기적이 나타났다. 그들은 경제와 사회의 새로운 관리 모델인 계획경제 모델을 창조해 냈다. 1928년부터 1932년까지 소련은 제1차 경제개발 5개년 계획을 실시한 후, 공업 총생산액이 1928년에 158억 루블에서 1932년 말에는 368억 루블로 증가하여, 1.3배나 성장했다. 또 국민소득은 244억 루블에서 455억 루블로 증가하여, 86% 성장했으며, 노동생산성은 약 38% 높아졌다. 이리하여 소련은 농업국에서 일약 초보적인 공업국이 되었으며, 전체 사회가 활기차게 발전하는 형세였다.

소련의 경제개발 계획의 성공은 미국인들에게 새로운 시각, 즉 정부와 경제 발전의 관계는 단지 하나뿐이 아니라는 시각을 갖도록 해 주었다.

많은 경제학자들은 이 시기 자유주의 경제가 드러내는 문제들로부터 시장이 고장났음을 간파했는데, 영국의 경제학자인 케인스(John Maynard Keynes)도 이 문제에 주의를 기울였고, 아울러 다음과 같은 대책을 제시했다. 즉 정부라는 이 "보이는 손"을 사용하여 국가 경제 운용에 참여함으로써, 국가의 역량을 이용하여 경제 운용을 추동해야 한다는 것이었다.

일련의 준비 작업을 한 다음, 미국 역사상 최대 규모로 정부가 경제에 간여하는 행동을 시작했는데, 이것은 바로 백일의회(百日議會)[52] 시기였다.

(3) 뉴딜 실시

1933년 3월 9일부터 6월 16일까지, 미국 국회는 10여 가지의 중요한 법안들을 통과시켰는데, 뉴딜의 법령과 기구들은 매우 복잡하고 무질서했다. 그것은 결코 미리 설계가 잘된 계획이 아니어서, 상황의 변화에 따라 많은 응급조치들을 취했다. 이러한 조치들에는 시종일관하는 목적이 있었으니, 그것은 바로 '구제, 부흥, 개혁'이었다.

루스벨트 대통령은 일련의 효과적인 법령과 정책들을 신속하게 조직하고 제정하여, 다양한 조치들을 취함으로써, 사회의 안정과 발전을 위해 더 많고 더 빠르고 더 좋은 조건을 창조했다. 예를 들면, 금융 시스템을 정돈했으며, 은행이 휴업하여 정돈하도록 명령하여, 점차 은행의 신용을 회복시켰으며, 농업 정책을 조정하여, 경작을 줄이고 생산을 줄인 농가에게는 경제 보조금을 방출해 줌으로써, 농산품 가격을 높임과 동시에 안정시켰다. 또 '공사를 벌여 실업자를 구제하는' 정책을 폭넓게 추진했으며, 공공 공사를 대대적으로 벌여 사회적 위기와 계급 모순을 완화시켰고, 취업을 증가시킴으로써 소비와 생산을 자극했으며, 긴급 구제법에 서명함과 아울러 긴급 구호소를 설립하여 빈곤 속에서 허덕이는 사람들을 도왔으며, 전국 공업부흥법을 통과시켜 경제 회복을 위한 자금을 투입했다.

이렇게 매우 힘들었던 시기에, 대통령은 일련의 정부 공사를 실시했는데, 예를 들어 도로를 건설하여 교통 발전의 필요를 만족시켰을 뿐만 아니라, 동시에 경제 발전도 자극했다.

1933년에, 정부 자금을 이용하여 테네시강 유역에 새로 20개의 댐을 건설하고, 5개의 원래 있던 댐을 수리하기 시작했다. 이때부터 테네시강이 흘러가는 7개 주에서는 더 이상 홍수와 범람이 없었으며, 해상 운송·전력·임업 생산 및 농업 생산이 큰 폭으로 높아졌다. 유사한 대량의 공공 공

52 백일의회: 루스벨트가 대통령에 취임한 후, 곧 100일 동안의 특별회기로 국회를 소집하여, 경제 위기 극복을 위한 각종 법안들을 마련했는데, 이를 일컫는 말이다.

사가 사람들을 위해 수백만 개의 일할 기회를 창조하자, 일자리를 주어 구제함으로써, 경제 위기가 초래한 사회적 압력을 완화했다.

뉴딜 기간에, 미국은 또한 노인 부양과 실업 등의 방면에서 사회보장 체계를 확립했다. 1935년 8월 14일에 통과된 사회보장법은 미국이 '복지국가'를 실시하는 중요한 절차였다. 미국은 경제가 발달한 국가가 되었는데, 사회복지 입법 방면에서는 오히려 낙후되어 있었다. 경제 위기 기간에 각종 사회문제들이 매우 첨예해지자, 정부는 이와 같은 실업자·노인·장애인에 대한 사회보장법을 제정하지 않을 수 없었다. 이러한 입법은 더 나아가 1935년에 정부가 대기업에 대해 고액의 누진세를 징수함으로써, 사회적 부의 분배를 적정하게 하여 격차를 축소하고, 사회적 안정을 유지 보호하였다.

1933년 3월 9일부터 6월 16일까지 70여 개의 새로운 법안을 통과시켰으며, 1933년부터 1939년까지 뉴딜이 실시된 몇 년 동안에 정부와 국회는 잇달아 775개의 법령들을 반포했는데, 그 내용은 재정과 금융을 정돈하고, 공업 생산을 조절하고, 농업 발전을 절제시키고, 민중의 곤경을 개선하고, 대외 관계를 조정하는 것 등 갖가지 방면들에 관련된 것이었다. 어떤 사람의 통계에 따르면, 루스벨트 임기 내에 토론했던, 미국의 생활과 미국 사회에 관련된 각종 문제들은 역대 미국 대통령들이 했던 것을 한데 합친 것보다도 많을 것이라고 했다. 뉴딜 실시의 가장 중요한 성과는 엄중한 경제 위기를 벗어나고, 국민경제를 회복시켜, 제2차 세계대전에서 민주 전선에 참여하기 위한 조건을 준비했다는 것인데, 이는 미국과 전체 세계의 현대사 진행 과정에 모두 중요한 영향을 미쳤다.

뉴딜의 실시는, 실제로는 전체 미국이 한 차례 심각한 사회 혁명을 진행한 것으로, 이는 정부가 처음으로 매우 광범위하고 심각하게 미국인들의 생활에 영향을 미친 것이다.

프랭클린 루스벨트의 '뉴딜'은 경제 위기의 충격하에 있던 미국 자본주의 제도를 유지하고 보호했는데, 그는 국가의 관여를 특징으로 하는 국가 독점 자본주의를 채용하여 자본주의 생산관계에 대해 조정을 가함으로써, 시장경제의 새로운 모델인 케인스주의를 창립했다. 이 모델에서는, 시장의 법칙이라는 '보이지 않는 손'과 정부의 관여라는 이 '보이는 손'이 연합하여 행동함으로써, 시장의 작용과 정부의 작용이 동시에 발휘되도록 하여, 함께 경제에 영향을 미친다.

3. 복잡하게 급변한 세계 정세

1935년부터 1937년까지, 미국 경제는 이미 곤경에서 벗어났으며, 뚜렷이 호전되었지만, 이때 국제무대에서는 전쟁이 막 일어났다.

제국의 야심을 실현하기 위해, 일본은 1937년에 전면적인 중국 침략 전쟁을 일으켰다. 독일은 1939년에 폴란드를 침입했다. 인류 역사상 두 번째 세계대전이 폭발했다.

미국은 전쟁 초기에는 중립을 유지했지만, 후에 참전하라는 압박을 받자, 소련·중국 및 영국 등의 국가들이 결성한 반파시스트 진영에 가입했다. 미국의 참전 선택은 제1차 세계대전 때와 똑같이 기회주의적인 방법이었으며, 강대국의 체면과 도량을 잃은 행위였지만, 오히려 미국인들의 본질적인 특색을 반영하고 있었다.

1945년 2월 4일부터 11일까지, 미국·영국·소련의 세 거두들이 소련의 크림 반도 남안에 있는 휴양지 얄타에서 회의를 열어, 동맹국들 간의 갈등 완화·반파시스트 통일전선 강화·독일과 일본의 전쟁 행동에 대한 협조·반파시스트 전쟁 승리 과정의 가속화 및 전후 문제의 처리와 국제적 세력 범위의 분할 등 중요한 문제들에 대해 협의했다. 이 회의는 전후 세계 구도의 형성에 커다란 영향을 미쳤다. 이 회의에, 제2차 세계대전의 주요 반파시스트 진영의 성원이자, 4대 동맹국 중 하나로서 중국은 참가하지 않았으며, 더욱 황당무계한 것은 그들이 중국 정부와 인민을 배반한 채, 중국의 주권과 이익을 침범하는 협정을 체결한 것이다.

1945년 9월, 제2차 세계대전이 끝났다.

제2차 세계대전은 전통적 대국인 영국과 프랑스로 하여금 세계 구도의 지배권을 상실하게 만들었다. '제2차 세계대전' 후, 미국과 소련이 세계 최강대국이 되었으며, 다른 나라들은 모두 지위가 급락했다. 1948년, 미국은 세계 공업 총생산량의 53.4%, 세계 수출 총액의 32.4%, 세계 금 비축량의 74.5%를 차지했다.[53] 미국은 '제2차 세계대전' 후에 세계 최대의 '채권국'이었으며, 아울러 또한 전 세계적 범위에서 달러를 중심으로 하는 국제 금융체계를 확립함으로써, 제2차 세계대전의 최대 수혜국이 되었다.

제2차 세계대전은 미국 역사에서 새로운 전환점으로, 미국은 세계 최강의 종합 국력을 갖게 되어, 미국 자신에게 유리한 방식으로 국제 질서를 주도할 수 있게 되었으며, 또한 마침내 20세기 중·후기에는 초강대국이 되었다.

4. 전후의 미국 경제는 여전히 활력이 넘쳤다

1940년 이후의 30년은 미국 경제가 전에 없이 발전한 시대였다. 1940년 이전에 미국은 이미 경제 불황에서 완전히 회복했다. 1941년 및 그 이후에, 대규모 전시(戰時) 생산의 자극과 국방비의 대폭 증가로 인해, 국민 총생산액은 1940년에 2,272억 달러에서, 1945년에 3,552억 달러로 증가했으며, 1946, 1947년에는 대략 3,100억 달러가 되었다가, 뒤이어 다시 상승하기 시작했다. 한국전쟁이 새로 폭발적 팽창을 불러일으킴에 따라, 1953년에는 4,128억 달러가 되었으며, 1960년에는 4,877억 달러에 달했고, 1969

53 王加丰·陈勇 等, 『强国之鑑』, 210쪽, 北京, 人民出版社, 2007을 참조하라.

년의 국민 총생산액은 7,270억 달러에 달했다. 경제의 쇠퇴로 인해, 1970년에는 약간 하락하여, 7,241억 달러가 되었다. 이 30년 동안 미국의 국민 총생산액은 약 2.2배 증가했다. 1인당 평균 가처분소득은 1940년에 1,259달러였던 것이, 1970년에는 2,579달러가 되어, 대략 1.1배 증가했다.[54]

전후 미국의 경제 발전은 여전히 비교적 빨랐는데, 그 가운데 한 가지 중요한 요인은 제3차 과학기술 혁명 덕분이었다.

20세기 중기 이후, 컴퓨터·원자력·우주 기술의 출현으로 인해, 제3차 과학기술 혁명의 과정이 시작되었다. 이는 정보통신 기술·신에너지 기술·신소재 기술·생명 기술·우주 기술 및 해양 기술 등 제반 영역들과 관련이 있었다.

제3차 과학기술 혁명이 미국에서 시작된 것은 절대 우연이 아니었고, 그 객관적 필연성이 있었다. 이는 두 가지 방면에서 집중적으로 나타났다. 하나는 전후 초기에 미국은 풍부한 물질적 기초·많은 우수한 과학기술 인재들(제2차 세계대전 기간 동안에 세계의 수많은 우수한 과학자들이 미국에 와서, 미국으로 하여금 대단히 많은 세계의 우수한 인재들을 그러모으게 했는데, 예를 들면 아인슈타인과 존 폰 노이만 같은 사람들이다)·왕성하게 솟아나는 민족의 창조 정신·유리한 지리적 환경과 거대한 시장 규모·과학 연구 체계의 다원화 등 다양한 방면에서 우위를 지니고 있었기 때문에, 제3차 과학기술 혁명이 먼저 미국에서 일어날 수 있는 전제 조건과 가능성을 만들어 냈다. 다른 하나는, 전쟁 기간에 과학기술 연구를 매우 중시하여, 1940년부터 1941년까지 국방연구위원회와 과학연구발전국을 설립하고, 정부가 결정적으로 과학 연구 영역에 참여했다. 1941년부터 1945년 사이에, 연구 업무에 고용되어 종사한 과학자는 8만 7천 명에서 19만 9천 명으로 증가했으며, 과학 연구비는 9억 달러에서 15억 달러로 증가했다. 전후에도 미국 정

54 Arthur S. Link, William B. Catton (미),『1900年以来的美国史』上卷, 刘绪贻 等 譯, 281, 291쪽, 北京, 中国社会科学出版社, 1983을 참조하라.

부는 여전히 과학기술 발전을 매우 중시했다. 1945년 9월 6일, 일본이 투항한 후 4일째 되는 날, 트루먼 대통령은 국회에 제출한 〈21가지 전후 부흥계획〉에서 다음과 같이 명확히 제시했다. "어떤 나라도 그 나라의 과학기술 자원을 충분히 개발하지 않고서는, 오늘날 세계에서 영도적 지위를 유지할 수는 없다." 이는 처음으로 국가가 첨단기술(high-tech)을 발전시키는 것을 세계의 영도적 지위를 쟁탈하는 전략적 지위에 두고 고려한 것임과 동시에, 또한 그것을 세계 패권을 쟁취하는 핵심적 요소로 삼은 것이다. 수십 년 동안 줄곧 지금까지, 이 전략의 처리는 모두 비교적 잘 집행되었다. '아폴로' 계획·'스타워즈' 계획의 실시 및 우주 과학기술·재료 공학·바이오 공학·신에너지 기술 등 신흥 과학기술 방면의 선도적 발전은, 모두 패권·첨단기술 및 경제 발전 간에 밀접한 연관이 있음을 말해 주었으며, 제2차 세계대전 후 미국의 기본 국가 시책을 뚜렷이 보여 주었다.

미국의 과학기술 발전을 더욱 잘 촉진시키기 위해, 미국은 국가 기금을 설립하여 기초 연구를 강력하게 지지하고 격려했으며, 고등 교육을 발전시켰다. 전전(戰前)에는, 미국의 전국 과학 연구비가 국민 총생산액의 0.5%에도 미치지 못했으며, 또한 그것도 대부분이 개인 기업과 고등 교육기관에서 나왔다. 전후(戰後)에는 1960년대부터, 미국의 과학 연구비가 국민 총생산액의 2~3%를 차지했으며, 그 가운데 대부분은 미국 정부가 투자한 것이었다. 1969년까지, 고등 교육기관·정부 및 개인 기업에서 약 31만 2천 명—미국의 모든 과학자의 40% 이상—이 각종 연구와 발전 프로젝트에 종사했으며, 그 과학 연구비는 260억 달러에 달했다.[55] 거대한 투입은 미국의 과학기술이 장기간 세계 제1의 패권적 지위를 차지하도록 해 주었다. 1953년부터 1973년까지, 전 세계의 492가지 중대한 기술 혁신 중, 미국이 319가지로 64.8%를 차지했다. 또 1963년부터 1977년까지, 미국은 특

55 위의 책, 같은 쪽을 참조하라.

허 118만여 건을 발급했는데, 미국인이 85만 건을 획득했고, 외국인이 33만 건을 획득했다. 1973년부터 1977년까지, 미국의 과학기술 종사자가 매년 발표한 과학기술 문헌의 양은 대략 전 세계의 38~39%를 차지했다. 1946년부터 1979년까지, 미국의 과학자들 중 노벨상 수상자는 98명으로, 전 세계 수상자의 절반 이상을 차지했다.[56] 2013년 12월까지, 역대 미국 과학자들 중 노벨상을 수상한 사람은 모두 336명에 달했는데, 이는 전 세계 수상자 총 891명의 37.7%로, 세계 제1위를 차지했으며, 다른 나라들에 비해 월등히 높았다.

미국의 굴기는 세계 역사에서 하나의 기적이었다. 위에서 언급한 책자 『强國之鑑』에서는 이렇게 지적하고 있다. 즉 국제 경제사의 권위자인 앵거스 메디슨(Angus Maddison)의 연구에 따르면, 1950년부터 1973년까지는 미국 경제의 '황금기'로, 이 기간에 미국의 노동생산성은 매년 2.8%씩 상승했으며, 1973년부터 1995년까지는 매년 1.4%씩, 1995년부터 1998년까지는 매년 2.5%씩 상승했다. 1973년, 미국의 GNP는 1790년 당시의 약 1,100배가 되었다. 미국의 경제 성장이 가장 좋았던 시기는 1970년으로, 이때 미국의 GDP는 소련이나 일본의 2~3배, 프랑스나 영국의 5~6배, 인도의 15~20배였다. 당시 미국의 인구는 전 세계 인구의 5%밖에 안 되었지만, 그들의 생산량은 전 세계의 약 25%를 차지했으며, 미국인의 1인당 평균 생산량은 전 세계 평균 생산량의 약 5배, 소련의 3배, 인도의 40배 정도였다. 1980년대에 미국은 경제 발전의 바닥세 단계를 한 차례 지나쳤지만, 클린턴이 집권한 시기에는 재정 적자가 재정 흑자로 바뀌었을 뿐 아니라, 연속 100개월 이상의 지속적인 성장이 출현하기도 했다.

당연히 중국을 필두로 하는 신흥 국가들이 미국의 발전에 대해 갈수록 많은 도전을 시도했지만, 지금 미국은 여전히 세계에서 종합 국력이 가장

56 郝侠君·毛磊·石光荣, 『中西500年比较』, 637쪽, 北京, 中国工人出版社, 1996을 참조하라.

강한 유일한 초강대국이며, 여전히 다양한 방면들에서 무한한 창조력을 뿜어내고 있다.

제9장 부흥 | 중국

I. 청나라의 부패 무능과 멸망

1. 이전의 성적

인류 역사의 발전 과정에서, 세계에는 4대 문명 발상지가 있는데, 중국이 그 중 한 곳이다. 중국의 문명은 줄곧 이어지면서 중도에 단절된 적이 없이, 자신만만한 '천조대국(天朝大國: 천하제일의 대국이라는 뜻으로, 중국이 다른 나라들에 대해 자신을 높여 부르던 명칭)'은 중세기를 향해 나아갔다. 16세기 중·후기는 중국의 명(明)나라 시기로, 인구는 약 1.2억 명이었다. 당시 국가의 경제적 기초를 지탱하던 것은 당연히 농업이었다. 그때는 통계가 없는데, 관계 전문가의 추측에 의하면, 16세기 당시 중국의 명나라와 서구 국가들을 농업 생산과 기술 방면에서 비교하니, 기본적으로 같은 수준에 있었다고 한다. 수공업의 방직과 날염·채광과 제련·기계업 등의 방면에서, 중국과 서구 나라들은 총체적으로 말하면 역시 동일한 수준에 있었다고 한다.

중국은 창조성이 풍부한 국가이다. 명나라 이전에, 세계 고대 사회의 생산과 과학기술의 각 영역들에서, 중국은 멀찌감치 가장 앞서 나갔다. 1975년에 출판된 『세계 자연과학 대사 연표(世界自然科學大事年表)』(上海人民出版社 발행)의 기록에 따르면, 명나라 이전에 세계의 중요한 창조적 발명과 중대한 과학적 성취는 대략 300가지 정도인데, 그 중 중국이 175가지로 전체의 57% 이상을 차지했으며, 세계 각 나라들은 다 합쳐서 겨우 42% 남짓이었다. 15세기 전에, 중국의 발명과 발견은 동시대의 유럽을 월등히 뛰어넘었다. 예를 들면, 원양 탐험의 경우, 중국은 1405년부터 1433년까지 해외 '탐험'을 나갔는데, 그것은 바로 정화(鄭和)가 일곱 차례에 걸쳐 멀리 대양을 건너갔던 일이다. 그러나 그것은 진정한 탐험이 아니라, 천조대국 황제의 은총이 한없이 넓고 크다는 것을 선양하기 위한 것이었다. 그런데 이러한 선양도 1436년에는 중단되었는데, 왜냐하면 비교적 큰 배를 만들어 해외에 가는 것을 금지했기 때문이다. 이때부터 중국은 수백 년 동안 '천조대국' 밖의 세계를 거들떠보지도 않았다. 마찬가지로 서구 국가들도 창조성이 풍부했지만, 그들은 동시에 흡수 정신도 풍부했다. 모든 선진적인 지식을, 그들은 모두 받아들임과 동시에 한층 더 빛나도록 발양시킬 줄 알았는데, 중국의 오래된 4대 발명도 거기에 포함되었다.

세월이 유수처럼 흐름에 따라, 우매하고 분수를 모르고 잘난 체하며, 제자리걸음하면서, 관문을 걸어 잠근 채 쇄국하던 청(淸) 제국은 이른바 강건성세(康乾盛世: 강희 황제부터 건륭 황제까지, 대략 130년의 태평성세)를 지나, 19세기에 이르렀다.

2. 아편전쟁

청나라가 1616년에 개국한 뒤부터, 중국은 독립된 봉건 국가였다. 강희(康熙)·옹정(雍正)·건륭(乾隆) 시대에, 국력이 번성하여 청나라의 전성기였는데, 역사에서는 이를 일컬어 '강건성세'라고 부른다. 건륭 시기에 청나라의 영토는 무려 1,300여만 평방킬로미터에 달했으며, 경제가 가장 잘 발전했고, 사회가 안정되었으며, 백성들의 생활은 대단히 크게 좋아졌다. 그러나 봉건 통치를 유지 보호하기 위해, 청나라는 사상의 자유를 엄격하게 통제하여, 대대적으로 문자옥(文字獄: 중국에서 글로 인해 화를 당하는 것을 일컫는 말)을 일으켰다. 따라서 말과 글에 조금만 조심하지 않으면 곧 통치자에게 살해당하거나 혹은 유배당할 가능성이 있었다. 이와 같은 방법은 문인들의 사상을 심각하게 저해하여, 문화와 과학기술의 발전을 지체시키자, 청나라는 쇠퇴의 길을 걷기 시작했다. 그러나 아편전쟁이 일어나기 전까지, 청나라의 중국은 독립된 봉건 국가였다.

명대 중엽에 싹튼 자본주의의 맹아는 봉건제도의 엄중한 속박으로 인해 발전이 매우 더뎠다. 아편전쟁 이전에, 중국의 사회 경제는 여전히 가내 수공업 형태의 자급자족적 자연경제로, 중국은 여전히 농업 국가였다. 건륭 말기에, 탐관 화신(和珅: 1750~1799년)을 대표로 하는 관리의 부패가 시작되면서부터 관리의 부패는 갈수록 심각해졌다. 청나라 정부는 〈사서〉와 〈오경〉을 이용하여 사람들의 사상을 속박하고, 불만을 가진 사람에 대해서는 잔혹한 탄압을 가했다. 대외 관계에서는, 청 왕조가 장기간 관문을 걸어 잠그고 쇄국을 하여, 중국이 세계와 교류할 가능성을 완전히 차단했다. 중국은 이미 서방 국가들에게 크게 뒤쳐졌지만, 청 왕조는 여전히 '천조대국'이라는 단꿈 속에서 잘난 체하고 있었다.

1760년대에 영국은 산업혁명을 시작했으며, 18세기 하반기에 영국은 이미 세계에서 가장 강대한 나라가 되어 있었다. 19세기 전기에, 기계제 대공업이 매우 빠르게 발전하면서, 공산품 생산량이 급격히 증가하여, 국내에서 소화할 수 없게 되었다. 따라서 급히 국제 시장을 확대할 필요가 생기자, 새로운 자원과 생산품이 생존할 공간을 찾는 데 힘을 쏟았다.

일찍이 당나라는 의약품에 사용하는 극히 적은 양의 아편을 수입했는데, 줄곧 1767년 이전까지는 중국에서 수입하는 아편의 양은 아직 매우 적었다. 추측에 따르면, 1781년부터 1793년까지 영국이 중국에 수출한 전체 상품의 총액은, 중국이 영국에 수출한 차(茶)의 고작 6분의 1밖에 안 되었다. 영국은 중국과 영국 간의 무역 적자를 변화시키기 위해, 1773년 이후에 대량의 아편을 중국으로 운송하여 폭리를 취했으며, 아울러 이것을 중국 시장의 대문을 열어젖히는 수단으로 삼았다. 1839년에 아편 수입은 결국 4만여 상자에 달했다. 아편 수입은 중국 인민에게 심각한 해를 끼쳤으며, 인민의 부담을 가중시켰다. 아편의 대량 수입은, 중국 은(銀)의 대외 유출을 매년 600만 냥(兩: 1냥은 약 37그램)에 달하도록 했으며, 제1차 아편전쟁 전의 40년 동안에 영국과 미국은 약 4억 냥의 은을 약탈해 감으로써, 중국 국내에는 심각한 은 부족 사태가 발생했다. 그리하여 은은 귀하고 돈의 가치는 떨어지자, 재정은 고갈되었고, 국고는 텅 비게 되어, 청나라 정부의 재정 위기를 가중시켰다.

청나라 정부는 8차례에 걸쳐 아편연(鴉片煙: 아편 담배)을 금지했지만, 모두 성과 없이 끝나고 말았다. 1838년 12월, 흠차대신(欽差大臣) 임칙서(林則徐)가 황제의 명을 받들어 광둥(廣東)에 가서 아편 금지 활동을 벌였다. 임칙서는 1839년 3월 10일에 광저우(廣州)에 도착한 즉시 아편 금지 활동을 전개했는데, 엄격하게 아편 판매를 수사하여, 아편 2만여 상자, 합계 237만 6천여 근(斤: 1근은 약 600그램)을 몰수하고, 후먼(虎門) 항구에서 전부 소각했다.

1839년 10월, 영국은 "통상을 보호한다"는 것을 핑계로 삼아, 정식으로 출병하여 중국을 침략하기로 결정했다. 1840년 6월, 영국 군함 47척과 육군 4천 명이 해군 소장 엘리엇(George Elliot)의 인솔하에 중국 해안에 도착하면서, 제1차 아편전쟁이 시작되었다. 전쟁 과정에서, 영국 군인은 아무리 많아도 2만 명을 넘지 않았다. 1842년 8월 29일, 청나라 정부는 영국 대표와 중국 최초의 불평등조약인 〈난징조약(南京條約)〉을 체결했다. 그 주요 내용은 다음과 같다. 홍콩(香港) 섬을 영국에 할양하고, 광저우·샤먼

(廈門)·푸저우(福州)·닝보(寧波)·상하이(上海)를 통상항으로 개방하며, 영국인이 통상항에 영사관을 개설하도록 허가하고, 중국은 영국에게 2,100만 은원(銀元: 청나라 은화)을 배상하며, 영국은 영사 재판권을 갖고, 영국인이 중국에서 범죄를 저질렀을 경우에는 중국 법률에 의해 처벌 받지 않을 수 있다는 것 등이다. 아편전쟁 후, 중국은 반식민지 반봉건 사회로 나아가기 시작했다.

당시 청나라는 80만 명의 군대를 보유하고 있었는데, 사용하는 무기는 큰 칼과 긴 창 및 재래식 엽총과 재래식 포(炮)였다. 그런데 영국 군인은 숫자가 2만 명도 안 되었지만, 사용하는 것은 제1차 산업혁명 후에 개발한 신식 무기였기 때문에, 중국은 자기의 영토에서 이처럼 패배를 당하고 말았다.

제1차 아편전쟁의 패배는, 당시 중국과 서양 국가들의 커다란 과학기술 격차를 말해 주었으며, '천조대국'이라는 단꿈을 깨뜨림으로써, 내우외환이 청나라를 거의 무너뜨릴 지경이었다. 그러나 청나라 통치자는 결코 깨닫지 못했으며, 더욱이 교훈도 받아들이지 못했는데, 그것은 바로 '오랑캐[夷人]'에게 배워야 한다는 것이었다. 전쟁에서 패배했는데도 여전히 개혁을 생각하지 않았고, 관문을 걸어 닫은 채 국가 정책은 예전 그대로였다.

도광(道光: 청나라 선종의 연호) 황제가 영국군이 이미 철수했다는 말을 듣고는, 즉시 연해에서 철군하라고 명령을 내리자, 군대와 정부의 고관들은 손을 이마에 대고 경의와 축하를 표시했다. 동시에 사회의 민간에는 포고문을 붙여, "국사를 논하지 말라[莫談國事]"고 요구했다.

제1차 아편전쟁의 주장(主將)이자, 중국 근대에 "눈을 뜨고 세계를 본 최초의 사람"인 임칙서는 좌천되었으며, 엄중한 처벌을 받고 이리(伊犁)로 유배되었다.

청나라 정부는 부패하고 우매하며, "유아독존(唯我獨尊)"이어서, 제1차 아편전쟁이 끝난 후에도 여전히 혼수상태였다. 그러나 아직 숫자가 많지 않았던 애국지사들은 반성의 관점에서 출발하여, 눈을 뜨고 세계를 바라보면서, 대비해 가며 격차를 찾아내어, 나라와 백성을 구하는 자강제이(自强制夷: 스스로 강해져 오랑캐를 제압함)의 계책을 탐구했다. 임칙서와 위원(魏源)이 바로 그들 가운데 뛰어난 대표적 인물들이다. 임칙서의 『사주지(四洲志)』와 위원의 『해국도지(海國圖志)』 등은 그들의 대표작이다. 그들은 시대의 앞줄에 서서, 서양을 이해하고 배우는 자강어적(自强禦敵: 스스로 강해져서 적을 막아냄)·안방강국(安邦强國: 나라를 안정시키고 강하게 함)의 방책들을 제시했다. 그러나 격렬하게 소리를 질렀지만, 결국 아무런 메아리도 돌아오지 않았다. 임칙서는 말없이 지내다가 몇 년 후 병으로 세상을 떠났다. 위원은 청대의 계몽사상가이자 정치가이자 문인으로, 근대 중국에서 "눈을 뜨고 세계를 바라본" 선구자 중 한 사람이었는데, 후에 관직을 버리고 은둔하여, 불교에 심취했다.

1840년부터 1842년까지 진행된 제1차 아편전쟁은, "천조상국(天朝上國: 천하에서 가장 훌륭한 나라)"을 흔들어 깨우지 못했으며, 청나라는 여전히 다시 옛 꿈으로 돌아가 편안히 단잠 속에 빠져들었다.

제1차 아편전쟁에서 중국이 패배한 후, 아편 수입량은 뚜렷이 증가했다. 19세기의 40년대에는 매년 평균 3.7만 상자를 수입했었는데, 50년대에는 평균 6.8만 상자였으며, 1855년 한 해에만 7.8만 상자를 수입했다. 1860년의 제2차 아편전쟁에서 패한 후에는, 중국에 수입된 아편의 양은 통계를 내기 어려우며, 은의 대외 유출도 추산하기 어렵다.

불평등한 공산품 무역도 마찬가지로 중국의 부가 해외로 유출되는 것을 더욱 가속화했다. 서방 열강의 침입 세력이 끊임없이 확대됨에 따라, 서방이 중국에 대해 투매하는 상품도 끊임없이 증가했다. 1860년, 영국의 대중국 상품 수출액은 532만 파운드로, 1840년의 10배였고, 1860년에 미국의 대중국 상품 수출액은 891만 달러로, 1840년의 7배였다. 동시에 서방 국가들이 중국에서 약탈해 간 농산품 및 원자재의 양도 끊임없이 증가

했다.[56]

제1차 아편전쟁으로 서방 열강들이 중국에서 거대한 이익을 얻은 후, 그들은 더욱 미친 듯이 날뛰며 약탈을 자행했다. 〈난징조약〉과 〈왕샤조약(望厦條約)〉이 각각 1854년과 1856년에 만기가 된 다음, 서방 자본주의 열강들은 청나라 정부에 대해 자신들이 이미 보유하고 있는 이익을 확대하자는 요구를 제시했다. 이 제안이 청나라 정부에게 거절당한 후, 그들은 빌미를 찾아 사건을 일으켰다. 러시아와 미국의 지지를 받으면서, 영국과 프랑스는 1856년 10월에 제2차 아편전쟁을 일으켰다. 1860년에 청나라 정부는 전쟁에서 패하여, 다시 영국·프랑스와 불평등조약인 〈톈진조약(天津條約)〉과 〈베이징조약(北京條約)〉을 체결함으로써, 중국은 다시 훨씬 더 많은 국토와 주권을 상실했으며, 아편 무역은 합법화되었다. 이어서 스스로 '중재(仲裁)'의 공을 세웠다고 주장하던 러시아도, 청나라 정부를 핍박하여 그들이 우수리 강 동쪽 약 40만 평방킬로미터의 중국 영토와, 발하스 호수 동남쪽 44만여 평방킬로미터의 중국 영토를 강점하는 데 동의하도록 했다. 이로 인해 중국이 제정 러시아에 할양해 준 중국 영토는 모두 150만 평방킬로미터라는 거대한 면적에 달했다.

제2차 아편전쟁의 침략 과정에서, 침략군은 제멋대로 불태워 죽이고 약탈을 자행했는데, 황실 정원인 원명원(圓明園) 안에서 진귀한 문화재와 금·은·보화를 마구 약탈했으며, 또한 원명원을 불태워 버렸다. 그로 인해 큰 불이 3일 동안이나 꺼지지 않은 채, 정원 내의 건물들을 다 태워, 원명원은 철저히 파괴되고 말았다.

57 郝侠君·毛磊·石光荣,『中西500年比较』, 294쪽, 北京, 中国工人出版社, 1996을 참조하라.

3. 서양에게 배우다

1861년 12월 24일, 청나라 황제는 어쩔 수 없이 서양을 배우라는 첫 번째 분부를 내렸다. 이때는 이미 제1차 아편전쟁이 일어난 지 20년이 지났으니, 청 왕조는 혁신하여 부강을 도모할 수 있었던 20년이라는 소중한 시간을 잃어버렸고, 제2차 아편전쟁에서도 여전히 참패를 당하고 말았다. 마침내 청나라 정부가 주도하는 자구책 탐색이 시작되었는데, 역사에서는 이를 '양무 운동(洋務運動)'이라 부르며, 자구 운동(自救運動)·자강 운동(自强運動)이라고도 부른다. 양무파는 '자강(自强: 스스로 노력하여 강해짐)'과 '구부(求富: 부유함을 추구함)'를 구호로 내걸고 전국적으로 공업 운동을 불러 일으켰다. 양무 운동은 과학기술(특히 군사 기술) 방면에서 구미 선진국들을 본받았다. 청나라는 1888년에 정식으로 북양해군(北洋海軍)을 창설하여, 아시아의 강력한 해군력이 되었다.

같은 시기에 구국도강(救國圖强)을 전개한 나라로는 중국의 이웃인 일본도 있었다. 그 이전에는 일본이 외국을 배우는 본보기가 중국이었다. 두 차례의 아편전쟁이 있은 후, 일본은 스승을 구미의 강대국들로 바꿨다. 이것이 바로 일본의 메이지 유신이다.

1868년, 일본이 메이지 유신 활동을 전개하여, 유럽을 배우고, 강국의 길을 걷기 시작하자, 국력은 나날이 빠르게 강성해졌다. 일본은 섬나라로, 인구는 많지 않고, 국내 자원은 부족하고, 시장은 협소하여, 일본의 통치 집단은 대외 확장 과정에서 시장을 확대하기를 희망하면서, 출로를 찾고 있었다. 1887년, 일본 정부는 이른바 〈청나라 정벌 책략〉을 제정하고, 점차 중국 침략을 중심으로 하는 '대륙 정책'을 발전시켜 갔다. 그 첫 번째 단계가 타이완(臺灣)을 침략하여 점령한 것이고, 두 번째 단계가 조선 합병이며, 세 번째 단계가 만주 침략이고, 네 번째 단계가 중국을 멸망시키는 것이며, 다섯 번째 단계는 아시아를 정복하고, 세계를 제패하여, 이른바 '팔굉일우(八紘一宇)'[58]를 실현하는 것이었다. 중국과 아시아 인민들의 강력한 저항을 받자, 이 정책은 네 번째 단계와 다섯 번째 단계로 진행할 때 좌절되었다. 오늘날도 일본이 이 국가 시책을 바꾸었다는 견해는 보이지 않는다. 그리고 갑오 중일전쟁은 바로 일본이 '대륙 정책'의 앞 두 단계를 실현해 나가는 중요한 일환이었다.

4. 학습 성적의 평가-학생이 선생을 이기다

중국과 일본 두 나라가 서양을 학습한 성적은 어떠했을까? 30년 동안, 성적은 차츰차츰 밝혀진다.

메이지 유신 이후, 일본의 공업 실력은 끊임없이 증강되었다. 1868년 당시 전국에는 단지 405개의 공업 기업만 있었으며, 그것도 수공업 공장이었는데, 1893년에는 3,344개로 증가했으며, 또한 대부분이 근대 기업이었다. 1893년까지, 전국의 철도망은 매우 크게 확충되어, 철도의 길이가 100배 증가했으며, 금융기관은 2곳에서 703곳으로 증가했다. 국내 순생산액 통계에 따르면, 1885년부터 1890년까지만 해도, 생산 총액이 7.5억 엔에서 10.24억 엔으로 증가했다. 그 가운데 농림수산의 비중은 매년 하락했고, 공업 생산의 비중은 매년 상승했다. 메이지 유신 후, 일본은 이미 봉건적 농업 국가에서 초보적인 자본주의 공업국으로 변화했다.[59]

중국의 상황은 일본과는 완전히 상반되었다. 1903년에, 중국에서 직접 자영하는 비교적 큰 공업·광업 기업은 겨우 185곳이었고, 자본금 총액은 고작 5,559만 위안이었다. 일본이 같은 시기에 시작하여 발전시킨 면방

58 '팔굉일우(八紘一宇)'는 일본 제국주의 시기의 국가 슬로건으로, 그 뜻은 '천하는 한 집안이고, 세계는 다 같다'는 것인데, 제2차 세계대전 과정에서는 대동아공영권(大東亞共榮圈)의 건설이라는 구호로 삼았으며, 일본 사회에서는 누구나 다 알고 있었다.

59 郝侠君·毛磊·石光荣, 『中西500年比较』, 342쪽, 北京, 中国工人出版社, 1996을 참조하라.

직 공업·선박 운송 공업과는 매우 격차가 커서, 천양지차였다. 중공업 방면의 발전은 훨씬 더 통탄할 만했는데, 예를 들면 창립 시기도 일본의 야하타제철소(八幡製鐵所)보다 이른 한양제철소[漢陽鋼鐵廠]는 선후로 3,300여만 냥에 달하는 은을 투자했고, 원료 조건도 일본의 야하타제철소보다 우월했지만, 시종 순이익을 내지 못하다가, 마침내는 야하타제철소의 원료 생산 기지가 되고 말았다. 또한 더욱 황당한 것은, 중국이 1881년에 건설한 최초의 철도인 탕쉬철도[唐胥鐵道, 허베이성의 탕산(唐山)에서부터 쉬거좡(胥各莊)까지의 철도]의 경우, 청나라 정부는 기차가 동릉(東陵)에 안장되어 있는 선왕의 신령을 방해하지나 않을까 염려했기 때문에, 기관차의 사용을 금지하자, 노새와 말을 이용해서 차량을 예인할 수밖에 없었으므로, 사람들은 '마차철도'라고 불렀다.

양쪽을 서로 비교해 보고, 일본인은 자신감을 갖고 '대륙정책'을 실시하기 시작했다. 1872년에 일본은 중국에 예속되어 있던 류큐(流球: 지금의 오키나와)를 병탄했다. 1874년에는 류큐 섬을 발판으로 삼아, 일본이 타이완을 침공했는데, 이는 일본의 실패로 끝났다. 이는 일본이 역사상 최초로 중국을 침략한 것이다. 청나라 정부의 어리석음과 유약하고 무능함으로 인해, 일본은 1879년에 청나라가 관리하던 류큐 왕국을 완전히 병탄하고, 새로 오키나와 현(沖繩縣)을 설치하여 오늘에 이르고 있다.

1876년에 일본은 무력으로 조선의 문호를 열려고, 조선을 침략하기 시작했다. 후에 청나라가 파견한 위안스카이(袁世凱)가 인솔하는 군대에게 패배했다. 1894년에 조선에서 동학당에 의한 봉기가 일어났는데, 조선 정부군은 연전연패하자, 어쩔 수 없이 청나라 정부에 원조를 요청했다. 일본은 이 기회를 틈타 조선을 먹어 치우고, 조선을 자신의 식민지로 만들기로 결정했다. 일본은 거짓으로 표명하기를, 만약 청나라가 조선에 파병하여 난을 진압하면, 일본은 조선에 군대를 보낼 구실을 삼을 리가 없다고 했다. 그런데 청나라가 조선에 파병하자, 일본은 오히려 군대를 이동시키고 장수를 파견하여, 1894년 6월에 조선 침략을 개시했다. 7월 23일, 일본 군대는 조선의 왕궁을 점령하고, 친청파(親淸派)를 타도한 뒤, 친일파 괴뢰정부를 세우고 조선 정부를 통제함에 따라, 조선은 중국의 영향력에서 차단되었다. 7월 25일, 일본 해군은 아산만 바깥에 있는 풍도(豊島) 부근에서 몰래 중국 수송선을 습격하여 침몰시켰다. 같은 날, 아산에 주둔하던 청나라 수비군과 일본군이 전투를 벌인 다음, 청나라 군대는 궤멸되어 평양으로 돌아갔다. 8월 1일, 중국과 일본은 동시에 선전포고를 함으로써, 갑오(甲午) 해전(海戰)이 정식으로 시작되었다. 북양해군은 전멸했고, 육지에서의 전투도 연달아 패배했으며, 1895년 4월에는 결국 청나라 군대가 패배하자, 일본은 청나라 정부를 압박하여 주권을 상실한 치욕적인 불평등조약인 〈시모노세키조약(馬關條約: 일본에서는 '下關條約'으로 표기한다)〉을 체결했다.

〈시모노세키조약〉의 주요 내용은 다음과 같다. 중국은 조선 반도로부터 철군함과 동시에 조선의 '자주독립'을 승인함에 따라, 사실상 청나라가 일본의 조선에 대한 통제를 승인함으로써, 조선은 일본의 식민지가 되었다. 또 중국의 랴오둥(遼東) 반도·타이완 섬·펑후(澎湖) 열도 등지(후에 랴오둥 반도는 중국이 3천만 냥의 은을 대가로 지불하고 '되찾았다')를 할양했으며, 은 2억 냥을 배상하고, 사스(沙市)·충칭(重慶)·쑤저우(蘇州)·항저우(杭州)를 무역항으로 개방했다.

갑오 해전 후, 일본·영국·프랑스·러시아·미국 등 제국주의 침략 세력이 홍수처럼 중국으로 밀려들어 왔는데, 그들이 영토·정치·경제·공업 및 문화 등 각 방면으로 침입함에 따라, 중국은 재난이 더욱 심각해졌고, 백성들은 마음 편히 살 수 없었다. 동시에 중국 인민들의 반제국주의·반봉건적 수탈과 억압에 대한 투쟁도 빠르게 발전함으로써, 청 왕조의 토대를 뒤흔들었다.

5. 두 번째로 서양을 배우다

심각한 민족적 위기 상황에서, 부르주아 개량파는 변법 유신 운동을 벌였는데, 역사에서는 이를 무술변법(戊戌變法)이라고 부른다. 이는 청 왕조를 멸망으로부터 구해 내어 생존을 도모하고 인민의 혁명을 막는다는, 이중적 성격을 띠고 있었다. 무술변법이란, 1898년(음력 무술년)에 캉유웨이(康有爲)를 우두머리로 하는 개량주의자들이 광서(光緖) 황제를 통해 진행한 부르주아 정치 개혁을 가리키는 것으로, 중국 청나라 광서 연간에 있었던 정치 개혁 운동이다. 주요 내용들로는, 서양을 배우고, 과학과 문화를 제창하며, 정치와 교육 제도를 개혁하고, 농·공·상업을 발전시키자는 것 등이다. 이 운동은 자희태후(慈禧太后: 일명 '서태후'라고도 함)를 우두머리로 하는 수구파의 강경한 반대에 부딪혔는데, 그 해 9월에 자희태후 등이 정변을 일으켜, 광서 황제는 구금되었으며, 유신파인 캉유웨이와 량치차오(梁啓超)는 각각 프랑스와 일본으로 도망쳤고, 탄쓰통(譚嗣同) 등 여섯 명[무술6군자(戊戌六君子)]은 살해당했다.

1900년, 영국·프랑스·독일·미국·일본·러시아·이탈리아·오스트리아 등의 나라들이 파견한 연합 원정군이 중국을 침입했는데, 청나라 조정을 압박하여 파병한 8개국을 포함한 11개 나라들과 〈신축조약(辛丑條約)〉 체결하게 함으로써, 은 4.5억 냥이라는 막대한 배상금을 지불했다. 게다가 이자가 9.8억 냥의 은이었고, 아울러 다른 많은 주권도 잃었다.

1840년 이래, 청나라 정부가 제국주의 열강들과 강제로 체결한 각종 불평등한 조약이나 조항 등은 모두 수백 가지가 넘는다.

청 왕조는 이미 구제할 수 없는 지경이 되어, 밖으로는 적을 막아 내고 안으로는 백성을 편안하게 하는 최소한도의 책임마저도 질 수 없는 지경에 이르자, 중국 민족이 부흥하려 한다면, 다른 방도를 찾지 않을 수 없게 되었다.

6. 신해혁명

청나라 정부는 구제할 방도가 없었고, 제국주의 침략은 한층 더 심각해지자, 대를 이어가며 중화 민족의 우수한 자녀들이 머리를 내던지고 뜨거운 피를 쏟으며, 희생을 무릅쓰고 용감히 나아가면서, 강국이 되는 길을 찾았다. 손중산(孫中山: 손문)이 그 가운데 걸출한 대표자였다.

손중산의 영도하에 부르주아 민주 혁명을 일으켜, 중국을 260여 년간 통치했던 청 왕조를 뒤엎고, 2천여 년 동안이나 계속된 군주 전제제도를 종결짓고, 민주공화국을 수립했는데, 이것이 바로 신해혁명이다. 1911년 12월 29일, 난징(南京)에서 거행된 17개 성(省) 대표회의에서 손중산은 중화민국 임시 대총통(大總統)에 추대되었으며, 1912년 1월 1일에 난징에서 중화민국 임시 대총통 취임을 선포하고, 중화민국 임시정부를 조직했다. 얼마 지나지 않아 위안스카이가 권력을 찬탈하고, 1912년 3월에 임시 대총통에 취임했으며, 1913년에 중화민국 초대 대총통에 당선되었다. "엄청나게 많은 금전과 인재들을 희생하고서, 고작 보잘것없는 가짜 공화(共和)를 얻고 말았다." 1915년 말에 위안스카이는 제멋대로 다시 제위에 올라, 스스로 황제라고 부르면서, 연호를 '홍헌(洪憲)'이라 하고, 국호를 '중화제국(中華帝國)'으로 바꿨다.

그러나 사회의 역사는 결국 도도하게 전진하는 것이니, 역사의 수레바퀴가 전진하는 것을 되돌리려고 망상하는 어떤 어릿광대도 결국은 모두 철저히 실패하고 마는 법이다. 위안스카이도 예외는 아니었다. 1916년 3월, 위안스카이는 고립무원의 상태가 되자, 83일 동안 '황제'가 되었던 그는 어쩔 수 없이 퇴위를 선포했으며, '중화민국' 국호를 회복했다.

1921년 5월, 손중산은 광저우(廣州)에서 비상 대총통에 취임하고, 정식으로 정부를 수립했다. 20세기 초엽에, 국가는 혼란하고 군벌이 할거하면서, 중국은 사분오열되어 군벌들 간에 혼전이 끊이지 않았으며, 백성들은 전쟁으로 인해 어수선한 상태에서 살아 갔다. 백성들은 안심하고 살 수 없었고, 배불리 먹을 수 없었으며, 헐벗었다고 하는 것이 당시 인민 생활의 진실한 묘사였다.

신해혁명 후에도 결코 아무 변화가 없었으니, 반제·반봉건은 여전히 막중한 임무였으며 길은 멀었다.

II. 신민주주의 혁명의 승리

중국 부흥의 길은 어디에 있단 말인가? 중국의 진보적 인사들은 여전히 그 길을 찾고 있었다.

1. 중국공산당 창립 초기

바로 이 시기에, "10월 혁명의 포성이 울려 퍼져, 우리에게 마르크스-레닌주의를 가져다주었고"[60], 러시아 10월 혁명의 성공 소식을 전해 왔으니, 세계 최초로 마르크스주의를 이용한 이론의 지도하에 생겨난 사회주의 국가가 탄생한 것이다. 반복하여 비교해 본 후에, 중국의 진보적 인사들은 확고하게 마르크스주의를 선택했다. 1921년 7월 23일, 중국공산당 제1차 전국대표자대회가 상하이에서 거행되었다. 리다(李達)·리한쥔(李漢俊)·장궈타오(張國燾)·마오쩌둥(毛澤東) 등 12명이 전국 50여 명의 당원을 대표하여 이 회의에 참가했다. 이때부터 중국은 완전히 새롭고, 공산주의 사회건설을 목적으로 하며, 마르크스-레닌주의를 행동 지침으로 삼는 통일된 노동자 계급 정당이 출현했다. 막 창립된 중국공산당은 비록 아직 매우

60 毛泽东, 「论人民民主主义专政」, 『毛泽东选集』, 2版, 第4卷, 1471쪽, 北京, 人民出版社, 1991.

약해 보였지만, 바로 이 작디작은 불씨가 얼마 지나지 않아 전국에서 타올랐으며, 세계를 밝게 비춰 주었다.

중국공산당의 조직적 영도하에, 중국 노동자 운동은 고조되어 세차게 일어났는데, 1922년 1월부터 시작하여 13개월 동안에, 30여만 명이 100여 차례의 파업에 참가하여, 공산당이 전국에서 나날이 강한 영향력을 뚜렷이 나타내자, 중국국민당의 최고 지도자인 손중산으로 하여금 공산당과 합작할 것을 결심하도록 했다.

1924년, 국민당과 공산당은 제1차 합작을 이루었는데, 이 합작은 중국 민주주의 혁명의 진행을 대단히 크게 촉진했다.

1925년 3월에 손중산이 세상을 떠난 후, 국민당 우파의 활동이 나날이 창궐했는데, 장제스(蔣介石)를 대표로 하는 신우파(新右派)와 신군벌 세력은 1927년 이후에 반혁명 행동에 박차를 가했다. 그들은 공개적으로 반공·반혁명의 입장을 밝히면서, 각지에서 잇따라 일련의 반혁명 반란 사건을 일으켰다. 그들이 모두 공산당원 2만 6천여 명과 30여만 명의 보통사람들을 살해하자, 국공합작은 마침내 깨졌고, 노동자·농민 운동은 계속 탄압을 받았다.

2. 총대에서 정권이 나온다

제1차 국공합작이 실패한 후, 나이 어린 중국공산당은 군사적 무장이 없었던 교훈을 제때에 총괄하고 나서, 신속히 일련의 무장 봉기를 조직했다. 1927년 8월 1일, 난창(南昌) 봉기의 총소리가 국민당 반동파에게 무장 반항하는 첫 번째 총에서 울려 퍼지면서, 중국공산당이 독자적으로 무장 투쟁을 지도하고 혁명 군대를 창설하는 서막을 열었다. 1927년 8월 7일에 중국공산당 중앙위원회는 회의를 소집했는데, 회의에서 마오쩌둥은 "총대에서 정권이 나온다"는 유명한 명제를 제시했다. '팔칠회의(八七會議)'는 중국 혁명의 긴요한 고비에서 대혁명 과정의 우경(右傾) 기회주의 오류를 철저하게 청산하고, 토지 혁명을 실행함과 아울러 국민당 반동파에게 무장 반항한다는 방침을 확정했다. 이때부터 중국 혁명은 정확한 노선을 걷게 되었다.

1927년 9월, 마오쩌둥은 후난(湖南)·장시(江西) 경계 지역에서 추수 봉기를 지도하여 일으켰고, 징강산(井岡山)에 최초의 농촌 혁명 근거지를 건설했다. 힘든 탐색을 거쳐, 마오쩌둥이 이끄는 중국공산당은 농촌이 도시를 포위하여 정권을 무장 탈취한다는 혁명의 새로운 노선으로 나아갔다. 1931년, 중화소비에트공화국 임시 중앙 정부가 수립되었다. 1935년, 쭌이회의(遵義會議)에서 마오쩌둥은 중국공산당과 홍군(紅軍)에서 실제로 지도적 지위를 확립했으며, 1936년에는 종횡으로 10여 개의 성(省)들에 걸쳐 2만 5천 리가 넘는 중국 노농홍군(勞農紅軍)의 장정이 승리를 거두었다.

3. 항일 전쟁 시기

1927년 이후, 국민당 내에 파벌이 난립하고, 군벌이 혼전을 벌이면서, 경제적으로 과중하고 잡다한 세금을 만들어 내어, 교묘한 수단이나 힘으로 빼았았는데, 1937년에는 온갖 과중한 세목(稅目)이 무려 1,700여 종에 달했다. 국민당의 장제스 집단은 새로운 관료 겸 매판적 자본가 계급으로 발전했다. 국민당 통치시기에, 경제는 독점했고, 정치는 독재했는데, 중국은 아직도 반식민지·반봉건 사회로, 여전히 사방에 위기가 잠복해 있었다.

일본은 일찍이 19세기에 '대륙 정책'을 확정하고, 이미 앞의 두 단계는 실시하여 타이완과 조선을 점령했으며, 그들은 곧 시기를 선택하여 순서대로 실행하면서, 세계를 제패하러 나아갔다. 1927년 6, 7월 사이에, 일본의 다나카(田中) 내각은 '동방회의(東方會議)'를 소집했다. 회의의 내용은 대중국(對中國) 정책을 되돌아보고 확정하는 것이었는데, 중심 의제는 이른바

'만몽(滿蒙: 만주와 몽고) 정책'이었다. 회의는 '만몽'과 '중국 본토'를 분리한다는 방침을 확립하고, 마침내 〈대중국 정책 강령〉을 작성했으며, 나중에 상주서(上奏書)를 작성하여 천황에게 보냈다. 이 상주문에서 말하기를, "누구든 중국을 정복하려면, 반드시 먼저 만주와 몽고를 정복해야 하며, 만약 세계를 정복하려면, 반드시 먼저 중국을 정복해야 합니다"라고 했다.

'대륙 정책'의 세 번째 단계를 실시하기 위해, 1931년에 일본은 도둑이 "도둑이야" 하고 고함치는 방법, 즉 자신의 죄상을 감추기 위해 다른 나라의 관심을 다른 곳으로 돌리는 비열한 방법으로 '9·18'사변('만주사변'이라고도 함—옮긴이)을 일으켜서, 다시 중국에 대한 침략 전쟁을 일으켰다. 장제스가 동북군(東北軍)에게 "저항하지 말고, 최대한 충돌을 피하라"고 요구함에 따라, 국민당이 부저항주의(不抵抗主義)를 택하자, 동북군은 싸워보지도 못하고 궤멸되었으며, 동북 3성 대부분이 함락되었다.

1937년 7월 7일에 루거우차오(盧溝橋) 사변이 일어나면서, 항일 전쟁이 전면적으로 시작되었다. 중국공산당의 촉구에 따라, 국민당과 공산당 양당이 힘을 합쳐 일본에 대항하기로 하고, 항일 민족통일전선을 결성함으로써, 중국은 항일을 위한 통일 세력을 형성했다. 국민당은 주로 전방에서, 공산당은 주로 적진의 후방에서 협동하여 항일 전쟁을 진행했다. 힘겨운 8년 동안의 항전을 거쳐, 1945년 8월 15일, 마침내 항일 전쟁의 전면적 승리를 맞이했다. 항일 전쟁의 승리는, 중국 인민이 백여 년 이래 처음으로 외래의 침략 반대 투쟁에서 완전한 승리를 거둔 것으로, 중국 민족의 치욕을 씻었다. 이는 중국 민족이 쇠락에서 진흥으로 돌아서는 전환점이 되었으며, 중국의 독립과 해방을 위한 기초를 다졌다. 항일 전쟁 과정에서, 중국의 군인과 민간인 사상자는 모두 3,500만 명 이상이나 되었다.

4. 해방 전쟁 시기

항일 전쟁 승리 후, 중국공산당 및 기타 민주적 당파들은 모두 평화롭고 민주적인 신중국(新中國)을 건설하기를 희망했으며, 아울러 이를 위해 꾸준히 노력했다. 그러나 장제스 집단이 독재 통치를 견지했기 때문에, 평화롭고 민주적인 신중국을 건설하려는 바람은 물거품이 되고 말았다.

일본이 투항한 후, 국민당 정부는 많은 군인과 정부 관리들을 피점령 지구에 파견하여 접수했다. 이들 고관들과 당(黨)·정(政)·군(軍)의 각 부문들이 동시에 개입하여, 너도 나도 총을 들고 설쳤으며, 문관과 무관이 다투고, 관원과 민간인이 다퉜으며, 힘 있는 자는 공공연히 강점하고, 힘이 없는 자는 몰래 도둑질을 했으니, 그야말로 강도 같은 양상이었다. 접수대원(接收大員: 당시 피점령 지구를 접수하기 위해 국민당이 파견한 고관)들 개개인은 모두 미친 듯이 양옥(洋屋)과 자동차를 빼앗고, 황금과 미국 달러를 긁어모았다. 피점령 지구 인민들은 그들을 "삼양개태[三洋開泰[61], 즉 서양(西洋)을 받들고, 동양(東洋)을 좋아하며, 현양(現洋: 현금)을 원함]"·"오자등과(五子登科[62], 여기에서 '五子'란 槍子·房子·金子·衣服料子 및 婊子, 즉 총탄·집·금·옷감 및 매춘부를 가리킴)"라고 불렀으며, 누구든 금괴[金條]가 있으면, 도리에 맞았으니[有理], 백성들은 그것을 "유조유리(有條有理)"[63]라고 불렀다. 국민당

61 삼양개태(三洋開泰): 이 말은 양띠 해의 신년 덕담인 삼양개태(三羊開泰)를 비유한 말로, '三羊開泰'는 '三陽開泰'에서 유래한 말이다. 陽·羊·洋자는 모두 중국어에서도 발음이 같아, 비유적으로 표현한 것이다. 주역에서 태괘(泰卦)는 하늘(陽)이 땅(陰)의 아래에 있다. 양(陽)의 효(爻)가 세 개 있는 괘이기 때문에 삼양(三陽)이라고 부른다. '삼양'은 겨울이 물러가고 봄이 시작되는 시절을 가리킨다. 즉 삼양개태는 만물이 깨어나는 시절에 태평을 이룬다는 뜻이다.

62 오자등과(五子登科): 아들 다섯 명이 과거시험의 문과(文科)나 무과(武科)에 합격한 것을 가리킨다. 이런 경우에 그들의 어버이가 살아 있으면 조정에서 해마다 쌀을 내리거나 특별히 벼슬을 올려 주었고, 이미 세상을 떠났으면 추증(追贈)하고, 무덤에서 성대하게 제사를 지내 주었다.

63 유조유리(有條有理): 원래는 "조리가 있고 질서정연함"을 나타내는 말로, 여기에서 '條'는 '조리'를 의미하는데, 이를 비꼬아 "금괴가 있으면 조리에 맞다"고 풍자적으로 표현한 것이

은 이미 곪을 대로 곪아서, 구제할 방법이 없었다.

국민당 정부는 또한 다음과 같은 금융 정책을 실시했다. 즉 항전 시기에 대대적으로 후방에서 발행했던 법폐(法幣: 합법적 화폐)는, 1위안(元)으로 피점령 지구에서 사용하는 위폐(僞幣: 위조 화폐) 200위안을 교환할 수 있도록 했는데, 이는 충칭에서는 단지 4개의 요티아오(油條: 밀가루 반죽을 기름에 튀긴 푸석푸석한 식품)를 살 수 있었던 반면, 상하이에서는 두 번 성대한 주연을 베풀 수 있었다는 것을 의미했다. 이렇게 환전하자, 위폐나 중저폐[中儲幣: 1942년 6월에 왕웨이(汪僞)가 새로 발행한 법폐]를 사용하던, 상공업계 계층들을 포함하는 사회의 대중들은, 그들의 재산 중 상당 부분을 국민당 정권에게 착취당하고 약탈당했다. 국민당의 수법과 국민당의 부패는 민심을 완전히 상실하게 했는데, 특히 베이징과 상하이 일대는 더욱 심각한 피해 지역이었다. 물은 배를 띄울 수 있지만, 또한 배를 엎을 수도 있으니, 민심의 향배는 이미 미래의 승패를 결정할 복선을 감추고 있었다.

1946년 1월 10일, 국민당·공산당·청년당·민주동맹·사회 명망가 등 모두 38명이 한데 모여서, 평화로운 건국과 관련된 사항들을 상의하여, 인민민주(人民民主)에 유리한 평화로운 건국의 기본 방침을 확립함으로써, 사실상 국민당의 일당 독재를 부정했다. 그리고 1월 31일에 대회는 폐막했다.

그러나 장제스는 이랬다저랬다 하다가, "하나의 정당, 하나의 이념, 하나의 지도자"를 만들기로 결정했다. 1946년 6월 26일, 장제스가 국민당 군대에게 중원의 해방구를 대대적으로 공격하라고 명령을 내려, 3개월 내지 6개월 내에 공산당과 중국 인민해방군을 섬멸하기로 결심하면서, 전국적인 내전이 발발했다.

몇 차례의 투쟁을 거치고 나서, 1947년 6월 30일에 류보청(劉伯承)·덩샤오핑(鄧小平)이 산시(山西)·허베이(河北)·산둥(山東)·허난(河南)의 야전 주력

다. 후자의 '條'는 금괴를 뜻하는 '金條'를 의미한다.

군을 이끌고 다볘산(大別山)으로 천 리를 약진한 것을 상징으로 삼아, 인민해방군이 전략적 대반격을 개시했다. 1949년 2월까지 랴오선(遼沈)·화이하이(淮海)·핑진(平津) 등 3대 전투를 치른 후, 국민당이 믿고 내전을 일으켰던 정예 주력부대는 거의 소멸되었다. 해방군은 식은 죽 먹듯이 대륙에 남아 있는 국민당 군대의 잔여 세력을 소탕하고, 신중국은 곧 힘차게 솟아나오게 된다.

Ⅲ. 신중국의 수립

1949년 9월 21일, 중국인민정치협상회의 제1차 전체회의가 베이징 중난하이(中南海)의 화이런탕(懷仁堂)에서 개최되어, 662명의 대표들이 한 방에 가득 모였다. 이는 중국 역사상 전에 없던 인민들의 성대한 모임이었다. 이 회의에서 마오쩌둥 주석이 개회사를 했는데, 그는 이렇게 말했다. "우리의 과업은 장차 인류의 역사에 기록될 것이며, 그것은 이렇게 표명할 것입니다. '인류 총수의 4분의 1을 차지하는 중국인은 이때부터 일어섰다'고." "우리는 곧 높은 문화를 지닌 민족으로 세계에 출현할 것입니다." 회의는 신중국의 조직·인사 등 건국과 관련된 사항들을 체계적으로 마련했으며, 마오쩌둥은 중화인민공화국 주석에 선출되었다. 1949년 10월 1일, 마오쩌둥 주석은 장엄하게 선언했다. "중화인민공화국 중앙 인민정부가 오늘 성립되었습니다."

중화인민공화국의 수립은 중국 신민주주의 혁명의 기본적인 승리를 상징했으며, 중국 인민은 제국주의·봉건주의·관료 자본주의라는 세 개의 거대한 산을 무너뜨렸으니, 중국 인민은 이때부터 일어서기 시작했다. 중국의 역사는 새로운 기원에 접어들었으며, 중국은 이때부터 독립·통일·민주주의의 사회주의 노선을 걸었다.

1. 신중국의 낡은 기초

그러나 낡은 중국이 남겨 놓은 경제는 사실상 만신창이가 되어 있어, 손봐야 할 것들이 수두룩했다. 1949년에 공업의 고정자산은 약 128억 위안이었으며, 공업 노동자는 겨우 300만 명으로, 전국 총인구의 약 0.7%를 차지했다. 철강 공업은 한 나라의 경제 실력을 평가하는 중요한 지표인데, 1949년에 중국은 고작 15.8만 톤의 철강을 생산하여, 1인당 평균 0.58근(斤: 1근은 약 600그램)을 차지했으며, 세계 제26위였다. 당시 미국은 1년에 7,074만 톤의 철강을 생산했으므로, 중국은 고작 그 생산량의 0.2%에 불과했다. 1949년에 전 세계는 1.6억 톤의 철강을 생산했으니, 세계 인구의 5분의 1을 차지하는 중국의 철강 생산량은 아직 세계 철강 생산량의 1,000분의 1에도 미치지 못했다.[64]

기계 공업은 국민경제의 장비 부문으로, 그것의 상황은 일정 정도 한 국가의 경제와 기술 발전 수준을 반영한다. 신중국이 수립될 때, 오로지 소수 몇 개의 도시들만이 일부 매우 작은 기계공장들을 보유하고 있었는데, 그들은 한 칸 혹은 몇 칸의 보통 공장 건물에, 1만여 위안 정도의 자본, 몇 대의 공작기계들을 가지고 있었다. 상하이 등 몇몇 도시들에는 수리나 조립을 위주로 하는 일부 중·소형 기계공장들이 있었는데, 오로지 소형 전기기계나 벨트·선반 등 간단한 기계 설비와 전력 설비만을 생산할 수 있었다. 자동차와 트랙터 등과 같이 약간 대형의 기계 설비나 전력 설비를 생산한다는 것은 도저히 상상도 할 수 없었다. 선박 공업도 매우 낙후되어 있었는데, 단지 몇 개밖에 없던 조선소는 국민당 군대에게 철저히 파괴되어, 조선소는 완전히 마비되어 있었다.

에너지 공업도 매우 낙후된 상태에 놓여 있었다. 1949년, 중국의 발전량

64 郝侠君·毛磊·石光荣, 『中西500年比较』, 565쪽, 北京, 中国工人出版社, 1996을 참조하라.

은 43억kwh로, 1인당 매년 평균 고작 8.6kw였으며, 먼 변방 지역과 방대한 농촌은 아직도 촛불과 등불을 켜고 사는 시대였다. 그 해에 미국의 발전량은 3,393억 2,700만kwh로, 중국의 78.9배였다. 중국은 일찍이 1,500년 전에 처음으로 석탄을 개발했는데, 1949년에 세계는 석탄 11.19억 톤을 생산했지만, 중국은 고작 0.32억 톤밖에 생산하지 못했다. 1949년, 중국 전체의 원유 생산량은 단지 12만 톤이었는데, 같은 해 세계의 원유 생산량은 4.35억 톤이었고, 미국에서만 2.52억 톤을 생산했다. 중국이 필요로 하는 석유 제품은 거의 전량을 '수입 석유'에 의지했다.[65]

교통·운수는 국민경제의 동맥이다. 1949년, 중국 대륙에는 철도가 고작 2만 3,500여 킬로미터(그것도 각 지역의 레일 폭이 같지 않았으며, 품질도 일정하지 않고 들쑥날쑥했다)가 있었는데, 전쟁으로 심각하게 파괴된 철도·교량·터널이 1만여 킬로미터였다.

중국의 농촌 경제는 중세기의 낙후된 상태에 장기간 머물러 있어, 농업 생산의 효과와 이익은 낮았다. 수많은 농민들의 평균 매년 1인당 차지하는 식량이 실제로는 고작 200근(120킬로그램–옮긴이) 정도밖에 안 되어, 항상 반 년치 이상의 식량이 부족할 수밖에 없었다. 19세기 중엽 이후부터, 중국은 매년 이미 대량의 식량을 수입하고 있었다. 1949년과 항일전쟁 이전에 최고 양호했던 연도를 비교하면, 식량 생산량은 24.5% 감소했고, 목화 생산량은 47.6% 감소했다.[66] 낡은 중국이 남겨 놓은 것은 빈궁하고 낙후된 '가산(家産)'이었다. 유엔 '아시아태평양 경제사회위원회(ESCAP)'의 통계에 따르면, 1949년 중국의 1인당 평균 국민소득은 27달러로, 인도의 절반에도 미치지 못했으며, 고작 아시아 국가들 평균치의 3분의 2에 해당했다.

신중국 수립 전야에, 국민당이 통치하던 지역에서는 금융이 혼란하여, 물가가 폭등하고, 금융 투기가 창궐했다.

---

65 위의 책, 566쪽을 참조하라.
66 위의 책, 567쪽을 참조하라.

제국주의의 어떤 예언가는 일찍이 이렇게 단언한 적이 있다. "중국공산당은 재정 경제 방면에서의 곤란을 극복할 수 없을 것이다." 중국 내에도, 공산당은 군사와 정치에서는 승리를 거두었지만, 경제에서는 빵점을 받을 것이라고 생각하는 사람이 있었다.

2. 회복과 재건

심각한 곤란에 직면하여, 중국공산당과 전국 인민이 함께 경제를 재정비하는 무거운 짐을 떠안았다.

통화 팽창을 억제하는 방면에서는, 국가가 통일하여 화폐 발행을 장악하는 방법 등을 채용함으로써, 1950년 3월까지, 1년도 안 되는 시간 동안에 전국의 물가는 완전히 안정되었다.

농민의 생산에 대한 적극성을 발휘하도록 하기 위해, 1950년 6월에 중앙 인민정부는 〈토지개혁법〉을 반포하고, 옛 해방구에서 했던 토지 개혁을 새로운 해방구에서 추진했다. 1952년 말, 토지 개혁이 끝나자, 수혜 농민이 3억 명에 달했다. 1952년, 전체 파종 면적이 항일전쟁 전에 비해 거의 2배로 증가했다. 이에 상응하여, 주요 농산품 생산량이 크게 상승하면서, 상품 유통을 확대시켜 시장 활성화를 촉진함으로써, 국민경제가 회복하고 발전하는 데 기초를 다지는 역할을 했다.

수리 사업을 벌였으며, 교통의 회복과 확충도 매우 활기차게 이루어졌다. 1953년까지, 비록 그 기간에는 한국전쟁을 겪기도 했지만, 중국의 국민경제는 전면적인 회복과 발전을 이루었다.

중국은 아편전쟁 이래로, 국가 현대화라는 문제에 직면했다. 번영된 중국은 수많은 진보적 인물들과 혁명 지사들이 갈망하는 것이었다. 중국의 현대화는 사회주의의 현대화밖에 없었다.

사회주의의 현대화는 단지 하나의 본보기밖에 없었으니, 그것은 바로 소련이라는 형님이었다. 소련은 건국 이후에 계획경제 관리 모델을 실시하여, 매우 짧은 10여 년 만에 낙후된 농업국을 공업국으로 바꾸어 놓음으로써, 세계로부터 갈채를 받았다. 이 발전 모델은 중국을 포함하여 막 독립한 후발 국가들을 매료시켰다.

Ⅳ. 계획경제와 시행착오투성이의 세월

신중국이 수립된 후, 중국 인민은 3년간의 힘든 노력을 통해 국민경제가 전면적으로 회복되어 초보적인 발전을 이루자, 주요 공산품과 농산품의 생산량은 모두 역사상 가장 좋았던 수준을 뛰어넘었으며, 인민의 생활수준은 눈에 띄게 높아졌다. 1952년, 국민경제를 회복시키는 임무가 이미 완성되자, 1953년부터는 중국 경제 건설의 제1차 5개년 계획을 집행하기 시작했다. 5년 동안의 노력을 거쳐, 농업은 풍작을 이루었으며, 공업 건설은 큰 성과를 거둠에 따라, 각종 지표들이 모두 대폭 초과 달성을 이루었다. 정치는 안정을 이루었고, 경제 발전 추세는 양호했으며, 교육과 과학기술도 모두 기초적인 발전을 이루었고, 사회 관리는 질서 있게 전개되었다.

중국 사회주의 경제 건설 제1차 5개년 계획은 1953년부터 1957년까지였다. 1957년 당시, 각 항목의 계획 지표들은 모두 크게 초과 달성되었다. 12월 말에 '제1차 5개년 계획'은 초과 달성되었다. 1957년에 농·공업 총생산액은 1,241억 위안으로, 불변가격으로 계산하면, 1952년에 비해 67.8% 성장했다. 그 가운데 공업 총생산액은 704억 위안으로, 128.6% 성장했으며, 농업 총생산액은 537억 위안으로, 24.8% 성장했다. 주요 공산품과 농산품의 생산량을 보면, 철강이 535만 톤으로, 296% 성장했으며, 석탄이 1.31억 톤으로, 98.5% 성장했고, 발전량은 193억kwh로, 164% 성장했다. 또 식량은 1억 9,505만 톤으로, 19% 성장했고, 목화는 164만 톤으로, 25.8%

성장했으며, 유료(油料: 식물유의 원료)는 419.6만 톤으로, 0.07% 성장했다. 기본 건설(基本 建設: 공장·주택 등 고정자산을 증가시키기 위한 건설) 투자 총액은 143.32억 위안으로, 229% 증가했다. 재정 총수입은 310.2억 위안이었다.[67] '제1차 5개년 계획' 기간에 공업 생산에서 취득한 성과는, 낡은 중국이 백 년 동안 거둔 성과를 훨씬 뛰어넘었다. 세계 다른 나라들에서 공업이 급속히 발전하던 시기의 성장 속도와 비교해도, 매우 뛰어난 성과였다.

1956년, 전국적으로 거의 대부분의 지역들에서 기본적으로 생산수단의 사회주의적 개조가 완성되어, 사회주의 사회로 진입했다.

1957년부터 1978년까지, 중국이 실행한 것은, 기본적으로 소련에게 배운 고도로 집중적인 계획경제 관리 체제였다.

1. 반우파(反右派) 투쟁과 대약진

제1차 5개년 계획이 애초의 계획을 큰 폭으로 초과 달성한 후, 중국 인민들로 하여금 빈궁하고 낙후된 면모를 바꾸겠다는 결심과 투지를 매우 크게 불러일으킴으로써, 스스로 위대한 공산당 앞에서는 어떤 기적도 모두 창조해 낼 수 있다고 여기게 되었다. 당시 중앙의 주요 지도자들은 경제 발전의 법칙을 파악하고 있지 못했으며, 중국의 기본적인 경제 사회의 기본적인 상황과 사회 발전 법칙에 대한 인식이 부족했다. 그리하여 마오쩌둥을 비롯해 중앙과 지방의 많은 지도자들에게서 경제 건설의 첫 번째 승리 앞에서 다시 교만해지고 자만에 빠지는 정서가 자라남에 따라, 객관적 세계의 작용에 대한 개인의 주관적 의지의 작용을 지나치게 과장했다. 1957년, 중국공산당이 정풍 운동을 벌인 후, 일부 인사들이 선의로 당과 정부에 의견을 제시했지만, 그들은 이로 인해 지탄을 받았다. 즉 그들은

67 新华网 〈中华人民共和国大事纪〉을 참조하라. http://news.xinhuanet.com/ziliao/2007-11/13/content_7065784.htm.

중국공산당이 정풍 운동을 전개하는 기회를 틈타 공산당과 사회주의 제도에 대해 공격을 가했다고 지탄받았다. 그 결과 반우파 투쟁이 심각하게 확대되어, 방대한 인텔리겐치아의 적극성을 매우 크게 손상시켰을 뿐만 아니라, 전체 형세에 대한 잘못된 평가를 초래하기도 했다. 마오쩌둥은 중국공산당 8기 삼중전회(三中全會: 중앙위원회 3차 전체 회의) 연설에서 재차 제기하기를, 무산계급과 자산계급의 모순·사회주의 노선과 자본주의 노선의 모순이 당시 국내의 주요 모순이며, 따라서 당의 각 업무들에 대한 정확한 지도를 어지럽혔다고 했다.

1958년에 처음 시작한 '대약진' 운동과 인민공사 운동은, '좌(左)'편향 오류를 전에 없이 범람하게 했으며, 높은 지표·터무니없는 지시·부과풍(浮誇風: 관리들이 실적을 날조하여 부풀리는 행위를 비꼬는 말)·'공산풍(共產風)'[68]의 성행은 국민경제에 재난적인 후과를 안겨 주었다. 동시에 반우파 투쟁 과정에서는 용감하게 실사구시적으로 비판한 정황이 있는 수많은 당 내외 인사들에게 타격을 가함으로써, 다시 당과 국가의 정상적인 민주적 생존은 심각한 피해를 입었다. 농업에서는 "사람은 많으면 대담해지고, 땅은 많으면 산출이 많아진다. 살찐 돼지는 코끼리만한데, 단지 코만 짧을 뿐이며, 전체 인민공사에서 한 마리를 잡으면, 반년을 족히 먹을 수 있다"고 고취했다. 허베이성 쉬수이현(徐水縣)은 그러한 과대 포장 풍조가 전국에서 최고였다. 그들은 그곳에서는, 한 포기의 배추가 500근까지 자랄 수 있고, 1묘(畝: 1묘는 대략 6.7아르 정도의 면적)의 땅에서 조면(繰綿: 목화씨를 제거한 솜) 5천 근을 생산할 수 있으며, 1묘의 땅에서 밀 12만 근을 생산할 수 있고, 1묘의 땅에서 고구마 120만 근을 생산할 수 있다고 했다. 1958

68 공산풍(共產風): 한마디로 '과도한 공산주의 풍조'인데, 생산대(生產隊)들 사이의 차별을 인정하지 않고, 가난한 생산대와 부유한 생산대를 똑같이 인솔하며, 공사 단위 내에서 균등한 분배를 실행하고, 공공 적립이 지나치게 많으며, 의무노동이 지나치게 많고, 등가교환 원칙을 파괴하며, 생산대와 공사 소속 개인의 일부 재산을 무상으로 징발하는 등, 공산주의를 잘못 이해하고 교조적으로 적용했던 잘못된 사회 풍조를 비꼬던 말이다.

년의 전국의 식량 생산량은 겨우 4천억 근이었는데, 각급 부서들이 취합하여, 농업부(農業部)가 전국을 취합했을 때에는 8천억 근이나 되어, 2배로 늘어났다. 공업에서는, 철강 생산량의 높은 지표를 지나치게 추구하여, 전국적으로 수천만 명이 노동에 참가했는데, 전 인민이 '대련강철(大煉鋼鐵)'[69]에 동원되어 경제 법칙을 위배함으로써, 국가경제 건설에 초래한 손실은 참으로 컸다.

'대약진' 운동은 '극좌' 노선의 산물이었다. '대약진' 운동은, 생산의 발전에서 빠른 속도와 높은 지표를 추구하여, 공업과 농업의 주요 생산품의 생산량을 두 배 혹은 몇 배, 심지어는 수십 배 증가시킬 것을 요구했다. '대약진'은 국민경제의 발전 질서를 교란시켰으며, 많은 인력과 물자를 낭비함으로써, 국민경제에 심각한 곤란이 출현하도록 야기했으며, 인민의 생활수준을 큰 폭으로 떨어뜨렸다. 1960년과 1957년을 비교해 보면, 도시와 농촌 주민의 평균 식량 소비량은 19.4% 감소했으며, 그 중 농촌의 1인당 평균 소비량은 23% 감소했다. 수많은 지역의 민중들이 식량 부족과 영양실조로 인해 보편적으로 부종병이 발생하여, 많은 성(省)들에서는 농촌 인구의 사망이 증가했다. 추산에 따르면, '대약진'이 직접적으로 경제에 끼친 손실은 무려 1,200억 위안에 달했다.[70] 그 교훈은 준엄했다.

2. '문화대혁명'

1960년 9월, 중국공산당 중앙위원회는 "調整(조정)·鞏固(공고)·充實(충실)·提高(제고)"라는 여덟 글자의 방침을 제시하고, 1961년부터 1965년까지

69 대련강철(大煉鋼鐵): 1958년에 중국공산당 중앙위원회가, 1,070만 톤의 철강과 1,840만 톤의 철을 생산하라는 높은 지표를 제출하자, 이를 달성하기 위해 전국적으로 일으킨 제강·제철 생산 운동을 가리킨다.

70 中共中央文献研究室 編, 『叁中全会以来重要文件选编』(上), 290쪽, 北京, 人民出版社, 1982를 참조하라.

의 힘든 노력을 통해, 마침내 국민경제를 전면적으로 호전시켰다. 그런데 이 시기에 당과 국가의 정치에서의 집단지도 원칙과 민주집중제 원칙은 끊임없이 약화되고 파괴되어, 당의 권력이 지나치게 개인에게 집중되었다. 바야흐로 중국 인민이 국민경제의 새로운 발전을 쟁취했을 때인 1966년 상반기에, 마오쩌둥은 다시 착오를 범하여 '문화대혁명'을 개시함으로써, 경제 발전 과정을 혼란에 빠뜨렸으며, 몇 년에 걸쳐 힘들게 분투하여 비로소 얻어 낸 대호황 국면을 훼손하였다.

'문화대혁명'은 꼬박 10년 동안 진행되어, 전국적인 범위에서 "모든 것을 의심하고(懷疑一切)", "모든 것을 타도하고(打倒一切)", "전면적으로 내전을 벌여(全面內戰)", 정치 정세와 경제 상황을 급격히 악화시켰으며, 사회를 심각하게 파괴하고 퇴보시켰다. 그로 인해 초래된 주요 결과는 다음과 같다. 첫째는 경제에서의 손실로, 추산에 따르면 5천억 위안 이상인데, 이 숫자는 건국 30년 동안의 전체 기본 건설 투자액의 80%에 해당하며, 건국 30년 동안의 전체 고정자산 총액을 뛰어넘는다. 둘째는 정치에서의 혼란인데, 민주주의와 준법이 심각하게 파괴되고 함부로 유린당함으로써, 수많은 간부와 민중들이 잔혹한 박해를 당했다. 셋째는 과학·문화·교육 사업이 심각한 손상을 입었는데, 역사·문화 유산이 크게 파괴되고, 국민의 소질이 하락했으며, 경제·과학기술 수준은 선진국들과의 격차가 한층 더 크게 벌어졌다.

1957년부터 1976년까지 20년 동안, 중국의 정치 운동은 끊이지 않았고, 경제 건설은 여러 차례 파괴되었다. 그러나 이 기간에 중국 사회주의 건설의 각 사업들은 여전히 전 세계가 공인하는 중요한 성과를 거두었다. 신중국이 수립되고부터 1964년까지, 중공업의 각 주요 부문들의 누계에서 새로 건설한 대·중형 항목들 가운데 3분의 2 이상은 3년에 걸친 '대약진'기간에 착공한 것들이다. 이 3년 동안에 새로 증가된 제강(製鋼) 능력은 1949년부터 1979년까지 새로 증가된 능력의 36.2%를 차지하며, 석탄 채굴

능력은 29.6%를 차지하고, 면방적 방추는 25.9%를 차지한다.[71] 1960년에 시작된 대경석유대회전(大慶石油大會戰)[72]은, 3년 후에 중국 최대의 석유 기지를 건설했으며, 생산량은 전국 석유 총생산량의 3분의 2를 차지했다.

국방 첨단 과학기술 방면의 작업은 1958년에 처음 착수했다. 1964년 10월 16일, 중국은 첫 번째 원자폭탄 실험을 성공적으로 마쳤다. 1967년 6월 17일에는 첫 번째 수소폭탄 공중 폭격 시험에 성공했다. 1970년 4월 24일, 중국은 '창정 1호(長征 1號)' 탑재 로켓을 이용하여, 최초의 인공위성인 '둥팡홍 1호(東方紅一號)'를 성공적으로 발사했다.

식량 생산은 비교적 안정된 성장을 유지했다. 1976년에는 5,726억 근에 달해, 1965년 대비 1,835억 근이 증가했다. 공업과 교통·기본 건설 및 과학기술 방면 등에서 모두 일련의 중요한 성취를 이루었다. 외교 방면에서는, 유엔에서의 합법적 지위를 회복하여, 중·미, 중·일 관계가 정상화되었으며, 서구의 많은 나라들과 외교 관계를 수립했다. 그리하여 중국은 국제적인 위신이 상당히 높아졌다.

중공중앙당사연구실(中共中央黨史研究室) 주임과 중국사회과학원 원장을 역임한 저명한 역사학자인 후성(胡繩)은 1984년 당시 다음과 같이 제기했다. "만약 35년 동안 하나도 옳은 것은 없고, 전부 잘못된 것만 쌓여 왔다고 말한다면, 35년의 역사를 정확히 해석할 수 없다."

71 中共中央党史研究室 编, 『中国共産党的七十年』, 371쪽, 北京, 中央党史出版社, 1991을 참조하라.

72 대경석유대회전(大慶石油大會戰): 1960년 1월에, 석유부(石油部)의 당 그룹이 확대회의를 개최하여, 동북 지역에서 신속히 탐사하여 석유를 개발하도록 비준하고, 2월 20일에 중국공산당 중앙위원회는 석유부가 제출한 보고를 비준하면서, 석유 대회전은 시작되었다. 석유 계통의 37개 공장과 광산·단과대학과 대학교들이 인원과 설비를 조직하고, 국무원의 일부 인원들, 퇴역한 해방군 전사와 전역한 군관 및 철인(鐵人) 왕진시(王進喜)를 대표로 하는 앞 세대 석유인들로 구성된 석유 대군이 동북 지역의 쑹넨(松嫩) 평원에 들어가 석유 대회전을 전개했다. 겨우 3년 반 만에 860여 평방킬로미터에 달하는 대단히 큰 유전을 확인하고, 매년 원유 500만 톤의 생산능력을 가진 유전을 건설하여, 원유 1,166.2만 톤을 생산했다. 이것을 '대경석유대회전'이라고 부른다.

바로 이러한 성취들이, 중국공산당으로 하여금 이와 같은 엄중한 잘못을 저지른 후에 다시 새롭게 민심을 응집시켜, 인민 대중의 지지를 얻을 수 있게 하였다.

중국공산당이 다시 민심을 응집시켜, 폭넓은 인민의 지지를 얻을 수 있었던 또 다른 원인은, 바로 중국이 세계적으로 드문 훌륭한 국민을 가지고 있다는 점이다. "사람은 성현이 아니거늘, 어느 누가 잘못을 저지르지 않을 수 있겠는가[人非聖賢, 孰能無過]?"(『좌전』에 나오는 말-옮긴이)라는 문구가 말해 주는 것은, 중국인은 관용적인 마음으로 잘못을 범한 개인과 조직을 대할 뿐 아니라, 잘못을 범한 원인은 무엇이고 잘못을 범한 후의 태도와 행위는 어떠한지에 더욱 관심을 갖는다는 것이다. 중국공산당은 탐색 과정에서 드러난 심각한 오류를 결코 감추지 않고, 잘못을 공개적으로 인정하고 반성하면서, 잘못을 바로잡았으며, 역사를 거울로 삼아 미래를 지도했다.

'대약진'이 저지른 잘못에 대해, 마오쩌둥은 이렇게 말했다. "대체로 중앙(中央: 당 중앙위원회)이 범한 오류는, 직접적으로는 내 책임이며, 간접적으로는 나 또한 책임이 있습니다. 왜냐하면 나는 중앙위원회 주석이기 때문입니다."[73]

'문화대혁명'에서 나타난 오류에 대해, 중국공산당 중앙위원회는 제때에 어지러운 세상을 바로잡고 정상을 되찾았으며, '문화대혁명'을 철저하게 부정함과 동시에 마오쩌둥을 정확하게 평가했다.

금(金)에도 완벽한 순금은 없으며, 사람에도 완벽한 사람은 없다. 중국 내외의 역사를 보면, 정당도 예외일 수 없다. 대담하게 잘못을 직시하고, 잘못을 잘 바로잡아, 계속 발전해야만 정확한 방향을 찾을 수 있다. 끊임없이 진리를 추구하고, 제때 잘못을 바로잡으면, 민심을 영원히 공고하게 할

73 『毛泽东文集』, 2版, 第8卷, 296, 291쪽, 北京, 人民出版社, 1999.

수 있다. "진리를 견지하고, 제때 잘못을 바로잡는 것"[74]은, 여전히 우리가 미래의 개혁과 발전의 탐색 과정에서 성공을 거두는 기본적인 담보이다.

'문화대혁명'은 중국 경제에 막대한 손해를 끼쳐, 중국의 과학기술과 경제 등의 방면에서 서방의 선진국들과의 격차를 더욱 크게 벌려 놓았다.

3. '문화대혁명'이 끝났을 때의 경제·사회 상황

본래 낙후되어 있던 중국의 농업은, 10년 동안의 재난을 거친 후에는 더욱 뚜렷이 낙후했다. 1979년에 중국의 농업 인구는 전체 인구의 83.8%를 차지했는데, 농업이 제공할 수 있는 상품 식량(판매할 수 있는 식량-옮긴이)은 식량 총생산량의 5분의 1도 안 되었고, 8억 명에 달하는 농민은 여전히 수공업 공구를 사용하여 농사를 짓는 상태에 있었으며, 또한 대다수 지역들에서는 먹고 입는 문제도 해결하지 못하고 있었다. 국민경제는 비례와 균형이 맞지 않았다. 1949년부터 1979년까지 중공업은 97배 성장했으며, 경공업은 21배 성장했는데, 농업은 2.7배 성장하여, 중공업은 비중이 지나치게 크고, 경공업은 지나치게 작으며, 농업 발전은 완만했음을 뚜렷이 알 수 있다. 1956년에 중국의 1인당 식량 생산량은 307킬로그램이었는데, 1978년에는 318킬로그램이었다.[75] 1인당 평균 점유하는 식량의 각도에서 보면, 22년이 지나도 거의 증가하지 않았다. 중국의 에너지 이용률은 고작 30%였는데, 일본은 50%였다.

1979년에 중국의 철도 개통 길이는 겨우 약 5만 킬로미터로, 미국의 6분의 1도 안 되었으며, 인도보다도 적었다.

수출 상품은 경쟁력이 부족했다. 1978년에 세계 인구의 5분의 1을 차지하던 중국이, 국민 총생산액은 고작 세계의 1%를 차지했으며, 대외 수

74 위의 책, 같은 쪽.

75 谢春涛, 『中国共産党为什么能』, 86쪽, 北京, 新世界出版社, 2011을 참조하라.

출입 총액은 206.4억 달러로, 세계 무역 총액의 0.75%를 차지했는데, 같은 시기에 미국은 10.8%, 서독은 10.9%, 일본은 7.5%를 차지했다. 1978년, 중국의 1인당 평균 GDP는 고작 127달러였는데, 미국은 9,687달러로, 중국의 76배였고, 일본은 중국의 66배였다. 중국은 세계 190여 개 국가와 지역들 가운데에서 차지하는 순위가, 유명한 빈곤 국가인 콩고와 같았다.[76]

노동과 취업 문제는 심각하여, 1979년에 전국에는 대략 2천만 명의 실업자가 있었다.

1980년에 중국은 1만 명당 과학기술인이 11.6명이었는데, 1976년에 미국에는 1만 명당 과학기술인 160명(법학·교육학·인류학 방면의 과학기술인은 포함하지 않음)을 보유하고 있었으며, 1975년에 일본은 1만 명당 1,840명(연구 개발에 종사하던 사람 수를 가리킴)의 과학기술인을 보유하고 있었다. 1955년에 중국의 국민 총생산액은 세계 국민 총생산액의 4.7%를 차지했는데, 1980년에는 2.5%로 하락했다. 1960년에 중국의 국민 총생산액은 일본과 같은 수준이었지만, 1980년에는 고작 일본의 4분의 1이었다. 1980년에 중국의 1인당 평균 국민소득은 343위안으로, 100달러 정도였는데, 같은 시기에 미국은 1만 94달러, 일본은 7,672달러였다. 1978년에 중국에서 연간 소득이 100위안 이하인 인구가 차지하는 비중이 35.4%였다. 미국 펜실베이니아대학 사회학 교수인 스티츠는 자신이 정량(定量) 평가 방법을 사용하여 세계 124개 국가와 지역의 발전 수준에 대해 분석한 바에 근거하여, 중국의 사회 발전 수준은 124개 국가와 지역들 가운데 뒤에서 48위라고 발표했다.

이상의 통계 수치들로부터, 우리는 중국의 낙후함과 빈곤함을 보았다. 1976년, 중국의 식량 생산량은 2억 8,631만 톤에 달해, 1949년의 생산량에 비해 2배 이상이 되었지만, 중국의 인구도 빠르게 증가하면서, 식량 생산

76 위의 책, 97쪽을 참조하라.

량의 증가는 새로 증가한 인구가 상쇄하여, 중국의 식량 압박은 여전히 매우 컸다.

'문화대혁명'이 끝난 후, 계속해서 '문화대혁명' 노선을 실행했을까, 아니면 경제 건설 추진을 중점 사업으로 삼았을까? 중국은 어느 길로 갔을까?

V. 개혁·개방의 중국

'문화대혁명'이 끝났을 때, 중앙위원회의 주요 지도자들은 "양개범시(兩個凡是)"의 태도, 즉 "마오쩌둥 주석이 결정한 정책은 우리 모두가 단호하게 옹호해야 하고, 마오쩌둥 주석의 지시는 우리 모두가 시종일관 변함없이 준수해야 한다"는 태도를 견지함으로써, 중국의 발전을 저해했다.

'양개범시'는, 사회 발전이라는 측면에서 말하자면, 그것은 경직된 것으로, 사회 발전 법칙에 부합하지 못했으며, 마르크스주의 유물론적 관점에서 보더라도 잘못된 것이었다. 또 중국 사회주의 건설의 실천에서 보면, 특히 마오쩌둥이 잘못하여 '문화대혁명'을 실시한 것으로부터 보면, '양개범시'는 역시 발붙일 수 없는 것이었다.

매우 분명하게도, '양개범시'는 중국이 전진하는 과정에서 최대의 장애물이었다. '양개범시'를 부정해야만, 중국은 비로소 어느 정도 성과를 거둘 수 있고, 어느 정도 전진할 수 있었다.

1. 실천은 진리를 검증하는 유일한 기준이다

'문화대혁명' 후의 중국의 사상과 정치 방면은, 전반적으로 여전히 경직되어 있고 교조적이었다. 마오쩌둥에 대한 개인숭배는 맹목적인 신격화 지경에 이르러서, 마오쩌둥의 말 한 마디 한 구절을 모두 진리로 여겨, 틀림없이 집행하려 했으면서, 마오쩌둥의 사상에 대한 전체적인 이해나 파악은 소홀히 했다. 어떤 일이 옳은지 그른지에 대한 판단 기준은, 혁명 지도자들이 말했는지 안 했는지를 교조적으로 살펴보는 것이었고, 실천을 통해 판별하지 않았다. 경제 방면에서는 여전히 고지식하게 계획경제를 사회주의와 동일시하여, 경제 체제를 개혁할 중요성과 필요성을 보지 못했다. '문화대혁명'이 조성한 사상의 혼란을 바꾸려면, 반드시 사상적 계몽을 진행해야 했다. 실천은 진리를 검증하는 유일한 기준이라는 것이 마르크스주의 인식론의 기본 원리로서, 진리인지 아닌지는 오로지 사회적 실천에 의해서만 검증할 수 있다.

진리의 기준이 무엇인가 하는 문제는, 반드시 혼란을 바로잡아 정상으로 회복시켜야 했다. 그리하여 진리의 기준에 대한 토론을 불러일으켰다.

그 당시의 시절이 얼마나 황당했는가? 실천은 참된 지식에서 나오고, 실천은 진리를 검증하는 유일한 기준이라는 것은, 마르크스주의 철학의 상식일 뿐 아니라, 사람들의 일상생활 속에서도 마찬가지로 상식인데, 뜻밖에도 대토론까지 거쳐서야 비로소 분명히 밝힐 수 있었으니 말이다.

중국공산당 제11기 삼중전회는, 실천이 진리를 검증하는 유일한 기준이라는 것의 정확성과 중요성을 인정하고, 진리의 기준이 무엇인가에 대한 토론을 높이 평가했으며, 마르크스주의의 정확한 노선을 다시 확정하고, 진리의 기준에 대한 대토론을 총결산했다.

덩샤오핑(鄧小平)은 이렇게 지적했다. "당, 국가, 민족, 이 모든 것들을 만약 책에서부터 출발한다면, 사상은 경직되고, 미신이 성행할 것이다. 그렇게 되면 전진할 수 없게 되고, 생명력은 정지되어, 당과 나라를 망하게 할 것이다." 얼마 지나지 않아, 소련과 동유럽 사회주의 국가들의 붕괴는, 덩샤오핑의 예언이 정확했음을 증명해 주었다.

진리의 기준에 대한 토론은 대대적인 사상 해방으로서, 당으로 하여금

(습관과 주관적 편견으로부터―옮긴이) 사상을 해방하고 실사구시하는 마르크스주의 노선을 회복하게 해주었으며, 전체 당이 교조주의의 정신적 속박으로부터 해방되게 해줌으로써, 다시 생기와 활력이 흘러넘치게 했다.

1978년 12월 18일, 중국공산당 제11기 삼중전회가 개최되었다. 회의는 전면적이고 체계적으로 '문화대혁명' 및 그 이전의 관련된 잘못들을 시정했으며, 진리의 기준 문제에 대한 토론을 높이 평가하고, 마오쩌둥이 중국의 장기간에 걸친 혁명 투쟁 과정에서 발휘한 거대한 역할을 확인했다. 이 회의는 사상을 해방하고, 두뇌를 이용하고, 실사구시하고, 일치단결하여 앞을 바라보는 지도 방침을 확정했으며, 다시 새롭게 마르크스주의적 정치 노선을 확립하여, 과업의 중심을 사회주의 현대화 건설로 옮겨와 개혁·개방을 실행한다는 전략적 방침과 정책을 결정했다.

이때부터 중국 사회주의 건설의 역사는 새로운 한 페이지를 열게 된다.

2. 농민·농촌·농업의 개혁

중국의 개혁은, 계속해서 각 직업, 각 방면에서 전개되었다. 중국의 농민은 특유의 창조적 형식으로 중국 개혁의 서곡을 연주했다.

1978년 11월에 안후이성(安徽省) 펑양현(鳳陽縣) 샤오강촌(小崗村)의 18가구 농민들은, 몰래 마을의 땅을 각 가구별로 할당하고, 다음해에 국가가 납부하도록 한 식량을 납부하고 나서, 남은 식량은 자신이 갖기로 결정했는데, 이것이 바로 포산도호(包産到戶: 가정 단위 청부제 생산)이다. 1978년, 이 행동은 온 세상 사람들로부터 비난받을 죄악이자, 용감하고 심지어는 위대한 장거이기도 했다. 해가 바뀐 후, 이 마을의 식량은 대풍작을 이루어, 식량 총생산량은 전체 생산대(生産隊: 중국 인민공사의 생산조직은 군대 형태의 '대'로 이루어져 있으며, 여기에서는 마을의 생산대를 가리킴)의 1966년부터 1970년까지 5년간의 식량 생산량을 모두 합친 것과 같았다. 현물세를 다 납부한 뒤에도 남는 게 있어서, 장기간 동안 해결하기 어려웠던 배불리 먹고 따뜻하게 입는 문제를 해결했다. 샤오강촌의 식량이 대풍작을 이룬 뒤, '포산도호'를 비판하는 소리는 여전히 끊이지 않고 들려왔다.

중국 역사상 먹고 사는 문제는 줄곧 중대한 문제였기 때문에, 먹는 문제를 해결하는 데 힘을 쓰지 않아서 왕조가 바뀌고 조대가 바뀐 경우가 많았다. 중국공산당이 집권한 지 이미 30년 가까이 되었음에도, 당시에도 아직 매우 잘 해결했다고 말할 수는 없었다. 샤오강촌이 '포산도호'의 방법으로 식량의 대풍작을 거둠으로써, 중국의 식량 문제를 비교적 잘 해결하기 위한 방향을 분명히 제시해 주었다. 덩샤오핑은 1980년 5월 31일의 중요한 담화에서 샤오강촌의 '대포간(大包干: 전면 청부제)' 방법을 공개적으로 인정했다. 1982년 1월 1일, 중국공산당 역사상 첫 번째로 농촌 업무에 관한 문건이 발표되었는데, 여기에서 포산도호와 포간도호(包干到戶)[77] 모두 사회주의 집단 경제의 생산 책임제이며, 아울러 장차 그것을 전국으로

77 포간도호(包干到戶)와 포산도호(包產到戶): '포간도호'는 쌍방이 체결한 권리·책임 및 이익에 관한 청부 계약에 근거하여, 농가는 스스로 각각의 생산 활동과 생산 품목을 안배하여 국가에게 농업세를 납부하고, 집단에 비축분을 납부하며, 기타 떼어서 남겨 두는 것 외에는, 완전히 청부자가 소유한다. 중국 농촌 가정의 전면 청부 책임제의 주요 형식이다. 농가가 집단의 기본 생산수단(가장 중요한 것은 토지)을 청부 맡아 자주적으로 경영하고, 국가와 집단이 응당 받아야 하는 각종 비용을 책임지고 납부하며, 그 나머지 생산품이나 수입은 청부 가구가 소유한다. 농민은 토지의 경영 관리권을 갖지만, 소유권은 여전히 국가가 가지며, 여전히 공공 소유이다. 이 제도는 최초로 안후이성 펑양현 샤오강촌에서 실시되어 대단히 큰 효과를 거두었으며, 나아가 개혁·개방의 바람을 타고 전국 각지로 퍼져 나갔다. 이 제도는 "국가에 납부하고, 집단에 남겨 두고, 남은 것은 모두 자신의 것"이라는 구호를 내걸었다. 그러나 농업세가 면제되는 지금은 이 모든 것이 자신의 것이다. 이 제도의 목적은 농민의 생산에 대한 적극성이 저하되어 있는 상태를 바꾸어, 농촌 집단 경작의 폐단을 없애는 데 있었다.

'포산도호'는 가정 전면 청부제도로서, 중국의 농촌 집단 경제조직에서 실행하는 일종의 생산 책임제도이다. 농촌 집단 경제조직은 생산수단 공유제를 견지하고, 통일된 계획·통일된 경영·통일된 정산·통일된 분배를 견지하는 조건 하에서, 농작물 경작과 일부 목축업·양식업 및 부업 생산 임무를 농가가 책임지도록 청부하여(노동, 비용, 생산량을 청부함), 초과 생산하면 포상하고, 달성하지 못하면 변상하는 방법이다. 그리하여 농가를 단위로 전체 농업 생산 주기 내에 전체 생산 임무를 책임지고 완성하여, 노동의 최종 성과와 청부받은 농가의 경제적 이익이 비교적 직접적으로 연계됨으로써, 기술을 개량하고, 생산량을 높이는 데 유리하여, 생산력 발전을 촉진했다.

널리 보급하겠다고 밝혔다. 이후에 이러한 생산방식은 '가정연산승포책임제(家庭聯産承包責任制: 가정 전면 청부 책임제)'라고 불렀다. 국가는 가정연산승포책임제를 끊임없이 공고히 하고 완벽해지게 하면서, 농민들이 다양한 경영을 펼치도록 격려함으로써, 방대한 농촌 지역으로 하여금 빠르게 빈곤과 낙후의 딱지를 떼고, 점차 부유한 길을 걷도록 했다.

가정연산승포책임제의 실행은 효과가 뚜렷했다. 1956년, 중국의 1인당 평균 식량 생산량은 307킬로그램이었고, 1978년에는 318킬로그램이었는데, 1984년에 개혁·개방한 지 겨우 6년 만에 중국의 1인당 평균 식량 생산량은 392킬로그램에 달하여, 6년의 짧은 기간 동안에 74킬로그램이 향상되었다. 과거에 사람들을 괴롭히던 큰 문제가 5, 6년 만에 해결되었다. 1997년, 중국의 식량 생산량은 4억 9,417만 톤에 달해, 1인당 평균 399킬로그램으로, 세계 평균 수준을 초과했다. 2006년, 중국 정부는 농업세를 폐지하여, 중국에서 2,600여 년간 존재했던 농업세[78]는 정식으로 역사의 무대에서 이별을 고했다. 중국의 농업은 2013년에 다시 풍작을 이루어, 식량 생산은 '10년 연속 증가'를 실현했으며, 2013년의 전체 식량 생산량은 6억 194만 톤에 달했다. 그런데 1950년에 중국의 식량 총생산량은 1억 3,213만 톤이었으니, 2013년의 식량 생산량은 1950년의 4.56배였다. 중국은 세계 7%의 토지를 가지고 세계 20%의 인구를 먹여 살리고 있으니, 이는 세계적인 기적이라고 할 수 있다.

3. 도시 경제 체제의 개혁에 관해

(1) 경제특구의 설립

개혁·개방의 직접적인 실천 경험을 얻기 위해, 대외 개방 과정에서, 당

78 谢春涛, 『中国共産党为什么能』, 86쪽, 北京, 新世界出版社, 2011을 참조하라.

중앙(中央: 중앙집행위원회)과 국무원(國務院)은 광둥(廣東)·푸젠(福建)에 대해 경제활동에서 "특수한 정책과 융통성 있는 조치"를 실행하기로 결정하고, 아울러 선전(深圳)·주하이(珠海)·샤먼(厦門)·산터우(汕頭)에 시험적으로 경제특구를 운영하기로 결정했다. 선전 등 경제특구의 성공적 실천은, 한층 더 개방을 확대하기 위한 경험을 쌓아, 중국의 개혁·개방과 현대화 과정을 힘차게 추동했다.

개혁·개방 전의 선전은 아직 사람들에게 거의 알려지지 않은 작은 어촌으로, 찢어지게 가난하여, 1979년에 이 지역의 국민 총생산액은 1억 9,638만 위안이었다. 그러나 몇 년 동안에 선전은 전국적으로 유명한 특대형(特大型) 도시가 되었고, 경제는 매우 활기차며, 경제력은 급속히 증강되었다. 선전 특구의 성공은 개혁·개방의 길이 옳았다는 것을 말해 주었으며, 전국적으로 개혁·개방의 막을 열어젖히도록 추동했다. 2012년에, 선전시의 국민 총생산액은 1조 1천억 위안으로, 전국의 대·중도시들 가운데 5위였으며, 1979년의 5,601배로, 연평균 31%씩 성장했다.

(2) 공유제(公有制)의 기초 위에서 계획한 상품경제 개혁

1982년에 덩샤오핑은 이렇게 지적했다. "우리의 현대화 건설은, 반드시 중국의 현실에서 출발해야 합니다." "마르크스주의의 보편적 진리를 우리나라의 구체적 현실과 결합하여, 자신의 길을 가면서, 중국 특색 사회주의를 건설하는 것, 이것이 바로 우리가 오랜 역사적 경험을 총괄하여 얻어낸 기본적인 결론입니다."

농촌 개혁에서 거둔 거대한 성적과 거의 6년에 걸친 개혁·개방 실천의 기초 위에서, 당의 제12기 삼중전회는 성실하게 경험을 총괄하여, 〈중국공산당 중앙위원회의 경제 체제 개혁에 관한 결정(中共中央關于經濟體制改革決定)〉(이하에서는 〈결정〉이라고 줄여서 표현함)을 통과시켰다. 이 결정의 주요 내용은, 도시 경제 체제 개혁을 중점으로 하는 것이다. 당의 제12기 삼중전회는 경제 체제 개혁 과정에서의 일련의 중대한 이론과 실천 문제를 비교적 체계적으로 제시하고 천명하여, 중국 사회주의 경제는 공유제의 기초 위에 세워진 계획적인 상품경제임을 확인했다. 〈결정〉은 수많은 문제들에서, 특히 상품경제나 가치법칙 같이 큰 문제들에서, '좌(左)'편향적인 사상적 속박을 타파하고, 낡은 전통 관념을 타파하여, 오랫동안 정통으로 여겨 왔던 번잡하고 불합리한 규율과 제도를 포기함으로써, 수많은 사람들 안에 있는 모호한 인식을 분명하게 했다. 사회주의 경제는 공유제의 기초 위에 선 계획적인 상품경제로, 반드시 자각하여 가치법칙을 근거로 삼고 응용해야 한다. 중국이 창립한 경제 체제는 자본주의 모델과는 근본적으로 다를 뿐 아니라, 경직된 사회주의 모델과도 크게 다르다. 그것은 중국의 특색을 지니며, 생기와 활력으로 충만한 사회주의 경제 체제이다. 개혁의 기본 임무는 바로 중국 특색의 사회주의 경제 체제를 건립하려는 것이다. 이 문건은 중국 경제 체제 개혁을 지도하는 강령적 문건이다.

중국 특색의 사회주의 경제 건설을 진행하려면, 반드시 새로운 체제를 창조해야 하고, 또한 제도를 이용해 경제 건설이 순조롭게 진행되도록 보장해야 한다. 1982년에, '문화대혁명' 과정에서 파괴된 인민대표대회 제도와 중국공산당이 영도하는 다당(多黨) 합작 제도가 마침내 회복되었고, 아울러 새로 개정된 〈중화인민공화국 헌법〉을 통과시켰다.

(3) 개혁에 대한 논쟁과 발전

중국의 20여 년에 걸친 경제 건설 경험은, 중국 경제가 비교적 빠르게 발전하기 위해서는 반드시 원래의 계획경제 체제에 대해 개혁을 진행해야 한다는 것을 분명하게 알려 주었다.

계획경제 체제는 1949년 10월에 신중국이 수립된 이후에 확립되기 시작한 것으로, 1956년에 기본적으로 확립되었으며, 1978년까지 줄곧 다시 한층 강화되어, 공유경제가 최대한 커지게 했으며, 비공유경제는 거의 남지 않게 하였다. 이리하여 갖가지 소유제의 기업들 간 경쟁을 억제하여 발전하지 못하게 함으로써, 대단히 심각하게 국유 경제로 하여금 활력을 잃게 했으며, 마침내 전체 국민경제의 발전을 저해했다. 중국 국내 생산 총액의 연평균 성장률을 보면, 1953년부터 1957년까지는 9.2%에 달했는데, 1958년부터 1978년까지는 5.4%로 급격히 하락했다.[79]

기존의 낡은 체제(體制)에 길들여진 사고가 여전히 사람들의 생각 깊숙한 곳에 자리 잡고 있어, 개혁은 여전히 발을 내딛기가 힘들었다. 세 가지 사례를 들어보자.

첫째는 원저우(溫州)의 '팔대왕(八大王)' 사건이다. 원저우 사람들은 장사를 잘하기로 세계적으로 유명하여, 그들은 "동양의 유태인"이라는 명성을 지니고 있다. 아편전쟁 후 얼마 지나지 않아, 원저우는 대외 통상항구로 개방됨에 따라, 일찍이 '시장'경제의 세례를 받았다. 인식 면에서 그들은 내륙보다 한 걸음 앞서 나갔을 뿐만 아니라, 광범위한 해외 관계도 수립했다. 또한 원저우 사람들은 원저우 밖으로 나가, 전 세계 곳곳에서 번창할 수 있도록 초보적인 기초도 다졌다. 개혁 초기에, 경제의 신경 계통이 매우 발달한 원저우 사람들은 가장 먼저 계획경제를 개혁한다는 봄바람의 냄새를 맡았다. 원저우 '팔대왕'은 개혁·개방 당시 원저우 최초의 민간 상인들로, 유통 영역에서 활약한 8명의 대규모 사업가들이었는데, 그들은 다음과 같다. 나사(螺絲) 대왕 류다위안(劉大源), 오금(五金: 갖가지 철물) 대왕 후진린(胡金林), 목록(目錄: 카탈로그) 대왕 예지안화(葉建華), 선권(線圈: 코일) 대왕 젱시앙칭(鄭祥青), 광등(礦燈: 광산용 램프) 대왕 쳉부칭(程步青), 공초(供銷: 공급과 판매) 대왕 리팡핑(李方平), 기전(機電: 기계와 전기 설비) 대왕 젱위안충(鄭元忠), 구화(舊貨: 고물, 중고품) 대왕 왕마이치안(王邁仟)이다. 민첩한 두뇌와 과감하게 세상 사람들보다 앞서가는 정신에 의지하

79 全国干部培训教材编审指导委员会, 『社会主义市场经济概论』, 20쪽, 北京, 人民出版社, 2002를 참조하라.

여, 그들은 맨 먼저 개인적으로 창업을 시작했고, 순식간에 돈을 물 쓰듯이 쓸 수 있는 류스(柳市)의 부자가 되었다.

그들은 뜻을 이루어 득의양양했지만, 좋은 시절은 오래 가지 않았다. 1982년 1월, 중국 정부는 경제 영역에서의 범죄 활동에 타격을 가하는 긴급 통지를 발표하고, 전국적으로 경제 영역의 범죄 활동에 호된 타격을 가했다. 당시 러칭현(樂清縣) 위원회는 '팔대왕'의 상품경제 행위를 중요한 사건으로 삼고 조사한 뒤, '팔대왕'이 투기하여 사취했다고 고발했다. 고발 이유는, 이처럼 많은 돈을 번 것이 바로 자본주의라는 것이었다. '팔대왕 사건'은 일거에 전국적으로 유명해졌으며, 추악하기 짝이 없어서, 한동안 원저우의 민영 기업들이 머리를 치켜들지 못하도록 짓눌렀다. 1984년, 당시 중책을 맡은 원저우시 서기(書記)였던 위안팡리에(袁芳烈)는 '팔대왕 사건의 판결이 번복되지 않으면, 원저우 경제가 활성화되는 것을 기대하기 어렵다'고 깊이 느꼈다. 그는 합동조사팀을 조직하고, 전체 조서에 대해 재조사를 진행하여 다음과 같은 결론을 얻어 냈다. "일부 경미한 탈세를 제외하고, 팔대왕의 모든 행위는 중앙의 정신에 부합한다." 유물주의적 관점으로 보면, 이 8명은 시장경제 안에서 앞서서 부유해진 개인 사영(私營) 경제의 대표적 인물들이자, 농촌의 희망이며, 농민의 귀감이었다. 1984년 4월, '팔대왕'은 혐의를 벗었다.

둘째는 경제특구 정책에 대한 문제제기다. 1979년, 선전·주하이·샤먼·산터우에 시험적으로 경제특구를 설치한 정책에 대해 줄곧 논쟁이 끊이지 않았으며, 평가가 각기 달랐다. 선전시는 종전에 작은 어촌이었다가 전국적으로 주목받는 공업도시로 변모했으며, 공·농업의 총생산액은 4년 만에 10배 증가하여, 현대화된 도시가 처음으로 윤곽을 드러냈다. 누군가 말하기를, 선전시가 시행한 것이 바로 자본주의라고 했다. 1984년 1월 하순, 덩샤오핑은 선전시를 시찰하고, 선전시를 위해 다음과 같은 격려의 글을 남겼다. "深圳的发展和经验证明, 我们建立经济特区的政策是正确的

(선전의 발전과 경험은, 우리가 경제특구를 건립한 정책이 정확했다는 것을 증명했다).” 다른 경제특구들도 성취가 매우 뚜렷했다.

셋째는 국영기업의 개혁 논쟁이다. 신중국이 수립된 초기에, 국유기업은 국가 발전에 공헌을 했는데, 경제가 발전함에 따라 국유기업에 대해 너무 융통성 없이 운영한 계획경제의 폐단이 갈수록 많이 드러났다. 개혁 초기에는 기업이 무엇을 생산하고, 얼마나 생산하고, 얼마에 판매할지에 대해 자주적으로 결정할 수 없었는데, 국가의 계획이 “너무 많이 관여하고, 너무 융통성 없이 운용하는” 것은 기업 체제에서의 큰 폐단이었다. 한 공장의 공장장에게는 겨우 몇 백 위안의 자주권만 있을 뿐이고, 타자기를 사거나 화장실을 수리하는 것도 모두 반드시 상급 행정기관에게 허락을 얻어야 했다. 지령적(指令的) 계획[80]이 자원을 배치하고, 시장기구는 완전히 배제되었다. 예를 들면, 1980년대의 중국 중공업 기지인 랴오닝(遼寧) 선양(沈陽)에서, 동(銅)을 생산하는 선양 제련소와 동을 필요로 하는 선양 케이블 공장은 바로 도로 하나를 사이에 두고 있었지만, 선양 케이블 공장이 필요로 하는 동은 선양 제련소에서 구매할 수 없었고, 국가의 계획적 배분에 복종하여 남방에서 실어 오느라, 홍동(紅銅)이 대여행을 했으므로, 톤당 운송비가 4~5백 위안이나 증가했다. 1년에 1만 7천여 톤의 동을 필요로 하는 선양 케이블 공장은 운송비만으로 매년 무려 수백만 위안을 지출하여, 대단히 큰 낭비를 했다. 그 원인은 바로 선양 케이블 공장은 기계부(機械部) 관할에 속했고, 선양 제련소는 야금부(冶金部) 관할에 속했으며, 기업의 원재료는 모두 집중화된 단위 계통에서 조달했기 때문이다.

기업은 활력을 잃었고, 경직된 계획경제 체제는 경제 사회 발전의 효과와 이익을 높지 않게 함으로써, 인민들의 생활은 나날이 곤경에 빠져들었

80 지령적 계획: 생산·유통·건설 등과 같이 국가 경제나 민생 문제와 관련된 중요한 지표나 항목을 국가가 지시나 명령 형태로 하달하는 계획을 가리키며, 이 계획은 하급 기관들이 반드시 의무적으로 준수하여 실천해야 한다.

고, 무슨 물자든 모두 부족해지자, 기본적인 생활필수품은 모두 배급표에 의지하여 판매해야 했다.

계획경제는 개혁이 필요한가 필요하지 않은가? 어떤 사람들은, 계획경제가 바로 사회주의 경제라고 말한다.

이러한 의견에 대해, 덩샤오핑은 지적하기를, "개혁·개방은 대단히 큰 실험이며", "우리는 가치법칙에 따라 일을 처리하고, 경제법칙에 따라 일을 처리해야 한다"[81]고 했다. 그는 또한 이렇게 말했다. "사회주의와 시장경제 사이에는 근본적인 모순이 존재하지 않는다." "다년간의 경험이 말해 주는 것은, 생산력을 발전시키려면 과거의 경제체제에 의지해서는 문제를 해결할 수 없다는 것이다. 그리하여 우리는 자본주의에서 일부 유용한 방법을 흡수하여 생산력을 발전시킬 것이다."[82] 따라서 개혁하려 하며, 반드시 개혁해야 한다. 기업의 활력을 증가시키려면, 반드시 기업이 직접 시장조직을 상대로 생산하고, 시장을 이용하여 자원을 배당하여, 경제 사회적인 효과와 이익을 높이는 것이 요구된다. 계획경제가 시장경제로 이행하는 과정에서, 가격 개혁은 80년대 경제 개혁의 중점 사항이었는데, 먼저 대다수 소비 제품의 가격을 자율화했으며, 그 다음에 '쌍궤제(雙軌制: 두 가지 방법이나 제도를 병행하는 것, 즉 병행제)'를 통해 개입과 방임을 결합했고, 80년대 말과 90년대 초에는 다시 대다수의 투자재(投資材) 가격을 자율화했다. 중국의 국유기업은 상품 시장의 진통과 경쟁 세례를 겪었다.

중국의 개혁은 점차 깊숙이 들어가고 있다. 가치법칙에 따른 일 처리와 경제법칙에 따른 일 처리는 제도 창조를 위한 공간을 열어 주었으며, 제도 창조는 사회에 비교적 편안한 외부 환경을 가져다주었다. 사상적 돌파는 실천적 돌파를 가져와서, 고도로 집중적인 계획경제 체제가 점점 느슨해지자, 사상이 활발한 시대가 도래했고, 경제가 활발한 시대가 도래했다.

81 『邓小平文选』, 第3卷, 130쪽, 北京, 人民出版社, 1993.
82 위의 책, 148쪽.

개인 기업·사영 기업·주식회사 기업·외국 기업·국내외 합작 기업 등이 점차 빠르게 증가하면서, 중국 경제도 안정적인 성장을 지속했다.

한 가지 예를 살펴보자.

1984년에 출발하여 지금까지, 중국 IT산업의 모범적 상표로서 레노버(Lenovo)가 나날이 발전해 가고 있는 과정에서, 중국이 개혁을 발전시켜 강성해지는 길을 엿볼 수 있다.

1984년 11월, 류촨즈(柳傳志) 등 11명의 "시장을 완전히 이해하지도 못하고, 경영 관리를 완전히 알지도 못하는 과학기술자들"이 중국과학원의 과학기술 체제 개혁의 호소에 호응하여, 중국과학원 계산기술연구소(計算技術研究所)의 20만 위안의 투자에 의지하여 창업했다. 한 칸의 접수실 안에 중국과학원 계산기술연구소 신기술발전회사(레노버 그룹의 전신)를 설립한 것이다. 첫 해에, 그들은 기술 노동력을 팔았으며, 자신들의 땀으로 70만 위안을 모아, 이후에 최고의 제품을 개발하기 위해 필요한 자금을 적립했다. 1986년, 레노버 한카(漢卡: 중국어용 워드프로세서)가 탄생했다. 끊임없는 개발과 완성을 거쳐, 레노버는 8개의 소프트웨어 판본과 6가지 사이즈의 레노버 한카 시리즈를 구성하고, 6대 영역에 광범위하게 응용했다.

1988년에 레노버 한카는 국가 과학기술 진보 1등상을 받았다. 1989년 11월 14일, 신기술발전회사는 정식으로 이름을 바꿔 '베이징 레노버 계산기 집단공사(北京聯想計算機集團公司)'가 되었다. 1994년 2월 14일, 홍콩 레노버 지주 유한공사는 홍콩 주식시장에서 상장을 공시했다. 1997년 3월 5일, 레노버 컴퓨터는 10%의 시장점유율로 국내 시장에서 1위를 차지했으며, 1999년 3/4분기에 레노버 컴퓨터는 8.5%의 시장점유율로 영예롭게도 아시아 태평양 PC 시장에서 판매량 1위에 올랐으며, 2003년에는 레노버 데스크 탑 컴퓨터 판매량이 전 세계 5위에 올랐다. 그리고 2004년 12월 8일, 레노버는 6.5억 달러의 현금과 6억 달러의 회사 주식으로 IBM의 전 세계 퍼스널 컴퓨터 사업을 인수한다고 선포했다. 이리하여 레노버는 세계에서 세 번째로 큰 PC 제조업자가 되었으며, 최소한 전 세계에서 7.6%의 PC 시장 점유율을 보유하게 되었다.

개혁·개방의 성공이라는 실천적 경험을 얻고, 개혁·개방의 전과 후에 중국의 다양한 방면에서 거대한 변화가 가져온 강렬한 대비(對比)를 갖고서, 1987년 10월에 당의 제13차 전국대표대회의 성공적인 개최를 맞이했다.

당의 제11기 삼중전회(1978년 12월에 개최–옮긴이)부터 당의 제13차 전국대표대회(원본에는 제12차 전국대표대회로 표기되어 있으나, 제12차 전국대표대회는 1982년 9월에 개최되었으므로 4년밖에 격차가 나지 않으며, 제13차 전국대표대회는 1987년 10월에 개최되었으므로 9년의 격차가 나므로, '제13차'의 표기 오류인 듯함–옮긴이)까지 9년 동안, 중국 국민경제의 각 영역들은 모두 뚜렷한 성취를 이루었는데, 경제 건설이 특히 두드러졌다. 1986년을 1978년과 비교하면, 국민 총생산액·농업과 공업의 총생산액·국가 재정수입 및 도시와 농촌 주민 평균 수입의 수준이 모두 대략 두 배로 증가했다. 당은 중국이 사회주의의 초급 단계에 도달했다는 것을 명확히 인식하고, 아울러 중국 특색의 사회주의 노선을 탐색했다. 대회는 이렇게 선포했다. "사회주의 초급 단계에서, 우리 당이 중국 특색의 사회주의를 건설하는 기본 노선은, 전국 각 민족의 인민을 영도하고 단결시키며, 경제 건설을 중심으로 삼고, 네 가지 기본 원칙[四項基本原則][83]을 견지하며, 개혁·개방을 견지하고, 자력갱생하며, 각고 분투하여, 우리나라를 부강하고 민주적이며 문명된 사회주의 현대화 국가로 건설하기 위하여 분투하는 것이다." 이는 중국공산당이 처음으로 이처럼 선명하게 중국 특색 사회주의 건설을 당의 지도

83 네 가지 기본 원칙[四項基本原則]: '4인방'을 숙청한 후, 중국의 사회와 공산당 내에서는 몇몇 사상적 동향이 출현하여, 일부 사람들의 사상에 혼란을 조성했다. 그리하여 1979년 3월 30일, 덩샤오핑이 중국공산당 중앙집행위원회를 대표하여 베이징에서 개최한, 이론 작업과 학습에 힘쓰는 회의에서 강연한 내용이다. 그 내용은 첫째, 반드시 사회주의 노선을 견지할 것, 둘째, 반드시 인민민주주의 독재 정치를 견지할 것, 셋째, 반드시 공산당의 영도를 견지할 것, 넷째, 반드시 마르크스–레닌주의와 마오쩌둥 사상을 견지할 것 등이다.

사상과 기본 이론으로서 제시한 것이며, 또한 그것을 사회주의 초급 단계 및 하나의 중심 과제[一個中心: 위에서 말한 '경제 건설']와 두 가지 기본 관점[兩個基本點: 위에서 말한 '네 가지 기본 원칙의 견지'와 '개혁·개방 견지']이라는 기본 노선과 밀접하게 연결하고 통일한 것이다. 대회는 또한 다음과 같은 중국 경제 발전의 3단계 전략을 제정했다. "첫 단계는, 국민 총생산액을 1980년의 두 배가 되도록 하여, 인민이 따뜻하게 입고 배불리 먹는 문제를 해결한다. 이 임무는 이미 기본적으로 실현되었다. 둘째 단계는, 금세기(20세기–옮긴이) 말까지 국민 총생산액을 다시 두 배로 증가시켜, 샤오캉(小康: 인민이 먹고사는 문제를 걱정하지 않고 살 수 있는 중류 생활 정도의 풍요로운 상태) 사회에 도달하게 한다. 셋째 단계는, 다음 세기(21세기–옮긴이) 중엽까지, 1인당 평균 국민 총생산액(GNP)을 중진국 수준에 도달하게 하여, 인민의 생활이 비교적 부유하게 하고, 기본적으로 현대화를 실현한다."

(4) 물가 파동

이상(理想)은 아름다운 것이지만, 사회는 현실적인 것이며, 사회 발전은 언제나 곡절이 많은 것이어서, 개혁은 불가피하게 구체제와의 사이에서 첨예한 충돌이 발생한다. 중국의 계획경제 체제가 시장경제 체제로 이행하는 과정에서, 가격의 쌍궤제(개입과 방임을 병행하는 제도–옮긴이)는 특수한 과도기적 가격 관리 제도였다. 1980년대에 시작할 때, 그것은 일정하게 긍정적인 역할을 했다. 그러나 경제 개혁이 깊이 있게 발전함에 따라, 그 누적된 폐단이 매우 많아지자, 가능한 한 빨리 쌍궤제를 일원화해야 했다. 하지만 적당하게 처리하지 못했기 때문에, 물가의 지속적이고 빠른 상승을 야기했다. 1988년, 물가 상승이 지나치게 빨랐기 때문에, 전국적으로 앞다퉈 사재기하는 풍조를 야기했다. 3개월 내에, 주민들의 저축성예금은 300억 위안이 감소했고, 95%의 물가가 모두 상승했는데, 텔레비전과 냉장고 등 가정용 전기 제품은 보편적으로 20~50% 상승했다.

당시의 상하이 성냥공장에서 생산한 성냥은, 1988년 2월 말에, 창고 안에 아직 6천만 갑이 쌓여 있었으며, 3월분으로 2천만 갑을 생산했다. 그러나 3월의 3일 동안에, 순식간에 4천만 갑을 팔았으며, 4월분으로 생산한 것과 함께 누계 거의 1억 갑이 단번에 팔려 하나도 남지 않았다. 보도에 따르면, 난징시(南京市) 구러우구(鼓樓區)에 사는 한 주민은 한 번에 400여 갑의 성냥을 사다가 집안에 두었는데, 뜻밖에 어린아이가 불장난을 하다가 화재가 났다고 한다. 이 해에 앞다퉈 사재기하는 풍조는 모든 지역에서 다 같이 일어났는데, 난창시(南昌市) 교외에 사는 한 농민은 한 번에 3대의 소니(SONY) 컬러 텔레비전 수상기를 사들였으며, 어떤 사람은 500킬로그램의 소금을 사들였고, 어떤 사람은 심지어 아직 10살도 안 된 자신의 아들을 위해 결혼 용품들까지 사들였다. 이러한 사례들을 통해 물가의 지속적인 상승에 대한 염려가 어떠했는지 짐작할 수 있다.

(5) 급변하는 세계 정세

20세기의 80년대 말과 90년대 초의 세계 정세는 복잡하게 급변했다. 1980년대에 동유럽 국가들은 이미 사회주의 국가의 성격을 계속적으로 변화시키고 있었다. 1990년 10월 3일, 독일이 통일되었다. 1991년 12월 25일, 소련이 해체되었다. 사회주의 진영은 이미 사분오열했는데, 중국은 어디로 갈 것인가?

(6) 덩샤오핑의 명쾌한 방향 제시

1992년 초, 덩샤오핑은 「우창·선전·주하이·상하이 등지에서의 담화 요점(在武昌·深圳·珠海·上海等地的談話要點)」[84]에서 이렇게 지적했다. "제11기 삼중전회 이래의 노선·방침·정책을 견지해야 하며", "사회주의를 견지하

84 한국에서는 흔히 「남순강화(南巡講話)」라고 알려져 있다.(옮긴이)

지 못하고, 개혁·개방하지 못하고, 경제를 발전시키지 못하고, 인민의 생활을 개선하지 못하면, 오로지 죽음의 한 길뿐이다. 기본 노선은 백 년을 지도해야 하며, 동요해서는 안 된다." "마르크스주의는 사라졌고, 쓸모가 없으며, 실패했다고 여겨서는 안 된다. 어찌 그런 일이 있겠는가!" "계획이 많은가 아니면 시장이 많은가는, 사회주의와 자본주의의 본질적인 차이가 아니다. 계획경제가 곧 사회주의는 아니며, 자본주의에도 계획은 있고, 시장경제가 곧 자본주의는 아니며, 사회주의에도 시장이 있다. 계획과 시장은 모두 경제 수단이다." 이렇게 곱고 낭랑한 목소리의 결론은, 사실상 구시대 정치가의 정치적 유언이었다.

이 88세의 노인은, 구시대 정치가의 혹독한 시련의 경력을 이용하여, 자본주의와 사회주의 발전의 긍정적이고 부정적인 양면의 경험적 교훈을 이용하여, 지혜롭고도 심오한 숙고를 이용하여, 중국이 반드시 견지해야 할 방향을 다시 한 번 분명하게 지적했다. 바로 덩샤오핑이 방향을 분명하게 제시하여, 중국과 중국 인민을 부유해지게 하였다.

덩샤오핑은 진정으로 확고한 마르크스주의 이론의 실천자였다. 그의 영도하에, 중국공산당은 실사구시의 태도로 중국과 세계의 역사적 경험과 교훈을 종합하여, 자신의 잘못을 바로잡고, 당시 역사가 처한 시대적 특징과 전체적인 국제적 형세에 대해 과학적 판단을 도출해 냈다. 그는 중국이 성공적으로 중국 특색의 사회주의 건설이라는 참신한 길을 나아가도록 영도함으로써, 무엇이 사회주의이고 사회주의를 어떻게 건설할 것인가를 중심으로 하여, 덩샤오핑 이론을 구성했다.

20세기의 마지막 20여 년 동안, 사상을 해방한 중국인은 왕성한 창조력을 발휘했으며, 탁월한 효과를 거둔 개혁은 이 시대에 가장 환상적인 한 페이지를 기록했다.

21세기로의 진입이 초읽기에 들어가고, 정보 혁명 시대의 도래가 임박하자, 세계의 과학기술은 빠르게 발전했다. 중국의 과학기술은 어떻게 발전할 것인가? 중국의 경제 사회는 어떻게 발전할 것인가? 중국 특색의 사회주의 노선은 어떻게 계속 발전할 것인가? 이러한 문제들이 중국공산당 앞에 주어졌다.

Ⅵ. 사회주의 시장경제 체제의 수립

1989년 6월, 장쩌민(江澤民)을 총서기로 하는 새로운 당 중앙집행위원회 집단이 구성되었다. 1989년 이전의 몇 년 동안, 전국의 GDP는 8.8% 이상씩 빠르게 증가했는데, 1989년의 전국 GDP 증가는 4.1%였고, 1990년에는 3.8%로 하락했다. 중앙집행위원회의 주요 지도자들은 눈에 새겨 두었으며, 마음속으로 초조했다. 중국 경제의 장기적 발전 잠재력은 필경 어디에 있단 말인가?

1. 사회주의 시장경제 체제의 확립

14년 동안의 위대한 개혁·개방 실천에 대한 기본적인 총결산을 거쳐, 1992년 10월에 개최한 중국공산당 제14차 전국대표대회는, 세 가지의 심대한 역사적 의미를 지닌 정책들을 결정했다. 첫째는, 기회를 잡아, 경제발전을 빠르게 할 전략적 정책을 결정하고 부서를 만든다. 둘째는, 사회주의 시장경제 체제의 개혁 목표를 확립한다. 셋째는, 덩샤오핑의 이론이 전체 당의 지도적 위치에 놓이도록 확립한다.

제14차 전국대표대회가 제출한 사회주의 시장경제 체제를 건립한다는 목표는, 중국공산당의 위대한 시도였다.

사회주의 시장경제 모델은 바로 시장경제의 장점을 발휘할 수 있을 뿐 아니라, 사회주의 제도의 우월성도 발휘할 수 있는 것이다. 이 목표의 지도하에, 중국 민족이 부흥하는 길은 또한 장차 어떠한 새로운 노정을 개척해 갈 것인가?

사회주의 시장경제 체제는 각 지방·각 부문·각 직업·각 기업 및 전국 인민 대중들이 사회주의 건설에 투신할 열정과 적극성을 매우 크게 이끌어 냈다.

상하이 푸둥신구(浦東新區)는 상하이의 동부에 위치하는데, 푸둥 개발은 몇 대에 걸쳐 사람들의 숙원이었다. 손중산(孫中山)·천이(陳毅) 및 역대 상하이시 지도자들 모두가 푸둥 개발을 제의했었다. 1990년 4월, 당 중앙 집행위원회와 국무원이 푸둥 개발을 선포했다. 푸둥은 전체 양쯔강(長江) 유역의 발전을 견인하고 있다.

이 시기에, 국유기업의 개혁은 차근차근 착실하게 전개되어, 사회의 활력이 한층 증가되었다. 주식회사와 사영 기업 등은 대단히 활력이 넘쳐, 중국 경제는 빠르게 발전했다. 중국 상품의 수출은 고속으로 성장하여, '메이드 인 차이나'가 세계로 나아갔다. 동시에 일부 다국적 기업들이 다투어 중국에 와서 투자했다.

사회주의 시장경제가 무한한 활력을 뿜어내자, 중국이 얻은 성취는 만족스러웠다. 1997년, 중국은 1조 5천억 인민폐(人民幣: 중국의 법정 화폐)의 국민 총생산액을 창조했으며, 세계 제10위의 무역 대국이 되었다. 이 해에 중국은 내핍 경제와 이별을 고하고, 인민들은 수천 년 동안 동경했던 안정된 생활을 체험하기 시작했다. 이 해에 홍콩이 중국에 반환되었으며, 2년 후에 마카오도 순조롭게 중국에 반환되었다. 중국은 지금 바야흐로 국제 무대에서 중요하고도 적극적인 역량을 빠르게 증가시키고 있다.

2001년 12월 11일, 중국은 정식으로 WTO의 143번째 회원국이 되었다.

경제체제가 전환되는 과정에서, 국유기업 개혁의 발걸음도 끊임없이 빨라졌다. 가장 먼저, 국유기업의 활력을 증강시키기 위해서는, 반드시 고도로 집권화된 국유·국영 체제를 타파하고, 기업에게 일정한 자주권을 부여하여, 기업의 적극성·자발성 및 창조성을 발휘하게 해야 한다. 그 다음으로, 정부와 기업이 분리하여, 기업의 경영권을 기업에게 이관해야 한다. 이러한 개혁 구상에 따라, 다양한 형식의 경영 책임제를 탐색하기 시작했다. 산업 구조를 조정하여, 현대적 기업제도를 확립하라는 요구에 따라, 경영 시스템을 전환하고, 기업 관리를 강화했다. 국유기업의 개혁은, 조대방소(抓大放小)[85]하고, 파산한 기업을 폐쇄하고, 남아도는 인원의 진로를 나누어 조정하고, 기업판사회(企業辦社會)[86] 직능을 분리하는 등의 방면에서, 많은 작업을 함으로써, 중국 경제의 활력을 증강시키는 데 비교적 큰 공헌을 했다.

개혁 과정에서, 국유기업의 퇴직 노동자들은 커다란 희생을 치렀는데, 대단히 많은 퇴직 노동자들에 대해 당과 정부는 적극적으로 대응했다. 당과 정부는 모든 방법을 생각해 내어 재취업 훈련 양성 역량을 확대하고, 적극적으로 새로운 취업 일자리를 창조해 냄으로써, 퇴직 노동자들의 곤란을 일정 정도 완화시켰다.

2. 개혁 과정에서의 교육과 과학기술 발전

중국의 개혁·개방 과정에서 교육·과학기술의 개혁과 발전도 마찬가지로 대단히 빨랐다.

(1) 교육의 발전

어떤 국가라도 경제가 빠르게 발전하려면, 교육과 과학기술의 발전을

85 조대방소(抓大放小): 규모가 크고 국민경제나 민생에 매우 중요한 국유기업은 국가가 계속 관리하고, 나머지 일반적인 국유기업은 시장의 원리에 따라 자유롭게 경쟁하여, 시장경제 법칙에 적응하면 생존하고, 적응하지 못하면 도태되도록 개방하는 것을 말한다.

86 기업판사회(企業辦社會): 과거 중국의 국유기업에서, 기업이 생산이나 경영과 직접적인 관련이 없는 기구나 시설을 설립하여 운영하면서, 출산 전후 근무나 직원들의 생활·복리·사회보장 등 사회적 기능들을 담당했는데, 이것을 담당하는 기업 내 기구를 가리킨다.

떼어 놓을 수 없다. 중국의 성취도 이 점을 말해 준다.

구(舊)중국은 나라가 허약하고 백성들은 빈곤했으며, 인민들의 교육 수준이 매우 낮아, 문맹이 수두룩했다. 1949년에 중국의 문맹과 반(半)문맹은 전체 인구의 80%를 차지하여, 같은 기간 발전도상국가들의 64.9%보다도 높은 수준이었고, 15세 이상 인구의 평균 교육받은 기간은 1년으로, 발전도상국가의 평균 2.05년보다 낮은 수준이었으며, 세계 평균 수준인 3.17년과도 비교적 큰 격차가 있었다.[87] 적령기 아동의 소학교(小學校) 입학률은 20%가 안 되었으며, 초중학교(初中學校: 한국의 중학교에 해당) 입학률은 고작 6%였다.[88]

고등교육(전문대학 이상-옮긴이) 방면에서, 1949년에 전국 고등교육 재학생 수는 겨우 12만 명이었고, 대학 문화 수준을 갖춘 인구의 누계는 겨우 18.5만 명으로, 전체 인구의 0.034%밖에 안 되었다. 대학 신입생 수를 보면, 1949년에 2.1만 명, 1965년에 16.7만 명, 1977년에 27만 명, 2000년에 180만 명, 2010년 657만 명, 2013년에 677만 명이었고, 고등교육 모입학률(毛入學率)[89]은 23.3%에 달했으며, 고중(高中: 한국의 고등학교에 해당) 단계의 모입학률은 74%, 초중 단계의 모입학률은 98.5%, 전국의 소학교 정입학률(淨入學率)은 99.5%에 달했으며, 문맹률은 6.67%로 낮아졌다.

이상의 상황들로부터 보면, 1949년에 중화인민공화국이 수립된 이래, 중국 정부는 줄곧 교육사업 발전을 매우 중요시해 왔다. 국가는 다양한 법률을 제정하여, 서로 다른 각도에서 사람들이 교육받을 권리를 보장

87 胡鞍钢, 『中国的位置』(胡鞍钢世界对话之二), 142쪽, 北京, 东方出版中心, 2012를 참조하라.

88 中共教育部党组, 「人民教育, 奠基中国」, 『求是』, 2009(19)에 수록되어 있다.

89 모입학률(毛入學率)과 정입학률(淨入學率): 해당 등급 교육기관에 대한 입학률을 계산하는 두 가지 방식이다. 모입학률이란, 나이에 상관없이 모든 재학생 수를 분자로 삼고, 정부에서 규정한 해당 등급 교육기관 재학에 부합하는 나이(예를 들어 고등교육 대상자는 18세부터 22세까지)의 총인구를 분모로 삼아 계산한 비율을 말한다. 반면 정입학률이란, 재학생들 가운데 정부에서 규정한 연령에 부합하는 인원만 분자로 삼는다는 것이, 모입학률 계산 방식과 다른 점이다.

했다. 60여 년의 노력을 통해, 중국의 교육은 커다란 진보를 이루었다. 9년 의무교육이 계획 중에 있으며, 단계적으로 실시되고 있어, 전국은 이미 91%의 인구와 지역에 소학교 교육을 보급했으며, 고등 교육·직업 기술 교육·다양한 형식의 성인 교육 및 민족 교육도 대단히 큰 발전을 이루었다. 그리하여 다양한 등급·다양한 형식·학과 부문이 기본적으로 완비된 체계를 초보적으로 완성했다. 국제적인 교육 교류와 합작도 광범위하게 전개되고 있다.

문맹 대국에서 인력자원 대국으로, 중국의 교육 사업이 기적을 창조함으로써, 중국 경제가 빠르고 지속적으로 발전하기 위한 견실한 기초를 다졌다.

앞으로 중국의 교육 사업에 대한 투자와 관심은 더욱 커질 것이다. 〈국가의 중장기 교육 개혁 및 발전 계획 요강(2010-2020)〉에서는 더욱 많고 더욱 높은 교육 목표를 제시하고 있어, 장차 더욱 높은 수준의 교육 보급을 실현할 것이다. 기본적으로 취학 전 교육을 보급하고, 9년 의무교육 수준을 공고히 하고 제고하며, 고중 단계 모입학률은 90%에 도달하고, 고등교육 모입학률은 40%에 도달할 것이다.

백년대계는 교육이 근본이다. 교육은 민족 진흥과 사회 진보의 초석이다. 중국이 세계의 강국이 되려면, 교육이 반드시 각종 개혁과 발전의 맨 앞에서 나아가야 한다.

(2) 과학기술의 발전

구(舊)중국의 과학기술은 약소하여, 거의 일궁이백(一窮二白)[90] 상태였다. 1949년에 전국에는 고작 30여 개의 과학 연구기관밖에 없었으며, 전문적

90 일궁이백(一窮二白): 글자대로 해석하면, "첫째로 빈궁하고, 둘째로 공백 상태"라는 뜻으로, 매우 기초가 약하다는 것을 표현한 말이다. 이 표현은 1956년에 마오쩌둥이 〈10대 관계를 논함〉이라는 연설에서 한 말로, 이러한 백지 상태는 오히려 장차 무한히 발전하고 창조할 가능성을 내포하고 있다는 것을 비유적으로 표현한 것이다.

으로 과학 업무에 종사하는 인력은 500명이 안 되었고, 전국의 과학기술 인력은 다 합쳐야 5만 명을 넘지 않았는데, 이는 전체 취업 인구의 0.028%에 해당하는 숫자였다. 신중국이 수립된 이후, 중국공산당과 정부가 과학기술 발전을 매우 중요시하여, 많은 중대한 조치들을 채택함에 따라, 과학기술 사업은 질적인 비약을 이루었다. 특히 개혁·개방 이래, 국가의 과학기술 사업은 더욱 비약적으로 발전했다. 1978년에 중국에서 연구와 개발 활동에 종사하는 과학자와 엔지니어는 연간 22만 명에 달했는데, 2009년에는 연간 182.3만 명에 달해, 이미 미국의 연간 140.27만 명을 뛰어넘었다. 현재 세계에서 연구와 개발 활동에 종사하는 과학자와 엔지니어 수가 연간 백만 명 이상인 나라는 오직 중국과 미국 두 경제 대국뿐이다.[91]

Web of Science(과학 전문 학술정보 데이터베이스-옮긴이)의 통계에 따르면, 중국의 과학기술은 지금 비약적으로 발전하고 있다. 1998년부터 2008년까지의 기간에, 중국의 과학기술 논문 발표량은 연달아서 러시아·캐나다·프랑스·일본·독일을 추월했다. 미국과의 격차는, 1998년에 두 나라의 격차가 13배였던 것이, 2008년에는 3배로 축소되었다.

세계은행의 〈2010년 세계 발전 지표〉에 따르면, 2007년의 중국 과학기술 논문 수는 전 세계의 9.8%로, 세계 제2위를 차지했다. 그 중 SCI(Science Citation Index: 과학기술 논문 인용 색인) 논문 수는 세계 전체의 7.0%를 차지하여, 세계 제5위로, 미국·일본·독일·프랑스의 뒤를 이었다. 1985년 4월 1일, 중국은 특허법을 처음으로 실시했는데, 30여 년 동안 중국의 발명 특허는 비약적으로 증가하고 있다. 2008년에 중국의 국제 발명 특허 신청 건수는 세계 전체의 3.7%를 차지하여, 세계 제6위였다가, 2008년에는 중국 국민의 특허 신청 건수가 19.46만 건으로, 세계 제3위였는데, 일본이 33.0만 건으로 제1위, 미국이 22.32만 건으로 제2위였다. 2010년

91 胡鞍钢, 『中国的位置』(胡鞍钢世界对话之二), 144쪽, 北京, 东方出版中心, 2012를 참조하라.

에 중국이 일본 특허국(JPO)을 추월한 이후, 2011년에 중국의 지식산권국(SIPO, 知識產權局)은 한 걸음 더 나아가 미국의 특허상표국(USPTO)을 제치고 전 세계에서 가장 큰 특허 기구가 되었다. 2011년, 중국의 특허 신청은 52.6만 건으로, 세계 제1위였으며, 미국의 특허 신청은 50.3만 건으로, 세계 제2위였고, 일본이 34.3만 건으로, 세계 제3위였다. 2012년, 중국의 발명특허 신청은 65.3만 건으로, 여전히 세계 제1위를 차지했다.

3. 성적이 뛰어나, 세계가 경탄하다

사회적 생산력 발전의 요구에 부응하는 시장 지향적 개혁은 경제의 발전을 크게 촉진했으며, 강력한 생명력을 과시함으로써, 개혁은 불가역적인 역사적 조류가 되었다. 1979년부터 2012년까지 연속 33년 동안, 중국의 연평균 경제 성장률은 9.8%에 달해, 1958년부터 1978년까지에 비해 4.1% 높아졌다.[92] 2013년에 중국은 세계 제1의 화물 무역 대국이 되었는데, 무역 총액이 4.16조 달러에 달했다. 2013년에 중국의 국내 총생산액은 56조 8,845억 위안으로, 전년도 대비 7.7% 성장했으며, 경제 총량은 세계 제2위가 되었다.

중국은 사회주의 시장경제 체제로의 전환 과정에 점차 적응하면서, 갈수록 강대해지고 있으며, 경제는 평온하면서도 비교적 빠르게 발전하여, 종합 국력이 크게 높아졌다. 유인 우주비행·달 탐사 공정·유인 심해 잠수·슈퍼컴퓨터·고속철도·고속도로 총연장 등에서 중대한 진전을 이루었다. 강철 생산량은 1949년에 세계 제26위에서, 1995년에는 세계 제2위가 되었으며, 2000년에는 세계 제1위가 되어 지금까지 유지하고 있다. 석탄 생산량은 1949년에 세계 제9위에서, 1990년에 세계 제1위가 되어 지금까

92 林毅夫, 「双轨制是最糟糕的改革一定会腐败」, 『上海证券报』 2013-10-31에 게재.

지 이어지고 있다. 시멘트 생산량은 1990년부터 지금까지, 내내 세계 제1위의 생산량을 유지하고 있다. 발전량은 1949년에 세계 제25위에서, 1995년에 제2위가 되었고, 2011년에는 세계 제1위가 되었다. 2007년의 주요 농산품 가운데 곡물·육류·면화·과일 등의 생산량은 세계 제1위였으며, 주요 공산품 가운데 철강·석탄·시멘트·면직물은 세계 제1위를 차지했다. 통계에 따르면, 2011년에 중국은 220종의 공산품 생산량이 전 세계에서 제1위를 차지했다.

국내 총생산액, 즉 GDP는 종합 국력을 나타내는 주요한 지표이다. 개혁·개방 35년의 중국 경제 발전 기간 동안의 몇 가지 숫자의 궤적들이, 중국 개혁·개방의 성취가 얼마나 큰 것인지를 말해 준다. GDP는 1978년에 3,645억 위안에서, 2014년에 63조 6,463억 위안으로 뛰어올라, 1979년부터 2012년까지 33년 동안 GDP는 연평균 9.8%씩 성장했는데, 같은 기간 세계 경제의 연평균 성장 속도는 겨우 2.8%였다. 중국의 경제 총량 순위는 착실하게 상승하고 있으며, 세계 경제의 성장에 대한 공헌이 끊임없이 높아지고 있다. 1978년, 중국의 경제 총량은 겨우 세계 제10위였는데, 2008년에는 독일을 추월하여 세계 제3위가 되었으며, 2010년에는 일본을 추월하여 지금까지 세계 제2위를 차지하여, 미국 바로 다음으로 세계 제2의 경제 대국이 되었다.[93] 경제 총량이 세계에서 차지하는 점유율은 1978년에 1.8%에서 2012년에 11.5%로 높아졌다. 2008년 하반기에 국제 금융 위기가 발발한 이래, 중국은 세계 경제가 회복하도록 이끄는 중요한 엔진이 되었는데, 2008년부터 2012년까지 세계 경제 성장에 대한 연평균 공헌율이 20%를 넘어섰다. 1인당 평균 GDP는 1978년에 381위안에서, 2012년에 3만 8,420위안이 되어, 16배 증가했다(이 배수는 가격 요소를 제외한 것임–중국측

93 국제통화기금의 구매력 평가법에 따른 추산에 의거하면, 2014년 9월 말에 중국의 경제 총량은 이미 미국을 추월하여, 세계 제1의 경제 대국이 되었다.

편집자).[94]

1997년 7월, 한바탕 거대한 금융 폭풍이 동남아시아를 습격한 데 이어, 전체 아시아를 휩쓸었다. 중국 정부는 대단히 강한 책임감을 갖고, 폭풍을 견뎌 냈으며, 인민폐의 가치를 평가절하하지 않고, 가능한 한 최대한 동맹 국가들을 원조함으로써, 여의봉 같은 역할을 하여, 대국의 풍모와 도량을 과시했다.

2008년에 미국에서부터 시작된 세계 금융 위기는, 1929년 세계 경제 대공황 이래 가장 심각한 경제 위기로, 전 세계 경제에 광범위한 영향을 미쳤는데, 중국의 실물경제도 커다란 영향을 받았다. 경제가 최대한 빨리 회복하도록 촉진하기 위해, 중국 정부는 내수를 확대하여 경제가 비교적 빠르게 성장하도록 촉진하는 조치들을 연구하여 실시했으며, 한 걸음 더 나아가 내수를 확대하여 안정을 유지하는 방안을 명확히 했다. 그리하여 중국 경제의 안정적 성장을 유지하고, 사회적 안정을 유지하여, 세계 경제를 빠르게 회복시키는 데 상당한 촉진 작용을 했다.

그 성과는 분명했고, 세계는 경탄했다. 이러한 성취를 얻게 된 비법은 어디에 있을까?

당의 제18차 전국대표자대회가 수정 통과시킨 〈중국공산당 장정(章程)〉은 다음과 같이 지적하고 있다. "개혁·개방 이래 우리가 일체의 성적과 진보를 이룰 수 있었던 근본 원인은, 바로 이렇게 귀결된다. 즉 중국 특색의 사회주의 노선을 창립했고, 중국 특색 사회주의 이론 체계를 형성했으며, 중국 특색 사회주의 제도를 확립한 것이다." 중국은 응당 덩샤오핑이 창립한 중국 특색의 사회주의 이론에 따라, 개혁·개방의 더욱 큰 승리를 쟁취해야 한다.

94 『人民日报』 논설위원, 「晒中国经济成就: 人均GDP35年增长16倍」를 참조하라.(『人民日报』, 2013-11-21에 게재)

제10장 역사의 결론

강대국이 되는 길의 네 가지 요소

역사는 일면(一面) 거울이어서, 그것은 과거를 비추며, 또한 미래로 반사한다. 역사는 종종 사람에게 경고를 보내는데, 아무리 짙고 화려하게 화장을 하더라도, 진리와 오류는 결국 역사가 전진하는 과정에서 "발가벗고 달린다". 강력한 응집력을 가진 국가가 항상 가장 먼저 기회를 빼앗아 쥘 수 있다. 500년 동안의 강대국의 흥망성쇠의 역사에서, 그러한 변화를 추동한 본질적인 힘 혹은 요소라고 할 수 있는 것은 도대체 무엇일까? 우리가 생각하기에, 그러한 변화를 가져오는 본질적인 힘, 즉 요소는 네 가지이다. 즉 (1) 뛰어난 국가 리더십, (2) 사회의 장기적 안정, (3) 일류 수준의 핵심 과학기술, (4) 적정한 민주주의와 공평성[95]이 그것이다.

우리는 500년 가까운 기간 동안 세계에서 비교적 강대했던 10개 나라들에 대해 실증적인 연구를 진행하여, 귀납적 방법으로 위와 같은 네 가지 요소들을 얻어 냈다. 아래에서 각각에 대해 설명하기로 한다.

95 적정한 민주주의와 공평성: 이 부분을 번역하는 데 많은 시간 동안 고뇌했다. 원문의 "民主公平有度"를 번역한 것이다. 원래 "有度"를 가장 기본적으로 번역하면 "법도가 있음" 정도로 번역할 수 있는데, 전체적인 맥락을 통해 파악하건대, 지은이들은 이 말을 '그 나라의 현실적 조건과 역사 발전 수준에 부합하는 적절한 정도'라는 의미로 사용했음을 유추할 수 있었다. 따라서 옮긴이는 이 책에서 이렇게 의역했다.

Ⅰ. 뛰어난 국가 리더십

역사를 종합적으로 보면, 뛰어난 국가 리더십은 중요한 요소이다.

500년 전, 바다를 통해 인류는 현실의 세계무대를 소유했는데, 크고 작고 강하고 약한 모든 나라들이 이 무대에서 격렬한 각축을 벌였다.

1494년, 사람들이 이 세계를 그다지 알고 있지 못할 때, 포르투갈과 스페인은 한 장의 계약서를 이용하여, 마치 수박 자르듯이 이상적으로 지구의 2분의 1을 각자의 영토에 포함시켰다. 이후부터 그들은 가장 먼저 장악한 견고한 선박과 성능 좋은 대포를 이용하여, 최초로 세계적인 항해 원정을 시작함으로써, 그들의 계약을 실행했으며, 그들의 단꿈을 실현하고, 식민지 확장을 진행했다.

포르투갈의 항해 탐험은 국가가 계획하고, 왕자가 주도하여 실행한 것인데, 이는 결국 포르투갈의 항해 대발견을 200년 동안이나 계획적이고 체계적이며 조직적인 온 나라의 임무가 되게 함으로써, 포르투갈은 비록 작았지만, 오히려 가장 먼저 세계 강국과 패주(霸主)가 되었다.

마찬가지로 스페인의 이사벨 여왕은 자신의 백성들을 이끌고 외적을 물리쳤으며, 또한 예리한 안목으로 인재를 알아보고, 콜럼버스와 마젤란을 발견함으로써, 스페인이 멀리 세계를 항해하는 해상 항로를 열어, 스페인이 세계를 제패하기 위한 기선을 잡을 수 있었다.

역사적 사실로부터 어렵지 않게 발견할 수 있듯이, 네덜란드·영국·미국의 국가 지도자는 자신들의 국가가 강성하던 시기에는 마찬가지로 강하고 힘이 있었으며, 출중하고 현명한 흥국부민(興國富民) 정책을 채택하여 시행했다. 그러나 프랑스·독일·일본은 비록 세계를 제패할 잠재력을 가지고 있긴 했지만, 국가 지도자의 여러 가지 실책들로 인해, 세계에서 가장 강한 나라가 될 기회를 놓쳐 버렸다. 15, 16세기에, 이탈리아도 세계의 강국이 될 수 있는 부분적인 조건들을 갖추고 있었지만, 당시 이탈리아의 정치가 분열되어 있어, 강대한 민족국가를 형성하지 못함에 따라, 세계의 강국이 될 기회를 놓쳤다. 소련은 세계 최초의 사회주의 국가가 된 다음, 매우 빠르게 미국과 맞먹는 세계 일류 강국이 되었다. 하지만 오랜 기간 동안 국가 지도자가 무기력하고 현명하지 못하여, 결국은 강대했던 국가를 매우 허약하게 만들었으며, 사분오열하게 만들었다. 중국은 청나라 정부가 관문을 걸어 닫고 쇄국하면서, 우물 안 개구리처럼 혼자 잘났다고 으스대고, 무지몽매하고, 부패하고 무능한 지도자들이 통치한 수백 년 동안, 여러 번의 강대해질 기회를 상실하여, 결국 국가는 허약하고 백성은 빈곤했으며, 누구나 마음대로 유린하는 반식민지 국가가 되어 버렸다. 신중국이 수립된 이후, 과연 그 중국은 지도층이 강력하고 힘이 있었기 때문에, 특히 개혁·개방 이후에는 지도층이 우수하고 현명한 개혁·개방 정책을 제정함으로써, 30여 년이라는 짧은 시간 동안에 발전하여 세계 제2의 경제 대국이 되었으며, 세계인들을 깜짝 놀라게 했다.

1990년대에, 정보통신 기술이 일찍이 미국 서해안의 실리콘밸리라는 지방에서 활발하게 창업할 때, 고어(Albert A. Gore)나 클린턴 등의 정치가들에게 발견된 뒤, 신속하게 법안을 통과시킴으로써, 국가의 힘으로 거기에 정책과 자금 지원을 제공했는데, 그것이 바로 후에 유명해진 '정보고속도로 계획'이다. 이 국가 차원의 발전 계획에 의지하여, 미국은 신속하게 세계 정보과학기술 혁명의 감제고지(瞰制高地: commanding heights)[96]를 차지했다. 그러나 처음 시작했을 때 정보기술 방면에서 미국은 결코 절대적인 우두머리가 아니었으며, 일본이 반도체 방면에서는 전반적으로 앞서 있

96 감제고지(瞰制高地): 전쟁에서 "적의 동태를 잘 살필 수 있도록 주변이 두루 잘 내려다보이는 유리한 고지"라는 뜻이다. 영어의 'commanding heights'에 해당한다. 이는 원래 다니엘 에르긴(Daniel Yergin)과 조셉 스테니슬로(Joseph Stanislaw)가 쓴 *The commanding heights*라는 책에서 처음 사용한 개념으로, 이들은 20세기는 시장과 정부가 서로 감제고지를 먼저 차지하려고 전쟁을 벌인 시대라고 묘사하면서, 이 용어가 경제 문제에 도입되었다.

었고, 중국도 초기에는 이 방면에서 상당히 좋은 태도를 지니고 있었지만, 후에 이들 두 나라는 충분히 중요시하지 않았으므로, 아쉽게도 좋은 기회를 잃고 말았다. 국가 지도자들이 이를 매우 중시했던 미국은 마침내 정보기술에서 세계적인 선도국이 되어 지금에 이르고 있다.

이상으로부터 어렵지 않게 알 수 있듯이, 국가 지도자의 선견지명과 현명한 정책 결정은, 한 나라가 강대해지는 데 중요한 요소이다.

II. 사회의 장기적 안정

이는 분명하고도 쉽게 알 수 있는 역사적 사실이다. 장기간 안정된 경제 사회적 환경은, 사람들이 더욱 전념하여 경제 건설 활동을 하는 데 유리하다. 한 나라가 외부적으로 굴기하는 것은, 실제로는 그 내부 역량의 외연(外延)이다. 세계 역사상 식민주의 강대국들은 그들이 강력한 기세로 뻗어 나가던 시기에는, 커다란 국가적 내란이 없었고, 강력한 외적의 침입도 없어, 이들 나라들이 강대국의 꿈을 이룰 수 있었다. 영국은 건국 후 300여 년 동안 국내에서 전쟁이 없었고, 미국은 건국 후 200여 년 동안에 단 한 차례의 그다지 길지 않은 내전만이 있었을 뿐이다. 독일은 1890년대 말에, 이미 세계적으로 상위에 이름이 올라 있는 경제와 과학기술 강국이자, 세계 제2의 경제 대국이었다. 그런데 군대로 세계를 제패하는 정책을 시행하여, 두 차례 세계대전을 일으킴으로써, 사회의 장기적 안정을 파괴했기 때문에, 마침내 그 강국의 지위를 후퇴시키는 결과를 초래했다. 일본과 프랑스도 매우 강력한 강대국의 기본 요소들을 갖추고 있었지만, 모두 일찍이 군사 확장 정책을 실시함으로써, 국가와 사회의 장기적 안정에 영향을 미쳤으며, 결국 최고 강대국으로 나아가는 발걸음을 늦추고 말았다. 그리고 국가의 동요와 불안은, 결국 냉전 시기의 두 패권 국가들 중 하나였던 소련이 15개의 국가로 분열되어 와해되는 결과를 초래하고 말았다. 중국은 아편전쟁부터 시작하여, 100여 년 동안 외세의 침략과 내란으로 인해 오랫동안 허약하고 가난했으며, 온 몸은 상처투성이가 되었다.

사회가 불안정하면 국가는 반드시 쇠락할 수밖에 없는데, 이는 매우 분명한 사실이다.

Ⅲ. 일류 수준의 핵심 과학기술

60여 년 전에는, 군사력의 강대함이야말로 그 나라가 강대국으로 떨쳐 일어나는 전제조건이었지만, 오늘날은 오히려 종합 국력을 강대국이 되는 지표로 삼고 있어서, 오늘날 강대국에게 필요한 것은 시장이다. 사실적으로 말해, 시장을 점령하는 비결은 바로 그 시대의 가장 핵심적인 경쟁력, 즉 과학기술 창조 능력을 보유하는 것이다. 그 시기의 핵심적 경쟁력을 보유한 국가야말로, 비로소 세계의 주역이 될 수 있다.

포르투갈과 스페인은 가장 먼저 원양 항해와 총포 관련 핵심 기술을 습득한 뒤, 가장 먼저 원양 정복의 여정을 시작함으로써, 세계 강대국이 되었다.

17세기에, 면적이 고작 베이징의 2.5배에 해당하는 네덜란드도, 당시의 핵심 기술을 습득하여, 마침내 전 세계를 제패하는 상업 제국을 건설했다. 네덜란드인이 세계 최초로 설립한 주식회사인 네덜란드 연합 동인도회사는 자본을 모아 세계 최초의 증권거래소를 건립했으며, 그들은 또한 가장 먼저 현대적 은행을 창설했고, 아울러 우리가 지금도 계속 이용하고 있는 신용 체계를 발명했다. 이 체계 안에는 현대 시장 체계가 건립되고 시장 경제가 발전하는 일련의 기본 요소들이 들어 있는데, 그런 의미에서 말한다면, 이는 현대 인류 사회의 발전에 대한 역사적인 공헌이었다. 네덜란드가 현대 시장 체제의 건설과 시장 경제 발전의 선두를 달렸기 때문에, 부가 폭발적으로 증가했다는 것은 이해하기 어렵지 않다.

대영제국은 바로 과학자 뉴턴의 이론이 제1차 산업혁명을 위한 이론적 기초를 다졌고, 와트가 개혁한 만능 증기기관이 사용되면서, 세계적으로 제1차 산업혁명이 실제로 진행하는 대문을 열어 놓았으며, 기계의 보급과 발전을 크게 촉진했는데, 인류는 이때부터 '증기 시대'에 진입했다. 공업 생산에서는 기계제 생산이 수공 작업을 점차 대체함에 따라, 새로운 형태의 생산 조직 형식인 기계제 대공장이 탄생했다. 영국의 기계제 대생산이 공장제 수공업 생산을 대체하면서, 제1차 산업혁명은 기본적으로 완성되었으며, 영국은 세계 제1의 공업 국가가 되었다. 경제학자인 아담 스미스의 『국부론』은 영국에게 새로운 경제 질서 모델을 제공하여, 해가 지지 않는 제국의 단꿈을 성취하도록 하였다.

미국은 핵심 과학기술의 중요성을 한층 더 깊이 이해하고, 온 힘을 다해 그것을 습득했다. 1787년 헌법은 세계 역사상 자산계급 민주공화국의 첫 번째 성문헌법인데, 사실상 이는 경제 헌법이다. 그것은 개인·주 정부 및 중앙 정부가 경제 운용 과정에서 분담하는 역할을 확정해 놓아, 각자의 권한과 한계가 분명하여, 시장경제 안에서 각자의 창조 에너지를 발휘할 수 있도록 법률적인 보장을 제공하고 있다. 동시에 세계적 범위에서, 미국은 가장 먼저 특허권을 헌법에 수록해 넣었다. 많은 사람들이 알고 있듯이, 특허법은 과학기술의 창조를 촉진하는 이기(利器)이다.

미국의 대통령들은 모두 매우 주의 깊게 조치들을 취하여, 과학기술의 창조를 촉진했다.

미국의 이러한 창조는, 과학기술의 비약적인 발전을 촉진했다. 1895년부터 1900년까지, 미국이 정식으로 승인하여 등기한 발명 특허는 64만여 종에 달했다. 1953년부터 1973년까지, 전 세계의 492가지 중대한 기술 혁신 가운데, 미국이 319가지로 64.8%를 차지했다. 또 1963년부터 1977년까지,

미국이 특허를 발급한 118만여 건 중, 미국인이 85만 건을 획득했고, 외국인은 33만 건을 획득했으며, 1973년부터 1977년까지, 미국의 과학기술 종사자가 매년 발표한 과학기술 문헌의 양은 대략 전 세계의 38~39%를 차지했다.[97] 강대한 과학기술 실력에 의지하여, 미국은 매우 빠르게 제2차 산업혁명 과정에서 으뜸을 차지함으로써, 세계 제1의 경제 대국이 되었다. 20세기 중엽, 미국은 다시 제3차 산업혁명 및 90년대의 정보기술 선도 국가가 되었다. 미국의 국가 차원에서의 관리는 여러 가지 중요한 요소들을 종합적으로 잘 파악하여, 미국의 국가 흡인력을 비교적 크게 함으로써, 장기간에 걸쳐 세계의 우수한 과학기술 분야 인재들이 미국으로 오도록 끌어들였다. 거기에다 국내의 인재들이 한데 합쳐지면서, 미국의 막강한 인재 우세를 확립하여, 미국이 19세기 말부터 줄곧 핵심 과학기술을 장악한 선두 주자가 될 수 있도록 육성했다. 이는 또한 미국이 19세기 말부터 지금까지 여전히 세계 제1의 강대국으로 남아 있는 중요한 요인이기도 하다.

역대 노벨상 수상자 현황을 보면, 마찬가지로 미국이 세계에서 핵심 과학기술의 강력한 실력을 장악하고 있음을 알 수 있다. 노벨상은 여섯 가지 분야에 주어지는데, 그 가운데 과학상은 세 분야로, 물리·화학·생리의학이 그것이며, 이 밖에도 문학상·평화상 및 경제학상이 있다. 과학상은 1901년부터 2014년까지 모두 579명이 수상했는데, 미국이 258명으로 44.6%를 차지하며, 중국에는 과학상을 수상한 사람이 없고(그 후 2015년에 한 명이 수상했음), 이 상을 받은 외국 국적의 중국인은 8명이다.

1901년에 처음으로 상을 수여한 이래 2014년까지, 노벨 과학상의 세 분야 수상자의 누적 통계 순위와 수상자 수는 다음과 같다. 1위는 미국으로 258명, 2위는 영국으로 79명, 3위는 독일(동독 포함)로 67명, 4위는 프랑스로 31명이다. 노벨 과학상의 3개 분야 상을 받은 주인공들의 수를 보면,

97 郝侠君·毛磊·石光荣, 『中西500年比较』, 637쪽, 北京, 中国工人出版社, 1996을 참조하라.

미국은 세계 제1의 강국으로서, 튼튼한 핵심 과학기술의 기초를 보유하고 있다.

개혁·개방 이래, 중국의 과학기술 발전은 대단히 빠르게 이루어지고 있다. 1985년 4월 1일, 중국은 처음으로 특허법을 시행했으며, 20여 년 동안 중국의 특허 발명은 비약적으로 발전했다. 2008년에 중국의 국제 발명특허 신청 건수는 세계 전체 건수의 3.7%로 세계 제6위였으며, 2008년에 중국 본국에 거주하는 사람의 특허 신청 건수는 19만 4,600건으로, 세계 제3위였는데, 일본이 33만 건으로 제1위, 미국이 22만 3,200건으로 제2위였다. 중국의 특허 신청 건수는 2010년(이 해에는 미국이 제1위의 특허 국가였음)에 세계 제2위였던 일본 특허국을 추월한 이후, 2011년에 중국 국가지식산권국(國家知識産權局)은 한 걸음 더 나아가, 미국의 특허상표국을 제치고 전 세계에서 가장 큰 특허 기구가 되었다. 2011년, 중국의 특허 신청 건수는 52만 6천 건으로, 세계 제1위가 되었는데, 미국이 50만 3천 건으로 세계 제2위, 일본이 34만 3천 건으로 세계 제3위였다. 2012년, 중국의 발명특허 신청 건수는 65만 3천 건으로, 여전히 세계 제1위였다. 이로부터 알 수 있듯이, 중국의 핵심 과학기술 장악 역량은 갈수록 강대해지고 있다.

일본과 독일은 비록 장악하고 있던 핵심 과학기술의 수량은 선두권이었지만, 침략 전쟁을 일으킨 것에서 영향을 받았기 때문에, 그들은 세계 최고 강대국의 대문 밖에서 오랜 기간 동안 배회하다가, 최고 강대국이 되려던 바람은 물거품이 되고 말았다.

소련은 본래 핵심 과학기술의 개발과 이용에서 원대한 계획을 한 번 펼쳐 보일 수 있었지만, 핵심 과학기술 인재의 보호를 결코 중시하지 않았으며, 오히려 박해를 가했고, 핵심 기술의 발굴도 중시하지 않았다. 몇 번의 과학기술 혁명에서, 소련은 한 번도 선두 주자가 되지 못했는데, 이 점에서 말하자면 저력이 없었다. 냉전 시기에 미국과 맞서면서, 능력도 없으면서 능력이 있는 듯이 허세를 부렸으니, 소련이 실패하는 것은 단지 시간문제일 뿐이었다.

Ⅳ. 적정한 민주주의와 공평성

1. 민주주의에 관해

민주주의의 개념과 정의는 사회 발전의 역사 단계와 관련이 있으며, 또한 국가의 정치 제도와도 서로 관련이 있기 때문에, 민주주의의 역사도 상당히 복잡하며, 민주주의라는 단어가 대표하는 제도의 내용도 상당히 광범위하다.

한어 대사전인 『사해(辭海)』는 민주주의에 대해 이렇게 해석하고 있다. "다수 사람의 의지를 정권의 근본 토대로 삼고, 전체 시민의 자유와 평등을 인정하는 정치 형식과 국가 형태이다." 민주주의는 처음에는 고대 그리스의 각종 정체(政體)에 대해 비교하여 추상해 낸 개념이었다. 어원을 말하자면, '민주주의'라는 개념은 가장 먼저 국가의 정치 제도를 가리키는 것이었다. 현대 사회에서 민주주의는 함의가 매우 광범위한 개념으로, 흔히 평등과 자유의 성질이나 특징을 갖춘 사회 형태나 현상을 나타내는 데 사용한다. 민주주의 즉 "인민이 주인이 되는 것"은 이미 인류 사회의 보편적 가치 관념이 되었으며, 현대 문명국가의 근본 원칙이 되었다. 대다수의 국가들이 모두 헌법 안에 "주권은 국민에게 있고" "모든 권력은 국민에게 속한다" 등과 유사한 원칙을 명확하게 규정하고 있다. 이는 인류 문명 발전의 중대한 상징이다.

『현대 한어 사전(現代漢語辭典)』은 민주주의라는 단어에 대해 이렇게 해석하고 있다. "민주주의란, 인민이 자유롭게 의견을 발표하거나 국가 정권 관리에 참여하는 등 정치적으로 향유하는 권리를 가리킨다."

민주주의를 실현하는 형식은 두 가지가 있다. 직접 민주주의와 대의 민주주의가 그것이다.

직접 민주주의는 순수 민주주의라고도 부르며, 시민들이 국가와 사회의 업무에 직접 참여·토론·결정하고 관리하는 민주주의 형식으로, 사람들이 직접 투표하여 정부의 정책을 결정하는 제도이다. 현대 국가에서 직접 선거·전 국민의 공동 결정 및 청문회 등의 방식을 통해 공공 사무에 직접 참여하여 토론하고 결정하는 것 등이 직접 민주주의의 서로 다른 표현 형식들이다.

대의제 민주주의는 시민이 선출한 대표가 국가의 정책 결정권을 장악하는 민주주의 형식으로, 시민의 민주적 권리는 주로 대표를 선출하는 권리를 통해 구현된다. 대의제 민주주의는 비교적 흔히 채용되는 제도이다. 대의제의 운용 방식은 사람들이 직접 투표하여 정부의 정책을 결정하는 것이 아니라, 민의의 대표자(대의원)를 선출하여 정부 실체나 의회에 참여하는 것이다. 민의의 대표자는 전체 유권자가 선출할 수도 있고(예를 들면 비례대표제) 혹은 특정 지역을 대표할 수도 있으며(통상적으로는 지리적 구분에 따른 선거구임), 일부 제도는 이 두 가지 방식을 혼합하고 있다. 많은 대의 민주제는 또한 일부 직접 민주주의의 성분을 결합하고 있는데, 예를 들면 국민투표 같은 것이다.

이상은 문자 그대로의 해석이며, 현실 세계에서 민주주의는 주로 두 가지 큰 부류가 있는데, 하나는 서방 민주주의이며, 다른 하나는 중국의 사회주의 민주주의(이하에서는 줄여서 '중국 민주주의'라고 부른다)이다. 미국의 미래학자인 존 나이스비트(John Naisbitt)는 서방의 민주주의 모델을 '수평적 민주주의'라고 부르고, 중국의 하향식과 상향식이 유기적으로 결합된 민주주의 모델을 '수직적 민주주의'라고 부른다.

(1) 서방 민주주의에 관해

서방의 민주주의는 미국 민주주의를 주요 대표로 삼기 때문에, 우리가 여기에서 말하는 서방 민주주의의 특징은 기본적으로 미국에서 온 것이다. 서방 민주주의는 부(富)의 기초 위에서 건립된 민주주의로, 강렬한 돈 냄새를 풍기고 있다. 예를 들면, 미국의 선거는 돈이 없으면 선거를 진행할 수 없다. 돈이 필요하면, 곧 사람들에게 기부금을 요구하고, 권력이 있는 사람에게 기부금을 냄으로써 바로 권력과 돈의 거래가 성립하게 되는데, 이러한 거래는 미국에서 합법적인 것이다. 어떤 자료에 뚜렷이 나타나 있기를, 이러한 기부는 1988년 이래 월가(Wall Street) 금융계의 큰 악어[大鳄: 중국에서는 금융계의 큰 손을 '큰 악어'라고 표현하는데, 이하에서는 '큰 손'으로 표기한다]들이 줄곧 맨 앞자리를 차지해 왔다. 대통령이 당선된 후, 월가 금융계의 큰 손들이 대통령에게 국가의 정책과 관련된 사항을 건의하면, 자연히 대통령은 마음대로 무시할 수 없게 된다. 당연히 이러한 의견들의 대다수는 비교적 좋은 것들이다. 하지만 분명히 말할 수 있는 것은, 어떤 의견들은 사업 이익과 개인 이익을 최우선으로 하는 것들도 있다. 그렇지 않다면, 월가 금융계의 큰 손들이 과거 여러 차례의 금융 위기 과정에서 심각한 죄악을 저질렀지만, 어떻게 여전히 저렇게 마음먹은 대로 되겠는가? 이러한 상황은, 정부가 이미 소수 사람들에게 통제당하고 붙잡혀 있다는 것을 말해 주며, 실제로 소수의 사람들을 위해 복무하고 있다. 어떤 통계 수치는, 미국의 가장 부유한 1%의 인구가 나라 전체 부의 40%를 점유하고 있으며, 80%의 인구는 겨우 7% 정도의 부를 보유하고 있다는 것을 분명히 보여 주고 있다.[98] 1998년의 아시아 금융 위기와 2008년의 미국 금융 위기는 모두 이러한 금융계의 큰 손들이 저지른 재앙들이다. 미국 금융 위기가 촉발시킨 "월가를 점령하라(Occupy Wall Street)" 운동에 참가

98 廖政军, 「两极分化动摇了美国人逐梦信心」, 『人民日报』, 2014-06-17, 제3판을 참조하라.

한 인원수는 대단히 많았고, 전국으로 널리 퍼졌으며, 유럽에까지도 영향을 미쳤다. 그들은 "우리가 99%를 대표한다"·"월가는 모든 위기의 책임을 져라"·"돈을 선거에서 퇴출시켜라"·"이제는 혁명이다"·"미국을 다시 만들자" 등의 구호들을 외쳤는데, 목표는 월가의 전혀 절제하지 않는 탐욕과 어찌할 수 없는 미국 정부의 방종을 직접 겨냥했다.

서방 민주주의가 미국에서 문제를 일으켰지만, 미국은 여전히 세계를 향해 그들의 민주 제도를 강요하고 있다. 그렇다면 세계의 다른 국가들이 그 제도를 복제할 수 있을까? 인도·소련·이라크·이집트·아프가니스탄·리비아 등등의 국가들이 서방 민주주의를 학습한 결과를 보면, 여러분은 아직도 그렇다고 말할 수 있을까? 복제한 이후의 효과는 매우 분명히 드러났다!

그러나 서방 민주주의도 취할 만한 점을 많이 갖고 있다. 만약 그렇지 않다면, 미국의 응집력과 흡인력에 대해, 그리고 미국이 19세기 말부터 세계 제1의 경제 대국이 되었고, 아울러 지금까지 그 지위를 유지하고 있다는 점에 대해 설명할 방법이 없다.

(2) 중국 민주주의에 관해

1) 중국의 민주주의 제도

1982년 헌법은 중국의 민주주의 제도에 대해 매우 분명하면서도 명확하게 다음과 같이 규정하고 있다.

제1조. 중화인민공화국은 노동자 계급이 영도하고, 노동자 농민 연맹을 기초로 하는 인민민주주의 독재의 사회주의 국가다.

제2조. 중화인민공화국의 모든 권력은 인민에게 속한다.

인민이 국가 권력을 행사하는 기관은 전국인민대표대회와 지방의 각급 인민대표대회이다.

인민은 법률 규정에 의거하여, 각종 절차와 형식을 통해, 국가 사무를 관리하고, 경제와 문화 사업을 관리하며, 사회 사무를 관리한다.

제3조. 중화인민공화국의 국가 기구는 민주집중제 원칙을 실행한다.

전국인민대표대회와 지방의 각급 인민대표대회는 모두 민주적 선거로 탄생되고, 인민에 대해 책임을 지며, 인민의 감독을 받는다.

국가 행정기관·심판기관·검찰기관은 모두 인민대표대회에서 탄생되고, 그에 대해 책임을 지며, 그의 감독을 받는다.

중국의 집권당은 중국공산당이며, 국가의 모든 권력은 인민에게 속하고, 기타 8개 민주적 당파는 정치에 참여하는 정당이다. 정치에 참여하는 정당은 중국공산당의 영도하에, 장기간 공존하며, 상호 감독하고, 서로 진심을 터놓고 대하며, 영욕을 함께 하고, 상호 합작하며, 사회주의 조국 건설을 위해 함께 노력하고 분투한다. 그 조직 형식은 중국 인민정치협상회의이다. 중국 인민정치협상회의는 광범위한 대표성을 가진 중국 인민의 애국 통일전선 조직이자, 중국공산당이 영도하는 다당(多黨) 합작과 정치 협상의 중요 기구이며, 중국의 정치 활동 과정에서 발생하는 사회주의 민주주의(社會主義 民主主義: 프롤레타리아 민주주의를 말함)의 중요한 형식이다.

중국의 사회주의 혁명과 건설의 목표는 공산주의 사회제도의 실현이다. 마르크스와 엥겔스는 「공산당 선언」에서 지적하기를, 공산주의의 승리 쟁취는 응당 두 단계로 나누어 완성된다고 했다. "노동자 혁명의 제1단계는 바로 무산계급을 통치계급으로 상승시키고, 민주주의를 쟁취하는 단계이다." 제2단계는 "거기(공산주의 사회를 가리킴-중국측 편집자)에서 사람들 각자의 자유로운 발전은 모든 사람들이 자유롭게 발전하는 조건이다." 이로부터 어렵지 않게 알 수 있듯이, 공산주의 사회에서 민주적이고 자유로운 발전은 매우 중요한 지위를 차지한다.

위에서 언급한 제도 설계라는 측면에서 보면, 중국의 민주주의 제도 설계는 여전히 매우 훌륭한 것이다.

2) 중국 민주주의의 실천

신중국 수립 후, 1949년부터 1956년까지는 중국의 민주주의 건설이 비교적 양호한 시기였다. 1957년부터 1965년까지, 중국의 민주주의 건설은 비교적 뚜렷하게 파괴되었다. 1966년부터 1976년까지, 중국의 민주주의 건설은 심각한 타격을 받았다. 1978년 이후, 중국의 민주주의 건설은 갈수록 더욱 중시되고 있으며, 또한 발전하고 있다.

인류 사회는 진화와 혁명이 교차하면서 진행된 것으로, 인류 사회의 발전은 계승성을 지니고 있으며, 단계별로 단층식(斷層式) 전진을 벗어날 수 없다. 사회주의의 초급 단계는 막 자본주의를 벗어난 단계로, 사회 발전이 실증한 좋은 품질을 계승하게 되며, 인류 사회 발전에서 다른 대안이 없는 최선의 선택이다. 사회주의 민주주의가 바로 그 중 하나이다. 덩샤오핑은 여러 차례에 걸쳐 이렇게 지적했다. "우리의 정치 체제 개혁의 전반적인 목표는 세 가지이다. ……셋째, 사회주의 민주주의를 발양하여, 수많은 인민의 적극성을 동원하는 것이다."[99] 더구나 사회주의의 중급이나 고급 단계 및 공산주의 단계로 발전하는 과정에서는, 민주주의가 국가 관리에서 차지하는 비중은 갈수록 커질 것이다.

중국의 현 단계 민주주의는, 고위층의 민주주의가 중간층이나 기층의 민주주의에 비해 잘 행해지고 있는데, 특히 일반 대중들은 민주주의 수준이 부족하여, 중국의 이미지에 영향을 미치고 있으며, 중국의 응집력에 영향을 미치고 있고, 사회주의 제도의 우월성을 드러내는 데 영향을 미치고 있다.

99 「关于政治体制改革问题」, 『邓小平文选』, 第3卷, 178쪽, 北京, 人民出版社, 1993.

중국의 국가 제도는 설계 이념과 운용의 측면에서 보면 민주적 제도인데, 사회적 실천의 측면에서 보면, 어떻게 민주적 형식과 민주적 수단을 이용하여 인민을 만족시키는 민주주의 수준에 도달할지, 아직 매우 긴 여정을 가야 한다. 우리는 응당 "더욱 광범위하고, 더욱 충분하고, 더욱 건전한 인민민주주의를 발전시킴으로써",[100] 우리가 설계한 민주주의의 이상적 수준에 도달해야 한다.

3) 사회적 실천에서 본 민주주의 건설의 중요성

세계 각국의 발전 과정에서, 민주주의의 발전이 비교적 잘 이루어졌던 국가는 국가의 순조로운 발전을 촉진했는데, 예를 들면 미국·영국·네덜란드 등이다. 이와 반대의 경우에는, 곧 국가의 발전에 재난을 가져다 줄 수 있다. 독일·일본·소련의 역사에서 알 수 있듯이, 폭정과 권력 집중은 결국 사회의 혼란과 후퇴를 초래할 뿐이다. 특히 소련은, 비교적 민주주의 발전이 부족한 상태에서 극단적인 민주주의, 즉 무정부주의로 나아가는 바람에 망국을 초래한 전형적인 경우다. 스탈린 통치 시기에, 인민들은 가슴속 가득 열정을 안고 사회주의 건설에 참가했다. 후에 몇몇 문제가 발생하여 논쟁을 벌였는데, 사람들은 지도자에 대해 불만과 회의를 가졌다. 이러한 형세를 맞이하여, 스탈린은 적절한 조치를 취해 모순을 완화시킨 게 아니라, 거꾸로 계급투쟁을 첨예화하는 이론을 제시하면서, 진압하는 방법을 이용하여 전진 과정에서 자신이 생각하기에 장애가 될지도 모른다고 여겨지는 모든 사람들을 다루었는데, 진압당해 박해를 받은 사람들의 숫자가 사람들을 깜짝 놀라게 할 정도로 많았다. 스탈린 시기에, 소련은 민주주의가 없었다고 할 수 있다. 후에 몇 대의 지도자들도 민주주의에 대해 크게 개선하지 않았다. 고르바

100 胡锦涛, 「坚定不移沿着中国特色社会主义道路前进为全面建成小康社会而奋斗」, 중국공산당 제18차 전국대표대회에서의 보고, 2012-11-08.

초프 때에 이르러 전국적으로 위아래 할 것 없이 각자 자기 주장만을 내세우는 상황으로 발전했는데, 이러한 극단적 민주주의는 소련을 무정부주의 국가로 만들어, 국가 분열을 초래했다.

중국의 1957년부터 1976년까지의 역사(대약진 운동과 문화대혁명을 지칭함–옮긴이)로부터도 발견할 수 있듯이, 지나친 권력 집중은 사회 진보에 장애가 될 뿐이다. 민주주의는 사회 진보의 윤활유이자 가속기이다. 그러나 무수한 사실들도 증명하듯이, 지나친 민주주의도 마찬가지로 사회 진보에 장애가 될 수 있다. '적정함'이 전반적이 원칙이다. 어떻게 이 '적정함'을 파악하느냐 하는 것은, 바로 관리층의 수준을 고려할 사안이다.

2. 공평성에 관해

공평은 인류 사회가 끊임없이 추구해 온 이상적 목표 중 하나이다. 공평과 효율은 모순되지만, 또한 상호 촉진하기도 한다. 학계에서는 공평과 효율의 관계 문제에 대해 많은 학문 분과들이 연구를 진행했는데, 그 영역과 차원이 끊임없이 넓어지면서도 깊어지고 있다. 경제학적 각도에서 공평과 효율에 대한 연구를 출발한 것도 있고, 정치학적으로 정부의 시각에서 공평과 효율을 연구한 것도 있으며, 사회학적 입장에서 사회의 공평을 연구한 것도 있고, 윤리학의 공평 사상인 인본(人本)의 차원에서 공평과 효율을 연구한 것도 있으며, 또한 철학적 차원에서 공평과 효율을 연구한 것도 있다.

공평과 효율의 문제에 관해, 서로 다른 학문 분과들은 서로 다른 연구 시각을 갖고 있는데, 정치·경제·사회·문화 및 도덕 등의 방면에서 서로 다른 구체적 내용들을 표현하고 있지만, 모두가 인류의 공평이라는 거시적 차원으로 귀결된다. 우리는 바로 인류의 공평이라는 이 거시적 차원으로부터 공평과 효율을 관찰해 갈 것이며, 현실 속에서 공평과 효율의 복잡한 관계에 대해 거시적이고 전면적이며 합리적인 설명을 할 것이다.

공평은 역사적인 것이자 변화 발전하는 것으로, 서로 다른 사회 발전 단계와 사회 제도하에서, 사람들의 사회적 공평에 관한 관념은 구체적이고, 변화 발전하는 것이다. 공평 그 자체는 전제가 있는 것으로, 사회 그 자체의 끊임없는 발전에 따라 공평 자체도 끊임없이 발전하며, 인류 자신이 분투하는 목표는 바로 사회의 공평이 낮은 단계에서 높은 단계로 끊임없는 발전하도록 추구하는 데 있다. 공평의 끊임없는 실현은 효율의 제고를 전제로 하는 것이다. 효율과 공평은, 양자가 한 쪽이 잘되면 다른 쪽도 잘되고, 한 쪽이 잘못되면 다른 쪽도 잘못되는 식으로 긍정과 부정이 같은 방향을 나타내는 상호 보완관계를 띠고 있다. 바로 공평과 효율의 이처럼 한 쪽이 잘되면 다른 쪽도 잘되고, 한 쪽이 잘못되면 다른 쪽도 잘못되는 관계는, 우리가 반드시 사회 발전의 현실적이고 구체적인 정황에 근거하여, 일정한 한도 내에서 역동적으로 상호 보완하여 조절함으로써, 사회의 순조로운 발전을 촉진하도록 제약한다.

2012년 11월에 수정된 〈중국공산당 장정(章程)〉은 다음과 같이 지적하고 있다. "현 단계에서, 우리나라 사회의 주요 모순은 인민의 나날이 증가하는 물질문화에 대한 욕구와 낙후된 사회적 생산 간의 모순이다." "우리나라 사회주의 건설의 근본 임무는, 한 걸음 더 생산력을 해방하고, 생산력을 발전시켜, 점차 사회주의 현대화를 실현함과 동시에, 또한 이를 위해 생산관계와 상부구조 속의 생산력 발전에 부적당한 방면과 부분들을 개혁하는 것이다." 이로부터 쉽게 알 수 있듯이, 현 단계에서의 우리의 주요 임무는 생산력을 발전시키는 것이지만, 아울러 공평에 대해서도 고려해야 한다.

많은 실제 정황들을 보면, 이상(理想)을 이용하여 현실을 규범화하고, 현실을 변화시키는데, 매우 많은 방면에서 능력을 헤아려서 행하고, 점차 이상을 실현해 가는 방법을 채용하는 것은 실행해 볼 만하다. 그러나 현실과 이상 간에 당시의 상황에서는 비교적 크거나 혹은 대단히 큰 환경과 조건의 격차가 있음을 고려하지 않고, 이상을 현실 상태로 간주하여 처리하는데, 국내외를 막론하고 이렇게 급하게 일을 서두르다가 오히려 일을 그르친 사례는 허다하며, 그 결과는 원했던 것과는 반대 방향으로 나아가고 말았다.

중국의 현 단계 상황을 보면, 어떻게 공평성을 발전시키고, 어떻게 공평성을 규범에 맞게 하여, 수많은 인민 대중들로 하여금 개혁·개방의 새로운 성과를 함께 향유할 수 있게 할 것인가 하는 점은, 당연히 시급히 해결해야 할 긴요한 문제들 중 하나이다. 시진핑(習近平)은 〈제18기 중국공산당 중앙정치국 제1차 집체 학습 때의 연설〉(2012년 11월 17일)에서, 이렇게 지적했다. "공평(公平)과 정의(正義)는 중국 특색 사회주의의 내재적 요구이기 때문에, 반드시 전체 인민의 공동 분투와 경제 사회 발전의 기초 위에서, 사회적 공평과 정의에 대해 중대한 작용을 하는 제도를 건설하는 데 박차를 가하여, 점차 사회적 공평이 보장되는 체계를 건립해야 한다."

세계 각 나라들은 효율과 공평이 조화를 이루는 문제를 처리하는 데에서, 우리에게 매우 많은 힌트를 줄 수 있다.

(1) 미국이 공평의 문제를 처리한 사례들

공평의 문제를 처리하는 데에서, 역사적으로 보면, 미국 정부는 이 문제를 처리하는 데에서도 역시 비교적 기교 있게 대처함으로써, 미국이 발전을 지속하는 사회적 동력을 장기간 보호하였다. 두 가지 사례를 보기로 하자.

① 남북전쟁

1776년에 미국이 수립된 후, 북부의 각 주들이 실행한 것은 자유 자본주의 제도였는데, 남부의 각 주들은 오히려 농장주가 지배하는 흑인 노예제를 실시하였다. 흑인 노예 제도는 사람은 누구나 평등하다는 미국의 건국 이념과도 맞지 않을 뿐 아니라, 동시에 노동력의 자유로운 이동을 제한함으로써 국가의 발전을 저해하였다. 미국 건국 당시, 〈독립선언〉에 포함되어 있는 "사람은 평등하게 태어났다"는 문장에서 말하는 '사람'에는 부녀자·노예·중국인은 결코 포함되지 않았으며, 백인 가운데 가난한 사람도 포함되지 않았다. 만약 그때 노예제 폐지를 건국 선언문에 포함시켰다면, 미국은 이상적으로 건국할 수 없었을 것이다. 국가의 통일을 위해, 당사자들이 미국 남부의 노예제를 잠시 유보했던 것이다.

1861년에, 남부와 북부의 두 가지 서로 다른 제도가 존재하면서 발전한 것은 미국 사회가 한 걸음 더 발전하는 데 장애가 되었으며, 미국 사회의 거대한 모순을 야기했다. 미국 시민들이 더 많은 공평성을 획득하도록 하기 위해, 사회가 한 걸음 더 발전하도록 하기 위해, 그리고 국가의 통일을 위해, 미국은 내전을 시작했다. 내전 이후, 미국은 통일되고 강대한 국가가 되었으며, 이는 미국이 20세기에 세계 제1의 강국이 되는 기초를 다져 주었다.

② 진보 운동

1894년에 미국은 세계 제1의 경제 강국이 된 다음, 경제가 줄곧 빠른 발전을 지속하면서, 국민의 부가 급격히 증대되었다. 사회적으로 풍부한 물질적 부와 대량의 사회적 빈곤의 공존은 효율과 공평의 첨예한 모순을 불러왔으며, 물질적 풍요와 사회 진보 간의 첨예한 모순은 민중의 불만과 사회적 소요를 야기했다.

1896년, 1%의 미국인이 국가 부의 거의 절반을 차지했으며, 12%의 미국인이 국가 부의 거의 90%를 보유했다. 이와는 선명히 대조적으로, 수많은 노동자·농민·이민과 흑인은 반대로 나날이 빈곤의 깊은 늪으로 빠져 들어갔다. 노동자 농민의 빈곤화는 곧바로 사회적 소요와 계급 충돌을 야기했다. 노동자의 하루 노동시간은 매우 길었고, 임금 수입은 지나치게 낮았으며, 작업 환경은 나빴고, 작업 중에 부상을 입는 사고는 매우 많았다. 또 대량으로 나이 어린 노동자들을 고용했으며, 여권(女權) 문제, 흑인 문제 및 사기·부패 등등의 현상들이 보편적으로 존재했다. 미국의 각양각색의 병폐들이 드러났다.

여러 가지 불공평한 사회적 폐단들이 전 사회의 광범위한 관심을 불러일으키자, 미국 사회의 각계 인사들은 강력히 개혁을 요구했다.

미국 정부는 이러한 요구에 순응하여, 미국 역사상 유명한 '진보 운동'을 전개했다. 존재하는 문제들에 대해, 미국 정부는 최대한 법률적 각도에서 규범에 맞게 함으로써, 사람들이 모두 평등하게 발전하고 행복해질 기회를 얻을 수 있도록 촉진했다. 진보 운동이 있고 난 뒤, 미국의 경제와 사회는 한층 더 순조롭게 발전하여, 국제적으로 활동력을 확대했으며, 얼마 지나지 않아 세계 업무에서 중요한 역량이 되었고, 이어서 세계적인 패권국이 되었다.

(2) 다시 구소련의 사례를 보자

소련이 수립된 후, 레닌 시기에는 신경제정책을 실행했으며, 스탈린 시기에는 고도의 집중적인 계획경제 모델을 실행하기 시작했다. 1937년, 소련의 공업 생산 총액은 일약 유럽 제1위, 세계 제2위가 되었다. 1945년 이후, 소련은 미국과 맞먹는 세계 양대 초강대국의 하나가 되었다. 그러나 소련은 장기간 과도하게 중공업과 군사 공업의 중요성을 강조하면서, 농민의 이익을 해치고, 경공업을 소홀히 함에 따라, 장기적으로 농·공 구조 및 공업 구조의 비례가 균형을 잃었다. 그리하여 국가는 강대해졌는데, 보통 인민의 생활은 오랫동안 뚜렷이 개선되지 않았으며, 또한 관료주의도 성행했고, 공평과 효율이 장기간 균형을 잃어, 조화를 이루지 못했다. 결국 민심을 잃어, 당은 산산조각 나고, 국가는 멸망으로 나아갔다.

3. 민주주의와 공평성의 관계에 관해

민주주의는 다수 사람의 통치이고, 민주주의는 공평과 정의의 기초이며, 민주주의가 없으면 곧 사회의 공평과 정의를 말할 수 없기 때문에, 민주주의와 공평은 국가 관리의 중요한 요소이다. 한 사회가 공평과 정의를 실현할 수 있느냐 없느냐 하는 것은, 시민의 기본 권리와 절실한 이익에 직접적인 관계가 있다. 가장 많은 시민의 기본 권리와 절실한 이익을 보장하기 위해, 민중들이 더욱 많이 공공 사무와 정치적 결정에 참여하도록 해야만, 공공 정책 방면에서 공평과 정의의 문제를 더욱 잘 해결할 수 있다. 아울러 또한 민주주의와 공평성은 사회주의의 핵심 가치관이다. 이러한 관련성 때문에, 우리는 민주주의와 공평성을 하나의 통일적인 요소로서 제시하여 토론하는 것이다.

제11장 사위일체(四位一體)의 네 가지 요소

1. 무엇 때문에 네 가지 요소를 채택했는가?

이전에 일부 학자와 연구자들은 국가 발전 능력을 분석할 때, 대다수가 '종합 국력'이라는 지표를 중심으로 고찰했다. 우리는, '종합 국력'이라는 지표를 이용하여 한 나라의 기본적인 상황을 분석하는 것은 가능하지만, 한 나라의 발전 능력—우리는 이것을 '발전력'이라고 부른다—을 분석할 때, '종합 국력' 지표 체계 속의 객관적인 지표는 꽤 많은데, 두드러지는 국가 발전의 주관적인 지표는 없다고 생각한다.

종합 국력은 주권국가의 경제·군사·과학 교육·자원 등의 방면에서의 실력과 영향력의 종합이다.[101] 어떻게 한 국가의 종합 국력을 정의하고 평가할 것인가에 대해, 국제적으로 통일된 정의와 계산 방법은 없다. 미국의 학자들은, 종합 국력은 한 나라 정부가 다른 나라 정부에 대해 행사하는 강제력과 억제력이라고 여긴다. 중국의 어떤 학자는 이렇게 정의했다. "종합 국력이란, 하나의 주권국가가 일정한 시기 동안에 보유하는 각종 역량의 유기적 총합이며, 모든 국가가 생존과 발전을 의지하는 기초이다. 또한

101 全国干部培训教材编审指导委员会,『21世纪干部科技修养必备』, 6쪽, 北京, 人民出版社, 2002를 참조하라.

세계의 강국들이 그의 국제적 지위를 확립하고, 그의 국제적 영향력과 역할을 발휘하는 데 의거하는 기초이다." 종합 국력은 자연 자원·경제활동 능력·대외 경제활동 능력·과학기술 능력·사회 발전 정도·군사 능력·정부 제어 능력·외교 능력 같은 지표들을 이용하여 반영한 것이다.

세계 강대국들의 발전사를 보면, 종합 국력은 한 국가가 생존하고 발전하는 기본 요소들을 나타내 준다. 그러나 또한 세계 강대국의 발전사를 보면, 세계 강대국들의 강대한 자취 속에서는, 주관적인 요소가 주도적 작용을 했음이 뚜렷이 나타난다. 예를 들면 네덜란드는, 국토 면적이 크지 않고, 당시 인구는 고작 150만 명에 불과했는데, 마찬가지로 유럽에 위치하면서도, 객관적 조건들이 그 나라에 비해 훨씬 좋았던 나라들은 승리하지 못했고, 네덜란드가 승리했다. 그것은 바로 네덜란드의 주관적 노력을 통해, 세계에서 가장 먼저 연합 주식회사를 설립하고, 당시 전 세계 무역의 절반을 독점했기 때문이다. 그리고 그들은 세계 최초의 증권거래소를 설립했고, 가장 먼저 현대적 은행을 창설했으며, 또한 우리가 지금까지 계속 사용하고 있는 신용 체계를 발명했는데, 이때부터 세계는 자본시장을 갖게 되었다. 또한 그들은 일련의 창조와 혁신에 의지하여, 전 세계를 제패하는 상업 제국을 건설했다. 포르투갈·스페인·영국·미국의 경우, 모두 주관적인 노력이라는 요소의 주도적 작용이야말로 그들을 세계 강대국으로 만들었다. 이때문에, 우리는 세계 일류 강대국을 만든 그러한 요소들을 실증 분석하는 과정에서 요소 분석 방식을 채용함으로써, 잡다한 것들을 제거하고 간결하게 하여, 주도적 작용을 한 본질적인 요소들을 드러나게 했다.

『현대 한어 사전(現代漢語辭典)』은 '요소(要素)'에 대해 해석하기를, "사물을 구성하는 데 필요한 구성 인자(이하에서 중국어 원본의 '要素'는 '요소'로, '因素'를 '인자'로 구분하여 번역한다—옮긴이)"라고 했는데, "뛰어난 국가 리더십, 사회의 장기적 안정, 일류 수준의 핵심 과학기술, 적정한 민주주의와 공평성"은 바로 일류 강대국의 국가 발전력을 구성하는 데 필요한 네 가지 요소들이다. 아래에서 이 네가 요소들의 관계에 대해 설명하기로 한다.

2. 네 가지 요소들은 상호 독립적이며, 서로 포용하지 않는다

'뛰어난 국가 리더십'에는, 군사력이 강력하여 대외적으로 강적을 막아낼 수 있고, 대내적으로 국민을 편안히 할 수 있는 것이 포함된다. 그것은 또한 국가가 법치를 실행하고, 인치(人治)를 하지 않는 것도 포함한다. 인치는 결국은 국가의 쇠약을 초래한다. 세계의 500년 발전사는, 법치를 실행해야만 국가가 비로소 강력하게 영도될 수 있다는 것을 말해 준다. 동시에 나머지 세 가지 요소들은 '뛰어난 국가 리더십'이라는 이 요소에 의해 포용되지 않는다. 바꾸어 말하면, 다른 세 요소들은 독립적이다. 예를 들면, 히틀러가 이끌었던 전기(前期)의 독일은, 국가 지도자는 응당 힘이 있었다고 할 수 있지만, 그는 결코 독일 사회를 장기적으로 안정시키지 못했고, 오히려 독일을 분열로 나아가도록 했다. 당연히 그는 또한 독일을 일류 과학기술 강국이 되게 하지도 못했다. 민주주의와 공평성은 그에게는 터무니없는 이야기였으며, 남은 것이라고는 오로지 잔인함과 포악함뿐이었다.

'사회의 장기적 안정'은, 한 나라가 발전하여 세계의 강대국이 되는 데 매우 중요한 인자다. 예를 들면, 미국은 건국하고 200여 년 동안에 단지 한 차례의 짧은 내전만 발생했을 뿐이다. 미국은 대외 전쟁에도 몇 가지 매우 중요한 제한적 조건을 달았을 뿐이다. 두 차례의 세계대전 과정에서, 개전 초기에 미국은 모두 참전하지 않다가, 쌍방이 각자 모두 기진맥진해졌을 때 참전했다. 사실 그것은 승리의 과실을 줍겠다는 것이었다. 한국전쟁에서 미국은 또한 이 전쟁을 국부적인 범위 이내로 제한하여 전투를 벌이다가, 이길 수 없음을 알게 되자, 즉시 담판을 시작했다. 2011년의 '월가 운동'은 결국 왜 미국 정부에 의해 수습되었을까? 그 행위가 분명하게 말해 주는 것은, 국가의 장기적 안정을 유지하는 것은 미국의 중요한 기본 국가 정책이라는 점이다.

종합 국력 가운데 경제 자원 인자·인력 자원 인자·지식기술 자원 인자·자연 자원 인자·문화 인자는 모두 '일류 수준의 핵심 과학기술' 요소에 포함된다. 지식·문화 수준의 높고 낮음은 결국은 모두 인력 자원으로 전환되는데, 수준 높은 질과 양의 인력 자원이야말로 경제 자원과 자연 자원을 잘 사용할 수 있다. 진정한 의미에서의 세계 강대국인 네덜란드·영국 및 미국의 발전을 보면, 그것은 주관적 능동성이 편중되게 강한 지표다. 핵심 과학기술을 장악한 일류 국가만이 자연 자원 이용을 최적의 상태에 도달하게 하여, 그 나라가 세계 강대국이 되도록 돕는다.

'적정한 민주주의와 공평성'이라는 요소는 국내의 인문 사회 환경을 반영한 것이다. 주로 국내의 관리(管理) 중 대인(對人) 관리 상황을 반영하는데, 시민에 대한 관리는 민주주의와 공평성을 요구한다. 중국을 문명적이고 부강하고 조화로운 사회주의 현대화 강국이 되도록 건설하려면, 반드시 민주적인 조화와 적정한 공평성을 갖춘 인문 사회 환경을 가져야 한다. 특히 세계 일류 강대국이 되려면, 반드시 핵심 과학기술 방면에서 세계 일류가 되어야 하며, 당연히 세계의 창조적인 과학기술의 발전을 이끌어야 하고, 세계 과학기술의 첨병이어야 한다. 과학기술의 창조는 정신 활동의 과정이므로, 유쾌한 정신과 편안하고 쾌적한 마음은 과학기술 창조에 필요한 전제조건이다. 현대 심리학 연구에 따르면, 급여 등 물질적인 인자는 단지 개인의 작업 능력의 60%만을 유발시킨다고 하며, 다른 사회 계층에 대비하여 말하자면, 과학기술 종사자들은 존중받고 싶은 욕구와 자아실현 욕구를 만족시킬 수 있는가 없는가를 특히 중요시한다는 사실을 나타내 준다. 지식을 존중하고, 인재를 존중하며, 과학기술 인재들을 위해 조화롭고 건강하며 적극적으로 향상되는 인문 사회 환경을 창조하는 것은, 민주주의와 공평성의 구체적인 구현이다.

시대의 발전과 서로 조화를 이루는 민주주의와 공평성은, 반드시 사회의 윤활유나 가속기 역할을 한다. 경제의 세계화가 빠르게 발전하는 과정에서, 자본·기술·지식 등의 생산 요소들도 전 세계적인 범위 내에서 가장 우수한 것들을 선택하여 배치한 것이다. 조화롭고 건강하며 적극적으로 향상되는 인문 사회 환경은 또한 세계의 자본·지식 및 기술을 가진 인재들이 중국의 사회주의 건설에 참여하도록 끌어들이는 데에도 유리하다. 전 세계의 수많은 우수한 인재들이 국가 건설에 참여하지 않는데도 세계 강대국이 되려고 하는 것은, 주관적이고 터무니없는 바람에 지나지 않는다.

3. 네 가지 요소들은 상호 연관되어 있으면서도 상호 촉진한다

'뛰어난 국가 리더십, 사회의 장기적 안정, 일류 수준의 핵심 과학기술, 적정한 민주주의와 공평성'이라는 네 가지 요소들 가운데, 뛰어난 국가 리더십이 핵심적인 요소이다. 국가 지도자가 뛰어나면 국가가 강대해지는데, 네덜란드·영국·미국의 강대함은 긍정적인 경우이고, 제2차 세계대전 때의 독일·일본·소련은 바로 부정적인 경우이다. 특히 중국은 국가 지도자의 큰 잘못으로 인해, 제1차 아편전쟁 이후 온갖 굴욕을 다 당했다. 신중국 수립 이후, 특히 개혁·개방 이후로 중국의 리더십이 유리한 정세에 놓이게 되면서, 영명한 정책을 결정하여, 중국 특색 사회주의 노선을 견지해 나아감으로써, 겨우 30여 년 만에 미국 다음으로 세계 제2의 경제 대국으로 발전했다. 뛰어난 국가 리더십은 나머지 세 가지 요소들이 더욱 좋은 작용을 하도록 촉진할 수 있다.

적정한 민주주의와 공평성은, 만약 이 제도를 잘 갖추고 있으면, 사회의 장기적인 안정을 촉진할 수 있으며, 또한 과학기술의 순조로운 발전을 촉진할 수도 있고, 국가가 장기간 태평하고 사회가 질서 있고 안정되도록 촉진할 수 있다. 예를 들어 자본주의 국가들 가운데, 미국 국내 사회의 민주주의와 공평성의 처리는 여전히 비교적 양호하기 때문에, 그 사회는 장기간 안정을 이루어, 200여 년 동안 단 한 차례의 내전만을 겪었다. 100여 년 동안, 미국의 과학기술 성과는 줄곧 세계 선두를 차지하여, 다른 나라들보다 멀찌감치 앞서 나갔으며, 금세기 세계 과학기술의 선두 국가가 되었다. 1894년 이래 미국은 줄곧 세계 제1의 경제 대국이다.

4. 네 가지 요소들을 확립하기 위한 몇 가지 고려 사항

(1) 네 가지 요소들의 근원

강대국이 어떻게 부강해졌는지 본질적인 추동력이 되었던 인자들을 찾으려면, 빠뜨려서도 안 되고, 무리하게 보태서도 안 된다. 우리는 매거법(枚擧法, method of exhaustion)[102]을 이용하여 이런 인자들을 찾았다. 우선 거시적 각도에서 강국부민(强國富民)이 어떤 인자들을 갖고 있는지 확정했다. 다시 이런 인자들을 부문별로 분류한 다음, 번잡한 것들은 줄여서 간략히 했으며, 부수적인 곁가지들을 쳐내고 주요한 줄기만 남겨 두었고, 본질적인 추동력이 아닌 부차적인 인자들을 제거해 버렸으며, 속성이 서로 비슷한 몇 가지 인자들을 하나의 항목으로 합쳐서, 이 항목의 본질적인 속성을 찾아냈고 아울러 요소로 확정했다.

우리는 먼저 다음과 같은 세 가지 방면에서 국가의 종합 실력을 표현해 주는 인자들을 찾아서 확정했다.

1. 세계의 500년 동안의 역사에서 귀납했다. 포르투갈·스페인이 15세기 초엽에 해양 탐험과 세계 정복의 여정을 시작하면서부터, 세계는 처음으로 강대국의 모습을 갖게 되었다. 그들은 튼튼한 선박과 성능 좋은 대포

102 매거법(枚擧法): 귀납적 추리를 진행할 때, 만약 어떤 사건의 모든 가능한 정황들을 하나하나 고찰하여, 일반적인 결론을 도출해 냈다면, 그 결론은 믿을 만한 것인데, 이러한 귀납 방법을 일컬어 매거법이라고 한다. 중국에서는 '궁거법(窮擧法)'이라고도 한다.

를 이용하여 강대국이 되었으며, 혹은 일련의 현대 금융과 상업 제도의 창조와 혁신에 의지하여 전 세계를 제패하는 상업 제국을 건설하기도 했고, 혹은 국가 관리 방식을 창조하여 사람들로 하여금 창조와 혁신을 통해 부를 창출하고자 하는 열정을 격발시킴으로써, 마침내 국가의 부강과 국민의 부유함 실현하기도 했다. 이러한 강대국들이 강국부민을 이룩한 길은 특색이 다양하고, 강국부민의 인자가 매우 많기는 했지만, 여전히 남아 있는 종적을 찾을 수 있었다.

2. 세계 각국의 정계 주요 인물들과 연구자들의 관련된 연구와 사고 속에서 귀납했는데, 그들은 어떤 인자들을 선택했을까?

3. 기존의 연구 성과들로부터 귀납했는데, 이런 성과들은 어떤 인자들을 고려했을까?

이상 세 가지 방면을 종합적으로 귀납하여, 우리는 국가의 종합 실력에 영향을 미치는 모든 인자들을 얻어 냈다. 그것은 바로, 국내와 세계에 대한 경제 활동 능력, 문화 능력, 교육 능력, 과학기술 능력, 인력 자원, 자연자원, 사회의 조화로운 발전 정도(경제 발전과 사회 발전의 상호작용과, 이 둘의 조화로움이 나타내 주는 한 국가의 국력 인자를 가리킨다), 군사 능력, 정부의 장악력, 외교 능력, 법률 제도, 인구, 영토 면적 등 모두 13가지 항목이다.

(2) 네 가지 요소 안에 함축된 의미

우리는 먼저 하나의 단어, 즉 '국가 발전력'에 대해 언급해야 한다. 국가 발전력이란, 한 주권국가가 일정한 시기 동안에 이미 보유하고 있는 정치·경제·사회·과학기술·교육 및 군사적 기초 등의 조건들을 이용하여, 국가 발전을 촉진하는 능력을 가리킨다.

국가 발전력을 연구할 때, 역사를 통해 연구하는 것 외에, 경제의 세계화에도 착안해야 하고, 21세기에도 착안해야 하며, 미래 사회의 정치·경제·과학기술 및 사회 발전 등의 발전 추세에도 착안해야 한다. 국가 발전력이라는 각도에서 보면, 500년 동안 자연 자원·인구 및 영토 면적은 세계 강대국에 영향을 미친 주요 인자가 아니었다. 예를 들면 네덜란드는 인구도 적고, 영토 면적도 작으며, 자연 자원이 부족했지만, 당시의 세계 강대국이 되었다. 반대되는 경우가 소련인데, 인구도 많고, 영토는 광활하며, 자연 자원이 풍부했지만, 몰락하여 국토는 쪼개지고 인구는 분산되고 말았다. 따라서 인구, 영토 면적, 자연 자원 등 세 가지 인자를 제외했다.

군사 능력, 정부의 장악력, 외교 능력은 모두 실질적으로는 정부의 리더십 능력이므로, 정부의 능력이라는 항목 속에 합쳐 넣을 수 있다. 즉 '뛰어난 국가 리더십'은 군사 능력, 정부 장악력, 외교 능력 등 세 가지 인자를 포함하고 있다.

문화·교육·과학기술·인력 자원 등 네 가지 인자는, 비록 상세 항목에서는 각자 하나의 인자가 될 수 있지만, 국가 발전력이라는 각도에서 보면, 이것들은 모두 인력 자원으로 변환할 수 있는데, 우수한 인력 자원이라는 표현은 바로 일류 핵심 과학기술을 장악하고 있다는 것이다. 따라서 이 네 가지 인자들은 '일류 수준의 핵심 과학기술' 요소로 통합했다.

한 국가의 경제활동 능력은, 실제로는 한 국가의 생산력을 나타내 주는 말이다. 생산력이 강하면 필연적으로 경제활동 능력이 강해지도록 촉진하고, 그와 반대로 생산력이 약하면 경제활동 능력은 반드시 약해진다. 양자 간의 이러한 관계에서 말하자면, 생산력은 경제활동 능력의 가장 근본적인 인자를 반영하고 있다. 따라서 우리는 생산력을 이용하여 경제활동 능력을 표현할 수 있다. 그런데 "과학기술은 제1의 생산력이므로", 우리는 곧 경제활동의 생산력을 과학기술 속에 합병해서 '일류 수준의 핵심 과학기술' 안에 포함시켰다. 즉 '일류 수준의 핵심 과학기술'이라는 요소는 문화·교육·과학기술·인력 자원·국내와 세계에 대한 경제활동 능력 등 다섯 가지 방면의 인자들을 포함한다.

'적정한 민주주의와 공평성'이라는 요소에 포함된 의미를 보기로 하자.

'적정한 민주주의와 공평성'은 '사회의 조화로운 발전 정도'라는 인자를 나타내려는 것이다. 여기에서 말하는 '사회의 조화로운 발전 정도'란, 경제 발전과 사회 발전의 상호작용과 이 양자의 조화로운 발전이라는 관계를 가리키는 것이다. 이는 바꿔 말하면, 경제 발전은 사회 발전을 촉진할 수 있으며, 반대의 경우도 성립한다. 즉 사회 발전이 경제 발전을 촉진할 수도 있으므로, 이들 두 가지 발전 요소는 상호 조화를 이루어야 한다.

사회의 조화로운 발전의 내용에는, 민주주의, 법률 제도, 자유, 공정성, 공평성, 사회복리, 공공 서비스 등이 포함된다.

덩샤오핑은 이렇게 지적했다. "인민의 민주주의를 보장하기 위해서는, 반드시 법률 제도를 강화해야 한다. 반드시 민주주의를 제도화하고 법률화해야 한다."[103] 우리가 현대화된 사회주의 강대국을 건설하려 하면서, 현대화된 법률 제도가 없으면, 사회의 현대화는 실현할 수 없다. 법률 제도는 반드시 민주주의를 기초로 삼아야 하며, 법률 형식으로 표현된 민주주의, 우리는 바로 이것이 적정한 민주주의라고 생각한다. 때문에 우리는 법률 제도를 민주주의의 내용 안에 포함시켰으며, '적정한 민주주의'라는 말로 '민주주의'와 '법률 제도'라는 두 방면의 내용을 표현했다. 바꿔 말하자면, 민주주의는 법률 제도 범위 내의 민주주의이지, 무정부주의가 아니다. 그리고 '자유'는 법률적 범위 내의 자유이며, 법률 앞에서 만인은 평등하고, 실질적으로 개인의 자유와 공정성을 보장한다. 이때문에 민주주의의 내용에는 또한 '자유'와 '공정성'에 대한 추구도 포함된다. 넓은 의미로 말하자면, 사회적 차원에서 공정과 공평을 추구하는 것은 '사회 복리와 공공 서비스'의 인자도 포함한다.

덩샤오핑은 1992년 초에 남방을 시찰하면서 발표한 담화에서 이렇게 지적했다. "사회주의의 본질은, 생산력을 해방하고, 생산력을 발전시키며,

103 「解放思想, 实事求是, 团结一致向前看」, 『邓小平文选』, 2版, 第2卷, 146쪽, 北京, 人民出版社.

착취를 일소하고, 양극 분화를 해소하여, 결국 모두가 부유해지는 것이다."[104] 사회적 차원에서 공평성을 추구하여 인민 모두가 부유해지는 것은, 사회주의가 추구하는 목표이다. 그러므로 공평성을 추구하는 것은 사회주의의 본질적 속성이다. 하지만 공평성의 추구는 사회 발전 과정과 서로 조화를 이루고 서로 적응하는 것이며, 적정한 정도가 있는 것이다. 역사 발전 단계를 위반하여, 절대적 공평성을 추구하면, 결국 원하는 바가 이루어지지 않고, 반드시 사회 진보를 가로막게 된다. 이러한 사례는 매우 많다.

위의 내용을 종합하면, '적정한 민주주의와 공평성'의 내용에는, 민주주의, 법률 제도, 자유, 공정성, 공평성, 사회 복리, 공공 서비스 등이 포함된다.

5. 세계 강대국과 네 가지 요소의 필요충분조건

세계 강대국과 네 가지 요소는 필요조건과 충분조건의 관계가 있다. 이는 두 방면으로부터 살펴볼 수 있는데, 하나는 세계 강대국의 실제 사례들로부터 검증하는 것이며, 다른 하나는 인류 사회의 발전 추세로부터 이성적 분석을 하는 것이다.

먼저, 실제 사례를 보면, 세계 500년 역사의 강대국들의 궤적에서, 세계 강대국들은 반드시 네 가지 요소를 가지고 있었다는 말은 성립되며, 반대의 경우도 성립한다. 바꿔 말하면, 네 가지 요소 조건을 만족시키는 국가와 세계 강대국이 되는 것, 이 둘 사이에는 필요조건과 충분조건의 관계가 성립한다는 것이다. 예를 들면, 네덜란드와 영국은 그들이 강성했던 시기에 네 가지 요소 조건들을 만족시켰다. 미국은 20세기 초부터 지금까지 모두 네 가지 요소에 부합하고 있기 때문에, 미국은 지금도 여전히 세

104 「在武昌深圳珠海上海等地的谈话要点」, 『邓小平文选』, 第3卷, 373쪽, 北京, 人民出版社.

계 강대국이다. 포르투갈과 스페인은 그들이 강성했던 시기에 역시 네 가지 요소 조건들을 만족시켰다고 말할 수 있으며, 따라서 그들은 당시에 세계 강대국이었다. 과거나 현재의 독일·프랑스·일본·소련(러시아) 등 네 나라는 최소 한 가지 이상의 조건이 네 가지 요소에 부합하지 않았기 때문에, 그들은 세계 강국은 아니지만, 세계의 대국(大國)이다. '뛰어난 국가 리더십, 사회의 장기적 안정'이라는 두 가지 항목은 중국이 기본적으로 만족시키고 있고, 바야흐로 지금 핵심 과학기술을 습득하여, 세계 과학기술 일류 강국을 향해 매진하고 있다. 하지만 중국은 민주적이고 자유로우면서 공평하고 공정한 사회적 환경을 건설하는 방면에서는 아직도 더 많은 노력을 해야 한다. '일류 수준의 핵심 과학기술, 적정한 민주주의와 공평성'이라는 두 가지 항목도 네 가지 요소 조건을 만족시킬 때, 중국은 곧 세계 제1의 강대국이 될 것이다. 현재의 중국은 비록 이미 세계 제2의 경제 대국이지만, 또한 아직 상승 과정에 있는 세계의 대국일 뿐이고, 세계 제1의 강대국이 되기까지는 아직 한참 더 가야 한다.

다음으로, 인류 사회 발전 추세의 이성적 분석의 측면에서 보면, 세계 강대국과 네 가지 요소의 필요충분조건도 또한 성립한다.

세계 강국은 반드시 강력하면서도 현명한 정책 결정을 하는 국가 지도층을 가져야만, 그들의 영도하에 사회의 민주·자유·공평이 보장되고, 개인의 자유가 질서 있고 충분히 발전하며, 활력이 넘치고, 창조와 혁신 에너지가 무궁해져, 그 나라 사회가 장기적으로 번영하고 안정을 유지하며, 오래도록 나라가 태평하고 사회 질서와 국민 생활이 안정되도록 유지하였다. 돌이켜보면, 국가 리더십이 뛰어나고 강력함과 동시에, 그들이 조치를 취하여 사회의 민주와 자유·공평과 공정·법과 제도의 질서를 유지 보호할 수 있어야만, 과학기술의 발전을 고무시켜 핵심 과학기술이 세계 최고 수준이 되며, 사회가 조화롭고 안정된다. 이러한 사회는 필연적으로 개개인이 행복하고 원만하며, 사회질서가 정연하고 조화로우며, 창조 에너지가 사방에서 뿜어져 나와 왕성하게 발전하는 위대한 국가이다.

역사를 회고하고, 미래를 전망해 보면, 평화와 발전은 이 시대의 주제이며, 국제 정세에는 심각한 변화가 나타나고 있다.

세계 경제에서는, 각 나라들이 부강해지기 위한 경쟁에서 승리하기 위해 노력하면서 경쟁이 매우 격렬해지고 있다. 경제의 세계화는 매우 빠르게 발전하고 있고, 무역 자유화 수준은 크게 높아졌으며, 국제 무역은 지속적으로 빠르게 성장하고 있고, 국제 직접투자 규모도 끊임없이 확대됨에 따라, 경제의 세계화는 자본·기술·지식 등 생산요소들이 전 세계적 범위 내에서 가장 우수한 것들을 선택하여 배치하도록 촉진했다.

컴퓨터의 보급, 인터넷의 발달, 교통의 빠르고 효율적인 발전에 따라, 전 세계는 이미 '지구촌'이 되었다. 경제 활동이 세계화되었을 뿐 아니라, 생산·서비스·자본 및 기술 혁신도 세계화로 나아가면서, 사회 문화·생활방식·사회 발전 과정도 모두 국경을 뛰어넘어, 서로 영향을 미치며, 전 세계로 파급되고 있다.

미래가 어떻게 변화하든 상관없이, 세계 강대국들의 경쟁은 모두 강대국이 되는 네 가지 요소들을 둘러싸고 격렬한 각축을 벌일 것이다.

위의 내용을 종합하면 알 수 있듯이, 세계 강대국들이 발전한 실제 사례를 통해 실증적 분석을 한 것이든, 인류 사회 발전 추세로부터 이성적 분석을 한 것이든 상관없이, 세계 강대국과 네 가지 요소들의 필요충분조건은 성립한다.

제12장 중국의 현황과 주요 문제들

Ⅰ. 개혁·개방의 성과

개혁·개방 30여 년 동안, 중국의 정치·경제·사회·문화 등 다양한 방면들에서 모두 전 세계인이 주목하는 성과를 거두어, 중국의 사회적 생산력과 종합 국력은 현저히 높아졌으며, 인민의 생활수준은 눈에 띄게 높아졌고, 과학기술·교육·문화 사업은 크게 발전했으며, 국제적 지위와 영향력은 현저히 높아졌다. 1979년, 중국의 1인당 평균 소득은 182달러로, 당시 아프리카 국가들의 평균 수준의 3분의 1도 안 되었다. 2012년, 중국의 1인당 평균 소득 수준은 6,100달러에 달해, 중상위 소득 국가가 되었다. GDP는 1978년에 3,645억 위안에서, 2014년에 63조 6,463억 위안으로 뛰어올랐으며, 1978년에 중국의 경제 총량은 겨우 세계 제10위였던 것이, 2010년에는 일본을 추월하여 지금까지 세계 제2위를 차지하고 있으며, 미국 바로 다음으로 세계 제2의 경제 대국이 되었다(국제통화기금이 구매력에 따라 계산한 바에 따르면, 2014년 9월 말에 중국은 이미 미국을 추월하여 세계 제1의 경제 대국이 되었다—중국측 편집자). 경제 총량이 세계에서 차지하는 점유율은 1978년에 1.8%에서 2013년에 13%로 높아졌다. 성과는 매우 뚜렷하다.

Ⅱ. 존재하는 주요 문제들

30여 년 동안 지속된 빠른 발전을 거치면서, 중국의 정치·경제·사회 방면에 누적된 문제들도 적지 않다.

(1) 국가 통치 체계와 통치 능력은 아직도 더 완전해지고 제고되어야 한다

중국의 통치 체계와 통치 능력은, 중국이 부흥하려 하고, 중국몽(中國夢)을 실현하려 하고, "중국 특색 사회주의 제도의 우월성을 더욱 잘 발휘하려 하고"[105], 세계 제1의 강대국이 되려 하는 총체적인 목표와는 아직도 작지 않은 격차가 있다. 개혁·개방 이래, 중국의 국가 통치 체계와 통치 능력은 뚜렷이 제고되었기 때문에, 비로소 "중국은 정치가 안정되고, 경제는 발전하고, 사회는 조화롭고, 민족이 단결하는"[106] 대단히 좋은 국면에 직면해 있다. 하지만 중국이 세계 제1의 강대국이 되려면, 그리고 사회주의 제도를 이용하여 자본주의 제도보다 더 좋고 더 우월하다는 것을 증명하려면, 반드시 사실로써 말해야 한다. 실사구시적으로 말하자면, 우리는 현재 아직 사회주의 제도가 자본주의 제도보다 좋다는 것을 완전하게 증명하지 못했는데, 우리의 현재 경제 실력도 단지 세계 제2위이고, 종합 국력도 세계 최강이 아니며, 세계 제1의 강대국에 비해 우리 중국은 아직 큰 격차가 있다. 격차는 어디에 있는가? 중국의 장판(長板: '장판'·'단판'은 12쪽 참조)은 어디에 있는가? 단판(短板)은 또한 어디에 있는가? 어떤 방법을 이용하여 '단판'을 가장 빨리 장판으로 바꿀 것인가? 중국 개혁 실천의 과거와 장차 개혁해야 할 각 방면들로부터 보면, 아직 분명하지도 않고 완전하지도 않은 부분이 존재한다. 중국의 국가 통치 체계는 과연 어떻게 구축해

105 习近平, 「切实把思想统一到党的十八届三中全会精神上来」, 新华网, 2013-12-31을 보라.

106 위의 글을 보라.

야 하고, 통치 능력은 어떤 방면에서 한 단계 더 제고시켜야 하는 것일까? 적어도 이론에서는 명확함이 부족해 보이고, 현실에서는 표면적 현상만을 보고 일을 논하는 '파편화된' 개혁 현상이 존재한다.

(2) 정부 관리(管理)의 직무 태만[缺位]과 권한 남용[越位]

개혁·개방 이래, 여러 차례의 행정 체제 개혁을 통해, 정부의 관리는 중대한 발전을 거두었으며, 기본적으로 경제 사회의 발전 요구에 적응해 왔다. 그러나 우리가 세계적인 강대국을 향해 진군하려 하면서, 경제 사회 발전의 요구에 기본적으로 적응하기만 하는 것은 발전의 발목을 잡아버릴 수 있어, 강대국의 꿈을 이루기 어렵게 만든다. 중국 정부는 당연히 효율적이고 청렴결백한 정부여야 하며, 한도가 있는 정부·경계(境界)가 분명한 정부여야 한다. 정부의 주요 책무는, 거시적인 조정과 통제, 시장의 관리 감독, 사회 관리 및 공공 서비스 등 네 가지다. 그러나 시장의 관리 감독과 정부의 공공 서비스 및 사회 관리 기능은 비교적 취약하여, 직무를 태만히 하는 정황이 비교적 많고, 권한을 남용하는 사항도 있다. 어떤 정부 부서는 뚜렷하게 이익이 크면 곧 '권한을 남용'하고, 이익이 작으면 곧 '직무 태만'을 하는데, 특히 경제적 이익 방면에서 더욱 두드러진다. 시장경제 질서가 건전하지 못하고, 경쟁 규칙이 완비되지 못했으며, 신용체계도 아직 건전하지 못하다. 당연히 각급 정부가 제공하는 공공 교육 서비스·공공 위생 서비스·도시 공익사업 서비스 등은 여전히 사회 공공의 수요를 만족시키지 못하고 있다. 부서별 역할 분담이 지나치게 세밀하여, 정위(定位: 정확한 직무와 역할 및 그 범위)가 그다지 분명하지 않다. 분유를 예로 들면, 장기간에 걸쳐 여러 차례 품질 문제가 발생하면서, 국민들이 국산 분유의 품질을 믿지 못하여, 가능하면 외국 분유를 구입하자, 홍콩과 일부 국가들은 중국 여행객들이 자국 내에서 분유를 구매하는 것을 제한하는 사태를 유발했다. 심지어 어떤 외국 상점은 중국인에게 분유를 판매하지 않는 상황이 출현하기도 했다. 이는 중국인의 치욕이었다. 근래에는 식품 안전과 관련된 끔찍한 사건들이 끊임없이 일어난다고 할 만한데, 계속해서 단속을 해도 그치지 않고 있다. 쑤단홍(蘇丹紅: 공업용 색소의 일종)·멜라민·가죽우유[皮革奶: 소가죽에서 추출한 물질을 첨가해 만든 우유]·가소제(可塑劑: 발암물질의 일종)·클렌부테롤(Clenbuterol: 비계가 적고 살코기가 많은 돼지로 사육하기 위해 사료에 섞어 넣은 독성물질)·디거우유(地溝油: 공장의 배수구나 하수구에서 수거한 폐식용유를 정제하여 재생한 불량 식용유)·독성 쌀[毒大米: 발암물질이 함유된 쌀]·독성 콩나물[毒豆芽]·염색만두(染色饅頭: 인체에 유해한 방부제와 색소를 섞어 만든 만두) 등등 모든 사건들이 신뢰의 위기를 초래하여, 정부의 식품 안전 관리 감독 직책을 매우 힘들게 했다. 식품 안전 문제는 공중이 가장 관심을 갖는 의제가 되었으며, 또한 중국의 가장 중요한 사회문제의 하나가 되었다.

(3) 권력의 과도한 집중에다 제약마저 받지 않아 부패를 낳았다

절대적인 권력은 절대 부패하는 법인데, 현재의 관료 사회는 부패하여, 이미 인민의 원성이 비등하고 있다. 그리고 관료주의와 형식주의도 매우 심각하다. 현재의 시스템에 따르면, 동급(同級) 당 위원회의 기율검사위원회(紀律檢查委員會: 줄여서 '紀委'라고 함)가 그것의 실질적인 지도자들—서기(書記)와 정부의 요인—을 감독해야 하는데, 그게 가능할까? 시스템상으로 불가능하며, 사실이 증명하는 것을 봐도 불가능하다. 수많은 사실들이 이미 증명하고 있는데, 이 시스템은 완전히 실패한 것으로, 반드시 개혁해야 한다! 아래에서 몇 가지 방면으로부터 부패의 심각성을 살펴보기로 한다.

1) 탐관의 부패가 주는 교훈.

① 허난성(河南省) 루스현(盧氏縣)의 전 현위원회[縣委] 서기인 두바오첸(杜寶乾)은 재임 기간에 마구 뇌물을 받고, 매관매직했으며, 자신이 최고인 듯이 으스대면서, 대대적으로 자신에게 순응하는 자는 번창하게 하고 거

역하는 자는 망하게 하여, 루스현을 두(杜)씨 천하로 바꿔 버렸다. 두바오첸은 현(縣) 텔레비전 방송국에 명령하여 중앙·성(省)·시(市)가 소유한 채널을 3년 동안 차단한 채, 자신이 전체 현의 각 지방들을 시찰하는 장면을 전문적으로 방영하도록 했다. 이때문에 루스현의 인민들은 말하기를, "텔레비전을 켜서 볼 필요가 없으니, 그 속에는 온통 두얼단[杜二蛋: 두바오첸을 가리킴–중국측 편집자][107]뿐인걸."이라고 했다. 이렇게 분별없는 행위에 대해, 현(縣) 기율검사위원회는 어째서 제때에 감독을 하지 못했을까? 원인은 바로 시스템 문제였다.

② "사형을 받는 부패 관리"가 최후의 순간에 경고의 말을 남겼는데, 세 가지 사례를 들어보자. 옛말에 "까마귀가 죽을 때가 되면 그 울음소리가 구슬퍼지고, 사람이 죽을 때가 되면 그 말이 선해진다"고 했다.

첫째, 쩡진춘(曾錦春)은 "부패 척결을 건의했다". 매우 악명 높은 후난성(湖南省) 천저우시(郴州市)의 전 시위원회[市委] 부서기이자 시기율검사위원회[市紀委] 서기였던 쩡진춘은 2010년 12월에 사형이 집행되었다. 그는 옥중에서 이렇게 반성했다. "제도는 이미 매우 많지만, 관건은 제도의 성실한 실행과 집행이다." 그는, "300여 가지 제도가 마치 담장 위에 걸린 달(형식적임을 비유적으로 표현하는 말–옮긴이)처럼 되는 것"을 방지하기 위해서는, 홍콩이 하는 방식을 배워, 만약 지도급 간부에게 문제가 있다는 것을 발견하면, 설령 뇌물을 받은 작은 문제일지라도 일률적으로 공표하여, 작은 사건부터 주목을 끌게 해야 한다고 건의했다.

둘째, 리진(李眞)은 "시대의 폐단을 통절하게 진술했다". 자칭 "허베이(河北)의 제1비서"였던 허베이성 국세국(國稅局)의 전 국장 리진은, 자신이 파멸로 나아간 근본 원인을 반성할 때 이렇게 말했다. "지금 관료 사회에서의 두드러진 폐단은 관료의 부패와 작당해서 사적 이익을 도모하는 것인

107 두얼단(杜二蛋): '얼단(二蛋)'은 허난성 지방의 방언으로, 멍청하고 포악한 사람을 일컫는 말이다. 여기에서는 두바오첸(杜寶乾)을 비하하는 말이다.

데, 이 둘은 상호 보완적이며 상호 침투하고 있다. 만약 단호하게 효과적인 조치를 취하여 엄하게 응징하지 않으면, 틀림없이 우리 당이 전진하는 과정에서 대단히 큰 위험과 심각한 장애가 될 것이다."

셋째, 장런제(姜人杰)는 "분개하여 다른 사람의 부패를 폭로했다". 쑤저우시(蘇州市)의 전 시장 장런제는 억대의 뇌물을 받았다. 장런제는 자신이 사형 판결을 받게 될 거라는 것을 알았을 때, 크게 당혹해 하며 이해가 되지 않는다는 듯이 이렇게 말했다. "나에게 사형을 선고한다고? 다른 사람들이 받은 돈은 나보다 몇 배나 많은데, 어떻게 판결한 거야? 내가 까발리겠다." 과연 장런제는 '분개하여' 폭로했고, 또 많은 부패한 관리들이 체포되었다.

삶과 죽음의 교훈으로부터, 우리가 여전히 부패의 심각성을 알아채지 못한다면, '관료가 국정을 농단하는 폐단'이 계속 위세를 떨치도록 하는 게 아니겠는가? 만약 '관료 사회의 병폐'가 계속 위세를 떨치면, 우리는 얼마 안 가서 나라의 꼴이 말이 아니고, 당의 꼴이 말이 아닌 상황을 맞이할 것이다.

중국의 부패 중에서, 정직(正職)[108] 간부 즉 '최고 책임자'가 부패의 온상이 되었다. 지청급(地廳級)[109] '최고 책임자'의 부패에 대해서도 당 중앙이 중시하고 있다. 광둥성(廣東省) 기율검사위원회 자료의 소개에 따르면, 2003년부터 2009년까지 광둥에서는 모두 151명의 지청급 '최고 책임자'들을 조사하여 처벌했는데, 이들은 조사받고 처벌당한 지청급 지도 간부 숫자의 79.9%를 차지했다. 또한 1,284명의 현처급(縣處級) '최고 책임자'들이 조사받고 처벌당했는데, 이는 조사받고 처벌당한 현처급 간부 숫자의

108 정직(正職): 중국에서는 시장·실장 등 부처나 부서의 최고 책임자를 '정직' 간부라 하고, 부시장·부실장 등을 '부직(副職)' 간부라 한다.

109 지청급(地廳級): 중국 공무원의 고위 직급 구분 방법으로, 성부급(省部級)은 장·차관급을 가리키며, 그 다음으로 지청급은 중앙 부처 국장급을 가리키고, 현처급(縣處級)은 중앙 부처 실장급을 가리킨다.

69.3%를 차지했다.[110] 2014년에 중앙순시조(中央巡視組)[111]가 처음으로 기율과 법을 위반한 부패에 대해 조사하여 작성한 보고서의 상황을 보면, '최고 책임자'들이 기율과 법을 위반한 안건이 많고, 큰 손해를 끼쳤다. 또한 '최고 책임자'들의 기율과 법 위반 안건도 증가 추세를 보이고 있다.

2011년에, 중국 사회과학원의 한 연구에 따르면, 1990년대 이래로, 외국으로 도피한 당정(黨政) 간부, 공안·사법 간부 및 국가 사업단위·국유기업의 고위 관리자, 그리고 외국 주재 중국 자본 기구의 해외 도피·실종자 숫자는 무려 1만 6천 명 내지 1만 8천 명이며, 갖고 간 금액은 인민폐 8천억 위안(한국 화폐로 대략 130조 원-옮긴이)에 달한다고 인정했으니, 부패 문제가 얼마나 심각한지 알 수 있다.

당 중앙과 국무원은 반부패 업무를 매우 중시하여, 각급 기율검사 감찰기관들이 부패 사건은 인정사정 봐주지 않고 단호하게 조사하여 처벌하고 있으며, 사건을 조사 처벌하는 업무에 줄곧 강경한 기조를 유지하고 있다. 〈중국공산당 중앙기율검사위원회의 당 제18차 전국대표대회에 대한 업무 보고〉에는 다음과 같이 기록되어 있다. "2007년 11월부터 2012년 6월까지, 전국의 기율검사 감찰기관은 모두 64만 3,759건을 입건하여, 63만 9,068건을 종결 처리하고, 66만 8,429명을 당 기율과 행정 기율에 따라 처분했다. 범죄 혐의로 2만 4,584명을 사법기관에 이송 처리했다. 전국에서 배임수재로 조사하여 처벌한 안건은 모두 8만 1,391건이며, 건넨 뇌물의

110 孔博·周伟·毛一竹, 「加强对'一把手'的监督—广东省反腐败鬪争新看点」, 新华网, 2011-03-11을 참조하라.

111 중앙순시조(中央巡視組): 당 중앙이 파견하는 순시기구, 즉 암행 감찰기구이다. 그 전신은 중앙기율검사위원회·중앙조직부 순시조(巡視組)였다. 2003년에 성부급 지도층과 지도급 간부에 대한 감독을 강화하기 위해, 중앙의 요구에 따라, 중앙기율검사위원회와 중앙조직부가 중앙기율검사위원회·중앙조직부 순시조를 설치했다. 그리고 다시 2009년에 중앙은 〈중국공산당순시공작조례(시행령)〉를 제정하여, 중앙순시공작영도소조를 설치하기로 결정했으며, 아울러 중앙기율검사위원회·중앙조직부 순시조의 명칭을 중앙순시조로 바꿨다. 그리고 2015년에 〈중국공산당순시공작조례〉는 순시 공작에 대해, 중앙순시조의 공작을 포함하여 한층 더 규범에 맞고 명확하게 했다.

총액은 222억 300만 위안이다." 불완전한 통계에 따르면, 제18차 전국대표대회(2012년 11월 8일에 베이징에서 개최-옮긴이) 이래, 반부패는 고강도 태세를 보였는데, 2015년 3월 20일에 마감될 때까지, 117명의 성부급(省部級) 관리들이 잇따라 조사를 받았다. 사건을 조사하여 처벌함으로써, 당의 기율을 엄숙하게 하고, 부패분자들을 두려워 떨게 함으로써, 인민 대중의 반부패 투쟁에 대한 믿음을 증가시켰다.

2) 부패의 심각성에 대한 한 가지 보도.

홍콩의 『문회보(文匯报)』 보도에 따르면, 골드만 삭스(Goldman Sachs)가 독특한 한 가지 발표를 했는데, 반부패가 중국의 CPI(소비자물가지수)를 1% 낮출 수 있다는 것이다. 2013년 3월 6일에 발표한 이 보고는 지적하기를, 중국 내지(內地)의 술자리에서 과도한 음식을 주문하는 현상을 매우 자주 볼 수 있는데, 낭비의 감소는 통화 팽창을 완화하는 데에도 도움이 될 수 있다고 했다.

3) 세계 반부패기구인 '국제투명성기구(Transparency International)'의 연구 결론.

국제적 여론은 보편적으로, 세계에서 부패 문제 연구에 대해 가장 권위 있고 가장 전면적이며 가장 정확한 것은 '국제투명성기구'라고 인식하고 있다. '국제투명성기구'는 국제적인 비정부 조직으로, 본부는 독일의 베를린에 있으며, 현재 120여 개 국가를 회원국으로 두고 있는데, 중국 지부는 2009년 9월에 설립되었다. '국제투명성기구'는 매년 세계 각국에 대해 '부패인식지수(Corruption Perception Index)' 등의 순위를 정하고 있는데, 이러한 지표들은 모두 국제 사회에서 대단히 큰 관심을 불러일으킨다.

'부패인식지수'가 채용하는 것은 '100점 만점제'인데, 0점인 고도 부패에서부터 100점인 고도 청렴까지이다. 2014년의 청렴지수는 175개 국가와 지역을 대상으로 하고 있는데, 덴마크가 92점으로 순위가 제1위이며, 뉴질랜드가 91점으로 제2위, 핀란드가 89점으로 제3위다. 2014년에 점수가 가장 낮아 가장 부패한 세 나라들은 소말리아(8점)·북한(8점)·수단(11점)이었다. 중국은 36점으로 제80위였다. '부패인식지수'의 순위로 보면, 중국의 반부패 작업은 여전히 맡은 바 책임은 무겁고 갈 길은 아직도 멀다. 비록 이 순위에 어느 정도 오차가 있기는 하지만, 전체적으로는 여전히 참고할 의미가 있다.

4) 다시 관본위(官本位: 관직을 근본으로 삼고, 관직을 귀하게 여기며, 관직을 존경하는 사회적 가치관)에 관한 한 여론조사를 보기로 하자.

잡지 『인민논단(人民論壇)』이 관본위 문제에 대해 설문조사를 했다. 질문 가운데 한 항목은 "만약 0부터 10까지의 구간으로 관본위의 정도(수치가 클수록 관본위가 심각하다는 것을 나타냄)를 나타내는데, 당신은 현재 중국의 관본위 상황에 대해 어떻게 판단하십니까?"라는 것이었다. 피조사자의 65.8%가 '10'을 선택했고, 18.7%가 '9'를 선택했으며, 13.1%가 '8'을 선택했으며, '7' 이하의 구간을 선택한 응답은 모두 합쳐도 3%가 안 되었다. 직업 선택에 관해 물었을 때, 68.5%의 피조사자가 "당정(黨政) 기관의 공무원"을 선택했다. 조사는 또한 70%가 넘는 사람들이 "돈이 있는 것이 권력이 있는 것만 못하다"고 인정한다는 것을 보여 준다. 현재의 체제하에서는, 당정 기관이 사회·경제·정치·문화 등 각 방면의 자원에 대해 분배하고 관리하는 권력을 장악하고 있으며, 사회·사상·문화·경제 등의 방면들에 대한 담론 주도권을 장악하고 있다. 이 조사의 결론은, 중국의 현행 관리 체제의 한 가지 특징—'당정 기관의 공무원'은 곧 '관리 나으리'(신분이 높음을 비아냥대는 의미–옮긴이)라는 사실—을 나타내 준다. 이러한 현실은, 당이 공무원에게 인민의 심부름꾼이 되어야 한다고 요구하는 것과는 아직 비교적 큰 거리가 있으며, 공산당의 대의를 위배하는 것이라는 점을 말해 준다.

5) 어떤 글의 작가가 말하기를, 그의 딸은 매우 어려 소학교에 다니고 있는데, 반에는 모두 51명이 있지만, 높고 낮은 간부가 38명이나 있다고 했다. 한 교육 공무원은 말하기를, 아이들이 어려서부터 "관리[官]"가 되어

시야를 넓힐 수 있고, 포부를 키울 수 있으며, "더 높은 곳에 서면, 더 멀리 보인다"[112]고 했다.

위의 내용으로부터 우리는, 중국에서 현재 관본위 사상이 사람들의 마음속에 얼마나 깊이 자리 잡고 있는지 쉽게 알 수 있다. 관직에 있는 사람은, 생각하는 것이 어떻게 하면 더 빨리 승진할까 하는 것이고, 관직이 없는 사람은, 어떻게 하면 관직에 오를 수 있는가를 생각한다. 어떤 직업에 종사하든 상관없이, 어른 아이 할 것 없이, 대부분의 사람들은 관직을 동경한다.

"권력은 부패를 낳는다"거나 "절대 권력은 절대 부패를 낳는다"는 말은, 이미 전 세계 역사의 무정한 사실들에 의해 수없이 증명된 철칙이다. 얼마 전에 있었던 소련의 멸망도, 이러한 철칙이 재현된 경우이다. 소련이 멸망한 원인을 돌이켜보며 결론 지을 때, 전 소련 장관회의 주석이었던 니콜라이 이바노비치 리츠코프(Nikolai I. Rizhkov)는 일찍이 매우 심각하게 말했는데, 권력자에 대해 말하기를, 권력을 쥐는 것이 책임을 지는 것이 될 때, 그는 태산처럼 든든할 것이지만, 권력을 쥐는 것이 기쁨으로 변할 때는, 그 권력은 위험천만해질 것이라고 했다. 소련이 무너지기 얼마 전에, 당시의 소련과학원은 전국적인 범위에서 당의 위신에 관한 조사를 실시했다. 피조사자들 가운데, 소련공산당이 여전히 노동자의 권익을 대표할 것이라고 생각하는 사람은 고작 4%에 불과했으며, 전체 인민의 이익을 대표할 것이라고 생각하는 사람은 7%였고, 전체 당원의 이익을 대표할 거라고 생각하는 사람도 고작 11%였지만, 소련공산당이 당의 관료·간부·기관 직원의 이익을 대표할 거라고 생각하는 사람은 무려 85%에 달했다.[113]

중국의 권력은 위에서부터 아래까지 모두 비교적 집중되어 있고, 관본위 사상도 이처럼 사람들의 마음속 깊이 스며들어 있는데, 어떻게 권력을

112 姜少勇, 「51个学生38名官」, 『廉政瞭望』, 2010(2) 上旬을 참조하라.

113 卞戟跌, 「权力不能是一种樂趣」, 『杂文月利(文摘版)』, 2012(3)을 참조하라.

가진 자가 정확하게 직권을 행사하도록 한계를 정하고 부패를 방지하는 등의 문제들을 규범에 맞게 할 것인가? 우리는 당연히 소련의 분열에서 쓰라린 피의 교훈을 받아들여, 시스템에서부터 어려운 문제들을 해결하는 것이 절실히 필요하다.

중국공산당은 반드시 최대한 빨리 이러한 문제들을 처리할 결심을 해야 하며, 만약 다시 이러한 문제들을 뒤로 미룬다면, 중국 사회가 발전하는 데 거대한 화근이 될 수 있을 것이다. 새로운 1기(期)의 당 중앙집행위원회는 반부패에 크게 힘을 쏟음으로써, 우리에게 당이 이 문제를 해결하겠다는 신념과 결심을 알게 해주었다.

(4) 공민(公民)의 민주적 권리를 구현하는 데 최선을 다하지 않고 있으며, 공민의 기본 인권은 자주 침해당하고 있다

헌법 제37조는 이렇게 명확하게 규정하고 있다. "중화인민공화국 공민의 인신의 자유는 침범당하지 않는다." 그러나 헌법이 각각의 보통 공민에게 부여한 이러한 가장 기본적인 인신 자유권이 몇몇 부분들에서는 결코 확실하게 보장되지 않고 있다. 어떤 기업은 불법적으로 직원이나 고객의 신체를 수색하고, 일부 공권력 기관도 걸핏하면 아무런 절차도 거치지 않고, 무슨 합법적 이유인지를 설명해 주지 않고, 공민의 인신 자유를 제한한다.

모든 공민의 합법적 권익이 침범당하지 않도록 보호하는 것, 이러한 국가의 공민이야말로 사랑할 것이며, 이러한 나라야말로 공민의 열렬한 사랑으로 인해 왕성한 생기가 흘러넘칠 것이다. 그러나 중국은 현재 아직 공민의 합법적 권익을 침범하는 일이 자주 벌어지고 있다.

다음은 2013년 1월에 보도되어 광범위하게 관심을 불러일으켰던 사례이다.

『중국청년보(中國青年報)』 등 매체들의 보도에 따르면, 헤이룽장성(黑龍江省) 이춘시(伊春市)에 사는 주민인 첸칭시아(陳慶霞)는 민원을 해결해 달라고 진정하러 갔다가, 그 지역 정부의 관련 부서에 의해 노동 교화를 당하여 신체가 불구가 되었는데, 노동 교화가 끝난 뒤에는 다시 폐기된 시체 안치소 안에 강제로 보내져 3년 동안이나 인신의 자유를 제한당했으며, 딸은 실종되고, 남편은 정신병으로 입원했다.[114]

전국 인민대표대회 상무위원회는 이미 입법을 통해 행정기관이 권력을 남용하여 공민의 인신 자유를 제한하는 행위를 엄중히 방지하고 있다. 법률이 불건전하다고 할 수 없고, 제도가 불완전하다고 할 수 없는 사회 시스템에서, 그리고 인민이 주인 되는 국가에서, 공민의 인신에 대한 권익조차 보장하지 못하는데, 그 법률과 제도는 과연 권위를 가질 수 있을까? 정부의 공신력은 과연 상실되지 않을 수 있을까? 병폐는 대관절 어디에 있는지, 우리는 깊이 생각해 보아야 한다.

몇 가지 다른 사례를 들어보자. 닝보(寧波)에 있는 전하이(鎭海) 정유공장이 PX(para-xylene, 파라자일렌) 일체화 프로젝트를 확대 건설하려 하자, 현지에서 대단히 큰 파장을 불러일으켰다. 민원을 가라앉히기 위해 닝보시 정부는 프로젝트 투자자 쪽과 연구를 거쳐 결정하기를, 단호하게 PX 프로젝트를 상정하지 않았으며, 석유화학 프로젝트 전기(前期) 작업의 정지를 추진하여, 다시 과학적 논증을 하였다.

샤먼(厦門)·다롄(大連)의 PX 프로젝트·스팡(什邡: 스촨성에 있는 도시)의 몰리브덴동(molybdenum-copper alloy) 프로젝트와 유사하게, 사건은 결국 모두 당국이 민의(民意)와 타협함으로써 완화되었다. 보기에는 민의가 계속해서 승리를 거둔 것 같지만, 엄격하게 말하자면 승자는 없고, 모두 서로 같은 사건이 여러 차례 반복된 것이며, 두 말할 것 없이 중국 사회에 대한 거듭된 편가르기였다. 반드시 한 가지 시스템을 찾아 내어, 정책 결정이 최대한 민주화를 실현할 수 있게 하고, 채택된 행위나 정책을 실시하는

114 『中國靑年報』, 2013-01-24를 참조하라.

과정이 격렬하게 사회를 뒤흔드는 방식으로 진행되지 않게 하여, 찢어지고 갈라진 다음에야 타협과 이해(理解)가 달성되지 않도록 해야 한다.

당의 제18차 전국대표대회가 통과시킨 〈중국공산당 장정(章程: 당헌)〉에서는, 중국의 국가 건설 목표는 "당의 영도·인민의 주인됨·법에 의한 통치가 유기적으로 통일을 이루도록 견지하여, 중국 특색 사회주의 정치가 발전하는 노선으로 나아가, 사회주의 민주주의를 확대하고, 사회주의 법 제도를 완비하여, 사회주의 법치국가를 건설하며", "인권을 존중하고 보장하는 것"이라고 지적했다. 이 목표를 달성하려면, 우리는 아직 많은 일들을 해야 한다.

(5) 공평하고 공정한 사회 환경이 더욱 강화되어야 한다

공평성과 공정성은, 좋은 사회가 추구하는 사회 관리 목표의 하나이다. 공평하고 공정한 사회 환경을 실현하려면, 사회의 주도 역량인 정부의 법 집행 체계가 모범적인 역할을 해야 한다. 특히 행정·사법 및 상공업 관리 등 3대 체계가 더욱 중요하다.

정부는 당연히 전체 국가가 균형 있고 조화롭게 발전하도록 경제 건설에 매진해야 함과 동시에, 또한 사회 각 방면의 종합 관리를 잘 하여 공평하고 공정한 사회 환경 조성에 노력해야 한다. 사회가 공정해져서, 민심이 마음을 모아 한 방향으로 나아가려고 힘쓰고, 사람들이 자각하여 스스로 법과 기율을 준수하려고 자각할 수 있어야만, 비로소 진정한 의미에서의 문명사회를 실현할 수 있다. 현재 중국 사회는, 어떻게든 모두 '콴시(關係: 자신과 잘 아는 관계의 사람)'를 찾으려 하는데, 사업을 하거나, 소송을 하거나, 입학하려 할 때, 단지 잘 아는 사람이 있어서 콴시를 찾기만 하면, 일 처리가 확실히 매우 순조로우며, 규칙과 제도를 위반해서라도 일을 처리할 수 있다. 사회가 불공정하여, 민심이 균형을 잃고, 경제 영역과 사회 치안 등의 방면에서 갖가지 법 위반과 질서 문란·중상모략과 사기편취 사건들이 자주 벌어지면서, 겉으로 번영한 이면에는 수많은 사회문제들이 감추어져 있다. 발전은 기본적인 원칙이지만, 발전을 강조함과 동시에, 또한 사회의 전면적인 진보도 추동해야만 한다.

사법의 공정성 방면에서, 민간에 널리 퍼져 있는 몇 가지 우스갯소리들, 예를 들면 "소송을 하는 게 아니라, '콴시'를 하는 것이다" "챙이 큰 모자[大蓋帽: 중국에서 법을 집행하는 사람들이 쓰는 모자]를 쓴 쌍방의 인재가, 피고를 뜯어먹고 원고를 뜯어먹는다"와 같은 말들은 대중이 사법 정의에 대해 갖고 있는 불만의 정서를 반영하고 있으며, 사법 방면에 문제가 매우 많다는 것을 반영하고 있다. 사람들은 단지 실체의 공정성만을 요구하는 게 아니라, 또한 절차의 공정성도 요구하며, 공정성을 요구할 뿐만 아니라, 또한 "제때의 정의"도 요구한다. 우리는 사법의 공정성에 영향을 미치고 사법 능력을 제약하는 고질적인 문제들을 해결해야만 한다.

경제 발전의 영역에서, 불균형과 부조화 문제는 여전히 심각하다. 예를 들면 주민의 소득 수준과 빈부 격차는 확대되는 추세를 보이고 있으며, 양극 분화 현상은 효과적으로 제어되지 않고 있다. 특히 회색수입(灰色收入: 봉급 이외의 합법적인 수입)·은성수입(隱性收入: 노출되지 않는 수입, 즉 음성수입)은 양극 분화를 가속화시키고 있으며, 서로 다른 경제 구성 인자들 간의 발전은 불균형하고, 민영기업과 사유경제의 공평한 경쟁 환경 개선은 부족하다. 이러한 여러 가지 것들이 경제 발전의 균형성·조화성 및 지속 가능성을 심각하게 약화시키고, 경제의 전체적 효율 상승을 저해하고, 사회의 공평의 정의를 왜곡시키고, 사회적 풍기를 문란하게 함으로써, 사회의 조화에 영향을 미친다.

당의 제18차 전국대표대회는 보고하기를, 공평과 정의는 중국 특색 사회주의의 내재적 요구이며, 권리의 공평·기회의 공평·규칙의 공평을 주요 내용으로 하는 사회적 공평성의 보장 체계를 점차 건립해 나가려면, 공평한 사회 환경을 구축하기 위해 노력해야 하며, 인민의 평등한 참여와 평등하게 발전할 권리를 보장하여, 발전의 성과가 전체 인민에게 더욱 많이 더욱 공평하게 미치게 해야 한다고 했다. 이것이 분명하게 말해 주는 것은, 공평과 정의는 백성들이 기대하는 것일 뿐 아니라, 위정자들이 분투해야 할 목표이기도 하다는 것이다. 이러한 문제들이 존재하는 근본적 원인은, 정책이 아직 부족하고 집행에 힘을 쓰지 않는 데 있다.

공평과 정의는 중국 특색 사회주의의 본질적 특징이며, "공평과 정의는 중국 특색 사회주의의 내재적 요구이다"[115].

중국은 사회주의 강국을 건설하는 대로 위에서 전진하고 있으며, 우리는 아직 역량을 모아야 한다. 그 역량은 공정성에서 나오며, 우리는 또한 당연히 공평함과 공정함의 건설 역량을 더욱 키워야 한다.

(6) 정책과 법령 집행에 힘을 쏟지 않는다

일부 지방과 부서들은 자기의 이익을 위해, "위에서 아무리 정책을 만들어도, 아래에서는 그 정책을 잘 시행하려고 하지 않고, 그 정책에 대한 책임을 모면하기 위한 대책만 세우기" 때문에, 중앙에서 만든 일부 정책과 법령을 '공전(空轉)'시키는 현상을 초래했다. 민간에는 이러한 민요가 떠돌고 있다. "촌(村)은 향(鄉)을 속이고, 향은 현(縣)을 속이고, 국무원(國務院)까지 속인다네[村騙鄉, 鄉騙縣, 一直騙到國務院]."[116] 비록 이 말 속에는 극단적인 측면이 있긴 하지만, 정책과 법령의 집행에 힘을 쏟지 않는 것이 매우 심각한 문제라는 것을 알 수 있다. 일부 지방 정부·부서 및 이익집단들은 오로지 지방의 이익·부서의 이익·이익집단의 이익만을 강조하면서, 중앙 정부의 정책과 법령을 와해시키거나 곡해한다. 정책과 법령 집행에 대한

115 胡锦涛, 「坚定不移沿着中国特色社会主义道路前进为全面建成小康社会而奋鬪」, 中国共産党 第18次 全国代表大会上的报告, 2012-11-08.

116 村·鄉·縣: 중국의 행정단위에서 촌(村)은 가장 기초적인 마을이며, 그 위에 향(鄉)이 있고, 향 위에 현(縣)과 성(省)이 있으며, 그 위에 중앙 정부가 있다. 여기에 국무원은 바로 중앙 정부를 대표하는 기관이다.

감독·통제기구는 법률적 지위가 낮고, 권위가 부족하고, 독립성이 약하고, 권력의 방해를 크게 받으며, 하급 기관이 상급 기관을 감독 통제하고, 부서가 정부를 감독 통제하게 되어 있는데, 이러한 기구 설계의 결함은 감독·통제의 효율을 감소시킨다. 앞에서 예로 들었던 분유 문제나 클렌부테롤(Clenbuterol) 문제(310쪽 참조-옮긴이) 등을 보면, 결국 모두 유령과 같아, 그들을 지휘할 수가 없다.

중국의 환경오염도 그에 대한 한 가지 분명한 예증이다.

중국은 거의 수십 년 동안에 경제가 빠르게 발전하면서, 환경 문제가 매우 심각해졌다. 세계에서 오염이 가장 심각한 10개 도시들 가운데, 7개가 중국에 속해 있다. 중국의 500개 대도시들 가운데, 세계보건기구가 규정한 공기의 질 기준에 도달한 도시는 1%도 안 된다. 에너지(특히 석탄과 석유)의 대량 소비 및 환경 보호 조치의 미흡이, 중국의 수많은 도시들로 하여금 심각한 대기오염과 수질오염에 직면하도록 했다.

1) 대기오염: 대기오염은 이미 매우 심각한 상태다. 중국 국가기후센터(National Climate Center)의 관측에 따르면, 1961년부터 2010년까지, 전국 평균 연간 황사 일수(日數)는 뚜렷이 증가 추세를 나타내고 있음을 보여 준다. 21세기 들어, 전국의 황사 일수 증가는 뚜렷하며, 중·동부 지역의 황사 일수는 현저히 증가 추세를 보이고 있다. 전국의 3할에 해당하는 지방에서 산성비가 내렸다. 2013년 1월, 환경보호부(環境保護部)가 위성을 이용하여 원격 관측한 결과를 보면, 한 가닥 오염 띠가 당시 중국 중·동부 지역을 관통하고 있었는데, 그 오염 면적이 100만 평방킬로미터를 초과했음을 나타내 준다. 연구 발표에 따르면, 스모그가 인체에 미치는 해악은 대단히 커서, 호흡기 계통의 질병·심혈관계 질병 및 폐암을 일으킨다고 한다. 추계에 따르면, 2004년에 대기오염으로 인한 사망자 수가 35만 8천 명에 달했다.[117] 중국에서 대기오염과 관련된 호흡 및 심장 질병은 앞 순위에 위치하는 사망 원인이다.

환경 보호 부서의 최신 통계에 따르면, 현재 몇몇 대도시들의 스모그 일수는 이미 한 해의 30% 이상에 달하며, 어떤 도시는 심지어 한 해의 절반 정도에 달하는 곳도 있다.

2) 수질오염: 국가 환경보호부가 발표한 중국 환경의 질 공고에 따르면, 전국의 7대 수계(水系) 중 주강(珠江)과 창강(長江: 양쯔강)의 수질이 비교적 양호하고, 랴오하(遼河)·화이하(淮河)·황하(黃河)·쑹화강(松花江)의 수질은 비교적 나쁘며, 하이하(海河)의 오염은 심각하다. 전국의 거의 모든 하천들은 많든 적든 오염되어 있다고 여겨지며, 지하수도 오염되어 있어, 전국의 절반 정도의 인구가 깨끗한 물을 사용하지 못하고 있다. 90%에 달하는 도시들의 물이 심각하게 오염되어 있다.

3) 토양오염: 토양은 농약이나 중금속 오염을 제외하고도, 일부 보기 드문 유기 발암물질이 이미 나타났는데, 독성이 매우 높은 폴리염화바이페닐류(PCBs)와 다환방향족탄화수소(polycyclic aromatic hydrocarbons, PAHs)가 그러한 것들이며, 중금속 중 기준을 심각하게 초과한 것은 카드뮴·납·수은이다. 토양의 오염은 이미 인체에 해를 끼치고 있다. 화학비료의 과다사용으로 인해 중국의 토양은 심각하게 산성화되었다. 중국 농업 토양의 40%가 침식되었는데, 만약 개선하지 않으면 중국에서 식량 위기가 발생할 것이다. 농업 토양의 질을 퇴화시킨 주요 원인은 질소 비료의 과다 사용이며, 다른 원인으로는 공업 오염도 포함되어 있다.

이러한 문제들의 예방과 처리에 대해, 국가의 법률과 법령은 매우 명확하며, 국가도 거대한 자금을 투입하여 환경 보호를 진행하고 있다. 2013년 인민대표대회가 〈정부공작보고(政府工作報告)〉를 심의할 때 지적하기를, 중국 정부는 시종 환경 관리를 느슨하게 하지 않고 있으며, 보수적으로 추계하더라도 최근 10년간 환경 보호에 투입한 총액이 당연히 4조 위안 정도

117 姚奕, 「2004年我国空气污染共造成근35.8万人死亡」, 『法制晚报』, 2006-09-07을 참조하라.

는 될 거라고 했다. 그러나 효과는 매우 미약하고, 오히려 환경은 계속 악화되고 있다. 그 근본 원인은, 경제적 이익을 최선으로 여기고, 눈앞의 이익을 키우는 데 주력하며, 부분적인 이익을 앞세워, 정책과 법령이 제대로 집행되지 않고 수행되지 않는 데 있다. 일부 지방이 불법 기업을 비호하고, 환경영향평가를 날조하여 속이고, 환경 측정을 몰래 조작하고, 정보 공표를 비밀로 하면서 공개하지 않는 위법 행위를 반드시 엄격하게 타파해야 한다. 반드시 환경 관련 법 집행을 통해 지방 정부와 기업으로 하여금 무엇이 저촉해서는 안 되는 레드라인인지 확실히 알게 해야 한다. 그래야만 중국의 환경 안전을 보장할 수 있다.

(7) 정부 조직 구조는 그다지 합리적이지 않아, 조화로운 운용 메커니즘이 때때로 순조롭지 못하다

합리적인 정부 조직 구조는 부서와 직책을 명확히 할 수 있어, 행정 효율을 높여 준다. 당장 중앙과 지방 사이의 직무 권한 구분이 아직 충분히 분명하지 못하고, 재원(財源) 배치는 그다지 완전하지 못하다. 또 동급(同級) 정부 부서들 간의 권한과 책임이 불분명하여, 개별 부서가 심사와 허가·집행·감독·평가 등 여러 가지 직무를 동시에 담당하며, 부서들 간의 합작과 협조 시스템이 순조롭게 작동하지 않고 있다. 그리고 행정 권력에 대한 감독과 제약이 아직 한층 더 강화되어야 한다. 만약 중국 정부 조직 구조가 합리적이라면, 이러한 많은 문제들은 존재하지 않을 것이다.

(8) 공신력의 상황은 나날이 악화되고 있다

• **분유 문제:** 최근에 관련 분야의 책임 있는 인사가 매체에 대해 공개적으로 표명하기를, 국산 분유의 99%는 안전한데, 국민들은 99%가 안전하다는 것을 믿지 않고 있으며, 그 나머지 1%가 어디에 있는지도 모른다고 했다. 그래서 중국인은 가능한 한 중국산 분유를 구매하지 않는다고 했

다. 『인민일보(人民日報)』는 날카롭게 지적하기를, 션저우(神舟: 중국이 발사한 유인 우주선 이름)를 하늘에 보내고, 자오룽(蛟龍: 중국의 심해 유인 잠수정 이름)을 바다 속에 보낸 세계 제2의 경제 대국이 생산한 영아 분유는 오히려 본국의 엄마들을 안심시키지 못하고 있어, 확실히 사람들로 하여금 깊이 생각하게 만들고 있다고 했다. 실제로부터 출발하여, 가능하면 빨리 중국의 식품 안전에 대한 신뢰의 위기를 해결해야만 한다.

2010년, 과학기술부의 어떤 관리가 말하기를, "첨단기술 기업의 적어도 5할은 가짜 상품을 만들어서 칭호를 획득했는데", 근래에 '가짜 첨단기술'이 가짜 상품을 만드는 현상은 더욱 증가하고 있으며 줄어들지 않는다고 했다. 이름을 밝히기를 원치 않는 어떤 국세(國稅) 부서의 직원은, 첨단기술 기업이 가짜 상품을 만드는 비율은 "심지어 70%에 달한다"고 인정했다.

중국사회과학원 법학연구소가 실시한 조사에서 밝혀진 바에 따르면, 일부 지방 정부가 사무용품을 구입하는 과정에서, 거의 80%의 사무용품 가격이 시장가격보다 1.5배 비쌌으며, 어떤 것은 심지어 시장가격의 6~37배나 되는 것도 있었다. 이는 중국사회과학원 소속 기구가 광둥(廣東)·헤이룽장(黑龍江)·장시(江西)·푸젠(福建) 등 네 개 성에서 모두 11만여 건의 사무용품을 조사한 후에 얻은 수치다. 중국 정부의 구매법은, 정부의 구매 활동은 마땅히 구매 가격이 시장 평균 가격보다 낮아야 한다는 요구에 부합해야 한다고 규정하고 있다. 그 밖에, 〈기관사무관리조례(機關事務管理條例)〉도 정부 기관은 사치품과 기준을 초과하는 서비스를 구매하지 못하도록 분명하게 명령하고 있으며, 아울러 건전한 관리 제도를 확립하고, 구매 비용을 낮추도록 요구하고 있다. 그러나 규정과 실제 운용이 따로 놀고 있으니, 누가 관리하는가?

• **팡메이(房妹) 사건:** 팡메이의 아버지는 부동산 관리 관원이었고, 팡메이의 어머니는 반대로 부동산 개발 회사의 사장이었는데, 마지막에 제보가 지적한 소구(小區)[118]와 경제적용방(經濟適用房)[119] 소구의 실제 상황을 보

면, 이 관원은 기회를 틈타 300여 채의 경제적용방을 전매했다. 더욱 중요한 것은, 팡메이 일가는 29채를 보유했을 뿐만 아니라, 또한 이미 7채의 주택을 팔아치웠다는 것이다. 어떤 사람이 실명으로 팡메이의 아버지가 "경제적용방을 전매하여 불법으로 이익을 취했다"고 고발했을 때, 정저우시(鄭州市)의 관련 부서가 보인 태도는 뜻밖에도 고발인을 방해하고 피고발인을 변호했다. 이처럼 관원끼리 서로 보호해 주는 방법은 적지 않은데, 바로 우리의 전체 사회가 유온(維穩)[120]하면서 일부 민원을 제기하는 진정인(陳情人)에 대해 부당한 조치를 취하는 것과 마찬가지로, 이는 인민 대중의 전체 사회와 정부에 대한 신뢰에 영향을 미쳤다.

봉황망(鳳凰網: 중국 포털 사이트의 하나) 〈자유담(自由談)〉 제349기의 「유에칭(樂淸) 사건—신뢰는 실상보다도 훨씬 더 부족하다」가 보도한 바에 따르면, 2010년 12월 어느 날, 원저우시(溫州市) 유에칭시(樂淸市)의 한 촌장(村長)인 첸원후이(錢云會)가 도로 위에서 차에 깔려 죽었다. 며칠 내에 수많은 사람들이 지속적으로 관심을 갖자, 정부는 이 사건을 직접 나서서 처리했을 뿐만 아니라, 어떤 사람은 시민조사단을 구성하여 조사를 진행하기도 했는데, 인터넷상에서의 관심은 오랫동안 수그러들지 않았다.

모든 것이 진상에 대한 논쟁에서 비롯되었는데, 시민들은 첸원후이가

118 소구(小區): 도시의 일정한 지역 내에 상가·서비스 시설 및 학교 등 상대적으로 독립적인 주거 환경을 갖춘 구역으로, 우리나라의 '단지'와 비슷한 성격이다.

119 경제적용방(經濟適用房): 국가가 계획하여 건설한 저렴한 주택으로, 경제성·보장성·실용성을 갖추고 있다. 우리나라의 공공임대 아파트 혹은 보금자리주택 등과 비슷한 성격의 주택이다.

120 유온(維穩): 중국 사회에서 통용되는 용어로, '안정의 유지'라는 의미이다. 이 말의 원래 취지는 "중국 정부가 하는 모든 것은 인민의 생활을 더욱 행복하고, 더욱 존엄하며, 더욱 공정하고, 더욱 조화롭게 하려는 것"이라는 뜻이다. 그런데 최근 중국 사회에서 관료의 부패가 극심하고, 사회적으로 빈부의 격차가 나날이 확대되고, 인민의 기본권이 보호받지 못하는 등의 원인으로 인해, 또 서신이나 방문을 통해 유관 기관에 의견을 제시하고 문제 해결을 요구하는 등 법률이 규정하고 있는 민원 호소 통로의 역할이 약화됨에 따라, 기층 인민들은 할 수 없이 빈번하게 법률 규정을 뛰어넘어 반항하고 있다. 이에 대해 일부 지방 정부는 "사회의 안정을 유지하기" 위해, 이런 활동에 대해 지지하지 않고 있으며, 심지어는 강경하게 압박하는 태도를 취하고 있는데, 이러한 것을 '유온'이라고 한다.

살해당했다고 생각했고, 지방 정부는 이것이 단지 흔히 일어나는 교통사고라고 주장했다. 정부가 발표하는 정보는 신뢰를 받지 못했는데, 그렇다면 시민들이 요구한 진상은 무엇이었을까? 이 유에칭 사건이 계속되는 동안 시민조사단을 구성했다. 전해지는 바에 따르면 세 팀의 시민조사단이 유에칭으로 갔는데, 그들 가운데는 저명인사·박사 법률가·네티즌과 일반 시민들이 포함되어 있었다고 한다. 목적은 오직 한 가지, 바로 사건의 진상을 조사하는 것이었다. 사실은 진상이 도대체 무엇인지는 어쩌면 영원히 모를 수도 있으며, 시민들은 오로지 믿을 것인가 혹은 믿지 않을 것인가만을 선택할 수 있을지도 모른다.

인터넷이 아직 대중들의 생활에 전면적으로 보급되지 않았고, 매체도 이렇게 발달하지 않았던 시대에는, 정부의 행위에 대해서는 아무도 의문을 제기하지 않거나 혹은 매우 적은 사람만이 문제를 제기할 뿐이어서, 대중은 정부의 모든 행위는 도리로 보아 마땅하다고 여기게 되었고, 정부는 거의 모든 인민의 신뢰를 받았다. 인터넷과 매체가 갈수록 발달하고 있는 오늘날은, 오히려 또 다른 극단으로 나아가고 있어, 정부는 완전히 신뢰를 얻기 어려운 상황으로 변했으며, 정부가 하는 모든 것은 틀렸다고 여기고 있다. "'덩위자오(鄧玉嬌) 사건'[121]부터 이 '첸윈후이 사건'에 이르기까지, 정부가 어느 정도 상세하고 확실한 증거를 제시하면서 당국의 조사 결과를 증명할지라도, 대중이 내놓는 답안은 오직 하나, 바로 '불신'이다."[122]

유에칭 사건이 알려 주는 것은, 신뢰가 실상보다 훨씬 더 부족한 현실이며, 위정자들이 인민 대중들로부터 신뢰를 받지 못하고 있는 현실이다. 그런데 이러한 현실은 잇달아 사건들이 벌어진 후에 확산되고 있다.

또한 근래에는 집단성 사건들이 빈발하고 있는데, 웡안(瓮安) 사건부터

121 덩위자오(鄧玉嬌) 사건: 2009년 5월, 후베이성(胡北省)의 한 호텔 목욕탕에서 일하는 발안마사인 덩위자오가 자신을 성폭행하려 한 중국공산당 간부를 살해한 사건.

122 纪云魏巍, 〈自由谈〉, 凤凰网, 第349期, 2010-12-30. http://news.ifeng.com/opinion/special/yueqingqianyunhui/를 보라.

우칸(烏坎) 사건까지, 완성(萬盛) 사건까지, 중산(中山) 사건에다 스팡(什邡) 사건까지, 많은 집단성 사건들이 연달아 일어났다.

위정자들을 불신하는 사건은 여전히 증가하고 있으며, 위정자들을 불신하는 대중들도 증가하고 있으니, 그 후과는 무엇일까? 사실 역사가 이미 말해 주었다. 우리는 다음 사실을 각성해야 한다. 즉 우리는 인민이 주인인 국가라고 여기는데, 만약 인민이 모두 우리를 믿지 못하면, 이것도 인민이 주인인 국가인가? 2012년 11월 17일에 시진핑은 「제18기 중국공산당 중앙정치국 제1차 집체 학습 시의 강화(講話)」에서 이렇게 지적했다. "하나의 정당, 하나의 정권은, 그 전도와 운명이 결국 민심의 향배에 달려 있다. 만약 우리가 대중으로부터 멀어지고, 인민의 옹호와 지지를 잃는다면, 결국은 또한 실패로 나아갈 것이다."[123]

한 토막의 단신(短信)이 있는데, 조직을 해석한 것으로, 비록 일부 편파적인 면이 있기는 하지만, 일부 권력기구들이 어떻게 국민들에게 신뢰를 잃는지를 잘 설명해 준다. 요약하면 다음과 같다. 무엇이 조직인가? 당신이 곤란한 일을 당했을 때 그는 말하기를 "우리는 어찌할 도리가 없습니다"라고 하며, 당신이 불공정한 일을 당했을 때, 그는 "정확하게 처리할 것입니다"라고 하며, 당신이 권익을 침해당했을 때, 그는 "전반적인 정세를 고려해야 합니다"라고 하며, 당신이 모함을 당했을 때, 그는 "조직을 믿어야 합니다"라고 말한다는 것이다.

우리는 최대한 빨리 권력기관이 인민들에게 신뢰를 잃은 상황을 변화시켜야 한다.

공신력이 하락하는 데는 또 한 가지 요소가 있다. 『현대금보(現代金報)』의 보도에 따르면, 이 매체가 한 가지 조사를 실시하여, 시민들이 가장 반감을 갖는 10가지 관료들의 상투적인 말들을 수집했는데, 시민들이 앞을

---

123 习近平, 「第十八届中央政治局第五次集体学习时的讲话」, 2013-04-19.

다투어 참가했다고 한다. 관료들의 상투적인 말들은, 표면적으로 보면 "그럴듯한 말"인데, 실제로는 당정(黨政) 기관 내부의 "자다쿵(假大空)"[124] 현상을 드러내 준다. 자다쿵은 어느 시대에나 모두 사회의 악성 종양으로, 모두 사회의 진보를 저해하며, 공신력을 떨어뜨린다. 간부 심사 과정에서 진실을 말하고 실질적인 일을 하는 품성과 능력을 더욱 세밀하게 관찰해야 한다. 심사를 통해, 일부 습관적으로 관료들의 상투적인 말을 하는 '자다쿵' 관료들을 도태시켜 퇴출시키고, 실질적인 일을 잘 할 수 있고 실질적인 일을 하려는 간부들을 지도적 직위에 선발해야 한다. 정부의 모습이 향상되고, 정부가 성과를 내려면, 반드시 조사·연구 능력이 있고 실질적인 일을 잘할 수 있는 그런 간부들에게 의지해야만 한다.

(9) 경제의 상승 동력 감퇴

2008년 세계 금융 위기 이후, 세계 경제의 발전은 늦춰졌으며, 세계 경제는 전체적으로 여전히 연속해서 쇠퇴하는 태세를 보이고 있다. 국제 금융 위기의 영향은 아직 매우 많은 불확실성을 지니고 있어, 중국 경제 발전의 외부 환경은 여전히 매우 어려운 상황이다. 중국의 경제 발전도 늦춰져서, 원래의 성장 패턴은 이미 지속할 수 없게 되었다. 다시 말하면 예전의 거칠고 치밀하지 못한 경제성장 방식 혹은 경제발전 방식은 지속할 수 없게 되었다. 국내에 장기간 누적된 생산 능력 과잉·자주적 창조 능력 빈약·자원 환경의 병목 현상 등의 모순들이 여전히 해결되지 않고 있으며, 임금 상승 등 새로운 문제들도 끊임없이 나타나고 있고, 경제 구조 조정이나 발전 방식의 전환은 여전히 호전되는 기미가 크지 않다. 국가 통계국의 초보적인 계산에 따르면, 2015년 제4분기에 중국의 GDP 성장 속도는

124 자다쿵(假大空): '假话(거짓말)'·'大话(큰소리)'·'空话(헛소리)'의 합성어로, 공산당과 중앙 정부가 언론 매체를 통해 발표하는 발표문은 글자 수와 내용은 많지만, 대부분 겉만 번지르르하고 실속은 없는 '장밋빛 청사진'으로 가득 차 있어, 모두가 '자화(假話, 거짓말)'이거나 '다화(大話, 큰소리)'이거나 '쿵화(空話, 헛소리)'라고 비꼬아 일컫는 속어이다.

6.8%로, 중국 경제는 여전히 하강하고 있음을 나타내 준다.

장기간 동안 중국 경제의 성장은 전형적인 '4고4저'의 특징을 보여 주고 있다. 즉 "고투입, 고소모, 고오염, 고속도"와 "저생산, 저효율, 저이윤, 저 과학기술 함량"이 그것이다. 발전 과정에서 누적된 모순이 비교적 많아, 경제 운용의 위험이 커졌다.

투자이윤이 하락하고 있다. 예를 들면, 1996, 1997년에는 1위안의 고정자산 투자로 3.17위안을 생산할 수 있었지만, 2001, 2005년 이후에는, 1위안의 고정자산 투자로 겨우 1.44위안 정도밖에 생산하지 못하게 되었다. 중국의 GDP가 1달러 성장할 때마다, 대략 5달러의 투자가 필요하여, 자본 투입 원가는 일본과 한국의 경제가 급속히 발전하던 시기에 비해 40% 이상이나 높다. 중국의 투자율은 이미 50%에 접근하고 있으며, 어떤 성(省)에서는 심지어 80%에 달하고 있다. 이렇게 투자에 의지하여 지탱하는 성장은 이미 계속하기 어려워졌다.

중국강철공업협회 부회장인 장창푸(張長富)는 일찍이 예측하기를, 2012년 연말이 되면 중국의 조강(粗鋼: 철광석을 녹여 바로 생산한 철, 즉 불순물이 많은 강철) 생산 능력은 9억 톤에 달할 것이라고 했다. 추산에 따르면, 2012년에 중국의 실제 조강 소비량은 대략 6.8억 톤이었다. 수치를 보면, 조강 생산 능력의 과잉은 이미 매우 심각한 상태다.

뿐만 아니라, 수십 가지 업종들 가운데 거의 모든 업종들이 생산 능력 과잉 상태다. 일부 업종의 생산 능력 이용률은 50% 정도부터 30% 정도까지로, 낮은 상태다.

중국은 자원이 상대적으로 부족한데, 광물 자원의 확보 수준은 한층 낮아졌으며, 많은 중요한 광물들이 장기간 부족한 상태다. 2010년에, 45종의 주요 광물들 가운데 사회 경제적 발전 수요를 만족시킬 수 있는 것은 고작 21종밖에 안 되었으며, 대종을 이루는 주요 광물들 가운데 석탄을 제외하고 대부분의 건설용 광물들은 모두 수요를 충족시키기 어려웠는데,

이러한 불리한 요소들은 중국 경제의 상승 동력을 한층 약화시킨다.

생산 능력 과잉 말고도, 국내의 비교적 많은 업종들이 또한 핵심 경쟁력이 취약한 곤경에 직면하고 있다.

(10) 비교적 낮은 과학기술 창조 능력

개혁·개방 30여 년 동안, 중국의 경제 발전 속도는 비교적 빨랐으며, 전 세계가 공인하는 성과를 거두었다. 그러나 이러한 경제 발전 방식은 거칠고 치밀하지 못한 것으로, 중국의 산업 발전이 걷고 있는 확장 노선의 특징은 평범한 확장이며, 양과 속도를 우선시하고, 차별성이 약하며, 모방성이 강하고, 과학기술 함량이 낮으며, 이익만 추구하는 경향이 높다. 그리하여 대부분이 산업기술의 전략적 감제고지(276쪽 참조–옮긴이)를 우회함으로써, 지속 가능한 발전 능력이 비교적 낮고, 자주적인 창조는 적다. 앞으로 중국의 공업화는 점점 더 언덕을 오르고 산을 오르는 성격을 띠게 될 것이다. 즉 모든 산업이 반드시 위를 향해 나아가, 산업 고지를 점령함과 동시에, 한층 더 기초를 튼튼히 다져, 입체적 공업의 길로 나아가야 한다.

2012년 12월 18일에 거행된 제8기 (중국) 산업 국제 경쟁력 논단(論壇)에서는 한 가지 관점을 중점적으로 주장했다. 즉 중국 제조업의 생산은 대략 세계의 20%를 차지하여, 전 세계 제조업의 제1대국이 되었지만, 대다수 산업이 아직 세계 산업기술의 감제고지를 차지하지 못하고 있어, 여전히 공업 강국이 아니다. 중국 과학기술의 대외 의존도는 50% 이상으로, 일본이나 미국의 5% 이하에 비해 월등히 높은 수준이다. 예를 들어, 신에너지 자동차의 핵심 재료·컴퓨터 수치 제어 기계(Computerized Numerically Controlled Machine Tools)의 수치 제어 계통·집적회로 칩·자동차 생산의 핵심 설비 등은 오랫동안 수입에 의존하고 있다.

2013년, 중국의 동력 전기 설비와 첨단기술 제품의 수출 비중은 이미 57.3%와 29.9%에 달했지만, 매우 많은 상품의 핵심 기술은 외국의 수중에 장악되어 있다. 그 가운데 동력 전기 설비 제품의 61.2%는 외자기업이 생산한 것이고, 51.1%는 가공무역 방식으로 수출한 것이며, 첨단기술 제품의 73%는 외자기업이 생산한 것이고, 65.3%는 가공무역 방식으로 수출한 것이다. 한 보도에서 꼬집기를, 중국은 이미 세계 제1의 화물 무역 대국이 되었지만, 제1화물무역 대국의 상품은 여전히 핵심 경쟁력이 부족하다고 했다.

20세기의 40, 50년대에 제3차 산업혁명이 시작된 이래로, 신기술은 사회적 생산력 가운데 가장 크게 활약한 요소이며, 경제 성장을 촉진하는 각종 요소들 가운데 과학기술의 진보가 차지하는 비중은 끊임없이 상승해 왔다.

20세기의 40, 50년대에, 일부 국가들은 컴퓨터·초소형 전자 기술·원자력 에너지·우주 기술 및 유전 공학 등의 영역들에서 중대한 진전을 이루어, 새로운 과학기술 혁명, 즉 제3차 과학기술 혁명의 시작을 알렸다. 과학기술이 생산력 발전을 추동하는 방면에서 하는 역할은 갈수록 중요해지고 있고, 과학기술이 직접 생산력으로 전환되는 속도는 빨라지고 있어, 그것은 많은 신형 공업을 만들어 내고 있고, 제3차 산업이 신속하게 발전하고 있다. 그 가운데 가장 시대를 구분짓는 의미가 있는 것은 컴퓨터의 신속한 발전과 광범위한 사용으로, 이는 정보 시대를 열었다. 동시에 제3차 과학기술 혁명은 또한 신형 경제, 즉 지식경제를 가져다주었다.

개혁·개방 초기에, 중국이 실행한 것은 "도입—소화 흡수—재창조"로, 뒤쫓으며 모방하는 방식의 창조였는데, 이는 저비용·저차원의 창조였다. 중국이 기초 연구를 경시하고, 저비용으로 뒤쫓으며 창조하여 발전하는 방식은 이미 한계에 도달했으며, 이제는 스스로 핵심 기술을 창조해야 한다. 오늘의 중국은 이미 세계 제2의 경제주체이며, 이미 매우 분명하게 세계 제1강대국의 지위를 쟁취하고 있으며, 이미 세계에서 가장 강대한 진영의 경계심과 불안을 심각하게 불러일으키고 있어, 저비용으로 다른 나라의 핵심 과학기술 성과를 많이 함께 누리려고 하는 것은 절대 통하지 않는다. 만약 중국의 핵심 과학기술 창조가 세계적으로 앞서 나갈 수 없다면, 중국이 세계 최고 강대국이 되려는 목표에 도달할 수 없다.

중국은 지식경제 시대의 자주적으로 창조한 핵심 성장 동력을 필요로 한다. 과학기술의 빠른 발전에 따라, 과학기술의 성과는 생산력의 주기를 더욱 더 짧게 변화시켰다. 18세기의 증기기관은 연구 제작에서부터 형태가 고정되어 생산에 투입되기까지 84년이 걸렸고, 전동기는 65년이 걸렸는데, 제3차 과학기술 혁명 과정에서 과학기술의 발명과 발견들은 투입되어 응용되기까지 걸리는 시간이 크게 단축되었다. 전보의 원리를 발견하고 나서부터 전보를 제조해 내기까지 10년이 걸렸으며, 원자력 에너지의 이용은 개발에서부터 응용까지 6년이 걸렸고, 트랜지스터는 4년, 이동전화 4년, 레이저는 발견에서부터 실제 응용까지 채 1년도 걸리지 않았다. 현재 정보기술 영역의 성과 전환 주기(새로운 과학적 발명이나 발견으로부터 이를 응용한 신제품 생산까지의 주기–옮긴이)는 이미 1년 내지 수개월까지로 시간이 단축되었다. 과학 연구·개발 및 제품 갱신이 거의 동시에 진행되는 예는 수두룩하다.

미국 국회의 관련 보고서 통계에 따르면, 제2차 세계대전 이후 10여 년 동안 발전하기 시작한 공업 기술들 가운데 지금 이미 40%가 유행에 뒤떨어진 것들이며, 전자 영역에서는 50%가 유행이 지난 것들이다. 컴퓨터가 세상에 나온 이후 30년 만에 이미 제5세대에 진입했는데, 마이크로컴퓨터가 탄생한 이후 거의 2년마다, 심지어는 반년마다 1세대씩 바뀌고 있다.

과학기술 진보의 요소가 노동생산성을 제고하는 각종 요소들 가운데에서 차지하는 비율은 갈수록 커지고 있다. 서방 국가들의 연평균 공업 생산 성장률은 두 차례의 세계대전 기간에는 1.7%였는데, 1950~1972년에는 무려 6.1%에 달했다. 1953~1973년의 세계 공업 총생산량은 1800년 이래 1.5세기 동안의 공업 총생산량의 합과 맞먹는다. 그 가운데 과학기술 진보 요소가 창조해 낸 가치가 선진국의 국민 총생산액에서 차지하는 비중은, 처음에는 5~10%였다가, 1970년대에는 60%로 증가했으며, 현재는 80%에 달한다.

과학기술 진보를 반영하는 특허 상황을 살펴보기로 하자.

1985년 이전에, 중국은 특허 발명 신고 업무를 실시하지 않았지만, 그 후 형세에 커다란 변화가 발생했다. 1985년에 중국은 제로 상태에서 특허 신고 작업을 개시했는데, 그 후 중국의 특허 신청 건수는 매년 20%의 폭으로 증가했다.

2010년의 특허 건수 상황을 보면, 미국의 신청 건수가 대략 49만 건이고, 중국은 대략 39만여 건으로, 세계 제2위였으며, 전년 대비 증가폭이 24%를 초과하여, 일본의 약 34.5만 건을 추월했다.

2012년 12월, 세계지적재산권기구(WIPO : World Intellectual Property Organization)가 최근에 공표한 『2012년 세계 지적재산권 지표(*World Intellectual Property Indicators 2012*)』에서 지적하기를, 중국의 지식산권국(知識産權局)이 접수한 특허 신청 건수는 일본과 미국을 연속으로 추월하여, 2011년에는 세계 제1위가 되었으며, 실용신안(utility models, UM)·상표는 물론이고, 아마 공업 설계의 신청 건수도, 2011년에 중국이 가장 많은 국가였다.

수치가 뚜렷이 보여 주듯이, 2011년에 중국이 신청한 특허 건수는 52.6만 건에 달해, 전년 대비 34.6% 증가했으며, 그 가운데 거의 8할이 중국 국내 기업에서 나온 것인데, 이는 중국의 기술 창조 추세가 맹렬하다는 것을 나타내 준다. 2011년에 미국의 특허 신청 건수는 50.3만 건으로, 세계 제2위였으며, 일본이 34.3만 건으로 세계 제3위를 차지했다.

2012년, 중국의 특허 신청은 여전히 세계 제1위로, 65.3만 건이었으며, 전년 대비 24.0% 증가했다.

2013년, 국가 지식산권국이 모두 접수하여 처리한 발명 신청은 82.5만 건으로, 전년 대비 26.3% 증가했으며, 연속 3년 동안 세계 제1위를 차지했다.

이상의 특허 상황으로부터 보면, 중국의 창조 능력은 대폭 상승했지만, 핵심 과학기술의 창조 능력은 아직도 비교적 약한 편으로, 일부 중요한 기술 영역에서 중국의 특허 실력은 더욱 증강되어야 한다. 특히 핵심 경쟁력을 지닌 특허 발명은 여전히 힘써 강화해야 한다.

중국은 이미 세계 제1의 과학기술 인력 자원 대국이다.

2009년까지, 중국의 과학 연구원이나 연구소는 3,775개였으며, 과학기술 인력 자원은 5,100만 명으로, 세계 제1위였고, 연구개발 인원은 총 196.5만 명으로, 세계 제2위였다.[125] 중국 과학기술정보연구소가 발표한 『중국과학기술통계결과(中国科技统计结果) (2013)』가 보여 주는 바에 따르면, 과거 10년 동안 중국의 과학기술인들이 총 114.3만 편의 국제 논문을 발표하여, 일약 세계 제2위가 되었다.[126]

하지만 이 제2위라는 순위의 질은 그다지 높지 않다. 이러한 논문들은 주로 뒤를 쫓아가는 성격의 연구들로, 중국 과학 연구 평가 과정의 논문 수량 요구를 채우기 위해 발표한, '짧은 시간에 평범하게 급히 써낸' 논문들이다. 따라서 창조성과 원리성의 중대한 성과가 부족하며, 결국 중국의 핵심 과학기술 실력의 약화를 초래했다.

과학기술 논문의 질을 평가하는 한 가지 중요한 지표는, 그것이 같은 분야 연구자들에 의해 인용된 횟수다. 통계에 따르면, 중국에서 발표된 국제 논문은 평균 편당 인용된 횟수가 고작 6.92번에 불과한데, 세계 평균은 10.69번이다. 스위스·네덜란드·미국·영국·캐나다·독일·프랑스·오스트레일리아·이탈리아 등의 과학기술 논문들은 편당 평균 인용 횟수가 11.35~17.21번이다. 또 다른 통계에 따르면, 중국이 발표한 모든 과학기술 논문들 중 3분의 1 이상의 논문들이 '한 번도 인용되지 않은' 논문들이

125 冯林祎·周裕美, 「8个世界第一的中国数据说明什么?」, 百度, 2014-05-05를 참조하라.
126 喻思娈, 「基础研究核做什幺」, 『人民日报』, 2014-05-16를 참조하라.

다.[127]

또 어떤 자료에 의하면, 중국 과학기술의 대외 의존도는 50% 이상으로, 일본이나 미국이 5% 이하인 것에 비하면 월등히 높다.

(11) 중국의 자연환경은 무거운 부담을 견딜 수 없다

중국은 인구가 많아, 1인당 평균 자원이 상대적으로 부족한 국가이며, 1인당 평균 경지·수자원·삼림은 각각 세계 평균 수준에 비해 고작 3분의 1, 4분의 1, 6분의 1에 지나지 않은 데다, 분포도 불균형한 상태다.

인구 증가와 경제 발전 수요로 인해, 중국의 경지 면적은 해마다 감소하고 있다. 2011년에 중국의 1인당 평균 경지면적은 1.38묘(畝: 1묘는 대략 6.667아르, 즉 666.7평방미터 정도이다)로, 세계 평균 수준의 고작 40%에 지나지 않았다.

중국의 자원은 상대적으로 부족한데, 광물 자원의 확보 수준은 한층 낮아졌으며, 적지 않은 중요 광물들은 장기간 부족한 상태이다. 2010년에, 45종의 주요 광물들 가운데 경제 사회적 발전 수요를 충족시킬 수 있는 것은 고작 21종뿐이었으며, 대종을 이루는 주요 광물들 중 석탄을 제외하고 대다수의 건설용 광물들은 수요를 충족시키기 어려웠다.

전국적으로 300여 개 도시가 물 부족을 겪고 있는데, 그 중 심각하게 부족한 곳이 108개 도시로, 연간 부족한 물의 총량은 60억 입방미터에 달한다. 또한 세계 수자원의 부족은 빠른 속도로 악화하고 있다.

수질오염은 나날이 심각해지고 있다. 중국의 7대 수계(구체적인 7대 수계의 명칭은 323쪽 참조-옮긴이)·호수·댐과 저수지·일부 지역의 지하수 인접 해역은 모두 정도는 다르지만 오염되어 있으며, 총체적으로 오염이 가중되는 추세를 보이고 있다.

127 위의 신문 기사를 참조하라.

대기오염은 매우 심각한데, 1961년부터 2010년까지, 전국적으로 연평균 황사 일수는 현저히 증가하는 추세를 보이고 있다. 환경보호부의 위성이 원격 탐지하여 측정한 바에 따르면, 2012년 12월부터 2013년 1월까지 대기가 심각하게 오염되었는데, 여러 도시들에서 PM 2.5(지름 2.5㎛ 이하의 초미세 먼지-옮긴이) 지수가 '신기록'에 근접했으며, 공기 질 지수[128]는 6급의 심각한 오염 상태가 지속되었다. 오염 띠는 중국의 중·동부를 관통했으며, 오염된 면적은 100만 평방킬로미터를 초과했다.

중국 경제의 '번영'은 사실 생태 환경 악화를 대가로 하여 성장한 경우에 속하는데, 거의 수십 년에 걸쳐 환경에 대해 무절제하게 '발전'한 이후, 중국의 생태 계통은 이미 상당히 취약해졌다. 캐나다 과학자가 미국 항공우주국(NASA)의 위성 데이터를 도표화한 바에 따르면, 중국의 대기오염은 여전히 악화하고 있다는 것을 알 수 있다.

중국의 환경오염은 이미 주민에게 거대한 손상을 가하고 있다.

알려진 바에 의하면, 중국에서는 매년 신규 발암 환자가 200만 명에 달하며, 암으로 인해 사망하는 사람은 140만 명으로, 중국의 사망자 5명당 1명이 암으로 사망하고 있다. 전국의 많은 대도시들에서는, 악성 종양이 이미 심혈관계 질병을 추월하여, 제1의 사망 원인이 되었다.

국가 환경보호부가 2013년 2월에 공표한 〈화학제품의 환경 위험 예방과 통제 '제12차 5개년' 계획〉에 나타나 있는 바에 근거하면, 중국의 화학제품 오염 예방과 퇴치의 형세는 대단히 심각하다. 계획에서 밝히기를, 중국에는 현재 생산하여 사용한 기록이 있는 화학물질은 4만여 종이 있으며, 그 가운데 3천여 종은 〈위험 화학제품 명단〉에 포함되어 있는데, 유독성·부

128 공기 질 지수(AQI, Air Quality Indicator): 이는 PM 2.5를 비롯해, PM 10(지름 10㎛ 이하의 미세 먼지)·이산화질소·이산화유황·오존·일산화탄소 등 6가지 항목을 대상으로 대기오염 정도를 한 눈에 볼 수 있도록 수치화한 지수이다. AQI는 점수가 높을수록 공기 질이 나쁨을 나타내는데, '매우 좋음'인 1급(0~50)부터 '아주 나쁨'인 5급(201~300)과 '최고 나쁨'인 6급(300이상) 등 6가지 등급이 있다.

식·폭발·연소·연소 촉진 등의 성질을 띠고 있다. 급성 혹은 만성 독성·생물 축적성·난분해성과 발암·기형 유발·돌연변이 유발 등의 위해성을 가진 화학제품들은 인체의 건강과 생태 환경에 심각한 피해를 입히는데, 수십 종은 이미 관련된 화학물질 국제 공약에 의해 엄격히 제한되거나 수요가 점차 없어지는 물질에 포함되었다. 동시에 아직 대량의 화학물질들은 그 해악의 특성이 명확하게 파악되지 않고 있다. 이 계획은 밝히기를, 중국에는 인체의 건강과 생태환경에 심각한 해를 가하는 3천여 종의 화학물질이 있으며, 어떤 지방에서는 심지어 '암 환자 마을' 등 심각한 건강문제와 사회문제가 나타나고 있다고 했다.

환경보호부는 또한, 2010년에 환경보호부가 강과 하천 주변에 환경오염으로 인해 잠복해 있는 재앙을 순차적으로 조사·정비하는 행동을 전개하여, 화학 및 석유화학 기업 약 1만 8천여 곳을 조사했다고 밝혔다. 계획은 지적하기를, 현재 중국의 화학제품 산업의 구조와 배치가 불합리하여, 환경오염과 위험이 잠복해 있음이 뚜렷하며, 선진국들은 이미 도태시켰거나 제한하고 있는 일부 유독하고 유해한 화학제품들이 중국에서는 여전히 대규모로 생산되어 사용되고 있고, 일부 환경 위험이 높은 화학제품 생산 능력이 중국으로 이전하여 집중되는 현상이 존재한다고 밝혔다.

현재 일정 규모 이상의 화학공업 기업은 무려 2만 5천여 곳에 달하는데, 농약·염료·메틸알코올·화학비료 등과 같은 제품의 생산량은 이미 세계 제1위이다. 사람들을 걱정스럽게 하는 것은, '제12차 5개년 계획' 기간에, 중국의 중화학공업은 공업 체계에서 여전히 비교적 큰 비중을 차지하고 있으며, 매년 약 몇 천 종의 새로운 화학물질들이 중국에서 신고되어 생산되거나 수입되고 있는데, 그것이 인체의 건강과 환경 안전에 미치는 위해성은 아직 완전히 파악되지 못하고 있어, 환경 관리와 위험의 방지 및 통제는 점점 더 큰 압력과 도전에 직면하고 있다는 점이다.

(12) '노선'에 대해 논쟁하는 사람들이 많다

당의 제18차 전국대표대회에서는 이렇게 밝혔다. "중국공산당은 마르크스-레닌주의·마오쩌둥 사상·덩샤오핑 이론 등 '세 가지가 대표하는' 중요한 사상과 과학적 발전관을 자신의 행동 지침으로 삼는다." "당의 최고 이상과 최종 목표는 공산주의의 실현이다." 그러나 사람들의 현실 생활 속에서, 우리의 주위에서, 인터넷상에서, 사람들이 식사를 하거나 차를 마신 후 여가 시간에, 일부 지도적 간부들의 개인적인 소모임 안에서, 일부 저명한 인사들의 저작물 안에서 등등, 우리가 항상 듣고 볼 수 있는 말들이 있다. 바로 "현재 우리나라의 노선은, 실질적으로는 본질이 자본주의 노선이다"라는 말이다. 특히 일부 저작이나 유명 인사들의 발언에서는, "중국이 현재 실행하고 있는 것은 국가 정실자본주의[129]"라고 여기고 있다. 그런데 가장 위험한 것은 우리의 당내에서, 상당 부분의 사람들이 공식석상에서는 큰 목소리로 "우리나라의 현행 체제는 사회주의 제도"라고 말하면서도, 비공식적인 소모임 안에서는 반대로 "실질적으로 우리나라가 실행하고 있는 것은 자본주의"라고 말하는 것이다. 기억하기로는 개혁·개방을 실시한 지 몇 년 후에, 광둥성(廣東省), 특히 선전시(深圳市)의 개혁·개방이 전국에서 맨 앞서 나가고 있었고, 경제 발전 속도가 매우 빨랐다. 그리하여 다른 일부 성들이 조직적으로 거기에 가서 학습을 하곤 했다. 상당수의 지도자들이 학습하고 돌아온 뒤에 슬쩍 이렇게 말했다. "그들이 거기에서 하는 것은 바로 자본주의 체제였으며, 우리의 이곳이야말로 사회주의의 정토(淨土)다." 중국의 고등교육 기관에 있는 상당수의 사람들(지도층 교사와 사상·정치 담당 교사들도 포함하여)은, 중국이 현재 실행하고 있는 것이 바로 자본주의라고 생각하고 있다. 이는, 중국공산당이 한층 더 공산

---

129 국가 정실자본주의: 중국어 원본의 '權貴資本主義'를 번역한 것이다. 영문 표기는 'crony capitalism'이며, 속칭 '패거리 자본주의'다. 즉 족벌이나 일정한 권력 집단 등 일부 패거리들이 주도하는 자본주의로, 부정부패·관치금융 등 부패가 만연하는 속성이 있다.

주의·사회주의의 이론과 현실에 대한 연구를 확대하여, 더욱 많은 사람들로 하여금 우리가 실행하고 있는 것은 바로 지금까지 어느 누구도 해본 적이 없는 사회주의 건설이라는 점을 이해하도록 해야 한다는 것을 말해 준다. 그리하여 민심과 민력(民力)을 응집시키고, 우리 당의 취지와 신조에 대한 교육을 확대하여, "중국 특색 사회주의의 과학적 내용을 깊이 깨닫게 하고, 노선에 대한 자신감·이론에 대한 자신감·제도에 대한 자신감을 증강시킴으로써"[130], 국가가 장기간 태평하고 안정되도록 유지 보호해야 한다는 것을 말해 준다.

(13) 국제적 적대세력의 끊임없는 공격과 방해

신중국 수립 이후, 국제적인 적대세력들은 끊임없이 중국을 향해 공격을 가하면서, 중국이 강대해지고 굴기하는 것을 극력 저지하고 있다. 건국 초기에 자본주의 국가들이 중국에 대해 구축했던 봉쇄 포위권부터, 중국에서 '대변인'을 찾던 1989년 봄·여름 교체기의 정치 풍파[131]에 이르기까지, 모든 것이 중국을 서방의 모델로 끌어들이려던 것이었는데, 그 최종 목적은 바로 중국의 발전 속도를 최대한 늦춤으로써, 서방 국가가 계속해서 강대함을 유지하고 세계를 통치하는 것을 보장하려는 것이었다. 봉쇄가 실패한 후, 서방 국가들은 중국에서 '대변인'을 찾는 역량을 강화했다. 중국의 개혁·개방은 또한 서방의 각종 사상들도 들여왔는데, 일부 사람들은 외국의 것을 맹목적으로 숭배하고 외국과 결탁하려고 하면서, 무비판

130 习近平, 「认真学习党章, 严格遵守党章」, http://news.xinhuanet.com/18cpcnc/2012-11/19/c_11372-2461.htm,2012-11-16을 참조하라.

131 이 사건은 이른바 '천안문(天安門) 사태' 혹은 '천안문 시위'라고 불리는 중국의 민주화 운동을 가리킨다. 즉 1989년 6월 4일, 중국의 정치 개혁을 주장하던 후야오방(胡耀邦) 총서기의 사망을 계기로, 베이징시의 한복판에 있는 천안문 광장에서 민주화를 요구하는 학생과 시민들을 중국 정부가 무력으로 진압함으로써 발생한 유혈사태를 가리킨다. 중국에서는 이 사건을 공식적으로 언급하는 것을 금기시하고 있어, 이 책의 필자는 이렇게 표현하였다.(옮긴이)

적으로 서방 국가들은 무엇이든 다 좋다고 여기며, 중국을 전반적으로 서방화하려 한다. 경제 영역에서는, 소련식의 고도로 권력 집중적이고 교조주의적으로 정치·경제를 연구함으로써, 그다지 실사구시적이지 않은 소련식 사회주의 경제 이론을 형성했으며, 이는 중국의 사회주의 경제 이론에 영향을 미쳤다. 개혁·개방 이후, 중국의 경제 발전 성과는 뚜렷했다. 하지만 분명한 것은, 중국의 사회주의 경제 이론에 대한 연구가 낙후되었기 때문에, 중국 특색 사회주의 경제 이론을 확립하지 못했다는 점이다. 경제학 방면에서 일정 정도는 서방의 경제학 이론을 이용하여 중국의 경제 사회 발전 상태를 지도하고 판단해 왔다. 경제학 연구자들 중에는 당연히 배운 것을 완전히 자신의 것으로 소화 흡수하지 못한 사람, 혹은 바로 서방 국가 모델의 대변자들이 있다. 그들의 말과 주장은 중국의 경제 사회가 발전하는 데 잡음이 되기도 한다.

특히 세계의 몇몇 강대국들은, 줄곧 중국이 이래도 그의 요구에 부합하지 않는다고 비난하고, 저래도 그의 국가 안전을 위협한다고 비난하면서, 마구 트집을 잡고 있다. 중국 정부가 자기 나라의 정상적인 사회질서와 국가적 통일을 유지 보호하는 것조차도, 그들은 마구 책망하고 있다.

1980년대 말에, 사회적으로 한 차례 자산계급(부르주아)의 자유화 사조가 넘쳐났는데, 자유화를 주장하는 자들은 자산계급의 민주와 자유를 선전하면서, 반당(反黨)·반사회주의 활동을 벌였다. 이 영향을 받아, 1989년 4월 초, 베이징의 일부 대학교 청년 학생들이 현실 사회 속에 존재하는 문제들에 대해 갖가지 형식의 활동들을 전개하여, 학원 시위를 벌였다. 극소수의 자유화 주창자들은 이 기회를 이용하여, 반부패를 구실로 삼아, 반당·반사회주의 활동을 진행했다. 그들의 선동하에, 수도와 지방의 일부 대학교 학생들이 대대적으로 거리로 몰려 나와 시위를 벌였다. 이때 시안(西安)·창사(長沙) 등지의 일부 불법분자들이 이 기회를 틈타 폭행·파괴·약탈·방화를 벌이자, 학원 시위는 급속히 동란으로 발전했다. 당 중앙위원회·국무원·중앙군사위원회는 단호한 조치를 취하여 동란을 평정했다. 이 정치적 소요는 중국의 정상적 사회질서를 파괴하고, 정상적인 경제 건설 과정을 혼란에 빠뜨렸으며, 당과 국가와 인민에게 상당한 손실을 가져다 주었다. 하지만 서방 국가들은 오히려 중국에는 인권이 없고 자유가 없다고 질책했으며, 또한 중국에 대한 경제적 봉쇄를 실행했다.

2008년, 중국이 올림픽 게임을 개최했는데, 이는 중국에서 최초로 열린 올림픽 게임이었다. "티베트[132] 독립"을 주장하는 분열 세력은 기회가 왔다고 생각했다. 2008년 초, 그들은 올림픽 게임이 열리기 전 일정 기간 동안에, 외국 세력의 지지를 받아, 해외의 달라이 라마 집단이 조직을 꾸리고, 사전에 모의하고, 치밀하게 계획하고 지휘하여, 라사(티베트의 수도-옮긴이)의 극소수 불법분자들이 심각한 폭행·파괴·약탈·방화 사건을 일으켜, 다시 한 번 티베트를 중국으로부터 분열시키는 활동을 선동했다. 3월 14일, 오랫동안 지속된 라사 시내의 소란이 확대되었다. 승려와 티베트인 인사들이 포탈라궁(라사에 있는, 달라이 라마가 거주하는 궁-옮긴이) 동쪽 조캉 사원[大昭寺] 부근의 시내 중심가 곳곳을 파괴했는데, 일부 폭도들은 대량의 돌멩이·칼·몽둥이 등을 무기로 삼았으며, 또한 민족을 구분하지 않고 수많은 평민들을 습격했다. 그 후 폭도들은 자동차와 소방차를 방화하여 불태우고, 상점이나 은행 등 건물을 약탈하고 불태워, 수많은 무고한 민중들이 불에 타 죽거나 부상을 입었을 뿐 아니라, 어떤 사람은 중국 국기를 불태우기도 했다. 이 소란으로 10명이 사망하고, 수많은 사람들이 부상을 당했다. 중국의 통일과 정상적인 사회질서를 유지 보호하고, 인민의 생명과 재산의 안전을 보호하기 위해, 중국 정부는 과감한 조치를 취하여 이 소란을 진압했다.

132 현재 티베트는 중국에 예속된 '자치주'이기 때문에, 중국에서는 중국식으로 '시짱(西藏)'이라고 부르며, 원본에도 그렇게 표기되어 있으나, 이 번역서에서는 우리나라 독자에게 익숙한 명칭인 '티베트'로 표기한다.(옮긴이)

이때 외국 정부의 중국에 대한 태도는 어떠했을까?

달라이 라마가 티베트 반란을 일으킨 이후 반세기 동안, 바로 미국이라는 이 동반자는 줄곧 그가 중국을 배반하는 행위를 하도록 "포기하지 않고, 시종일관 지지하고 있다". 이 티베트 사건이 발생한 후, 미국 국무장관인 콘돌리자 라이스는 지체 없이 즉각 입장을 표명하기를, 중국은 자제를 표명하고, 쌍방은 마주앉아 대화를 해야 한다고 했다.

국가 통일 업무는 국가 주권에 관련된 것으로, 반대자와 함부로 담판할 수 없다. 이런 일로 한 번 '대화'를 하면, 국가의 분열을 초래하기 쉽다. 예를 들어 미국의 남북전쟁은 바로 전쟁을 이용하여 국가의 통일을 유지 보호했다. 다시 소련을 예로 들면, 바로 그들은 '대화'를 부추겼는데, 그 '대화'가 소련을 15개의 소국들로 만들어 버렸다. 이처럼 그와 필적하던 초강대국을, 결국 '대화'가 기껏해야 세계 2류 국가들로 약화시킴으로써, 그들의 흉악한 야심은 바라던 대로 이루어졌다. 사실 이러한 수법은 세계 발전사에서, 강대국이 그와 필적하는 경쟁 상대를 약화시키고 무너뜨리는 상투적인 수법이다. 이러한 사례들은 일일이 다 열거할 수 없다.

독일·프랑스·영국 및 전체 유럽연합이 티베트 사건에 대해 보인 태도는 미국과 똑같다.

달라이 라마가 장기간 중국을 분열시키는 활동에 종사하자, 서방이 조종하는 노벨평의회는 또한 달라이 라마에게 노벨 평화상을 수여했다.

서방 세계는 중국 신장(新疆)의 분열에 대해서도 전력을 기울이고 있다. 신장의 민족 분열세력·종교 극단세력·폭력 공포세력이 중국에서 빈번히 폭력 사건을 일으키고 있는데, 이는 바로 서방의 반중국 세력들의 지지를 받아 발생하고 확대되는 것이다.

2014년 9월 28일에 중국의 홍콩 특별행정구에서 발생한 '센트럴을 점령하라(占領中環)'[133] 불법 집회도 서방의 반중국 세력으로부터 지지를 받은 것이다. 어떤 매체의 보도에 따르면, 미국 정부의 자금 지원을 받는 '민주주의를 위한 국가 원조 기금(NED)'이 1995년부터 홍콩의 반대파 조직에게 자금을 지원하기 시작했는데, 그 금액이 395만 달러를 넘으며, '센트럴을 점령하라' 세력의 활동을 지원했다. 이러한 사례는 허다하여, 일일이 열거할 수 없을 정도다.

일부 국가들은 중국이 발전하고 강대해지는 것을 결코 바라지 않기 때문에, 항상 중국에 문제와 어려움—중국이 쟁반의 모래알처럼 되고, 중국인이 동아시아의 병자가 되면 가장 좋다—을 조성할 방법을 구상하고 있다. 근래에 중국 주변의 분쟁이 더욱 많아지고 있는데, 서방 국가의 개입이 없다면, 이러한 상황을 이해할 수 있을까?

세계의 일부 국가들은, 내심으로 중국이 강대해지는 것을 결코 바라지 않으며, 중국이 그들의 속국이 되기를 가장 바란다.

(14) 기회는 얻기 어렵고, 시간은 우리를 기다려 주지 않는다

30여 년의 개혁·개방을 거치면서, 중국은 빠르게 발전했다. 후진타오(胡錦濤)는 중국공산당 제18차 전국대표대회 보고에서 성과를 종합하면서 이렇게 지적했다. "우리나라 경제의 총량은 세계 제6위에서 제2위로 뛰어올랐으며, 사회적 생산력·경제 실력·과학기술 실력이 크게 향상되었고, 인민의 생활 수준·소득 수준·사회보장 수준이 크게 향상되어, 국가의 면모에 새로운 역사적 변화가 나타나고 있다." 그는 또한 남아 있는 어려움과 문제들을 다음과 같이 지적했다. "주요한 것은, 발전 과정에서 불평등·부조화·지속 불가능의 문제들이 여전히 두드러진다는 점이다. 과학 창조 능력은 약하고, 농업의 기초는 여전히 취약하며, 자원 환경의 제약은 더욱 심

133 '센트럴을 점령하라': 줄여서 '센트럴 점령'이라고도 부른다. 홍콩의 민주화를 요구하는 시민단체 이름으로, 다이야오팅(戴耀廷)이 설립했다. 이 단체는 2014년 9월에 홍콩 행정수반 선출에 민주적 보통선거를 도입할 것을 요구하면서 100여 일 동안 격렬한 시위를 벌였으나, 경찰의 강경한 대응으로 진압되었다. 이 시위는 '노랑색'과 '우산'으로 상징되었기 때문에 '우산 혁명'이라고도 불린다.

각해지고 있고, 과학 발전을 제약하는 체제 메커니즘의 장애가 비교적 많으며", 사회적 모순은 뚜렷이 증대되고 있고, 대중들의 절실한 이익과 관계된 민생 문제가 비교적 많다는 것이다. 또 "일부 영역에는 도덕적 해이·신용 부족 현상이 존재하며", "소수의 당원 간부들의 이상과 신념이 동요하고 있고, 목표 의식이 희박하며, 형식주의와 관료주의 문제가 두드러지고", "일부 영역의 부정적인 부패 현상이 쉽게 발생하고 많이 발생하여, 반부패 투쟁의 형세가 여전히 엄격하다."

미래의 발전 목표에 대해, 후진타오는 당의 제18차 전국대표대회 보고에서 다음과 같이 밝혔다. "2020년까지 전면적으로 샤오캉 사회(小康社會: 6쪽 참조)를 건설한다는 웅대한 목표를 확실히 보장한다." 또 경제 발전 방면에서는, 2020년까지 "국내 총생산액과 도시와 농촌 주민의 1인당 평균 소득을 2010년에 비해 두 배가 되도록 한다. 과학기술 진보의 경제 성장에 대한 공헌도를 대폭 상승시켜, 창조형 국가 대열에 진입한다."

뿐만 아니라, 현재 세계의 전반적 추세는 여전히 평화와 발전을 주요 기조로 삼고 있어, 중국의 경제 발전에 유리한데, 이런 기회는 얻기 어렵다.

이상으로부터 우리가 알 수 있는 것은, 중국은 이미 발전하기 위한 비교적 좋은 기초를 갖고 있으며, 발전 목표도 확립되어 있다는 점이다. 우리는 또한 중국의 부족한 점도 알고 있고, 국제정세도 상대적으로 안정되어 있다. 기회는 얻기 어려우며, 조금만 지체해도 곧 지나가 버리고, 시간은 우리를 기다려 주지 않는다. 중국의 심각한 차원의 문제는 비교적 많으며, 잠재적인 위험은 매우 큰데, 우리에게 남아 있는 시간은 결코 넉넉하지 않다. 30여 년 동안 빠르게 발전한 뒤, 중국 경제는 현재 차근차근 더디게 나아가는 모습을 보이고 있다. 우리가 실사구시하고, 당면한 실제에서 출발하고, 주도적으로 실천하고, 정세에 따라 일을 해야만, 개혁·개방이 더욱 빨리 더욱 잘 발전해 나갈 것이다.

제13장 요소 비교

중국 개혁 발전의 취약점

Ⅰ. '뛰어난 국가 리더십'의 비교

앞에서의 분석을 통해 우리가 이미 알고 있듯이, 세계적인 강대국이 되는 요소에는 네 가지가 있다. 즉 1) 뛰어난 국가 리더십, 2) 사회의 장기적 안정, 3) 일류 수준의 핵심 과학기술, 4) 적정한 민주주의와 공평성이다. 아래에서 우리는 각 강대국들의 네 가지 방면에서의 상황과 함께 중국의 발전 상황을 비교하면서, 중국이 이 네 가지 방면에서 어떤 강점과 약점들을 갖고 있는지 살펴볼 것이다.

우리는 몇 가지 방면에서 각 강대국들의 '뛰어난 국가 리더십'을 한번 비교해 보자.

1. 포르투갈과 스페인

포르투갈과 스페인은 국가가 항해 탐험을 리드하여, 이들 두 나라를 가장 먼저 세계 강대국이 되게 하였다. 특히 스페인은 이사벨 여왕이 원양 탐험의 총괄적 후견인이었다. 스페인 왕실과 탐험적인 콜럼버스가 함께 이익 분배 문제를 협상하고 합의서를 체결하는 방식으로 진행했다. 이러한 합작 방식, 즉 스페인 왕실이 자신의 신민이자 일개 보통 백성과 마주 앉아서 이익 분배 문제를 토론하는 방식에 대해 말하자면, 이는 봉건사회에서는 최초의 시도이기도 했다.

2. 네덜란드

네덜란드는 바로 상업 업무의 창조와 금융 창조로 말미암아 성취한 제국이다.

3. 영국

전쟁을 좋아하여 여러 해 동안 패배를 거듭한 존 왕이 어쩔 수 없이 봉건 영주들과 타협하여, 1215년 6월 15일에 〈마그나카르타(Magna Carta, 대헌장)〉를 받아들였다.

〈마그나카르타〉에는 두 가지 유명한 조항이 포함되어 있다. 첫 번째 조항은, 국왕은 "누구에게나 공정하게 베풀고, 타인의 권리를 약탈해서는 안 된다"고 선서해야 한다는 것이다. 또 하나의 조항은, 만약 법원의 판결이 없으면, 국왕도 체포하거나 타인의 재산을 약탈할 수 없다는 것이다. 이 두 조항은, 신민의 권리는 본래부터 주어진 것으로, 국왕은 그것을 박탈할 수 없다는 것을 나타내 준다. 또한 봉건 영주의 이익을 보호하고, 시민의 무역의 자유를 보호하는 것 같은 진보적인 의미의 조항도 있다.

영국에서는 그 이후에 군주가 당시의 상황에 근거하여, 〈마그나카르타〉를 시기적절하게 수정한 다음 반포하여 계속 시행했다. 몇 세기 동안 실시되었는데, 〈마그나카르타〉가 장기간 거듭 천명되고 보급되는 동안 자기도 모르는 사이에 감화되는 교육 효과를 거둠으로써, 계약과 법률 제도의 기본 정신이 영국인들의 마음속 깊이 스며들도록 했다.

1558년, 엘리자베스 1세 여왕이 영국의 왕위를 계승했다.

그는 〈마그나카르타〉의 약정을 준수하여, 공인된 법률과 관습에 따라 통치함으로써, 왕권과 귀족 의회 간의 균형과 안정을 유지했다. 그는 항상 의회를 소집하여 국가 대사를 토론했다. 그는 자신의 권력과 위엄을 남용하지 않았으며, 내내 경솔하거나 함부로 전쟁을 일으키지도 않았다. 그는 각종 관계들을 조정하는 데 능숙하여, 왕권과 의회 사이에 모순이 발생했을 때, 항상 정상을 참작하여 양보할 줄 알았다. 그는 평생 동안, 왕권을 사용할 경우 항상 의회의 허가를 받았는데, 왕권과 의회 사이의 협조는 영국에게 발전하기에 비교적 좋은 사회 환경을 가져다주었다.

그가 통치한 44년 동안, 잉글랜드의 통일을 성공적으로 유지했으며, 반세기에 가까운 통치를 거친 다음에 초기 영국의 찬란한 영광을 일궈 내어, 영국으로 하여금 유럽에서 가장 강대한 국가들 중 하나가 되도록 하였다. 잉글랜드의 문화도 이 기간에 절정에 달하여, 셰익스피어·프랜시스 베이컨 같은 저명한 인물들이 많이 배출되었다. 이는 영국이 19세기에 세계 제일의 강대국이 되기 위한 견실한 기초를 다져 주었다.

1688년, 영국에서는 '명예혁명'이 일어났다. '명예혁명'은 영국의 국가 관리 제도를 근본적으로 변화시킴으로써, 천 년 동안이나 존재해 온 낡은 형태의 왕권은 더 이상 존재하지 않게 되었고, 국왕은 반드시 의회가 결정하여 탄생되었다. 이로 인해 군권(君權)은 '신이 주는 것[神授]'에서 '국민이 주는 것[民授]'으로 바뀌었다. 1688년부터 영국은 정식으로 의회가 왕권보다 우위에 있는 정치 원칙을 확립했으며, 아울러 이후 수십 년 동안에 점차 입헌군주제 국가를 건립해 나갔다. 이는 세계 최초의 입헌군주제 국가이다.

영국은 엘리자베스 시대부터 전국의 상하 각 방면들이 상업 업무를 매우 중시하여, 대외 확장을 강화했다. 이는 국가적 사고였으며, 또한 국가적 행동이기도 하여, 영국은 이미 최초의 산업혁명의 맹아가 싹트기 위한 시스템과 사상에서의 준비를 잘 갖추게 되었으며, 마침내 세계 강대국이 되려던 그들의 꿈을 성취하였다.

4. 미국이 강대국이 되는 과정에서 보여준 국가의 뛰어난 행동

미국이 건국되고 얼마 지나지 않아, 1787년에 세계사에서 자산계급 민주공화국의 첫 번째 성문 헌법을 공포함으로써, 미국은 입법·행정·사법의 '삼권이 분립하고' 또 상호 견제하는 국가 관리 체제를 실행했다. 이 헌법은 국가와 민중·중앙과 지방 및 각급 정권 내부의 입법·사법·행정 간의 관계를 비교적 잘 처리했을 뿐만 아니라, 또한 이 체제의 불완전함과 장차 발전하면서 직면하게 될 새로운 문제들에 대해서도 고려하여, 특별히 '수정'메커니즘을 마련해 둠으로써, 이 체제에 생기와 활력이 충만하도록 했다. 바로 200여 년 후인 오늘날, 미국은 여전히 활력이 넘쳐나는 세계 유일의 강호이자, 세계 제1의 경제 대국으로서, 세계 경제의 발전을 이끌고 있다.

우리는 아래에서 미국이 잘못을 바로잡은 몇 건의 사건을 살펴보기로 하자.

(1) 흑인 노예를 해방하고 국가 통일을 유지한 남북전쟁

건국 후, 미국 경제는 차츰 발전했다. 1840년에 미국의 공업 총생산액은 4.8억 달러였는데, 1860년에는 18.8억 달러로 급증하여, 영국·프랑스·독일 세 나라 바로 다음으로 세계 제4위를 차지했다.

미국 경제가 매우 크게 발전하면서, 미국 사회의 발전에 따른 심층적인 모순도 드러났다.

당시 북부의 각 주(州)들이 실행한 것은 자유 자본주의 제도였는데, 남부의 각 주들은 반대로 흑인 노예 제도를 유지하고 있었다. 국가 통일의 대세를 위해 출발하면서, 건국 당시 남부와 북부는 바로 두 가지 서로 다른 사회 제도를 실행했다.

1860년 11월 6일, 노예제에 반대하는 에이브러햄 링컨이 대통령에 당선되었다. 링컨에 반대하여, 1861년에 남부의 7개 주가 연방에서 이탈하면서, 미국은 분열로 치달았다. 이때부터 노예제를 폐지하자는 쪽과 노예 소유를 견지하자는 쪽 쌍방 간에 4년에 걸친 남북전쟁이 발생했다.

남북전쟁은 링컨이 노예를 해방하고 국가 통일을 유지하는 것으로 끝났는데, 이는 미국이 20세기에 세계 제1의 강대국으로 굴기하기 위한 기초를 다져 주었다.

(2) 진보 운동

미국의 진보 운동을 다시 한 번 살펴보기로 하자.

1894년에 미국의 공업 총생산액이 일약 세계 제1위가 된 뒤, 미국의 경제가 줄곧 지속적으로 빠른 속도의 발전을 유지하면서, 공업화 도시들이 급속히 일어났으며, 국민의 부(富)도 급격히 증대되었다. 그러나 풍부한 물질적 부가 결코 사회적 빈곤을 해소하지는 못했으며, 번영의 이면에서 미국 사회에는 심각한 양극 분화가 나타났다. 1896년의 통계에 따르면, 12%의 미국인이 거의 90%에 이르는 국가의 부를 소유했으며, 방대한 노동자·농민·이민과 흑인은 오히려 나날이 빈곤의 심연으로 빠져들어 갔다. 물질적 풍요와 사회 진보 사이의 부조화가 민중들의 심각한 불만과 사회적 소동을 불러일으켰다.

19세기 말엽부터 1920년대까지, 미국 사회의 진보적인 인사들은 줄곧, 어떻게 하면 대다수의 미국인들로 하여금 국가의 빠른 발전 과정에서 이익을 얻도록 할 것인지를 생각해 왔다. 그들이 기업의 독점·재정의 부패

등 사회의 추악한 현상을 규탄하면서, 정부의 관리를 개선하고, 도시의 부패를 일소하고, 사회의 추악한 현상을 일소하고, 합리적인 시장 질서를 건립할 수 있기를 희망한 것은, 노동자를 위해 복리를 꾀하기 위한 것이지, 단지 그들에 대한 관리 감독을 진행하기 위한 것은 아니었다. 갖가지 사회적 폐단들이 전 사회의 광범위한 관심을 불러일으키자, 미국 사회의 각계 인사들은 개혁을 강력하게 요구했다.

미국 정부는 이러한 요구에 부응하고, 경제 사회의 계속적인 발전 추세에 순응하여, 미국의 각 주들과 사회가 영향이 매우 큰 사회 개혁 운동을 전개하도록 힘써 촉진했다. 또한 각 주들이 비교적 많은 실제적 개혁 성과를 거둔 뒤, 미국 국회는 사회 진보에 영향을 미치는 전국적인 성격의 문제들에 대해 입법을 진행함으로써, 사람들이 모두 평등하게 발전하고 행복의 기회를 얻을 수 있도록 촉진했다.

미국 정부의 경제·사회에 대한 개혁은, 미국의 경제·사회적 생활이 전면적으로 좋은 방향으로 발전하도록 크게 촉진했다. 그리하여 경제는 더욱 빠르게 발전하고, 과학기술 창조와 문화 사업은 매우 번영하면서, 사회적 조화가 매우 크게 개선되었다.

5. 부정적인 사례

독일은 상대적으로 강대해진 후에, 어떻게 하면 더욱 효과적인 방법으로 국가를 한 단계 더 발전시킬 것인가를 모색할 생각은 하지 않고, 폭력으로 세계를 정복하려고 편집광적인 망상을 하다가, 결국 바라던 것과 반대 방향으로 나아갔다.

소련은 그들이 발전해 온 역사를 보면, 스탈린 시기에 수많은 착오를 범하면서부터, 그 후 수십 년 동안 그들의 지도자가 어떻게 경질되었든 상관없이, 모두가 잘못된 길로 점점 더 멀리 나아갔다. 그리하여 본래 우수한 품질의 사회 제도를 갖추고 있었으면서도, 그들에 의해 곤경에 처하게 되었으며, 결국 사분오열되어, 당도 망하고 국가도 망했다.

6. 중국

우리는 아래에서 중국의 리더십 문제를 분석하기로 한다.

명나라와 청나라가 실행한 것은 황권(皇權) 리더십으로, 황제 한 사람이 마음대로 결정했다. 깨어 있고 현명한 황제의 리더십은 국가를 강대하게 할 수 있었지만, "깨어 있고 현명한 황제"가 몇 명이나 있었을까? 따라서 세계적인 시각에서 보면, 명·청은 제도상에서 이미 실패한 것이었다.

신중국이 수립된 뒤, 특히 개혁·개방 이후에 중국이 실행한 것은 집단지도와 민주집중제 영도체제다.

중국 특색의 '집단지도체제'는, 다수의 사람들로 구성된 중앙정치국 상무위원회 및 집단지도 시스템—즉 '지도 집단'이 국가 권력을 장악하여, 당과 국가의 사무를 '집단지도'하는 것을 가리킨다. 중앙정치국 상무위원회는 다시 각각 당과 국가를 대표하여 관련된 부문과 기구에 대해 관리함으로써, 분담하여 협조하고 조화롭게 협력하는 '집단지도체제'를 형성하고 있다. 이때문에 이 제도의 가장 중요한 특징은 바로 '집단'이다. 즉 '집단 구성원'이지 '개인'(예컨대 대통령)이 아니며, '여러 개의 기구'이지 '하나의 기구'가 아니며, '집단의 지혜'이지 '개인의 지혜'가 아니며, '집단의 정책 결정'이지 '개인의 정책 결정'이 아니다.

이 제도는 5대 시스템에 구현되어 있다. 즉 집단의 분담과 협력 시스템, 집단의 교대 근무 시스템, 집단 학습 시스템, 집단의 조사 연구 시스템 및 집단의 정책 결정 시스템이 그것이다.[134]

134 胡鞍钢, 『中国集体领导体制』, 北京, 中国人民大学出版社, 2013을 참조하라.

뛰어난 국가 리더십은 몇 가지 방면에서 살펴볼 수 있다.

첫째, 국가 지도 제도의 설계가 훌륭하다는 것이다. 1982년판 『헌법(宪法)』(2004년 수정)에 따르면, 다음과 같이 되어 있다. 제1조는 "중화인민공화국은 노동자 계급이 영도하고, 노동자·농민 연맹을 기초로 하는 인민 민주 독재의 사회주의 국가이다." 제2조는 "중화인민공화국의 모든 권력은 인민에게 속한다. 인민이 국가 권력을 행사하는 기관은 전국인민대표대회와 지방의 각급 인민대표대회이다." 제3조는 "중화인민공화국의 국가기구는 민주집중제 원칙을 실행한다. 전국인민대표대회와 지방의 각급 인민대표대회는 모두 민주 선거로 탄생하며, 인민에 대해 책임을 지고, 인민의 감독을 받는다." 각 당파의 관계에서, 중국이 현재 실행하고 있는 것은 "중국공산당이 영도하는 다당(多黨) 합작과 정치협상 제도이다."[135] 그러므로 다음과 같은 세 가지 장점이 있다. 첫째는, 중국은 일당 집권을 실행하여, 권력이 집중되고, 책임이 명확하며, 효율이 현저히 높다는 점이다. 둘째는, 중국공산당은 자기를 위해 어떠한 사적 이익과 특권을 추구하지 않고, 모든 권력은 인민에게 속하며, 단지 "인민에 대해 책임을 지고, 인민의 감독을 받는다"는 점이다. 셋째는, 공산당 일당 집권은 결코 다른 당파의 국가 관리에 대한 참여를 배척하는 것이 아니라, 각 민주적인 당파가 국가의 방침을 함께 상의하고 상호 감독하며, 각 민주적 당파들도 스스로 공산당의 영도를 받는다는 것이다.

둘째, 국가 관리 방식이 훌륭하다는 것이다. 국가 관리는 인민대표대회 제도와 정치협상 제도를 실행한다. 중국공산당은 자신의 특수한 이익을 갖지 않으며, 중국의 가장 방대한 인민 대중의 이익이 곧 그의 모든 이익이다. 다시 말하면, 그것은 지도받는 쪽, 즉 인민 대중을 가장 우선 순위에 두며, 인민 대중은 중국 사회의 주인이다. 주인이 국가 관리에 참여

135 『中国共產党章程』, 11쪽, 北京, 人民出版社, 2012.

하는 것을 실현 방식은 인민대표대회 제도이다. 관리(管理)의 차원에서 보면, 기층 관리는 주민위원회 등의 조직 형식으로 사회 관리에 참여하며, 현(縣) 이상 및 국가의 중·고층 정책 결정 관리는 선출된 인민대표가 참여하여 관리한다. 기타 당파가 국가 관리에 참여하면서 이용하는 것이 정치 협상 제도 형식이다. 앞에서는 제도의 규범화라는 각도에서 말했지만, 실제 운용 효과의 각도에서 보면, 고층 관리의 실현 방식은 비교적 양호한데, 기층과 중층 주인들이 정치에 참여하고 정무를 논의하는 것은 현저히 부족하다. 특히 기층 대중의 경우, 그들이 분명하게 말할 수 있는 것들은 모두 사회적으로 긴요한 일과는 무관한 것들이며, 현지의 경제 사회 발전에 중요한 사항들은 일반 대중에게는 발언권이 없고, 지도자가 결정해 버리면 그만이다. 인민이 국가의 주인이라는 집권 이념을 구현하는 데 최선을 다하지 않고 있다. 이것이 중국의 관리에서 아주 큰 약점이다.

셋째, 지도자를 선택할 경우, 지도자가 되려는 사람의 종합적 소질과 지도적 자질을 고찰하도록 했을 뿐만 아니라, 일반적인 상황하에서는 또한 밑에서부터 위로 승진해 가는 원칙도 요구하여, 각 단계에서의 단련된 경험을 강조하고, 지도자적 소질을 축적하고 발전시켜 나아갈 수 있는지에 주목했다. 그리하여 직무를 맡는 자의 실제 업무 능력을 보증함으로써, '조괄(趙括) 스타일'[136]이나 '고르바초프 스타일'[137]의 지도자가 출현하여

136 조괄(趙括) 스타일: 조괄은 중국 전국(戰國) 시기의 장수로, 장군 조사(趙奢)의 아들이다. 그는 어려서부터 장군인 아버지를 통해 병법을 배웠으므로, 자신이 병법 이론에 관한 한 천하제일이라고 자만했다. 그리하여 장평(長平) 전투에서 이론과 실천을 겸비한 아버지의 조언을 받아들이지 않고, 무모하게 덤볐다가 진(秦)나라 장수 백기(白起)에게 45만 대군이 생매장되어 죽임을 당하고 말았다. 여기에서는 이처럼 이론에는 능하지만, 실전에는 약한 스타일을 '조괄식'이라고 표현했다.

137 고르바초프 스타일: 고르바초프는 '페레스트로이카'를 통해 소련을 개혁하려고 했으나, 결국 소련의 붕괴로 이어졌다. 중국에서는 고르바초프가 "마르크스주의의 기본 원칙을 무시하고 페레스트로이카라는 '새로운 관점'에서 소련의 개혁을 추진함으로써, 공산당의 지도력을 약화시켰기 때문에 소련이 멸망했다고 부정적으로 평가하고 있다. 여기에서 '고르바초프 스타일'이란, 바로 이렇게 중국공산당의 지도력을 약화시키는 수정주의를 비판하는 의미로 사용했다.

당과 국가를 망치는 것을 방지했다. 그리고 또 지도 그룹을 조직할 때, 그룹 구성원들의 지식 구조의 전면성(全面性: 포괄성)과 각종 내재적 관계에서의 상호 보완성에 유의함으로써, 지도 집단의 구조를 최대한 과학화했다. 하지만 실제 선발 작업 과정에서는, 여전히 주요 지도자 개인이 의견을 피력한 부분이 상당히 많이 반영되고, 대중의 의견은 매우 적게 반영된다는 결점이 존재한다.

넷째, 지도 집단의 정책 결정 과정에서 민주집중제를 실행한다. 지도 업무 과정에서는 무엇보다 민의를 따르고, 인민의 의견과 요구에 따라 일을 처리하며, 충분히 대중의 의견을 청취한 기초 위에서 집약하고 추려내고, 마지막으로 집단이 정책을 결정함과 아울러 결정된 정책을 집행한다. 이는 민주적인 협상의 기초 위에서 이루어지는 정책 결정인데, 그 목적은 "집중적이면서도 민주적이고, 기율이 있으면서도 자유롭고, 통일된 의지가 있으면서도 개인의 마음이 상쾌해지는 생동적이고 활발한 정치 국면을 힘써 조성하려는 것"[138]이다. 그러나 이 조항 속에 담긴 상황을 보면, 집중은 넘치고 민주적 협상은 부족한데, 이 또한 당연히 개혁의 취약점이다.

다섯째, 개혁·개방 과정에서 개혁·발전·안정 등 세 가지 관계를 매우 잘 처리하였다. 당과 국가 모두가 개혁·발전·안정 등 세 가지 관계 규정을 정확하게 처리하는 것을 당과 국가의 기본 방침으로 삼았다. 즉 안정된 가운데에서 발전을 추구하고, 개혁을 진행하며, 또 발전하는 가운데에서 개혁을 하고, 안정을 추구하고, 효과와 이익을 바란다.

이상을 종합해 보면, 이론상으로는 우리가 이미 중국의 사회제도가 미국보다 훌륭하다는 것을 알고 있는데, 현재의 실천이라는 관점에서 보면, 중국 사회제도의 훌륭한 본질이 더욱 많이 드러나고 있는가 하면, 부족한 점도 매우 분명하다고 생각된다.

138 『中国共産党章程』, 20쪽, 北京, 人民出版社, 2012.

Ⅱ. ‘사회의 장기적 안정’의 실현

이 글의 분석에 따르면, 사회의 장기적 안정을 실현하는 조건은 네 가지 요소들 가운데 나머지 세 가지 요소들이 잘 발전하는 것이지만, 현재 나머지 세 가지 요소들은 모두 상당히 부족하다. 앞에서 이미 우리는 ‘뛰어난 국가 리더십’은 세 가지 방면에서 부족한 점이 있다는 것을 분석했는데, 뒤에서 우리는 또한 ‘일류 수준의 핵심 과학기술’과 ‘적정한 민주주의와 공평성’의 부족에 대해 분석하려고 한다. 이러한 문제들이 장기간 해결되지 못하면, 모두 사회의 장기적 안정에 영향을 미치게 된다. 한 나라의 정치제도의 선택은 결국 그 나라 국민의 일인데, 그 나라 국민이 오랜 시간 동안 선택권을 갖지 못할 수는 있지만, 영원히 선택권을 갖지 못할 수는 없다. 특히 중대한 역사적 전환점에 이르렀을 때, 정치권의 고위층 가운데 어떤 한 정파가 정치적 합법성을 획득하려면, 필연적으로 국민의 선택을 존중하는 길밖에 없다. 우리는 미국이 240년 동안 안정적인 발전을 이루고 있는 데에서 무엇을 얻어야 하는가? 우리는 소련이 고작 83년 동안 동요하고 불안정하다가 멸망한 데에서 무엇을 받아들여야 하는가? 미국의 사회제도는 인류 사회가 발전하면서 장차 반드시 도태될 제도이긴 하지만, 미국은 장기간 안정을 이루면서 왕성하게 발전하고 있으며, 지금도 발전 추세는 여전히 강력하다. 소련의 사회제도는 인류 사회가 발전해 가는 방향에 부합했지만, 그토록 짧은 시간만 존재하다가 사라졌는데, 거기에는 또 어떤 교훈이 있는가? 객관적 세계 속에서, 존재하는 것은 이치가 있다. 어떤 의미에서 말하자면, 미국의 ‘우두머리’는 뛰어나서 사회의 장기적 안정을 유지했으며, 소련의 ‘우두머리’는 너무 잘못하여, 소련 사회를 동요하고 불안하게 하다가 사분오열을 초래했다. 사회의 장기적 안정을 유지하려면, 반드시 나머지 세 가지 요소들을 잘 처리하고 잘 발전시켜야 한다.

Ⅲ. '일류 수준의 핵심 과학기술' 창조를 위한 경쟁

1. 기존의 경제 발전 모델은 계속되기 어렵다

개혁·개방 이래, 중국은 나라 안팎의 경제 발전 기회를 비교적 잘 이용하여, 거대한 성과를 거둠으로써, 2014년의 GDP가 인민폐 63조 6,463억 위안으로, 세계 제2의 경제 대국이 되었다. 하지만 이러한 발전은 주로 자연 자원의 대량 사용·값싼 인력 자원과 정부의 투자에 의해 실현된 것이며, 조야하고 장기간 지속 불가능한 것으로, 지금 이미 커다란 폐단을 드러내고 있다. 과거에 중국의 원가 우위를 담보했던 인구와 자원이라는 보너스는 감소하고 있어, 기존의 모델하에서 중국 경제는 계속 앞으로 나아가는 데 힘겨운 모습을 보이고 있다. 세계 경제는 무한히 확장할 수 없는데, 외국이 필요로 하는 훨씬 많은 것들이 세계의 최강자에게 남겨져 있다. 출구는 어디에 있는가? 오로지 최고 수준의 핵심 과학기술에 의지해야만, 중국은 비로소 세계 최강자가 될 수 있다.

2. 중국과 미국의 과학기술 창조의 발전 비교

개혁·개방의 총설계자인 덩샤오핑은 지적하기를, "과학기술이 제1의 생산력이다"고 했다. 20세기 중엽 이래, 과학기술 혁명의 발생과 발전이, 세계적 범위 내에서의 생산 과정과 사회·경제·문화 각 방면에 대해 전면적이고도 심각한 영향을 미침으로써, 과학기술과 경제의 일체화는 지금 사회 발전의 추세 중 하나가 되었다. 세계 경제협력개발기구(OECD)의 통계에 따르면, 1995년에 이들 국가의 국내 총생산액(GDP) 가운데 52%가 지식을 기초로 하는 산업에서 나왔으며, 자본·노동·기술 등의 요소들이 경제에 미친 공헌 가운데 기술이 갈수록 중요해지고 있어, 60~80%에 달하며,[139] 과학기술이 경제 발전에서 주도적 작용을 하고 있다고 한다.

(1) 산업 방면

과학기술 창조는 선진적 생산력의 마르지 않는 원천으로, 일류 과학기술을 창조해야만 세계 제1의 강대국이 될 수 있다. 우리는 미국의 과학기술 창조가 미국의 선진적 생산력에 가져다준 것이 얼마나 큰 힘이 되었는지를 살펴보고자 한다. 20세기 민생 방면에서의 중대한 실용적 발명이 창조한 과학적 발견들은 거의 대부분 미국에서 시작되고 발전한 것들이다. 예를 들자면, 전기화·자동화·전자화·라디오와 텔레비전·전화·컴퓨터·레이저와 광섬유·사진·항공·우주비행·현대 급수 체계·농업 기계화·에어컨과 냉장고·고속도로·인터넷·의료 기술·석유화학 공업·원자력 이용 및 고성능 신소재 등등이 모두 그러한 것들이다. 2005년에 미국의 COC(Council of Competitiveness)라는 민간 비영리단체가 발표한 한 보고에 따르면, 거의 반세기 동안 미국은 적어도 절반의 경제 성장이 과학 창조의 직접적인 결과에서 비롯되었다고 지적했다.

그러나 중국은 어떠한가? 상하이외국어대학교 국제금융무역학원 원장인 장위구이(章玉貴)는 『打造中国经济升级版亟须厘清路线图(중국 경제의 업그레이드는 상세하고 명확한 로드맵을 필요로 한다)』라는 책에서 이렇게 지적했다. "작년(2012년-중국측 편집자)에 중국이 달성한 무려 51.9조 위안의 GDP 가운데 진정으로 유효한 경제적 산출이라고 할 만한 비율은 아마 60%를 넘지 않을 것이며, 그 가운데 대략 또한 4분의 1의 경제 총량은 외자기업이 창조해 낸 것이다."

지금 기존의 성장 모델하에서 잠재력이 거의 고갈된 중국 경제는, 기존의 성장 방식이 가져다준 수많은 경제 환경과 사회 환경의 부담을 감당하

139 全国干部培训教材编审指导委员会组织 编写, 『21世纪干部科技修养必备』, 24쪽, 北京, 人民出版社, 2002를 참조하라.

기가 매우 어렵다. 이전 공업화 국가들의 성장 경험과 교훈으로부터 보면, 중국 경제가 만약 이후로 30년간 계속해서 7% 정도의 성장 속도를 실현하려고 하면서, 경제 성장 방식을 바꾸지 않는다면, 대단히 어렵거나 혹은 거의 실현 불가능하다고 할 수 있다. 장위구이는 같은 글에서 또한 이렇게 지적했다. "단순히 GDP 증가폭을 추구하는 것은 그다지 복리(福利) 효과가 없을 뿐만 아니라, 기존 성장 모델의 폐단도 한층 더 악화시킬 뿐이다. 이미 2003년에, 중국의 경제 총량이 고작 세계 경제 총량의 4%밖에 차지하고 있지 않았을 때, 자원 소모량이 전 세계 자원 소모량에서 차지하는 비율은 너무 높았는데, 석유 소모는 7.4%, 석탄 소모는 31%, 철광석 소모는 30%, 철강 소모는 21%, 산화알루미늄 소모는 25%, 시멘트 소모는 40%를 차지했다. 2011년에, 중국의 에너지 소모량의 증가는 전 세계 에너지 소모량 증가의 71%를 차지했다. 2012년, 중국의 1차 에너지[140] 소비 총량은 36.2억 톤의 표준 석탄량(Standard coal equivalent, SCE)에 달해, 거의 미국과 비슷한데, 미국의 경제 산출은 거의 중국의 2배에 해당한다." "10년이 흘렀는데, 중국의 고에너지 소비·저생산 현상은 여전히 근본적으로 바뀌지 않고 있다." 중국과학원과 세계은행 모두가 발표한 보고서에 따르면, 중국의 노동생산성은 2010년에 고작 미국의 12분의 1, 일본의 11분의 1에 해당했으며, OECD 국가들[141]의 절반에도 미치지 못했고, 심지어는 일

140 1차 에너지: '천연 에너지'라고도 하며, 나무·석탄·석유·천연가스·우라늄을 비롯하여 수력·태양열·풍력·바이오 에너지·지열·조력 등과 같이 원래 자연 그대로의 가공하지 않은 에너지를 가리킨다. 1차 에너지는 재생 가능한 에너지와 재생 불가능한 에너지로 구분한다. 재생 가능한 에너지는 수력·태양열·풍력·지열·조력이며, 재생 불가능한 에너지는 화석연료나 핵연료 등이다. 이에 비해 2차 에너지는 1차 에너지를 가공하여 사용하기 편리하도록 변환한 에너지를 가리킨다. 예를 들면 원유를 정제하여 가솔린·경유·중유·등유 등으로 가공하여 사용하는 것이라든가, 우라늄을 원자력 발전소의 원료로 사용하여 전력을 생산하는 것 등을 가리킨다. 대개 전력·도시가스·코크스·석탄·석유 등으로 구별한다.

141 경제협력개발기구를 가리키는 용어로, 1961년에 설립되었으며, 현재 회원국은 34개국이고, 본부는 파리에 있다.

부 발전도상국들에도 미치지 못했다.

이 밖에, 중국의 투자율은 이미 50%에 가까우며, 어떤 성(省)은 심지어 80%에 달한다. 이렇게 투자에 의지하여 지탱하는 경제 성장은 이제 계속되기 어렵다. 현재 구미의 공업화 국가들은 일반적으로 단지 1~2달러만 있으면 1달러의 GDP를 산출할 수 있지만, 중국은 4~5달러의 투자를 소모해야만 1달러의 GDP를 증가시킬 수 있다. 과거 5년 동안 대규모 국유 부문 투자의 효율이 대폭 하락했다. 중국 국유 부문의 자본 투자 수익률은 겨우 6%인데, 스탠더드 앤 푸어스(S&P) 500대 기업의 투자 수익률은 22%다.

중국의 과잉 투자는 주로 은행 신용에 의지해 유지되고 있는데, 효과도 없는 대단히 많은 투자가 생산능력 과잉을 심화시키고 있으며, 일부 업종의 생산능력 과잉은 지금도 여전히 비교적 심각한 상황이다. 2012년 4/4분기에 중국의 공업 완제품 이용률은 80.1%밖에 되지 않았다.[142] 생산능력 과잉은 금융 계통에 누적된 잠재적 부실자산을 확대시킴으로써, 경제와 금융에 시스템적 위험의 심화를 초래한다.

국가 발전 및 개혁위원회 부주임(副主任) 장샤오창(張曉强)은 2013년 12월 21일에 북경에서 밝히기를, 2012년에 중국의 과학기술 투입은 인민폐 1조 위안을 초과하여, GDP의 1.98%를 차지했다고 말했다. 하지만 "과학기술 자원 배치가 불합리하고, 이용 효율이 낮으며, 많은 과학 연구 성과가 응용 기술로 전환되지 못하여", 중국의 과학기술 성과 전환율은 고작 10% 정도밖에 안 되며, 선진국의 40% 수준보다 한참 낮다. 그는 또 지적하기를, 현재 중국의 대기업과 중견기업들의 경우, 과학기술 연구 개발비 지출이 주요 영업 이익에서 차지하는 비율은 고작 1%로, 선진국들의 5% 수준과는 아직도 매우 큰 차이가 있다고 했다. 중국 재정의 과학기술 지

142 李洪侠, 「衡量经济增长质量需要新的指标体系」, 新华网, 2013-06-27을 참조하라.

출에서 기업에게 주는 것도 단지 15%인데, 선진국들은 30% 이상에 달하고 있다. 중국의 공업 기업들이 투입하는 연구개발 비용은 매우 낮으며, 대부분의 공업 기업들은 거의 자주적 기술 혁신 활동을 하지 않고 있어, 총요소생산율[143] 제고에 매우 큰 영향을 미치고 있다. 중국의 경제 성장 방식은 지금 요소 주도형에서 혁신 주도형으로 바뀌고 있다. 이러한 상황에서 정부는 적극적인 창조 조건 마련에 큰 힘을 쏟아, 기술의 창조와 혁신이 경제 발전의 내재적 동력이 되도록 하고, 또 시장을 주체로 하는 보편적 행위가 되도록 해야 한다. 그렇게 함으로써 기업으로 하여금 국제적인 선두 기업들과의 기술 합작을 강화하고, 전략적 영역의 중요 기술 투자를 확대하도록 인도해야 한다.

과학기술 창조와 총요소생산율은 매우 중요한 관련성을 지니고 있다. 총요소생산율이란, 전체 생산요소(자본·노동·토지를 포함하지만, 통상적으로 분석할 때는 대부분이 토지를 계산하지 않고 생략한다)의 투입량이 불변일 경우에도 생산량은 여전히 증가할 수 있는 부분을 가리키며, 하늘이 내려준 파이(pie)에 비유되기도 한다. 총요소생산율은 많은 원인들로 인해 변동될 수 있는데, 가장 주요한 변동은 생산 방법에 대한 지식의 증가에서 비롯된다. 예컨대 기술 진보·조직 혁신·전업화 및 생산 혁신 등이다. 총요소생산율의 증가율은 흔히 기술 진보를 평가하는 지표로 여겨진다.

미국 연방정부 노동부(U. S. Department of Labor)의 자료에는, 1995년부터 2007년까지 미국 경제는 연평균 3.5% 성장했으며, 그 가운데 자본과 노동의 연간 성장은 2.3%였고, 총요소생산율의 연간 성장은 1.3%였다.[경제의 연(年) 성장=자본과 노동의 연 성장+총요소생산의 연 성장. 이 예에서 서로 합친 값은 3.6%로, 3.5%보다 크다. 자료의 원문에 있는 수치는, 아마도 소수

143 총요소생산율: 생산량 증가분에서 노동 증가에 따른 생산 증가분과 자본 증가에 따른 생산 증가분을 제외한 생산량 증가율을 가리킨다. 즉 노동·자본·원료 등과 같이 눈에 보이는 생산 요소 외에 기술 개발이나 경영 혁신 같이 눈에 안 보이는 부문이 상품 생산에 얼마나 기여했는가를 나타내는 생산 효율성 지표이다.

점 이하를 사사오입했기 때문인 듯하다.] 총요소생산율의 경제 성장에 대한 연간 공헌율은 37.1%[144]다. 그런데 중국의 총요소생산율은 지속적으로 낮아지고 있다. 추산에 따르면, 1979년부터 2004년까지 중국의 총요소생산율은 평균 0.891%씩 증가하여, 경제 성장에 대한 평균 공헌율은 9.46%로, 미국의 총요소생산율의 경제 성장에 대한 연간 공헌율 37.1%에 비해 뚜렷이 낮다.

우리는 다시 과학기술 창조의 질과 양을 반영하는 노벨상·논문 수 및 특허 수의 각도에서 미국과 중국의 상황을 살펴보기로 하자.

(2) 노벨상 현황

1901년에 노벨상이 창설된 이래 2014년까지, 전 세계에서 모두 764명이 상을 받았는데(이 수치에는 평화상을 받은 사람의 수는 포함되지 않음), 그 가운데 미국인이 320명으로, 41.9%를 차지한다. 노벨상은 여섯 가지 분야가 있는데, 그 중 과학상이 세 분야로 물리·화학·생리의학 분야이며, 그 밖에 문학상·평화상 및 경제학상이 있다.

1901년에 처음 상을 수여한 이래 2014년까지, 상을 받은 사람들의 통계 순위와 통계 수치(이 통계 수치에도 평화상 수상자는 포함되어 있지 않음)를 누계하면, 제1위는 미국으로 320명, 제2위는 영국으로 97명, 제3위는 독일(구동독 포함)로 76명, 제4위는 프랑스로 48명이고, 중국은 1명이다. 과학상 세 분야를 보면, 1901년부터 2014년까지 모두 579명이 상을 받았는데, 미국이 258명으로 44.6%를 차지하며, 중국에는 상을 받은 사람이 없고(이후 2015년에 1명이 상을 받음), 외국 국적의 중국인 교포들 8명이 이 분야의 상을 받았다. 노벨상의 분야별 수상자들의 숫자를 보면, 미국은 세계 제1의 강대국으로서 튼튼한 핵심 과학기술의 기초를 지니고 있음을 알 수 있다.

144 37.1%는, 연평균 경제성장률 3.5% 중 총요소생산율의 연 증가율이 1.3%이므로, 1.3/3.5=0.371에서 도출된 수치다.(옮긴이)

최근 10년 동안, 미국의 수상자 수는 그 해 총 수상자 수의 절반을 초과한 경우가 3년이나 된다. 그 경우들을 보면, 2009년에 모두 13명의 수상자들 가운데 미국인이 10명이었으며, 과학기술 분야 수상자 총 9명 가운데 7명이 미국인이었다. 2012년의 경우, 총 9명(유럽연합이 평화상을 수상했는데, 그것은 하나의 조직이므로, 총 인원수 내에 포함하지 않음) 가운데 미국인이 5명이었으며, 과학기술 분야 수상자 6명 가운데 미국인이 3명이었다. 2013년에 노벨상을 수상한 12명 가운데 미국인이 8명이었고, 과학기술 분야 수상자 8명 가운데 미국인이 5명이었다.

1945년 이래, 미국의 노벨상 수상자 수는 줄곧 세계 제1위를 차지해 왔다. 현재 세계적으로 70%의 노벨상 수상자들이 모두 미국의 대학에서 교수로 재직하고 있거나 연구하고 있다.

외국 국적의 중국 동포 외에, 중국은 노벨 과학상 수상자는 없고, 문학상 수상자가 1명 있는데, 평화상은 이데올로기 색채가 강해, 별도로 논해야 한다.

(3) 특허 기술과 논문 방면

우리는 다시 특허 기술의 각도에서 중국과 미국의 상황을 좀 살펴보기로 한다.

다년간, 미국의 특허상표국이 접수한 특허 신청 건수는 모두 세계 상위에 이름을 올리고 있다. 하지만 최근 몇 년 동안 중국의 경제가 번영하고, 사회가 안정되자, 과학기술 또한 새로운 단계로 올라섰는데, 한 가지 중요한 방면이 바로 중국 전리국(專利局)이 접수한 특허 신청 건수가 빠르게 증가하고 있다는 점이다. 세계지적재산권기구가 2012년 12월에 공표한 『2012년 전 세계 지적재산권 지표 보고』는 밝히기를, 중국의 국가지식산권국(國家知識產權局)은 2010년에 일본 특허국을 추월한 다음, 2011년에 중국의 국가지식산권국은 한 걸음 더 나아가 미국의 특허상표국을 제치고 전 세계 최대의 특허 기구가 되었다고 했다. 2011년 이전의 100년 동안, 전 세계는 단지 세 개의 특허 기구만이 제1위의 자리에 올랐을 뿐인데, 독일과 일본과 미국이 그들이다. 이는 세계의 창조 지역의 이동을 반영하고 있는 것이기도 하다. 2011년, 일본의 특허 신청 건수는 34.3만 건으로, 세계 제3위에 올랐다. 그런데 2006년 이래, 주로 미국이 특허 신청 건수에서 수위를 차지했으며, 2011년에 미국의 특허 신청 건수는 50.3만 건이었다. 2011년에 중국의 특허 신청 건수는 52.6만 건으로, 세계 제1위에 올랐으며, 2012년에는 65.3만 건으로 여전히 세계 제1위를 차지했다. 2013년, 중국의 발명 특허 신청 처리량은 236.1만 건이었는데, 그 가운데 비교적 가치가 높은 발명 특허 신청 처리량은 92.8만 건으로 신기록을 수립했으며, 여전히 세계 제1위를 차지했다.

세계지적재산권기구의 사무총장인 프랜시스 거리(Francis Gurry)는 이렇게 말했다. "이는 역사적인 전환점이다." 통계 수치가 분명히 보여 주듯이, 중국은 지금 지적재산권 제도를 받아들였다. 그는 또 이렇게 말했다. "내가 말하고자 하는 것은, 그들의 창조와 발명이 증가하고 있으며, 이는 그들이 기술과 창조 발명을 보호하는 데 대해 강렬한 흥미를 갖고 있다는 것을 말해 준다는 점이다." 그러면서 그는, 이는 중국 경제가 다시 눈부신 발전을 이어갈 복음이라고 했다.

우리는 또한 미국과 중국이 발표한 연구 논문으로부터 양국의 역사적 상황을 비교해 볼 수 있다. 미국의 과학 연구 논문이 갖는 공헌 점유율은 세계 논문이 산출해 낸 총량의 3분의 1 정도를 차지한다.

중국의 과학기술정보연구소가 발표한 『중국 과학기술 논문 통계 결과(2013)』는, 과거 10년 동안 중국 과학기술 인력이 모두 발표한 국제 논문은 114.3만 편으로, 일약 세계 제2위를 차지했음을 보여 준다.[145]

하지만 이러한 논문들의 전체적인 질은 세계 선진 국가들과 비교하면 비교적 큰 격차가 있다. 통계에 따르면, 중국이 발표한 국제 논문의 편당 평균 인용(引用) 회수는 단지 6.92회에 지나지 않는다. 그런데 세계 평균은 10.69회다. 스위스·네덜란드·미국·영국 등은 과학기술 논문의 편당 평균 인용 회수가 11.35~17.21회 사이다. 더구나 중국이 발표한 모든 과학기술 논문들 가운데 3분의 1이 넘는 논문들은 인용 회수가 '0'인 논문들이다.[146]

과학기술 창조 활동들 가운데, 미국의 고등교육기관(전문대학 이상의 교육기관-옮긴이)들도 강력한 활력소 역할을 하고 있다. 영국의 '더 타임스 하이어 에듀케이션 서플먼트(THES, The Times Higher Education Supplement)'가 전 세계 최대의 유학 서비스 기구인 IDP 에듀케이션(International Development Program Education) 그룹과 제휴하여 발표한 2012~2013년 세계 대학 순위를 보면, 세계의 상위 100개 대학들 가운데, 미국이 46개 대학을 차지했으며, 상위 10개 대학들 가운데 미국이 7개 대학을 차지했다. 반면, 중국은 상위 100개 대학에 4개의 대학만이 포함되었는데, 홍콩대학이 제35위, 베이징대학이 제46위, 칭화(清華)대학이 제52위, 홍콩과학기술대학이 제66위를 차지했다.

미국 고등교육기관들의 강력한 과학 연구 실력으로 인해, 미국의 과학과 공학 영역에서, 1995년부터 2003년까지 대학들이 생산해 낸 논문은 132.23만 편으로, 미국의 논문 총생산량 180.27만 편의 73.4%를 차지했다.

그런데 중국 대륙에서 세계 상위 100개의 고등교육기관에 포함된 곳은 고작 2곳으로, 중국의 과학 연구 실력은 고등교육기관에서부터 이처럼 매우 크게 부족하다. 과학 연구와 고등교육기관이 현저하게 많은 개혁을 하지 않으면, 일류 수준의 핵심 과학기술은 실현하기 어렵다.

145 喻思娈, 「基础研究该做什么」, 『人民日报』, 2014-05-16을 참조하라.
146 위의 글을 참조하라.

(4) 창업 방면

창업 방면에서, 미국은 또한 창업의 옥토인데, 한 가지 사례를 보기로 하자.

미국 사회는 생각이 매우 활발하여, 경직화를 반대하며, 성실하게 일하는 것을 중시하고, 실속 없는 공담을 좋아하지 않으며, 탐색을 북돋우고, 실험정신이 풍부하며, 한 가지 방법에 구애되지 않고 발명과 창조 및 혁신 정신을 장려한다. 이로 인해 신흥 약소국가를 100여 년 만에 세계 제1의 강대국이 되도록 했을 뿐만 아니라, 또한 이 세계 제1의 강대국은 지금도 여전히 그 지위를 누리고 있다. 100여 년 동안, 미국의 과학기술 창조는 전 세계에 나날이 심각한 변화를 불러왔는데, 그러한 창조 영역에는 전자 전기·항공 우주·텔레비전·전화·컴퓨터·전자제품·에어컨·고속도로·인터넷·가전제품·의료 기술·핵에너지 이용 등의 방면들이 포함된다. 그리하여 미국은 세계 과학기술 발전의 트렌드를 거의 선도해 왔으며, 수많은 발명가들과 사업가들을 배출했다. 예를 들면 거의 2천여 종류의 발명 특허를 보유한 세계 최고의 발명왕 에디슨을 비롯하여, 중학교조차 졸업하지 못하고도 비행기를 발명한 라이트 형제, 저명한 '자동차 왕'·미국의 자동차 엔지니어이자 사업가·포드 자동차 회사의 창립자인 헨리 포드, 당시 21세의 나이에 20세기의 위대한 발명 중 하나인 텔레비전을 발명한 필로 테일러 판즈워스(Philo Taylor Farnsworth), 애플 회사의 창립자인 스티브 잡스와 스티브 워즈니악, 델(DELL) 회사의 창립자 마이클 델, 마이크로소프트의 창립자인 폴 앨런과 빌 게이츠, 휴대폰의 아버지 마틴 쿠퍼 등 수많은 세계적인 창조의 선도적 인물들을 보유하고 있다.

미국에서는 어째서 분투하여 성공한 기업가들과 여러 분야에서 뛰어난 사람들이 이렇게 많이 출현할 수 있었을까? 우리는 깊이 생각해 볼 만하다.

미국의 고등교육기관은 또한 창업과 창조에서 하나의 중견 역량이기도 하다. 예를 들면, 2009년에 매사추세츠공과대학교의 교수와 교우들이 자주적으로 창립한 기업이 창조해 낸 매출 총액이 세계 제11위의 경제 대국인 한국의 매출액에 해당했다. 이로부터 미국의 대학이 미국의 과학기술 창조와 경제 활동 과정에 얼마나 큰 힘이 되는지를 알 수 있다.

미국은 비록 200여 년의 역사밖에 갖고 있지 않지만, 세계 최고의 경제 강국 지위를 1세기 이상 동안이나 차지하고 있다. 이와 동시에 100여 년 동안, 핵심 과학기술 강국은 그 나라가 경제 강국이 될 가능성을 도왔는데, 미국이 바로 그 가운데 하나의 사례이다.

개혁·개방 이래, 중국은 경제가 발전할 기회를 비교적 잘 포착하여, 세계 제2의 경제 대국이 되었다. 그러나 지금 금융 위기가 해외 수요를 크게 약화시키고 있으며, 과거에 중국의 코스트(원가) 우위를 보장해 주었던 인구와 자원 보너스도 고갈되어 가는 추세여서, 중국의 후발국가로서의 우위는 다 사용해 버렸다. 중국이 세계 제1의 강대국이 되려면, 반드시 창조와 기술의 발전에 더 많이 의지해야 한다. 중국이 지속적으로 세계의 발전을 선도하는 강대국이 되려고 한다면, 반드시 현재의 개혁을 더욱 빠르게 심화시켜야 하며, 과학기술의 창조와 발전이 요구하는 경제·사회·과학기술·고등교육기관 및 기업이 일체화를 이루는 제도적 기초 위에서의 개혁을 더욱 빠르게 촉진해야 한다.

핵심 과학기술이 일류 수준에 미치지 못하는 것은 중국의 사회 경제 건설에서 가장 큰 약점이자, 중국의 사회 경제 발전에서 남모르는 커다란 걱정거리다.

3. 과학기술 창조를 위한 체제 개혁을 가속화하여, 중국 과학기술 창조의 새로운 국면을 열자

과학기술 창조는 상당히 큰 정도가 일종의 정신 활동 과정이어서, 유쾌한 정신과 편안한 마음은 과학기술 창조에 필요한 전제조건이다. 현대 심리학의 연구에 따르면, 봉급 등과 같은 물질적인 요소는 개인의 작업 능력의 고작 60%만을 발휘하도록 할 수 있을 뿐이고, 여타 사회 계층들에 대해 상대적으로 말하자면, 과학기술인들은 존중받고자 하는 욕구와 자아실현 욕구를 만족시킬 수 있는지 여부를 더 중요시한다고 한다. 그리하여 "관념담화(官念淡化: 관리가 되겠다는 생각의 약화)"· 평등한 협력·상호 존중과 신뢰·상호 지지의 작업 분위기는 왕왕 과학기술인들로 하여금 존중받고 있고 존엄성이 있다고 느끼도록 해줌으로써, 창조의 열정을 갖게 하고, 창조의 영감을 불러일으킨다고 한다.

개혁·개방의 역량을 확대하여, 창조적 생산력 발전 요구에 부합하는 사고와 체제가 점차 생산력 발전을 속박하는 사고와 체제를 대체해 나감으로써, 인재가 성장하고, 인재가 끊임없이 배출되고, 인재가 옮겨 다니고, 인재가 돌아오는 새로운 인문 환경을 조성해야만, 비로소 중국의 과학기술 창조가 백화제방을 이루어 기세등등하게 발전하는 참신한 국면을 열어젖혀, 과학기술 창조를 위해 좋은 사회 환경을 창조할 수 있다.

과학기술은 또한 일종의 혁명적인 정신력이기도 하다. 옛 사람은 다음과 같이 적절하게 말했다. "과학이 과학이라고 불리는 까닭은, 바로 그것은 우상을 인정하지 않으며, 지난 시기의 낡은 사물을 뒤엎는 것을 두려워하지 않고, 실천과 경험의 소리를 매우 주의 깊게 경청하기 때문이다." 과학과 기술의 발전은 반드시 개관적 사실을 존중하고 적극적으로 개척하고 창조해야 하며, 그것이 끊임없이 개척하고 창조해 나아가는 과정에서, 지난 시기의 모든 낡은 관점을 비판하고 폐기하여, 사물이 전진하는 새로운 관점·새로운 이론을 제시하고 창조적으로 반영함으로써, 마침내 사회의 전면적 진보를 추동해 낼 수 있다.

Ⅳ. 얕보아서는 안 되는 '적정한 민주주의와 공평성'

근대 사회의 발전 과정에서, 민주주의는 매우 중요했다. 민주주의는 헌법이 탄생하는 전제이자 내용이고, 헌법은 민주주의의 확인이자 보장이며, 민주주의의 제도화와 법률화의 기본 형식이다. 민주주의는 인류가 보편적으로 추구하는 것이다. 민주주의는 인간의 기본 권리를 보장하며, 인간에게 평등한 기회를 제공해 준다. 민주주의는 인류의 자유를 보호하는 일련의 원칙이자 방식이며, 그것은 자유의 시스템화한 표현이다. 민주주의는 현대화와 위대한 민족 부흥에 온 힘을 쏟고 있는 중국에게는 매우 중요하다.

1. 정권 흥망의 주기율(週期律)

1945년 7월, 유명한 애국민주 인사이자 사회활동가인 황옌페이(黃炎培)가 옌안(延安)을 방문하여 말하기를, 중국 역사상 수없이 많이 "그 흥함도 매우 빠르게 이루어졌고[其興也渤焉]"('渤'자는 원문에 '浡'로 표기되어 있다) "그 망함도 갑작스러웠던[其亡也浡焉]" 일들이 주기적으로 반복되는 법칙을 나타냈는데, 이는 역대 왕조의 일부 정권들이 흥망성쇠한 일종의 법칙성 현상을 반영하고 있다고 했다. 그러면서 중국공산당이 "새로운 길을 찾아내어, 이러한 주기율의 지배에서 벗어날" 수 있기를 희망한다고 했다. 이에 대해 마오쩌둥은 이렇게 회답했다. "우리는 이미 새로운 길을 찾았으며, 우리는 이러한 주기율을 건너뛸 수 있다. 그 새로운 길은 바로 민주주의다. 인민들로 하여금 정부를 감독하게 해야만, 정부는 비로소 해이해지지 않을 것이다. 사람들이 책임을 져야만, 비로소 권력자가 죽음과 동시에 그가 추진하던 정책도 폐지되지 않도록 할 수 있다."

"물은 배를 띄우기도 하지만, 배를 뒤집을 수도 있으며[水能載舟, 亦能覆

舟]", 민심의 향배가 왕조의 흥망성쇠를 결정하는 관건이다. 옛날 사람들은 항상 말하기를, "민심을 얻는 자가 천하를 얻으며, 민심을 잃는 자는 천하를 잃는다[得民心者得天下, 失民心者失天下]"고 했는데, 이는 세계 역대 왕조들의 흥망성쇠 변천사가 절대로 뒤집지 못한 불변의 법칙이다.

국민당은 어째서 천하를 잃었을까? 중국공산당은 어째서 작았는데 커졌으며, 약했는데 강해졌을까? 바로 국민당은 민주주의가 없었기 때문에 민심을 잃었지만, 공산당은 민주주의를 실행했기 때문에 민심을 얻었다. 천하를 얻는 것은 이와 같으며, 천하를 다스리는 것도 마찬가지로 이 법칙을 벗어날 수 없다. 중국의 개혁·개방은 바로 인민이 가장 먼저 개혁을 시작했으며, 민주주의를 실행하고, 민심에 순응했기 때문에, 비로소 오늘날 이러한 성취를 거두었다. 하지만 중국의 개혁은 결코 지고지선(至高至善)한 것이 아니라, 여전히 사람들이 의도한 바에 미치지 못하는 부분들이 매우 많이 존재하고 있는데, 적정한 민주주의와 공평성을 달성하지 못하고 있어, 민주주의는 충분치 못하고, 공평성은 균형을 잃은 상태다.

2. 소련의 민심 이반과 당·국가의 멸망

민주주의가 없으면 반드시 민심을 잃게 된다. 민심을 잃는 자는 천하를 잃는데, 중국만 그런 것이 아니라, 어떤 나라든지 모두 예외일 수는 없다. 소련은 스탈린 시기에 스탈린이 민주주의를 실시하지 않았으며, 개인숭배를 대대적으로 실시하고, 과도하고 고도의 중앙집권과 가부장 제도를 시행하고, 당이 정부를 대체하고, 관료주의가 성행하고, 장기간에 걸쳐 경제가 기형적으로 발전하고, 공업 구조의 비례가 균형을 상실하고, 농민의 이익을 침해하고, 보통 인민들의 생활이 장기간 그다지 많이 개선되지 못하는 등의 문제들을 초래함으로써, 사람들로 하여금 지도자에 대한 불만과 회의를 불러일으켰다. 이러한 위기에 직면하여, 스탈린은 민주적 조치를 취하여 모순을 완화시키기는커녕, 오히려 계급투쟁을 첨예화하는 이론을 제시하면서 계급투쟁을 확대시킴으로써, 전진 과정에서 자신에게 장애가 되거나 장애가 될 수 있다고 여기는 모든 사람들을 잔혹하게 진압하는 방법을 사용하여 대처했다. 더욱 심각했던 것은 그가 계급투쟁을 사회 발전의 유일한 동력으로 여기고, 계급투쟁을 확대함으로써, 사회주의 사회 내에서 인위적으로 문제를 만들어 내어, 사회의 장기적인 동요와 불안을 초래했다는 점이다. 그리하여 수많은 무고한 인민들에게 해를 가하고, 민주적이며 자유로운 발전 방향을 위배하여, 경제·사회와 과학·문화의 발전에 손해를 입혔다는 점이다. 반혁명 분자 숙청을 확대했는데, 단지 1937년부터 1938년까지만 해도 70만 명이 사형 판결을 받았으며, 처벌을 받거나 박해를 받은 사람의 숫자는 너무 많아서 사람들을 깜짝 놀라게 할 정도다. 또 다른 예는, 1949년부터 1951년까지 스탈린은 모함한 자료에 근거하여 이른바 '레닌그라드 사건'을 꾸며 냈다. 이 사건으로, 레닌그라드 주위원회(州委員會) 구성원의 거의 전부가 체포되었고, 수많은 무고한 사람들이 화를 입었는데, 그 가운데 수많은 사람들은 수감 중에 억울한 죄를 뒤집어쓰고 죽어 갔다. 후에 기밀이 해제된 자료가 증명하는 바에 따르면, 만약 1953년에 스탈린이 죽지 않았다면, 그는 계속해서 그의 주변에 잠복해 있던 수많은 '적'들을 철저하게 제거하려고 했다. 이것은 바로 고도로 집권화된 관료주의의 작풍이자, 민주주의를 말살하고 법률 제도를 갖지 못한 후과였다. 스탈린이 민주주의를 억제하자, 자유가 부족하여, 아무도 현행 체제에 대해 회의적이거나 반대하는 의견을 제시하는 것을 허락지 않았으며, 또한 이 체제를 건드리거나 개혁하는 것을 허락지 않아, 개혁의 기회가 조용히 사라져 버리도록 했다.

후에 흐루쇼프가 약간의 개혁을 했는데, 그의 개혁은 당 내외 민주주의를 확대하고 과도한 권력 집중을 완화시키는 방향으로 나아간 것이 아니라, 조급하게 서둘러 진행함으로써, 과도한 권력 집중의 테두리 내에서 출로를 찾았기 때문에, 자연히 그의 개혁은 큰 효과를 거둘 수 없었다.

브레즈네프는 1964년 10월에 정권을 잡은 이후, 18년간 집정했다. 그의 집정 기간에, 새로운 세계 대전이 일어날 가능성은 매우 낮아졌으며, 평화와 발전이 세계의 주요 기조가 되었다. 세계 경제는 고도의 국제화와 시장 일체화의 방향으로 매진했다. 이 시기에 세계 자본주의 국가들에서는 새로운 과학기술 혁명의 물결이 일기 시작하여, 전자 통신·생물 공학·신소재·신에너지·항공 우주 등 신기술과 신산업이 계속해서 생겨나면서, 선진국가의 산업구조와 경제 성장 방식에 중대한 변화가 발생했다.

세계의 정치·과학기술·경제 및 사회에서 발생한 뚜렷한 변화는, 소련의 개혁·개방을 위해 전에 없이 유리한 기회를 제공해 주었다. 하지만 소련의 통치 집단은 이러한 변화에 대해 본체만체하면서, 근본적으로 개혁·개방을 실행할 필요성과 중요성과 긴박성을 보지 못했으며, 과도한 권력 집중과 민주주의가 결핍된 전통적인 정치체제가 장차 소련에 치명적인 재난을 가져다 줄 위험성을 보지 못했다. 그들은 계속해서 전통적인 소련의 모델을 고수하여, 낡은 것을 답습했으며, 되는대로 지내면서, 적극적으로 나아갈 생각을 하지 않았다. 더구나 한 걸음 더 나아가, 개인 숭배·개인의 독단적 결정·당정(黨政)의 불분리·당(黨)이 정부를 대체·간부의 특권·영도적 직무의 종신제 등등의 폐단은 여전히 더 심각해졌다. 이러한 것들이 모두 민주화의 방향과 갈수록 멀어지면서, 민심(民心)·당심(黨心)과 국가의 발전 방향이 전혀 반대 방향으로 나아갔으며, 거리가 갈수록 멀어지자, 국가의 재난은 단지 언제 발생하느냐의 문제일 뿐이었다.

3. 미국의 민주주의 상황

다시 미국의 민주주의 상황을 살펴보기로 하자. 미국의 민주주의 상황에 대한 정보는 주로 '미국 정신'(아메리카니즘, Americanism이라고도 함–옮긴이) 속에 구현되어 있다.

미국의 강대함은 '미국 정신'이 정치·경제·문화·사회·군사 및 외교 등 각 방면에서 완강하게 끝까지 투쟁한 결과이자, '미국 정신'이 현실 세계 속에서 구체화되어 나타난 것이다. 그렇다면 무엇이 '미국 정신'인가? 권위 있는 정의(定義)가 없으므로, 우리는 여기에서 개략적으로 '미국 정신'에 함축된 의미와 특징을 알아보기로 한다.

(1) '미국 정신'에 함축된 의미의 주요 특징들

첫째, '자기본위'의 정신이다. 개인 소유제도는 이 시대 자본주의 사회의 기초이며, 소수 자본가들의 근본 이익을 보호하는 것은 이 시대 자본주의 국가의 가장 주요한 기능인데, 이 제도가 유지하고 보호하는 것이 '이기심'이다. 미국의 '자기본위'적 사고는 '사람을 근본으로 삼고' '국민을 근본으로 삼는' 취지를 비교적 많이 반영하고 있다. 그것의 출발점은 개인본위이며, 이기심은 불변의 진리이므로, 각 개인이 자유롭게 자신의 가치와 행복을 추구할 정당성을 확실히 보장해 준다.

둘째, '공평·정의·성실'의 정신이다. '자기본위' 정신을 가지면, 명예와 이익을 추구하는 것은 자연히 폭풍처럼 거세게 일어나게 되어, 경쟁은 필연적인 것이 되지만, 경쟁은 반드시 '공평하고 정의롭고 성실해야' 한다.(여기에서 미국은 이중적인 기준을 채택하는데, 국내적으로는 이러하다고 할 수 있지만, 국제 관계를 처리하는 데에서는 미국 이익 지상주의로 바뀐다.)

셋째, '현실주의' 정신이다. 실제를 중시하고, 열심히 일하는 것을 자랑으로 여긴다. 풍족한 생활을 추구하고 개인의 최대의 가치를 실현하기 위해, 전 사회가 열심히 일하는 것을 즐거움과 자랑으로 삼는 분위기로 충만해 있다.

넷째, '창조' 정신이다. 미국은 온 힘을 다해 '자기본위'를 유지 보호하고, 사람들이 명리(名利)와 부를 추구하도록 고무하여, 개인의 창조력이 미국에서 매우 잘 고무되고 발휘되었다. 그리하여 100여 년 동안 전 세계의 자연과학 방면에서는 물론이고 사회과학 방면에서도, 미국의 창조와 발명은 모두 상위권에 이름을 올렸으며, 세계의 과학기술이 발전하는 데 계량하기 어려울 만큼 큰 공헌을 하였다.

다섯째, '사랑과 헌신, 공리공영(共利共赢: 함께 이롭고, 함께 잘됨)'의 정신이다. 사랑과 헌신, 공리공영은 얼핏 보기에 자기본위와 모순되는 것 같지만, 그것은 오히려 미국 정신의 한 가지 특징으로, 미국이 강대해지는 데 모두 도움이 되었다.

여섯째, 애국주의의 포용 정신이다. 모두가 알고 있듯이, 미국은 이민국가(移民國家)지만, 절대 다수의 사람들이 모두 자기 나라는 세계에서 가장 좋은 나라이며, 미국 시민이 되는 것은 다른 어떤 나라의 시민이 되는 것보다도 좋다고 생각하고 있다. 1982년, 미국의 한 연구소가 18개 국가들에 대해 진행한 연구에서 다음과 같은 분명한 결론을 얻어 냈다. 즉 미국인들이 가장 원하는 것은 그들의 국가를 위해 싸우는 것이며, 민족에 대해 가장 긍지를 느낀다는 것이다. 미국의 애국주의적 포용 정신은 전 세계적으로 매우 독특한 것이다.

일곱째, 권력에 대한 상호 제어 정신이다. 그들은 절대 권력은 절대 부패를 낳으며, 권력은 제약받아야 한다고 믿는다. 때문에 그들은 엄밀한 '권력 제어' 시스템을 확립하여, 제어되지 않는 절대 권력이 탄생하는 것을 허용하지 않음으로써, 그들의 시스템이 잘 작동하도록 보장하고 있다.

여덟째, 법치 정신이다. 미국의 법률 체계는 세계적으로도 비교적 완벽한 것이며, 법치는 미국이 강대해지는 데 장애를 제거하여 발전을 보장해 주고 있다.

(2) '자기본위'와 '공평·정의·성실'을 처리한 특징적 사례들

아래에서 우리는 미국이 '자기본위'와 '공평·정의·성실'이라는 두 가지에 함축된 내용의 특징적 관계를 처리한 상황을 살펴보기로 한다.

'자기본위'와 '공평·정의·성실'은 얼핏 보기에는 마치 모순되고, 서로 용납하지 못할 것처럼 보인다. 하지만 미국은 사회적 모순을 처리하는 과정에서 솜씨가 뛰어났다. 자본주의 국가에서, 더 나아가 전 세계 각 나라들이 이 모순을 처리한 역사를 보면, 역시 성공적이었다.

〈사례 1〉 미국은 자기본위·이기심의 각도에서 출발하여 매우 많은 일들을 사고하고 처리하지만, 또한 '공평·정의·성실'의 정신을 국민이 추구하는 또 하나의 목표로 삼고 있다. 사람 됨됨이는 단지 이기적인 면만 가져서는 안 되고, 마땅히 '공평·정의·성실'의 정신도 가져야만, 사람을 사랑하는 마음도 갖게 되고, 사람을 돕는 데에서 즐거움도 느끼기 마련이다. 미국의 '진보 운동'의 목적들 가운데 하나가 바로 사랑하는 마음이 없는 것을 반대하고, 사리사욕에 정신이 팔려 자기 혼자만의 이익을 추구하는 불량한 행위를 반대하는 것이었는데, 이는 매우 좋은 효과를 거두어, 미국 국내 사회질서의 장기적인 안정을 촉진했다. 최근 몇 년 동안 중국과 미국 두 나라 부자들의 자선사업을 보면, 미국 부자들이 즐겨하는 자선사업도 중국의 부자들보다 훨씬 낫다.

〈사례 2〉 경자배관(庚子賠款)[147]. 우리는 경자배관 사건으로부터, 미국과 기타 서방 열강들이 이 모순을 처리한 정황을 보기로 하자.

1900년은 중국의 음력으로 경자년(庚子年)인데, 의화단(義和團)이 제국주의에 반대하는 운동을 일으켰다. 의화단 운동은 중국의 북부 일부 지역들

147 경자배관(庚子賠款): 1900년(庚子年)에 의화단 운동이 중국 북부의 일부 지역들에서 고조되자, 청나라 정부는 세계열강과 전쟁을 벌였는데, 8국연합군이 황궁인 자금성을 점령하면서, 전쟁은 청나라의 패배로 끝나고 말았다. 그 결과 1901년(辛丑年) 9월에, 중국은 11개국과 굴욕적인 〈1900년 동란을 해결하는 최후의 의정서〉, 즉 '신축조약(辛丑條約)'을 체결했다. 이 조약은, 중국이 해관은(海關銀: 청나라 말기에 중국 세관이 수출입 물품에 대해 세금을 부과하던 표준 은을 가리킨다) 등 관세에서 4억 5천만 냥의 은을 부담하여 각 나라들에게 배상하고, 아울러 각국의 화폐 환율로 환산하여, 연리 4%의 이자율로, 39년에 나누어 청산한다고 규정했다. 이 엄청난 액수의 배상을 중국에서 '경자배관'이라 부르며, 서양인들은 '복서 배상(Boxer Indemnity)'이라고 부른다.

에서 먼저 일어났으며, 후에 기타 성(省)과 도시들로 신속하게 확산되었다. 처음에 청나라는 의화단을 이용하여 국제 열강에 대해 전쟁을 개시했는데, 후에 청나라 정부가 파괴되고, 의화단이 패배함에 따라, 8국연합군이 베이징의 자금성(紫禁城) 황궁을 점령함으로써, 청나라 정부는 패전하고 말았다.

청나라 정부가 전쟁에서 패배한 뒤, 미국의 태도는 강경하게 중국 영토를 완전하게 보호하고, 주권을 완전하게 보호해 주려고 했기 때문에, 경자지변(庚子之變: 중국과 8국연합군 간의 전쟁)은 이전에 있었던 패배들에서처럼 중국이 막대한 면적의 국토를 할양해 주는 사태를 초래하지는 않았지만, 서방 열강들은 중국에게 경제적 배상을 진행하라고 요구했다. 배상의 기회를 이용하여 중국 화폐인 은냥(銀兩: 청나라 말기에 중국에서 본위 화폐로 사용하던 은)을 미친 듯이 가져갔다. 그런데 미국은 공평과 정의를 견지하면서, 경자배관 과정에서 실제로 부분적이나마 중국의 이익을 보호해 주었다.

미국 정부가 출판한, 당시 중국과의 외교 관계 자료집에 근거하여, 경자배관의 담판 과정에서 미국의 중국 주재 관리와 미국 정부 사이에 주고받은 공식 서신과 그 동안 발생했던 관련 사건의 처리들을 통해, 미국 정부가 공평과 정의를 견지하겠다는 신념이 매우 확실했고, 행동은 실제적이었음을 알 수 있다.

1901년 11월 30일, 미국의 중국 주재 외교관 록힐(W. W. Rockhill)은, 미국 국무장관 존 헤이(John Milton Hay)에게 써 보낸 담판 상황 보고 서신에서 이렇게 말했다. “우리의 목표는, 담판 과정에서 우리 정부의 영향력을 이용하여, 우리와 함께하는 국가들(중국에 들어와 있던 열강들)과 중국에 대해 평등한 우의로써, 공평성과 합리성을 추구하는 것입니다.” 이 서신에서 그는 계속해서 이렇게 썼다. “담판의 세 번째 쟁점, 즉 각국은 그들이 중국에서 입은 손실과 비용, 그리고 원정군을 중국에 보내 포위를 풀어 수도 베이징에 있는 외국 주민들을 보호하고, 질서를 유지하고, 사회단체와 회사와 개인이 폭동 과정에서 입은 손실을 배상하는 문제에 관해, 미국 정부는 이러한 배상의 총액이 합리적인 범위를 넘어서서는 안 되고, 마땅히 중국이 지불할 수 있는 능력의 범위 내에서 이루어져야 한다고 주장합니다." 이를 위해, 미국 정부는 심지어 정보를 수집하고 조사를 전개하여 중국의 지불 능력을 파악했으며, 또한 조사를 근거로 하여 다음과 같이 배상 한도액을 명확히 제시했다. "신중한 조사를 한 뒤, 당신(국무장관 존 헤이를 가리킴)께서 얻어 낸 결론을 말씀드리자면, 중국의 현재 자원과 채무에 의거하건대, 중국은 열강에게 미화(美貨) 2억 달러를 초과하는 배상금을 지불할 수 없습니다."

이상은 미국 관리가 그들의 공식 서신을 통해 토론한 문제인데, 실제 배상에 대해 담판하는 과정에서, 미국은 약자를 괴롭히며 무턱대고 많이 요구하는 정도가 기타 열강들과 완전히 같지는 않았으며, 그들이 제시한 주장을 견지했다.

경자배관의 구체적인 담판 과정에서, 미국은 각국의 열강들을 설득하여 요구 금액을 최대한 낮추려고 했으며, 아울러 배상에 대한 협의 결과가 중국의 영토를 분할하는 것으로 바뀌지 않도록 방지하는 것 등등에 주의를 기울였다.

우리는 미국 정부가 그 해에 발급한 관련 공문서들을 아래와 같이 몇 단락으로 추려서 정리해 볼 수 있다.

> 1901년 1월 29일, 헤이(당시 미국의 국무장관인 존 헤이를 가리킴. 이하 동일)는 중국 경자배관의 액수에 대해 중국에서 담판하는 미국의 전문 요원인 에드윈 콩거(Edwin H. Conger)에게 보내는 전문(電文)에서 이렇게 말했다. "이 총액은 가능한 한 합리적이어야 한다. 여기에서 획득할 수 있는 가장 정확한 정보에 따르면, 중국 정부는 미화 1억 5천만

달러보다 많은 배상금을 지불할 수 없으며, 이(정보)는 장차 다른 나라들이 그들의 (배상) 요구를 줄이도록 압박할 수 있을 것이다."

2월 19일, 헤이는 다시 미국 공사에게 전보로 지시하기를, "배상 총액을 가능하면 작게 하도록" 노력할 것을 요구했다.

3월 21일, 헤이는 전문을 통해 미국의 중국 주재 전문 요원 록힐에게 지시하기를, 먼저 총액을 4천만 파운드 이내로 유지할 것을 요구했다.

4월 8일, 헤이는 미국의 중국 주재 담판 관리인 록힐에게 전보로 다음과 같이 통고했다. "대통령께서는 각국이 (배상을) 요구하는 총액이 중국의 지불 능력을 초과할까 봐 염려하고 있다. 따라서 다시 한 번 당신에게 지시하니, 당신의 동료들에게 우리는 총액이 4천만 파운드를 넘지 않고, 또한 공정하게 각 나라들에게 배분되기를 희망한다는 바람을 말해 주기 바란다. 만약 각 나라들 사이에 일치된 합의에 도달하기 어렵다면, 헤이그(국제사법재판소의 전신인 국제중재법원-옮긴이)에 중재를 요청하라."

이상의 서신들과 미국 정부의 행동으로부터 알 수 있듯이, 경자배관에서 미국은 중국 정부가 담판하는 동안 사실상의 대변인이 되었다.

8개국이 배상 총액을 협의할 때, 오로지 미국 혼자만이 일정 정도 중국의 입장에 서서 문제를 생각했으며, '공정하고 합리적인'(외국 열강이 군사력을 이용하여 중국을 침략한 것은 절대적으로 잘못된 것이며, '공정하고 합리적이지' 못하다고 할 만하지만, 배상을 요구한 내용을 보면, 미국은 여전히 상대적으로 '공정하고 합리적인' 입장을 견지하고 있다) 원칙을 견지했다. 협의 결과, 기타 각 제국 열강들은 미국에게 양보하지 않았다. 5월 7일, 미국 정부는 록힐이 중국으로부터 보내온 전보를 받았는데, 중국 주재 외국 사절단이 중국 정부에게 요구하는 배상 총액은 6,750만 파운드로 결정되었고 했다. 이 총액은 미국 정부가 제시한 최고 한도액을 2분의 1 이상 초과한 액수였다.

이 보고를 받은 후, 미국 정부는 "이 총액은 현실과 동떨어지게 높다"고 여기고, 미국 대통령·국무장관 및 유관 관리들이 3일 동안 긴박하게 협의를 하면서, 보완할 방도를 찾았다. 미국은 나머지 일곱 나라들을 설득하기 위해 몸소 힘써 실천에 나서기로 결정했다. 그리하여 미국은 다시 배상 요구액을 원래의 절반으로 대폭 줄였으며, 또 중국의 배상금을 확정금으로 받지 않고, 정기적으로 분할하여 지불하도록 했으며, 단 3%의 이자만을 받기로 했다.

그러나 중국에서 진행된 경자배관에 관한 8개국 회의에서, 어떤 나라도 이를 따르지 않았다. 당시의 환율에 따라 계산하면, 미국 정부가 제시한 배상 총액은 당시의 2억 중국 해관은냥(海關銀兩)에 해당하는데, 영국이 제시한 배상 총액은 4억 중국 은냥이었으며, 또한 이자는 4%였다.

전쟁 배상 협상 기간에, 몇 차례 반복하다가, 나머지 7개국이 다시 배상 은냥을 높임으로써, 총액이 4억 5천만 냥이 되었다. 이렇게 되자 어쩔 수 없이 미국 정부는 헤이그의 국제중재법원에 중재를 요청하자고 제안했다.

헤이그는 네덜란드 정부 및 의회의 소재지이자, 국제적으로는 국가들 간의 분쟁 사안에 관한 국제중재법원의 소재지이기도 했다.

8개국이 경자배관 총액을 협상한 것은, 실제로는 미국과 기타 7개국 간의 담판이었다. 배상의 한쪽 당사자로서의 중국은 전체적인 협상 과정에서 배제되어, 전혀 발언권이 없었으므로, 상대방이 마음대로 유린했다. 그러나 배상 협상 과정에서, 미국은 사실상 중국의 이익을 대변하는 대변자가 되었다.

헤이그 법원은 미국의 주장을 지지하지 않고, 중국은 4억 5천만 냥의 은(3억 3,300만 미국 달러)을 부담하여 각 나라들에게 배상하라고 판결했다.

1901년(신축년) 9월, 청나라 정부는 영국·미국·일본·러시아·독일·프랑스 등 11개국과 굴욕적인 〈1900년 동란을 해결하는 최후의 의정서〉, 즉 '신축조약(辛丑條約)'을 체결했다.

〈신축조약〉의 제6조는, 청나라 정부는 러시아·독일·프랑스·영국·미국·일본·이탈리아·오스트리아 등 8개국 및 벨기에·네덜란드·스페인·포르투갈·스웨덴과 노르웨이 등 6개 '피해국'의 군비와 손실액으로 4억 5천만 냥의 은을 배상하되, 배상 기한은 1902년부터 1940년까지이며, 연리(年利) 4%이고, 원금과 이자의 합계는 9억 8천만 냥이라고 규정했는데, 이것이 〈경자배관〉이다. 이 배상에서, 러시아가 가장 많이 배상을 받아, 총액의 약 30%를 차지했으며, 독일이 2위로, 총액의 약 20%를 차지했고, 미국의 배상액이 가장 적었는데, 2,400만 달러로, 배상 총액의 7%를 차지했다.[148]

1904년 12월, 중국의 주미공사(駐美公使) 량청(梁誠)은 경자배관이 과다하다는 소식을 알고 난 후, 미국 국회 및 의원들에게 두루 유세를 벌이면서, 더 지불한 배상액을 돌려달라고 요구했다.

미국의 정의로운 인사들과 정부의 공동 노력으로, 루스벨트 대통령은 국회에 공문을 보내 다음과 같이 지적했다. "우리나라는 마땅히 중국이 교육을 엄격히 실시하도록 힘껏 도와서, 이처럼 엄청나게 많은 수의 국민들이 근세의 상황에 점차 융화될 수 있도록 해야 한다. 원조의 법은 마땅히 학생들을 미국으로 초청하여, 우리나라 대학 및 기타 고등교육기관에 들어가 수업을 받아 인재가 되도록 하고, 뛰어난 재목이 되게 해야 한다. 짐작건대 우리나라 교육계는 반드시 이러한 좋은 뜻을 이해하고, 힘과 마음을 합쳐, 국가의 이 사업이 성공하도록 도울 수 있을 것이다." 국회가 통과시킨 다음, 미국은 '경자배관'으로 받은 액수의 절반을 중국에 돌려주어, 중국이 미국에 유학생을 파견하는 것과 관련된 교육 비용으로 사용하게 했다.

미국의 매우 사려 깊은 교육 계획은 성과가 탁월했다. 시험에 합격하여

148 「辛丑条约10亿两白银赔款中国支付多少?」, 腾讯网今日话题·歷史版, 108期, 2013-01-09. http://view.news.qq.com/zt2013/gzpk/index.htm을 보라.

경자배관으로 미국에 유학한 중국 학생[예를 들면, 현대의 저명한 학자·시인·역사가·문인·철학자인 후스(胡適), 언어학자인 자오위안런(趙元任), 기상학자인 주커전(竺可楨) 등]들은 수십 년 동안 중국 학계에서 가장 빛나는 인물들이 되었다.

동시에 미국은 또한 경자배관을 이용하여 중국에 대학을 설립했는데, 그 가운데에는 매우 유명한 옌징대학[燕京大學, 칭화대학(清華大學)의 전신]도 포함되어 있다.

미국의 배상금 반환은 국제적으로 매우 큰 영향을 미쳤다. 미국의 영향과 다른 여러 가지 원인들로 인해, 영국·프랑스·러시아 등의 나라들이 연달아 배상금을 돌려주거나 경자배관의 집행을 중지했다. 경자배관의 반환 과정에서, 유일하게 반환하지 않은 나라는 바로 일본이다.

하나의 물방울을 보고 큰 바다를 볼 수 있다. 미국이 이 사건을 처리한 과정으로부터, 우리가 당연히 알 수 있는 것은, 어째서 미국 사회에서는 커다란 사회적 동요가 매우 적게 발생하고, 저렇게 매우 안정을 유지할 수 있는가 하는 점이다.

(3) '미국 정신'이 형성한 가치관

'미국 정신'이 살아나 일련의 가치관을 형성했는데, 바로 다음과 같은 것들이다.

- 인본(人本)·민본(民本)·민주·민유(民有: 국민이 소유함)·민치(民治: 국민이 통치함)·민향(民享: 국민이 향유함)·자유·질서·평등·계약·인권·법률 제도·권력 견제.
- 독립·자주·자존·자율·용기·결심·사명감·애국심.
- 성실·사랑·협력·평화·개방·포용·공동 향유·공정 경쟁·공리공영(共利共贏).
- 은혜에 대한 보답·생명 존중·가정에 대한 강한 사랑·공동체에 대한

관심·교육 중시·우환의식(憂患意識)[149].

– 개척·혁신·실질에 힘씀·강인함·비평.

미국인은 자신의 가치와 행복을 추구하는 과정에서, 용기백배하여 용감하게 앞으로 나아갔다. 그리하여 개인이 명성을 얻고 성공한 세계의 명단에서, 미국인은 도리로 보아 당연히 세계 제1위를 차지했으며, 아메리칸 드림을 성취하였다.

미국인은 자신의 가치를 추구할 때, 또한 도덕적 규범을 갖고 있는데, 그것은 바로 일반적인 상황에서 그들은 이익을 추구함으로 인해 공평과 정의의 가치관을 배신해서는 안 된다는 것이다. 하지만 영국은 이러한 정신을 갖고 있지 않다. 일찍이 100여 년 전의 영국은 민주 제도와 인권 가치관을 갖고 있었다. 그러나 영국인은 자기의 이익을 꾀하기 위해 거리낌없이 이성을 잃고 미친 듯이 날뛰었다. 예를 들면, 전쟁을 이용하여 중국의 문호를 열어젖히고, 중국에 아편을 실어 보내는 등, 중국인에게 해독을 끼친 일들은 일일이 열거할 수 없다. 이리하여 미국이 세계 제1의 강대국이 되었으며, 영국은 자리를 내주고 말았다. 오늘날 영국은 대략 삼류 국가인데, 이는 매우 심층적인 내재적인 근원에서 기인한 것이다.

마찬가지로 러시아·독일·프랑스·일본 같은 나라들의 민족적 특징 중에도 이러한 도덕적 규범이 부족하기 때문에, 민족의 자질에 일정한 결함이 존재하며, 세계 제1의 강대국으로 나아가는 데에도 약점으로 남아 있다.

미국 정신은 세계 각 나라들과 경쟁하는 과정에서, 그것이 인류가 처한 그 시대의 우수한 자질을 지니고 있음을 뚜렷이 보여 주었다. 그리하여 그것은 비로소 남북전쟁 과정에서 국가의 통일을 유지하여, 미국이 세계 제1의 강대국이 되는 데 필요한 국가의 기초를 다질 수 있었으며, 비로소 역

149 우환의식(憂患意識): 한 개인이 마음속으로 자기 자신의 이해·영욕·성패를 뛰어넘어, 세계·사회·국가·국민의 앞날과 운명을 마음속에 담아 두고서, 인류·사회·국가·국민에게 닥칠 수도 있는 곤경과 위기에 대해 경계심을 가짐과 동시에 이로 인해 분투하여 국가의 부강을 도모하고 곤경을 이겨 낼 결심과 용기를 불러일으키는 것을 가리킨다.

사적 전진 과정에서 낙후된 사회 현상을 씻어 내고, '진보 운동'을 일으켜 미국 사회가 장기적으로 조화롭게 발전하기 위한 좋은 국내 환경을 창조할 수 있었으며, 비로소 1920년대의 대공황 시기에 당시 사회의 병폐를 개혁하고, 미국이 한층 더 발전하도록 촉진할 수 있었으며, 비로소 1970년대의 경제 스태그플레이션 과정에서의 암담한 장애물을 걷어 내고, 정보시대의 선도국가가 될 수 있었다.

(4) 미국의 자유

자유는 미국인의 생활에서 매우 중요한 지위를 차지한다. 한 여론조사에서 "당신이 미국인으로서 가장 자랑스럽게 느끼는 것은 무엇입니까?"라고 물었는데, 69%의 사람들이 "자유."라고 답했다.[150] 자유는 미국 생활의 가장 기본적인 특징으로, 그들은 인간의 자유를 보호하는 데 매우 주의를 기울인다. 미국의 국가 발전사는 자유를 위한 투쟁사라고도 할 수 있는데, 여기에서의 자유에는 정치적 자유·사상적 자유 및 경제적 자유가 포함된다.

'자유'라는 말은, 사회의 역사 발전 단계에 따라, 국가와 민족에 따라, 거기에 함축된 의미도 변화했으며, 경우에 따라서는 거기에 포함된 의미의 차이도 대단히 크다. 예를 들면, 미국 역사에는 노예를 판매할 자유가 있었고, 중국에게 아편을 투매할 자유가 있었다.

당연히 미국의 자유도 한도가 있으니, 국가의 안전을 위급하게 할 수는 없으며, 국가의 안전을 위급하게 할 수 있는 어떤 행위든 모두 호된 처벌을 받는다.

예를 들면, 미국은 줄곧 공산당원들의 활동을 경계해 왔으며, 특히 공산당원의 정부 침투를 두려워했는데, 역사적으로 지하 공산당원이 연방

150 에릭 포너(Eric Foner) (미국), 『美国自由的故事』, 王希泽, 461쪽, 北京, 商务印书馆, 2013을 참조하라.

정부의 중요한 직위를 맡았던 사례가 있다. 공산당 세력이 전 세계적으로 확대됨에 따라, 미국 정부는 갈수록 공산당원에 대한 방비를 강화해 왔다.

두 가지 사건이 미국 정부로 하여금 공산당원들에 대해 엄격한 방비 조치를 취하도록 촉발시켰다. 첫째는, 1945년 초에, 전략정보국은 일부 최고 기밀문건들이 공산당원이 운영하는 잡지사 직원의 수중에 들어간 사실을 발견했다. 둘째는, 1946년에 캐나다 황실위원회 보고서가 밝히기를, 캐나다 공산당은 소련 정부의 조력자임을 증명하는 증거가 있으며, 또한 적어도 23명의 "중요한 직책을 맡고 있는" 캐나다인이 공산당 집단의 간첩이라고 폭로했다. 이 두 사건이 미국으로 하여금 행동을 취하도록 자극했다. 1947년 3월, 트루먼 대통령은 행정명령을 발동하여, 연방 공무원의 충성도에 대한 조사를 진행하기 시작했다. 1951년에 이 작업이 완료되었는데, 300만 명 이상의 연방 공무원들을 심사하여, 2천여 명이 사직했으며, 212명이 그의 충성심이 의심된다는 이유로 해고되었다.[151]

비록 정부의 심사가 매우 엄격하긴 했지만, 어떤 사람은 여전히 마음을 놓지 못하다가, 때마침 호사가들에게 이용당함으로써, 미국에서 매우 황당한 현대판 공포정치를 빚어 냈는데, 이것이 바로 1950년대 초기의 '매카시즘'이다.

조지프 매카시(Joseph R. McCarthy)는 미국 공화당 상원의원으로, 그는 100여 년 동안 미국에서 가장 무원칙한 사람이었으며, 대단히 불성실하고, 극도로 냉혹하고 무정했으며, 도의적으로 무감각했는데, 뜻을 이룰 수 없는 자신의 운명을 바꾸기 위해, 공산당원 문제를 이용하여 자기의 세력을 만들기로 결심했다.

1950년 2월 9일, 조지프 매카시는 205명의 공산당원이 수록되어 있다는 명단을 내보이면서, 미국 국무장관도 이 명단을 알고 있다고 공언했다.

151 아서 링크(Arthur S. Link), 윌리엄 코튼(William B. Cotton) (미국), 『1900年以来的美国史』, 刘緒贻 等 译, 416쪽, 北京, 中国社会科学出版社, 1983을 참조하라.

그러면서 명단에 있는 사람이 지금도 여전히 국무부 내에서 미국의 외교 정책을 좌지우지하고 있다고 주장했다. 그리하여 그는 후과를 고려하지도 않고 사실 여부도 가리지 않은 채 비방 활동을 시작했다.

매카시는 상원 조사소위원회를 통해, 미국 국무부와 국방부 등 중요 부서들에 대해 조사를 진행했다. 1953년 단 1년 동안에, 위원회는 크고 작은 600여 차례의 '조사' 활동을 진행했으며, 또한 17차례에 걸쳐 텔레비전이 실황을 중계하는 공공 청문회도 거행했다. 매카시의 새빨간 거짓말 비방은 연방 정부의 고위 공무원·외교관·대학 교수·노동조합 지도자 등을 겨냥했다. 예를 들면 그는 조지 마셜(George Marshall)과 아이젠하워(Dwight David Eisenhower) 두 사람이 러시아가 세계 패권을 쟁탈하도록 도왔다고 고발했다. 그들의 조사 활동이 다루는 사람이 갈수록 많아지자, 연방 정부 내에서는 인심이 흉흉해져서, 서로가 모두를 적으로 여겼다. 아이러니한 것은, 미국의 매카시즘 조사 활동이 5년 동안 진행되었지만, 미국 정부 내에 숨어 있던 진짜 공산당원은 한 사람도 찾아내지 못했다는 점이다.

매카시즘은 황당무계한 것으로, 미국 정치에 미친 영향은 심대했다. 그것은 미국을 히스테리한 반공으로 휩쓴 최대의 코미디에 불과했는데, 미국이라는 이른바 민주주의 국가에서 그와 같은 현대 공포정치를 조성할 수 있었다. 일부 사회주의를 서술하고 사회 개혁을 고취하는 서적들은 학교 도서관에서 퇴출되었으며, 매카시가 혐의자로 지정한 모든 사람의 저작물은 유통이 금지되었고, 그들의 강연도 취소되는 등등 수많은 조치들이 취해졌다.

『웹스터 국제 영어 대사전』은 '매카시즘'에 대해 대체로 다음과 같이 정의하고 있다. "20세기 중반에 있었던 정치 행태의 하나로, 전복(顚覆)의 성격을 가졌다고 인정되는 요소들에 반대하는 것을 목표로 하여, 인신공격을 포함하는 각종 수단을 사용했으며, 특히 제시한 죄상에 대해 실증을 하지 않은 상황에서, 사방에 마음대로 지어 낸 판단과 결론을 퍼트렸다."

이 전형적인 사건을 통해, 미국 사회의 상하 국민 모두는 국가가 전복당하는 것을 방지하기 위해 거의 광적인 경계심을 가졌음을 알 수 있다.

또 다른 예를 보기로 하자.

미국 국적의 중국인 과학자 리원허(李文和)는 일찍이 미국의 로스앨러모스(Los Alamos)의 국가 실험실에서 캘리포니아대학을 위해 작업을 했다. 그는 1999년에 중화인민공화국을 위해 미국의 핵 무기고에 관한 기밀을 훔쳤다고 고발당했다. 1999년, 리원허는 체포되어 투옥되었으며, 9개월 후에 리원허는 무기 기밀 부당 처리 등 59가지 죄명으로 기소되었다. 2000년 9월 14일, 1년 반에 걸친 '리원허 간첩 사건'은 기소한 쪽의 59가지 죄명이 하나도 인정되지 않고 기각됨으로써 마무리되었다. 조사 당국이 이 최초의 고발을 철회한 다음에, 정부는 다시 한 차례 새로운 조사를 진행함과 아울러 내부 자료를 부당하게 처리했다는 죄명으로 리원허를 기소했다. 몇 차례 우여곡절을 겪었는데, 여전히 사람들을 납득시키지 못했다. 리원허는 강대한 정부 및 정의롭지 못한 매체들과 장기간에 걸쳐 대치하고 싶지 않았으므로, 2000년에 그는 미국 연방 정부와 소송에 대해 합의했다. 그리하여 그는 한 가지 죄목에 대해 죄를 인정하고, 정부는 나머지 58개 죄목의 고소를 철회함과 아울러 그를 석방했다. 2006년 6월, 미국 연방 정부와 다섯 개의 주요 매체들(워싱턴 포스트, 로스앤젤레스 타임스, 뉴욕 타임스, ABC 및 AP)은 그들이 함께 리원허에게 160만 달러를 지불할 것을 발표함으로써, 리원허가 정부에 대해 그의 프라이버시를 침해했다고 고소한 사건을 해결했다. 이 사건은 교과서적인 사례로서, 정부와 매체가 연합하여 한 개인에 대해 때로는 커다란 해를 입힐 수 있음을 알게 해준다. 리원허는 단지 중국에 갔었다는 것 때문에, 아무 이유도 없이 간첩으로 의심을 받았을 뿐만 아니라, 감옥에 갇혔으며, 심지어 프라이버시 권리조차도 모두 박탈당했다. 미국 연방의 지방법원 판사인 파커는 리원허를 법정에서 석방하도록 판결함과 동시에, 리원허에게 반복해서 사과했다.

리원허와 유사한 사건들은 또 비교적 많은 예들이 있다.

그러한 사건들의 배후에는, 미국인들의 사회주의와 중국에 대한 극도의 경계 본성이 반영되어 있는데, 그들은 중국이 미국의 위협자라고 인식하고 있으며, 심지어 신경질적인 정도로 심각하게 의심하고 있다.

(5) '미국 정신'의 우환의식

미국은 심각한 우환의식(382쪽 참조-옮긴이)을 지니고 있어, 미국인 자신이 자주 '미국 쇠락론'을 제시하고 있다. 1950년대부터 지금까지 미국은 세계 최강자의 지위에 있는데, '미국 쇠락론'은 지금까지 사라지지 않고 있다. 그 동안 여러 차례 고조되었는데, 예를 들면 한국 전쟁 후, 소련의 인공위성 발사 후, 베트남 전쟁 후, 1970년대의 경제 불황 후, 일본의 굴기 후, '9·11 사건' 후, 2008년 '금융 위기' 후에, 중국 '위협'론이 반복해서 제기되었으며, 이런 목소리는 지금도 여전히 울려 퍼지고 있다.

미국인은 '쇠락가(衰落歌)'를 부르는데, 그 효과는 오히려 '분발곡(奮發曲)'이다. 그것은 쇠약한 미국을 노래하는 것이 아니라, 미국에게 계속해서 동력과 응집력을 가져다줌으로써, 미국이 지금도 여전히 세계 제1강대국의 지위를 분명히 유지하도록 해주고 있다.

(6) '미국 정신'의 양면성

그러나 갈수록 많은 미국의 후대들은 이러한 정신을 점점 잊어 갔으며, 그에 따라 일어난 것이 패권주의·향락주의 등 협애한 이기주의였다. 개별적인 이익집단의 사적인 이익을 추구하기 위해, 미국의 정치인들은 사건의 진상을 덮어 감추는 일을 꺼리지 않으며, 자기 나라와 다른 나라에 대해 거리낌 없이 이중적 기준을 적용한다. 미국의 자기보정(自己補正) 시스템은 마비되어 작동하지 않으며, '권력의 상호 제어'는 이미 미국의 양대 정당인 공화당과 민주당이 권력과 이익을 차지하기 위해 다투는 무기가 되어 버렸다. 역사가 전진함에 따라, 미국 정신은 원래의 방향을 벗어나고 있다.

미국은 자신의 세계 최고 강국의 패권적 지위를 보장하기 위해, 각종 방법들을 사용하여 자신을 위협할 가능성이 있는 경쟁국들을 약화시키고 잘못되게 한다. 예를 들면 국지성 전쟁을 진행하는 것이다. 관련 통계에 따르면, 제2차 세계대전 이전에 미국은 평균 18.8년마다 한 차례씩 전쟁에 말려들었는데, 제2차 세계대전 이후에는 이 숫자가 2.1년으로 줄어든다. 제2차 세계대전 이후의 시기를 보면, 냉전 기간에 미국은 평균 2.6년마다 한 차례씩 전쟁에 말려들었고, 냉전이 끝난 후에는 단 20여 년의 시간 동안에 미국은 평균 1.4년마다 한 차례씩 전쟁에 말려들었다.[152] 미국의 이익을 위해, 우환의식 외에도 그들은 또한 심각한 이중적 기준을 사용하여 판별하고 행사하는데, 이때 미국은 분명하게 양면성을 드러낸다. 세계의 패권을 다툴 때는, 미국 정신이 존재하지 않으며, 아무짝에도 쓸모없는 극도로 흉악한 본질이 세상 사람들 앞에 완전히 드러난다. 상대가 어떤 성격의 국가이든 관계없이, 미국은 모두 공격하여 이기려고 안달이다. 예를 들면 일본의 경제 발전을 파괴했으며, 이라크를 공격하여 파괴했으며, 소련을 분열시켰으며, 중국에게 이루 다 헤아릴 수 없이 많은 문제들을 만들어 주었는데, '프리즘(PRISM)'[153] 사건 등등이 그러한 것들이다.

이상의 분석과 역사로부터 우리가 알 수 있는 것은, 미국 정신은 '아메리칸 드림'을 완전하게 해 주는데, 미국 정신에서 가장 기초적인 자질은 자유라는 점이다. 세계의 문제는 복잡하여, 문제를 해결하려면 다양한 사

152 程彤, 「奥巴马的美国梦正默默消亡」, 东方财富网, 2014-06-06을 참조하라.

153 프리즘(PRISM) 사건: 2013년 6월 10일, 미국의 전직 국가안보국(NSA) 계약요원이었던 에드워드 조지프 스노든(Edward Joseph Snowden)이 『가디언』과 『워싱턴 포스트』를 통해, 미국과 영국 등 주요 국가의 정보기관들이, 전 세계의 주요 인물들은 물론 일반인들의 통화기록 등 개인 정보를 프리즘이라는 비밀정보 수집 프로그램을 통해 무차별적으로 수집하여 사찰해 왔다고 폭로한 내부고발 사건을 가리킨다. 그는 또 NSA가 브뤼셀에 있는 유럽연합 본부와 미국에 주재하는 38개국의 대사관까지 도·감청한 사실도 폭로하여 전 세계를 충격에 빠뜨린 사건이다.

상과 관점의 자유로운 표현이 필요하며, 공개 토론을 포함한 다양한 방식들을 통해 부딪치고 교류할 필요가 있다. 누군가 말하기를, 미국의 강대함은 결코 그들의 물질적 힘에 있는 것이 아니라, 그들의 정식적 힘에 있으며, 그들이 "완전한 사상의 시장"을 용인할 수 있는 데 있다고 했다. 국가의 안전을 위태롭게 하지만 않으면, 미국 국내의 자유 수준은 대단히 높다. 바로 이 대단히 높은 수준의 자유가, 미국을 창조 정신이 풍부한 나라로 만들었다. 모두 알다시피, 20세기 이래 민생과 관련이 있는 중대한 실용적인 발명 창조와 과학적 발견들은, 거의 대부분 미국에서 처음으로 시작었거나 발양시켜 한층 더 빛을 발한 것들인데, 그 비결은 어디에 있는가?

우리는 역사로부터 다음 사실을 알 수 있다. 즉 발명 창조와 과학적 발견에 영향을 미치는 중요한 요소, 그것은 바로 '자유'다.

V. 자유와 창조의 관계

우선 창조에 대해 얘기해 보자. 여기에서 말하는 창조가 가리키는 것은 넓은 의미의 창조로, 과학과 기술의 두 방면을 포괄하는 것이다.

1. 창조 종사자에게 요구되는 특질

창조란 바로 연구와 탐색을 진행하는 것으로, 창조자는 많은 방면들에서 곧 개척자이며, 그들에게는 여러 가지 필요한 자질들이 있다.

첫째, 지식의 준비다. 과학 연구와 탐색을 진행한다는 것은, '이미 알고 있는[已知]' 지식으로부터 출발하여, '아직 알지 못하는[未知]' 세계를 탐색해 가는 과정이다. 이는 고생스럽게 분투하는 과정인데, 모두가 알고 있듯이, 현대의 지식은 대단히 광범위하고 많아서, 장기간 힘들게 학습해야만 비로소 그들이 전공하는 기존의 지식에 정통할 수 있다. 과학 연구와 탐색을 진행하려면, 또한 서로 관련이 있는 전공 분야의 관련된 지식도 갖추어야 한다. 따라서 과학 연구와 탐색은 종종 장기간 지속해야 하며, 또한 반드시 성과를 거두지 못할 수도 있는데, 이러한 사례들은 일일이 열거할 수 없을 만큼 많다. 과학 거장인 뉴턴은 이렇게 말했다. "만약 내가 멀리 볼 수 있다면, 그것은 내가 거인들의 어깨 위에 서 있기 때문이다."

둘째, 고된 노력을 위한 정신적 준비다. 거인의 어깨 위에 서 있으려면, 반드시 힘든 과정을 거쳐야 한다. 뉴턴은 또 이렇게 말했다. "만약 내가 세계에 약간이나마 공헌했다고 한다면, 그것은 다른 데 있는 것이 아니라, 나의 근면하고 힘든 사색에서 기인한 것이다." 발명왕 에디슨은 이렇게 말했다. "발명은 1%의 영감과 99%의 피땀이 합쳐진 것이다." "세상에 진정한 가치가 있는 것들 가운데, 힘들고 근면한 노동을 거치지 않고서 얻을 수 있는 것은 없다." 이러한 것은 그들의 경험에서 우러나온 말로서, 창조 과정은 이처럼 대단히 힘든 일이다.

셋째, 실패의 아픔을 견딜 수 있어야 한다. 무수한 사실들이 증명하듯이, 과학 탐색 과정에서는 실패가 성공보다 많다. 영국의 물리학자이자 수학자인 로드 켈빈(Lord Kelvin)은 이렇게 썼다. "나는 55년 동안 계속 분투하면서, 과학 발전에 힘을 쏟았다. 한마디로 내가 가장 힘들었던 작업의 특징을 말하라고 한다면, 그것은 바로 실패다." 세계적으로 저명한 자수성가한 과학자이자, 영국의 물리학자·화학자·발명가(즉 발전기와 발동기의 발명가)인 마이클 패러데이(Michael Faraday)는 말하기를, 설사 가장 성공적인 과학자일지라도, 자신의 열 가지 희망적이고 초보적인 결론들 가운데 실현할 수 있는 것은 한 가지도 채 안 된다고 했다. 따라서 창조 작업을 진행하는 과정에서 실패는 흔히 있는 일이며, 심지어 연구에 종사하는 사람들은 평생 한 가지도 이루지 못하기도 한다. 창조 작업에 종사하는 사람은 실패의 아픔을 견뎌 내는 강인한 성품을 지녀야 한다.

넷째, 적막한 생활을 견뎌 낼 수 있어야 한다. 창조에 종사하는 것은 힘들고, 장기적이며, 실패가 성공보다 많은 작업인데, 사람들과 사회의 속물근성 때문에, 매우 오랜 기간 동안 사람들과 사회가 그들에 대해 별로 따뜻하게 대하지 않았고 심지어 냉담했을지도 모른다. 이때문에 창조 업무 담당자들은 적막한 생활을 견뎌 낼 수 있어야 하며, 혹은 사람들과 사회의 냉대를 견뎌 낼 수 있어야 한다.

이상으로부터 알 수 있듯이, 창조 연구는 자발적 적극성이 결정적 작용을 하고, 시간과 노력이 들지만, 확실하게 좋은 결과를 거두지는 못한다. 따라서 사람들이 이러한 작업에 종사하려면 대단히 큰 사명감과 성취욕을 가져야 한다.

창조에 종사하는 사람들은 문화적 소양이 높으며, 자주 의식이 강하고, 자존감이 강하며, 사회와 타인이 자신들을 이해해 주기를 갈망한다. 또 그들은 자기가 인정하는 진위(眞僞)·선악·미추(美醜)의 기준을 갖고 있으므로, 만약 자신이 마음속으로 인정하지 않는데도, 오로지 몇 가지 실제에 부합하지 않는 일반적 원칙에 의지하여 선전한다면, 그들은 일고의 가치도 없다고 생각한다. 그들은 생각이 예민하고, 통찰력이 강하다. 또 그들은 지혜롭고, 근면하며, 대담하게 생각하고 과감하게 행동하며, 용감하게 탐색한다. 그들은 사고가 적극적이고, 상상력이 풍부하며, 개성의 차이가 뚜렷하고, 미래를 동경하며, 추구하는 이상이 많고, 가치 지향과 의식 형태가 다양하다. 따라서 때로 일부 사람들의 행동거지와 언사는, 외부인이 보기에는 기이해 보이고, 시의에 맞지 않아 보일 수도 있다. 또 그들은 어떤 문제에 대해 생각하기를 좋아하고, 식견이 넓으며, 견해가 독특하다. 그들은 엄격하고, 진지하고, 자세하고, 객관적이며, 실사구시적이다.

창조적 과학 연구란, 본래 이전 사람들이 말하지 않았고 보지 못했던 창조적 활동인데, 만약 과학자가 독창적으로 새로운 방법이나 길을 만들어 내지 않고, 기발한 주장을 하지 않는다면, "소리 없는 가운데에서 요란한 천둥소리를 들을 수[于無聲處聽驚雷]"[154] 없다. 이러한 창조적 발견은, 과학자들의 독특한 학술적 개성이나 독립적인 학술 사상 및 기술 체계와 떼어 놓을 수 없다.

세계 일류 강국을 만들기 위해 경쟁하는 국가는 반드시 세계에서 창조적 과학 연구 인력에게 가장 적합한 사회 환경을 조성하기 위해 노력해야만, 창조적 인재들을 더욱 많이 길러 낼 수 있다. 설사 이미 창조적 인재라 할지라도, 만약 그들에게 매우 많은 제한을 가한다면, 그것의 살상력(殺傷力) 또한 무시할 수 없다. 이는 필연적으로 그들의 자발적 적극성을 제한하고, 그들의 적극적인 사고를 제한하며, 결국 창조의 성적에 영향을 미치게 된다.

2. 중국인의 지능

신중국이 수립된 지 60여 년이 지났으며, 중국의 개혁·개방 기간도 짧지 않고, 국가는 강대해졌으며, 인민은 이전에 비해 많이 부유해졌고, 경제·교육·과학 연구 수준도 모두 대단히 크게 높아졌지만, 세계 100대 대학이 어째서 중국에는 몇 곳밖에 없을까? 세계적으로 유명한 과학상인 노벨 물리학상·화학상·생리의학학상은 어째서 중국과는 전연 인연이 없을까? 2015년, 중국은 사상 처음으로 약학자 투유유(屠呦呦)가 생리의학상을 받았다.

중국인은 매우 어리석고, 지능 수준이 부족한가? 아니다!

역사학자의 연구에 따르면, 인류의 수많은 발명들이 모두 중국에서 나왔으며, 지금으로부터 천여 년 전의 화약·제지술·인쇄술 및 나침반 등 4대 발명은 인류 문명의 번영을 위해 커다란 촉진 작용을 했다고 한다.

154 루쉰(魯迅)의 시에 나오는 구절로, 여기에서는 세상을 놀라게 할 말한 위대한 발명이나 창조를 비유한 말이다.(옮긴이)

근대 중국은 왜 낙후되었을까?

정치적인 면을 보면, 중농억상(重農抑商: 농업을 중시하고, 상업을 억제함)은 중국 봉건 정권의 입국(立國) 방침이자 전통적 정책으로, 중국의 봉건 전제 제도는 국내에 많은 검문소를 설치하고, 명·청 왕조까지는 여전히 상업경제의 발전을 억제했으며, 자본주의의 맹아를 무자비하게 짓밟았다. 중국의 2천 년에 걸친 봉건 전제는 말기로 가면서, 정치적으로 나날이 부패했으며, 사회는 동요하고, 생산력은 파괴되었다.

경제적인 면을 보면, 원시적인 자연 농업 경제가 여전히 경제 체제의 주축이었으며, 상업 경제는 거의 발전하지 못하여, 자본주의는 대체로 요람 속에서 압살되었다. 설사 농업의 발전조차도 때로는 중단되었다가 때로는 지속되곤 했으며, 왕왕 새로운 왕조 초기에는 중시되다가도, 말기에는 심각하게 파괴당하기도 했다. 경제 발전 동력은 대단히 취약했다.

문화·사상적인 면을 보면, 첫째, 중국의 봉건 제왕들의 뿌리 깊은 중농억상 사상과 시행 조치들이, 중국 사회로 하여금 강력한 중농경상(重農輕商: 농업을 중시하고, 상업을 경시함) 사상을 갖도록 함으로써, 매우 많은 사람들이 부득이한 때가 아니면 상업 업무에 종사할 수 없었으며, 더 나아가 상업 발전에 매우 중요한 인문적 기초를 상실하게 했다. 둘째, 과거 제도는 그 후기로 갈수록 폐단이 커졌는데, 특히 팔고취사(八股取士)[155]는 더욱 인재들에게 손상을 가하여, 수많은 맹목적으로 충성하는 노재(奴才: 아무 생각 없이 맹목적으로 따르기만 하는 어리석은 관리)들을 길러 냈다. 그리하여 중국 사회가 관리(管理) 계통에서부터 전 사회에 이르기까지 황권(皇權)

155 팔고취사(八股取士): '팔고문(八股文)'으로 과거시험을 쳐서, 관리를 등용한 것을 말한다. 명나라 성화(成化) 연간(1465~1487년)에 과거시험법이 다시 크게 바뀌어, 대구(對句) 문체를 이용하여 경의(經義: 경서의 뜻)를 설명하도록 했는데, 이를 '팔고(八股)'라고 불렀으며, 또한 '시문(時文)'·'제의(制義)' 및 '제예(制藝)'라고도 불렀다. 이후부터 곧 이를 답습하여, 격식이 갈수록 엄격해지면서, 문장이 갈수록 공허해졌는데, 청나라 말기인 광서(光緖) 24년(1898년)의 무술변법(戊戌變法)으로 인해 비로소 폐지되었으며, 광서 31년(1905년)에는 과거제도 자체가 폐지되었다.

일가(一家)에 대한 맹목적인 충성 사상을 형성함으로써, 개성적인 사유를 억제하여, 사유의 활력을 압살했다. 서방의 문인·사상가·철학자들이 부르주아 계급의 민주주의 사상을 선전하는 데 힘을 쏟을 때, 중국의 문인들은 아직도 유교 문화의 영향하에서 시를 읊고 글을 쓰거나, 성인들의 공덕을 노래하며 칭송하고 있었다. 특히 청나라의 야만적이고 잔혹한 문자옥(文字獄)[156]은 더욱이 사회 엘리트로서의 지식인들로 하여금 황권의 의견에 감히 이의를 제기할 수 없도록 하였다.

대외관계적인 면을 보면, 중국 봉건사회 말기의 명·청 두 왕조는 문호를 걸어 잠그는 쇄국 정책을 시행하여, 대외무역에 타격을 가하고 방해함으로써, 중국인들이 외국의 새로운 과학기술과 새로운 사상과 새로운 제도를 보지도 못하고 배우지도 못하게 했다. 그로 인해 여러 차례나 사상에서의 계몽과 생산 기술에서의 과학기술 혁명을 이룰 기회를 놓치고 말았다.

중국이 군사적으로 쇠약했던 것도 중국이 낙후하는 원인의 하나였다.

이상의 몇 가지 낙후된 측면들을 보면, 가장 본질적인 문제는 봉건적인 권력 집중이 인민의 자유를 결핍되게 하고, 자유로운 사상을 위한 환경을 결핍되게 하고, 경쟁의 조건을 결핍되게 하여, 발명과 창조가 불가능했기 때문에, 중국은 자연히 낙후했다는 것은 의문의 여지가 없다. 이는 체제(體制)적인 원인으로, 봉건 제도가 인민의 사상을 제한하여, 인민으로 하여금 생각할 수 없게 하고, 생각하지 못하게 한 것이지, 중국인의 지능이 부족했던 것이 아니다.

신중국이 수립된 후, 중국이 스스로 연구 개발한 원자폭탄·수소폭탄·위성 등은 왜 모두 그렇게 빨리 성공을 거두었을까? 국가의 필요 때문에 그러한 연구들이 성공을 거두었으며, 또한 궤도에 올랐다. 따라서 중국인

156 문자옥(文字獄): 명·청 시기에 봉건 권력이 인민의 사상을 통제하고 반대 세력을 제거하기 위해, 그 사람이 쓴 글을 꼬투리 잡아, 관직을 박탈하거나, 감옥에 가두거나, 심지어 죽이기까지 했던 일을 가리킨다.

의 지능에는 문제가 없다.

우리는 국외에서 첨단 과학기술에 종사하는 중국인 후예들을 통해 중국인의 지능에 관한 문제를 살펴보기로 하자.

『과기도보(科技导报)』 1985년 제6기의 자료에서는 다음과 같이 분명히 밝히고 있다. “당시 미국에는 대략 모두 80만 명의 화교(華僑)와 중국인이 있으며, 그 가운데 10여만 명이 지식인으로, 전체 미국의 80여 개 대학들에 분포되어 있다. 그 중 교수를 맡고 있는 사람은 1,500여 명이고, 학과 주임을 맡고 있는 사람은 50여 명이며, 그 외에도 많은 사람들이 대학이나 상업적 연구기구들에서 직책을 맡고 있다. 통계에 따르면, 미국의 일류 과학자와 공학자는 대략 23만 명인데, 그 중 중국 혈통이 약 3만여 명이다. 미국의 저명한 대학들의 학과 주임(특히 물리학과와 수학과)의 3분의 1이 중국인과 중국인 후예들이고, 미국 기계공학학회 각 분회(分會)의 회장을 맡고 있는 사람의 절반 이상이 중국인이며, 아폴로 달 착륙 프로젝트에 참여한 고급 엔지니어들 가운데, 중국인이 3분의 1을 차지했으며, IBM의 고급 엔지니어들 가운데 중국인이 대략 3분의 1을 차지하고 있다.”

또 다른 자료는, 중국계 미국인은 미국인 총인구의 고작 1%밖에 안 되지만, 미국의 중국계 미국인들은 오히려 미국 과학자 전체 숫자의 14.7%를 차지한다고 밝히고 있다. 중국계 미국인은 미국에서 많은 사람들이 노벨상을 받았다.

시나닷컴(新浪網: sina.com) 2012년 12월 21일자 보도에 따르면, 톰슨 로이터(Thomson Reuters) 그룹이 전 세계 최상위 100명의 재료학자(材料學者) 명단을 발표했다. 그 가운데 명단의 앞쪽 6명이 모두 중국인(1명은 미국, 1명은 타이완)이었다. 앞의 100명 중 중국인이 15명을 차지했는데, 중국 대륙이 2명, 타이완이 1명이었고, 나머지 12명은 모두 미국에 살고 있었다.

영국의 『인디펜던트(*The Indipendent*)』 2008년 2월 6일자 통계에 따르면, 영국의 젊은 영국 국적 중국인들이 대학에 진학하는 비율은 백인·흑인 및 다른 아시아계 영국인들의 3배에 달하며, 교수나 사장급 직책을 맡고 있는 직원들 가운데에는 중국계가 무려 41%를 차지했고, 백인이 30%였으며, 기타 아시아계가 15%, 카리브해 지역 사람들이 11%를 차지했다.

우리가 이상의 수치들을 나열한 목적은, 바로 사실을 이용하여 중국인의 지능이 매우 뛰어나다는 것을 증명하기 위해서다.

왜 중국의 후예들이 미국과 영국에서는 이렇게 좋은 성적을 낼 수 있는데, 중국 대륙에서의 성적은 뒤떨어질까? 문제의 가장 핵심적인 부분을 찾지 못하면, 중국인의 지능은 매우 잘 발휘될 수 없고, 중국의 창조는 미국을 추월할 수 없으며, 사회주의가 자본주의보다 낫다는 것도 결국 한 마디의 공염불이 되고 만다.

3. 자유와 창조에 관해

(1) 자유·창조와 국가의 영욕흥망(榮辱興亡)의 관계

우리는 먼저 실증적인 각도에서 자유와 창조의 관계를 살펴보기로 하자.

미국은 자본주의 제도 국가로, 중요한 목적의 하나는 바로 개인의 이익과 개인의 자유를 보호하려는 것이다. 미국에는 유명한 말이 있는데, 그것은 바로 "자유가 아니면, 차라리 죽는 게 낫다"이다. 개인의 평등·민주·자유를 추구하고, 개인이 창업하는 의지와 능력을 중요시하며, 인위적인 '권세'를 경시하며, 노력만 하면 진취할 수 있다고 굳게 믿고, 기회 앞에서 모든 사람은 평등하며, 사람들은 누구나 성공하리라는 희망과 기적을 창조할 가능성을 갖고 있다. 미국인은 자유를 숭상하며, 자유의 여신상은 바로 미국의 상징이다. 국가의 안위에만 관계가 없으면, 미국 국내에서의 자유의 정도는 대단히 높다. 또한 바로 이러하기 때문에, 미국은 마침내 끊임없이 세계의 수준 높은 인재들이 잇달아 미국으로 건너오게 하여 흡수할 수 있었으며, 미국 원주민과 함께, 세계 제일의 강대국을 창조했으며, '아메리칸 드림'을 성취하였다.

소련은 최초의 사회주의 국가로, 1917년 당시에는 아직 매우 약소한 국가였는데, 20년간(그 가운데에는 국내·외의 반혁명 세력에 반대하는 3년의 전쟁도 포함되어 있다)의 건설을 거쳐, 1937년에 소련의 공업 생산 총액은 일약 유럽의 제1위, 세계의 제2위가 되었다. 제2차 세계대전을 거치면서, 소련은 곧 미국과 패권을 다투는 세계의 양대 초강대국의 하나가 되었으며, 여러 방면에서 소련은 세계의 패권을 다투는 최강대국의 실력을 갖추었다. 유감스럽게도 소련은 이 기회를 움켜쥐지 못했는데, 그 가운데 매우 중요한 한 가지 원인은 바로 인민에 대해 고압적인 정책을 실시한 것이다. 특히 고급 지식인들 가운데 의견이 다른 사람들을 잔혹하게 탄압하고 무자비하게 타격을 가함으로써, 과학기술 창조가 커다란 손해를 입게 되어, 소련의 사회주의 건설의 질과 양에 영향을 미쳤으며, 결국 소련의 멸망을 가속화했다.

앞의 자료들로부터 알 수 있듯이, 명·청 시기부터 중국이 낙후되기 시작한 까닭으로, 가장 본질적인 문제는 세계적으로 이미 수많은 나라들이 자본주의 시대에 진입했는데도, 중국의 봉건 정권은 여전히 인민의 자유가 결핍되고, 자유로운 사상적 환경이 결핍되었으며, 세계 선진국들과의 교류의 기회가 결핍되어, 위험이 닥쳐오는데도 알지 못했다는 것이다. 더욱 심각한 것은, 대대적으로 문자옥을 시행함으로써, 지식 엘리트들이 일상생활에서 모두 전전긍긍했으니, 어떻게 창조하고 발전할 수 있었겠으며, 중국이 어찌 약해지지 않을 수 있었으랴!

(2) 사람의 사유 법칙의 특성에서 본 자유와 창조의 관계

창조와 혁신은 바로 창조성 활동이다. 심리학 연구에 따르면, 창조성의 강약에는 법칙이 있다고 한다.

무엇이 창조성인가에 대해서는 서로 다른 견해가 있다. 일반적으로, 창조성이란 개인이 독특한 결과물을 생산해 내는 능력과 특성을 가리킨다고 말한다.

연구에 따르면, 창조성은 지능지수의 수준과 관계가 있으며, 또한 지혜의 품질, 즉 확산적 사고(divergent thinking)[157]와도 긴밀한 관계가 있다고 한다. 바로 확산적 사고의 작용으로 인해, 비로소 단순한 지능으로는 완성할 수 없었던 창조를 실현한다는 것이다.

미국의 저명한 심리학자인 길포드(J. P. Guilford)는 지능의 3차원 구조 모델 이론을 제시했다. 즉 지능을 세 가지 차원—내용, 조작(操作: operation), 결과—으로 구분했다. 지능 활동의 내용이란 지능 활동의 대상과 재료인데, 거기에는 청각·시각·부호·의미·행위가 포함된다. 지능 조작이란 지능의 가공 활동, 즉 주어진 정보의 내용에 대해 처리하는 것을 가리키는데, 여기에는 인지(認知)·기억·사고의 확산·사고의 수렴·평가가 포함된다. 지능 활동의 결과란, 지능을 조작하여 얻은 결과를 가리킨다. 길포드는, 지능이 개발한 3차원 구조 가운데 각 능력들은 모두 창조성과 관련이 있지만, 확산적 사고 및 그 전환이 창조성과 가장 밀접한 관계가 있다고 여겼다.

이른바 확산적 사고란, 다양한 상상에서부터 시작하여, 틀에 박히지 않은 방법으로 변화를 탐구하고, 정보를 갖가지 가능한 방향으로 방출하여, 다방면에서 답안을 찾음으로써, 더욱 많은 정보를 끌어내는 것을 가리킨다. 그것은 세 가지 기본적인 특성을 갖는데, 바로 유창성(流暢性)·융통성(변통성) 및 독특성이다. 유창성이란, 사고 활동이 한정된 비교적 짧은 시간 내에 비교적 많은 문제 해결 방안을 만들어 낼 수 있는 것을 가리킨다. 융통성이란, 어떤 주어진 문제에 대해, 선택 가능한 여러 가지 해결 방안을 만들어 내며, 사고의 변화가 다양하여 낡은 틀에 얽매이지 않으며, 습

157 확산적 사고(divergent thinking): 어떤 문제에 부딪혔을 때, 그 문제를 해결하는 과정에서, 적극적으로 정보를 광범위하게 수집하고 상상력을 발휘하여 예견하지 못했던 다양한 해결책을 모색하고 강구하는 사고를 가리킨다. 수렴적 사고(convergent thinking)와 반대되는 개념이다.

관이나 일반적인 경향 등에 영향을 받지 않는 것을 가리킨다. 독특성이란, 생각을 전개하는 사고방식이 참신하고, 기발한 생각을 해내어, 사고의 결과가 남달리 특별하며, 독특한 부분이 있는 것을 가리킨다. 확산적 사고는 창조성의 핵심이기 때문에, 개인의 창조성 수준도 왕왕 이러한 세 가지 방면에서 평가를 진행하기도 한다.

길포드는 강조하기를, 확산적 사고는 독립적인 능력이 아니며, 창조성이 필요로 하는 것도 단지 확산적 사고뿐만이 아니라, 그와 상반되는 수렴적 사고(convergent thinking)도 필요로 한다고 했다. 수렴적 사고란, 이미 있는 정보에 근거하여 유일하고 정확한 답안을 만들어 내는 것이다. 이런 종류의 사고방식은 논리적 추리 영역에 속하며, 지능의 범주에 넣을 수 있다. 이때문에 그는 해석하기를, 창조적 사고는 "확산적 사고를 핵심으로 하고, 수렴적 사고를 보조적 요소로 삼아, 확산적 사고와 수렴적 사고가 유기적으로 결합된 조작 방식"이라고 했다.

이상과 같은 창조성의 심리적·지적 소질의 특성으로부터 보면, 수량도 매우 많고 품질도 좋은 세계 제일의 창조적 성과를 가지려면, 반드시 국가의 안전을 보장하고 이미 정해 놓은 방향에 따라 발전한다는 전제하에, 가능한 한 사회 환경이 편안하고 사상적으로 자유로운 생활과 작업 환경을 조성해야 한다. 반대로, 만약 각 방면들에 제약성이 너무 많으면, 반드시 확산적 사고에 영향을 미쳐, 세계 제일의 창조적 성과를 창조하는 데 영향을 미칠 수밖에 없다.

(3) 창조 인재들의 성격적 특징

교육부 인사사(人事司: 인사국)가 편찬하고 우신춘(伍新春)이 주편(主編)한 『고등교육 심리학(高等教育 心理學)』은 다음과 같이 지적하고 있다. "창조성이 높은 개인은 자신감이 있고 자중(自重)하며 도량이 넓은 것 등의 인격적 특징을 갖추고 있다. 연구에 의해 밝혀진 바에 따르면, 창조성이 높은 개인은 예민한 감지 능력을 지니고 있으며, 좋은 협동 능력을 지니고 있고, 기회 포착 능력을 지니고 있다. 또 그들은 독립적으로 판단하기를 좋아하고, 경험에서 교훈을 받아들이는 데 뛰어나며, 흥미가 폭넓고, 또한 이론적 개념과 부호 전환(코드 스위칭, 코드 바꾸기-옮긴이)에 대한 흥미가 실제적이고 구체적인 사물에 대한 흥미보다 크다. 창조성이 높은 개인은 웅장한 뜻을 갖고 있으며, 굳은 의지를 갖고 있고, 과감하게 전진하며, 자신에 대한 격려를 효과적으로 진행할 줄 안다. 또 그들은 항상 낡은 틀에 얽매이지 않고, 고집이 세며, 표현을 잘하고, 다른 사람의 마음속에 자신이 어떤 인상을 주는지에 대해 별로 신경쓰지 않는다. 그리고 그들은 강한 호기심과 자신감을 갖고 있으며, 과감하게 모험을 하거나 기이한 행동을 하고, 실패와 규칙 위반을 두려워하지 않는다." 그들은 종사하는 작업에 대해 끈기를 가지고 있으며, 단서가 없는 문제를 매우 잘 처리할 줄 알고, 상대적으로 생활에서 풍부한 환상을 갖고 있으며, 탐구하는 문제를 신기한 방법으로 처리하기를 좋아한다. 그들은 개척을 좋아하고 또 개척을 잘한다.

사회 환경으로부터 횡적으로 비교해 보면, 창조하는 자는 사회의 엘리트이고, 창조적인 노동은 창조자 자신의 정확하고 투철한 견해의 결과로서, 절대로 사람들 모두가 이해할 수 있는 것은 아니다. 상규(常規: 일반적인 관행)에 부합하지 않고, '정통'에 부합하지 않고, 어떤 '위대한 인물'의 견해에 부합하지 않는다는 이유로, 왕왕 쉽게 질책을 받곤 한다. 창조하는 사람은 유언비어를 두려워하지 않고, 낡은 학설에 구애되지 않으며, 하나의 틀에 구속되지 않고, 보통 사람과 다른 기발한 주장을 하는데, 이것이 그들의 고상한 자질이다. 천편일률적이고 사람들의 생각이나 행동이 엇비슷한 사회는 활력이 없고 의기소침한 사회다. "백화제방(百花齊放: 다양한 학문이나 예술 등이 모두 왕성함)하고, 백가쟁명(百家爭鳴: 학자나 예술가들이 각자 다양한 주장과 학설을 제기하고, 활발하게 논쟁과 토론이 이루어짐)하며", 각 방면의 인재들이 서로 장점을 취하고 단점을 보완하면서, 서로 돕고 보충하여 쌍방의 장점을 더욱 잘 드러나게 해야만, 비로소 국가가 더욱 잠재력을 갖게 되고, 더욱 왕성하게 번영할 수 있다.

이상과 같이 창조에 종사하는 인재들의 성격적 특징과 사회 환경의 측면에서 볼 때, 한 나라가 매우 좋은 창조적 성과를 가지려면, 가능한 한 사회 환경이 편안하고 사상적으로 자유로운 생활과 작업 환경을 조성해야만 한다.

(4) 사회 발전의 미래 추세에서 본 자유와 창조의 문제

인류 사회는 결국은 앞으로 발전하기 마련이다. 마르크스와 엥겔스는 생각하기를, 인류 사회는 낮은 단계에서 높은 단계로 발전하는 역사 과정일 뿐만 아니라, 또한 부분적 발전에서 전면적 발전으로 점차 나아가는 과정이기도 하며, 사회의 고급 단계가 바로 공산주의라고 했다. 마르크스는 또한 공산주의 사회를 '제1단계'와 '고급 단계'로 명확히 구분했다. 후에 레닌이 마르크스와 엥겔스가 논술한 공산주의 사회의 제1단계를 사회주의 사회라고 불렀으며, 공산주의의 고급 단계를 공산주의 사회라고 불렀다. "공산주의라는 새로운 사회는 반드시 계급과 계급 대립이 존재하는 부르주아 계급의 낡은 사회를 대체할 것인데, 이 새로운 사회는 연합체로서, 거기에서 각 개인의 자유로운 발전은 모든 사람의 자유로운 발전의 조건이 될 것이다."[158] 여기에서 알 수 있듯이, 미래 사회는 자유인의 연합체 속에서 사람의 전면적이고 자유로운 발전을 실현할 것이다. 따라서 사회주의 사회와 공산주의 사회의 관리 목표는 바로 각 개인의 전면적이고 자유로운 발전을 추구하는 것이다. 사람의 전면적이고 자유로운 발전은, 사회적으로 물질과 정신의 다방면의 조건들이 통일적이고 조화롭게 발전한 결

158 『马克思恩格斯选集』, 3版, 第一卷, 422쪽, 北京, 人民出版社, 2012.

과이다. 그 가운데 가장 근본적인 조건은 생산력의 충분한 발전이다. 생산력이 충분히 발전하여, 물질적 부가 극도로 풍부해져야만, 계급과 계급 차별을 소멸시키기 위한 물질적 기초를 창조할 수 있고, 사람의 전면적 발전을 위한 충분한 물질적 부를 제공할 수 있어, 사회의 모든 성원들이 풍족한 물질적 생활을 향유하도록 보장할 수 있다.

위의 자료들로부터 알 수 있듯이, 마르크스·엥겔스가 제시한 사회주의 사회와 공산주의 사회는 바로 사람들에게 전면적이고 자유로운 발전을 주려는 사회이다. 이 목표를 실현하기 위해서는 반드시 생산력을 충분히 발전시켜, 물질적 부가 극도로 풍부한 상태에 도달해야 한다.

현 단계에서, 선진 자본주의 국가들의 생산력 수준과 창조 능력은 사회주의에 비해 보편적으로 훨씬 높다. 사회주의와 자본주의의 경쟁은 이미 100년 가까이 진행되었지만, 사회주의의 우월성은 결코 매우 잘 구현되지 못했다. 이전의 사회주의 최강국이었던 소련이 사라지면서, 세계 사회주의 운동이 침체되자, 중국의 사회주의 건설이 세계의 선두에 서게 되었다. 중국은 이미 세계를 향해 사회주의 국가의 대단히 많은 우수한 품질을 분명히 보여 주었으며, 중국은 또한 당연히 계속해서 세계를 향해 사회주의 국가의 우수한 품질을 더욱 많이 보여 주어야 한다.

생산력이 충분히 발전하여 물질적 부가 극도로 풍부해져야만, 우리가 기대하는 공산주의 사회를 잘 건설해 나갈 수 있으며, 사회주의 국가의 생산력이 자본주의 국가에 비해 더 좋아져서, 사회주의 국가의 물질적 부가 자본주의 국가보다 더욱 풍부해야만, 비로소 사회주의 국가 제도가 자본주의 국가 제도보다 더 좋다는 것을 설명할 수 있다. 따라서 사회주의 국가는 당연히 자본주의 국가보다 더 좋은 생산력, 더 많은 창조, 더 많은 자유를 가져야 한다.

이상에서 우리가 사회 발전의 실증적 각도에서, 사람들의 사고의 각도에서, 사람들의 성격 특징과 사회 환경의 각도에서, 마르크스·엥겔스가 제시한 미래 사회 발전 추세의 각도에서 등 몇 가지 기본적인 방면에서 살펴보았듯이, 창조와 자유는 모두 인류 사회 발전의 각 단계들에서 결코 부족해서는 안 되는 양질의 기본 요소들이다. 어떻게 하면 잘 건설할 것인가? 우리가 사회주의 국가를 잘 건설하는 것은 장기적이고도 대단히 힘든 임무이다. 잘 건설하면, 사회주의 건설 과정을 대대적으로 촉진시킬 수 있으며, 건설에서 실수를 하면, 사회주의 발전 과정에 영향을 미칠 수 있다.

제14장 요소의 실용적 전망
—중국이 개혁을 발전시키기 위한 의견과 건의

Ⅰ. 개혁의 목표

중국공산당 제18차 전국대표대회가 수정하여 통과시킨 〈중국공산당 장정〉은 이렇게 지적하고 있다. "우리나라 사회주의 건설의 근본 임무는, 생산력을 한층 더 해방하여 점차 사회주의 현대화를 실현하는 것이며, 또한 이를 위해 생산관계 및 상부구조 속의 생산력 발전에 적합하지 않은 방면과 부분을 개혁하는 것이다." 후진타오(胡錦濤)는 당의 제18차 전국대표대회 보고서인 〈꿋꿋이 흔들림 없이 중국 특색 사회주의 노선을 따라 나아가, 전면적으로 샤오캉 사회(小康社會: 6쪽 참조) 건설을 위해 분투하자(堅定不移沿着中國特色社會主義道路前進, 爲全面建成小康社會而奮鬪)〉에서 다음과 같이 지적했다. "중국 특색 사회주의 노선이란, 바로 중국공산당의 영도하에, 기본적으로 국가 정세에 입각하여, 경제 건설을 중심으로 삼고, 네 가지 기본 원칙(261쪽 참조—옮긴이)을 견지하며, 개혁·개방을 견지하고, 생산력을 해방하고 발전시키며, 사회주의 시장경제·사회주의 선진 문화·사회주의의 조화로운 사회·사회주의 생태 문명을 건설하고, 사람의 전면적 발전을 촉진하여, 점차 전체 인민 모두가 부유하도록 실현함으로써, 부강하고 민주적이며 문명적이고 조화로운 사회주의 현대화 국가를 건설하는 것이다." 좀 더 구체적으로, 운용의 측면에서 말하자면, 시진핑은 〈확실하게 사상을 당의 제18기 삼중전회 정신으로 통일해야 한다(切實把思想統一到黨的十八屆三中全會精神上來)〉라는 글에서 이렇게 지적했다. "완전하고 발전된 중국 특색 사회주의 제도를 변함없이 견지하고, 국가 통치 체계와 통치 능력의 현대화를 추진하는 것을, 전면적으로 개혁을 심화시키는 총목표로 삼는다." 그는 또한 〈제18기 중국공산당 중앙정치국 제2차 집체 학습 때의 강화(第十八屆中共中央政治局第二次集體學習時的講話)〉에서 이렇게 지적했다. "거시적 사고와 정층설계(頂層設計: Top-level design)[159]를 강화하려면, 개혁의 체계성·총체성·협동성을 더욱 중요시해야 한다." 목표는 명확한데, 그것은 바로 가능한 한 빨리 중국을 세계 제일의 강대국이 되도록 건설하고 발전에 장애가 되는 정치 체제·경제 사회 관리 및 과학기술 창조 등 각 방면들을 개혁하여, 서로 관련이 있는 방면들 모두가 '중국몽'을 성취하는 추동력이 되도록 하려는 것이다.

사회주의 개혁은 중대한 체계적 작업으로, 이 글에서는 다음과 같은 몇 가지 방면에 치중하여 개혁과 관련된 문제를 생각해 보기로 한다.

사회주의 건설은 장기적인 과정이다. 이 과정에서 사회의 안정적이고 조화로운 건설은 우리가 반드시 시시각각 명심하고 주의해야 하는 것이며, 사회의 조화와 안정을 추구하고 장치구안(長治久安: 장기적인 안정과 평안함)을 추구하는 것은 우리의 영원한 목표들 가운데 하나다.

사회주의 건설의 중요한 임무 가운데 하나는 바로 경제 건설을 진행하는 것인데, 어떻게 하면 지속적이고 안정적이고 빠르고 건강하게 발전하는

159 정층설계(頂層設計): 체계적인 방법을 이용하여, 전체적인 각도에서, 어떤 임무나 어떤 사항의 각 방면·각 차원·각 요소에 대해 전면적인 계획을 세워서, 효과적으로 자원을 집중함으로써, 능률적이고 빠르게 목표를 실현하는 것을 가리킨다. 중국에서 '정층설계'는 지금 이미 각 직업이나 각 업종에서 널리 사용되는 용어인데, 그 개념에 대한 이해는 약간씩 차이가 있다.

경제를 장기적으로 실현할 것인가 하는 것은, 우리 사회주의 건설의 중요한 목표다.

사회주의 국가는 인민이 주인 되는 국가인데, 어떻게 하면 확실하게 인민이 주인 되는 목표를 실현하여, 현재 인민이 항상 '피동적으로 주인이 되는[被作主]' 상태를 변화시킬 것인가? 그러기 위해 민주주의와 자유는 바로 우리가 가능한 한 빨리 해결해야 할 문제들 가운데 하나다.

다들 알고 있듯이, 장기적으로 경제와 사회가 지속적이고 안정적이며 빠르고 건강하게 발전하려면, 과학기술과 교육은 중요한 열쇠다. 과학기술과 교육이 어떻게 하면 경제·사회와 조화롭게 발전할 것인가 하는 것도, 우리의 개혁 목표다.

사회주의 건설은 새로운 사물이어서, 선례(先例)가 존재하지 않으므로, 우리는 길을 모색하면서 전진해야 하고, 반드시 경험과 교훈을 종합해야 한다. 사회주의 건설은 또한 자본주의 사회의 기초 위에서 진행되는 것으로, 우리는 마땅히 그 정수를 취하고 그 찌꺼기를 버려서, 우리에게 유용하게 사용하며, 사회주의 건설의 제도를 탐색하고 완전하게 하는 것은, 우리가 추진하는 개혁의 중요한 목표들 중 하나다.

우리는 사회주의 국가이며, 현재 강대한 자본주의 진영과 경쟁하고 있다. 사회 제도의 우열은 비교 과정에서 드러나게 되는데, 오로지 사실만을 가지고 말해야 하며, 이론적으로 선진적이라는 것도 오로지 사실만을 가지고 증명해야 한다. 우리는 마땅히 자본주의 진영에 비해 더욱 빠르고 더욱 잘 발전함으로써, 사회주의의 우월성을 드러내 보여야 한다.

Ⅱ. 개혁 구상의 설계 원칙과 그 기초

1. 원칙

1) 사회주의 방향을 견지하는 원칙. 마르크스주의가 명시한 사회 발전 법칙에 따르면, 인류 사회는 반드시 공산주의 사회를 향해 전진할 것이다. 사회주의 건설의 실천도 거의 100년의 역사를 갖고 있는데, 사회주의 건설을 실천하는 과정에서, 특히 자본주의 사회의 현재 상황과 중국의 사회주의 건설 실천 및 국제 사회의 사회주의 운동 실천의 긍정적·부정적 두 가지 방면의 경험적 교훈으로부터 보면, 중국의 개혁은 당연히 사회주의적 발전 방향을 계속 견지해야 한다.

2) 실사구시 원칙. "실사구시는 마르크스주의의 근본 관점이며"[160], 또한 중국공산당의 사상 노선이기도 한데, 그것은 유물론과 변증법 및 인식론의 유기적 통일을 충분히 구현하고 있으며, 변증법적 유물론과 사적 유물론에 대한 운용과 발전이고, 모든 일을 처리하는 데 반드시 준수해야 할 근본 원칙이다. 바로 사상의 해방[解放思想][161]과 실사구시적 사상 노선의 지도하에, 우리는 비로소 오늘날 전 세계가 공인하는 개혁의 성공을 이루었으며, 장차 중국의 개혁이 발전하는 과정에서, 우리는 반드시 실사구시의 원칙을 계속 견지해야 한다.

3) 개혁·발전·안정의 삼자가 조화롭게 발전하는 원칙. 의심할 필요 없이, 중국은 개혁을 해야만 앞으로 발전해 갈 수 있고, 발전해야만 비로소 사회의 안정을 유지할 수 있으며, 또한 안정되어야만 비로소 개혁과 발전을 잘 이룰 수 있다. 따라서 개혁, 발전, 안정, 이 삼자는 반드시 조화롭게 발전

160 习近平, 「在纪念毛泽东诞辰120周年座谈会上的讲话」, 『人民日报』, 2013-12-27을 참조하라.

161 사상의 해방[解放思想]: 마르크스주의의 지도하에 타성과 주관적 편견이라는 속박을 타파하고, 새로운 상황을 연구하여, 새로운 문제를 해결하는 것이다. 사상과 실제가 서로 부합하게 하고, 주관과 객관이 상호 부합하게 하는 것, 바로 이것이 실사구시다.

하여, 여러 방면의 일들을 통일적으로 계획하고 돌봄으로써, 사회의 장기적인 안정과 평안을 실현해야 한다.

4) 전면적(全面的)으로 설계하고, 단계적으로 실시하는 원칙. 중국의 개혁·개방은 이미 30여 년 동안 진행되었다. 1978년에 처음 시작된 이 개혁은 주요 특징은 경제의 고속 성장으로, 장기간 일방적으로 GDP의 성장과 규모 확장과 수량에 치중하면서, 맹목적으로 경제 발전의 높은 지표와 빠른 속도를 비교하는 데 치중했지만, 고속 성장의 질을 높이고 발전 비용을 감소시키는 데에는 소홀하여, 경제구조 조정의 낙후·투자와 소비 비율의 균형 상실·자원 소모 및 환경오염 압력을 더욱 가중시키는 결과를 초래했다. 그리고 사회 개혁과 정치 체제 개혁의 낙후는 결국 중국의 오늘날의 정치 체제·경제 관리 및 경제 발전 모두에 비교적 큰 곤란을 초래했으며, 특히 경제 발전의 형태 전환이 여러 해 동안 뚜렷한 효과를 거두지 못하는 결과를 초래했다. 이러한 상황을 조성한 원인은 바로 전면적으로 설계하지 못하여, 첫 번째 개혁이 일정한 시기까지 진행된 후에, 제때에 최상층에서부터 경험과 교훈을 종합해 내지 못했고, 미래의 개혁 발전 방향을 계획하지 못했다. 경제 사회적으로 대단히 많은 문제들이 발생했을 때는, 다시 문제의 본질을 보지 못한 채 현상만 보고 '파편화'된 개혁을 진행했으니, 효과가 뚜렷하지 못한 것은 필연적이었다.

우리는 경제 발전의 형태 전환을 중국의 제2의 개혁이라고 부른다. 중앙(최고 권력기구-옮긴이)은 이미 제2의 개혁을 추진하기로 결심했는데, 문제는 '무엇을 개혁하고' '어떻게 개혁할 것인가'에 있다. 우리가 세계 제일의 경제 대국이 되려면, 개혁을 필요로 하는 방면들은 아직 매우 많을 뿐 아니라, 또한 한 걸음씩 나아갈수록 더욱 어려워질 것이다. 현재 경제 영역에는 물론이고 사회 정치 영역에도 일부 사회 각 계층들이 강렬하게 반응하는 뚜렷한 모순들이 존재하는데, 미시적 차원의 '대증요법'은 "머리가 아프면 머리만 치료하고, 발이 아프면 발만 치료하여[頭痛醫頭, 脚痛醫脚]",

부분적이고 단기적인 치료 효과만을 거둘 수 있을 뿐이다. 반드시 세계가 발전하는 거시적 차원에서 문제를 일으키는 근본적 원인을 찾아 내어, 체계적인 개혁을 통해 문제의 제도적 기초를 제거하고, 현실적 모순의 분석으로부터 착수하여, 정층(頂層) 개혁의 중점 사항을 확정하고 중점적으로 개혁할 방안 설계를 진행해야 한다. 최종적으로는 총체적 방안들을 취합한 뒤, 차근차근 개혁을 실시함으로써, 우리의 사회주의 제도를 완전하게 해야 한다.

5) 점차적으로 차근차근 나아가는 원칙. 중국에 개혁을 필요로 하는 방면들은 매우 많지만, 사회주의 사회는 완전히 새로운 사회 제도이고, 사회의 발전도 나선형으로 나아가는 것이어서, 사회의 안정을 유지하기 위해서, 우리의 개혁은 점차적으로 차근차근 나아갈 수밖에 없다.

2. 기초

1) 중국 특색의 사회주의 이론. 중국공산당 제18차 전국대표대회가 수정 통과시킨 〈중국공산당 장정〉은 다음과 같이 지적하고 있다. "개혁·개방 이래 우리가 일체의 성적과 진보를 취득한 근본 원인은, 결론적으로 말하자면, 중국 특색의 사회주의 노선을 열었고, 중국 특색의 사회주의 이론 체계를 형성했으며, 중국 특색의 사회주의 제도를 확립한 것이다." "반드시 중국 특색의 사회주의 사업의 총체적 구도에 따라, 전면적으로 경제 건설·정치 건설·문화 건설·사회 건설·생태문명 건설을 추진해야 한다." 우리는 바로 중국 특색의 사회주의 제도에 근거하여, 경제 사회의 개혁을 설계하고 그 설계를 실시하는 것에 관련된 건의를 제출한다.

2) 중국이 당면한 국제·국내 형세. 국내 형세를 보면, 경제 방면에서 중국은 이미 세계 제2의 경제 대국이지만, 경제 발전은 치밀하지 못해, 수량을 중시하고, 경제 발전의 질을 소홀히 하고 있는데, 이렇게 치밀하지 못한

경제 발전 방식은 이미 종말 단계에 이르렀다. 경제 발전이 패러다임을 전환할 필요가 있고, 창조와 혁신을 향해 발전해야만 한다는 것은 이미 매우 절박해졌다. 하지만 시스템 방면과 사회 관리 방면에서 창조와 혁신을 제약하는 것들이 대단히 많아, 반드시 개혁을 해야 한다. 이러한 것들을 개혁하지 않으면, 사회주의 건설은 전진할 동력이 부족해져서, 필연적으로 사회주의에 손해를 가하게 되어, 사회주의 건설은 승리를 거둘 수 없게 된다. 국제 형세를 보면, 자본주의와 사회주의 양대 진영의 투쟁은 여전히 치열하다. 하지만 단기적 형세를 보면, 이 투쟁은 평화 투쟁·경제 투쟁의 형식으로 나타나고 있으며, 경제 투쟁이 주요한 형식이다. 우리가 자본주의와 싸워 이기려면, 반드시 경제 투쟁에서 승리를 거두어야 한다.

3) 강대국의 네 가지 요소. 앞에서 우리는 이미 세계 강대국들의 역사적 실증과 이론의 각도에서 다음과 같은 사실을 증명했다. 대체로 세계 강대국이 된 나라들에 대해서는 반드시 네 가지 요소들이 성립한다고 했는데, 그와 반대로 네 가지 요소들을 갖춘 나라는, 반드시 세계 강대국이 될 수 있다. 따라서 네 가지 요소들이 분명히 지시하는 방향이 바로 우리나라 개혁의 방향이다.

Ⅲ. 개혁에 대한 구상

1. 개혁의 총체적 구상에 관해

시진핑은 「개혁은 문제가 강요함으로써 발생한다(改革是由問題倒逼而產生)」라는 글에서 이렇게 지적했다. "개혁을 전면적으로 심화시키는 것은 복잡한 계통적 작업으로, 정층 설계와 총체적 계획을 강화해야 한다." 우리는 마르크스-레닌주의·마오쩌둥 사상·중국 특색 사회주의의 지도하에,

사상을 해방하고, 실사구시하며, 꿋꿋하고 변함없이 중국 특색의 사회주의 노선으로 나아가, 우리나라 개혁의 정층 설계와 총체적 계획을 탐색해야 한다. 생산력을 한층 더 빨리 해방하고, 생산력을 발전시키고, 생산관계 및 상부구조 속의 생산력 발전에 부적합한 방면과 부분들을 힘써 개혁해야 한다. 경제·정치·문화·사회 건설 등의 방면들에 대한 개혁을 더욱 빠르게 하고, 사회주의 시장경제 체제를 완벽하게 하는 데 힘쓰며, 전 사회 각 방면들(세계를 포함하여)의 역량을 동원하여, 사회 경제의 창조 역량을 증강시켜야 한다. 정치 체제 개혁의 힘을 더욱 크게 하여, 우리나라의 뿌리 깊은 관본위(官本位) 사상을 바로잡고, 인민이 주인 되는 사회를 실현하며, 정치를 맑고 깨끗하게 만들도록 노력해야 한다. 문화·교육·과학기술 창조의 관리는 반드시 '백화제방하고, 백가쟁명'하도록 견지해야 하며, 체제가 개방되어야 하고, 사상이 자유로워야 하며, 네 가지 기본 원칙(261쪽 참조-옮긴이)을 견지하는 것에 반대하지만 않는다면, 모두 앞 다투어 의견을 발표할 수 있어야 한다. 사회의 관리는 법으로 나라를 다스려야 하며, 법률의 범위 내에서 민주주의와 자유의 수준을 확대하여, 사회 환경을 더욱 여유롭게 하고, 민주적이며 자유롭게 하며, 공평하고 합리적이게 해야 한다. 우리 사회의 물질문명·정신문명·정치문명의 건설을 빠르게 하여, 중국 사회가 하루속히 전면적인 샤오캉(小康: 6쪽 참조) 상태를 실현하도록 촉진하고, 빠른 시일 내에 중국을 세계 제일의 강대국이 되도록 건설하는 데 힘써야 한다.

중국은 물러설 곳이 없으며, 반드시 안목을 넓혀 세계를 바라보고, 시야를 넓혀 미래를 바라봐야 한다. 중국이 미래에 현대화를 실현하려면, 반드시 한층 더 개혁하고 개방해야 한다.

국가 기관이 강대하기만 하면, 우리의 개혁에 대한 구상이 정확하기만 하면, 우리가 시대에 뒤떨어지지 않도록 시의적절하고 질서정연하게 개혁을 추진해 나아가기만 하면, '백화제방, 백가쟁명'의 민주주의와 자유는 우리의 사회주의 건설에 혼란을 가져다주지 않고, 오히려 도움이 될 것이다. 인민이 주인 되는 사회를 실현하기만 하면, 우리 당의 대중노선 전통이 비로소 다시 한 번 빛을 발하고, 우리 당의 대중적 기초가 비로소 공고해지고, 우리 사회의 온갖 폐단들이 비로소 뿌리부터 뽑혀 근절될 수 있고, 사회주의 건설이라는 빌딩의 기초가 비로소 공고해져, '중국몽'은 마침내 세계적으로 한 송이 진기한 꽃이 될 것이다! '중국몽'은 비로소 '세계몽(世界夢)'이 될 것이다.

우리는 마땅히 사회주의 제도를 굳게 믿어야 하고, 우리는 마땅히 인민의 이해(理解)를 굳게 믿어야 하고, 우리는 마땅히 우리나라의 개혁이 반드시 승리한다는 것을 굳게 믿어야 한다!

2. 구체적인 개혁의 구상

우리는 개혁에 대한 구상을 정치 체제 개혁, 경제 체제 개혁, 과학 교육 창조 개혁 및 사회 관리 개혁 등 네 방면으로 나누어 설명하려 한다.

(1) 정치 체제 개혁의 구상에 관해

국가 정체(政體)의 각도에서 말하자면, 중국은 인민 민주주의 독재의 국가이며, 인민이 주인 되는 국가이다. 후진타오는 다음과 같이 지적했다. "우리가 건설하려 하는 사회주의의 조화로운 사회는, 당연히 민주적이고 법이 지배하며[民主法治], 공평하고 정의로우며[公平正義], 성실하고 우의가 있으며[誠信友愛], 활력이 충만하며[充滿活力], 안정되고 질서가 있으며[安定有序], 사람과 자연이 함께 조화롭게 지내는[和諧相處] 사회다."[162]

그러나 현재 상황에 대해 말하자면, 비록 기층의 민주주의를 확대하고

162 胡锦涛, 「在省部级主要领导干部提高构建社会主义和谐社会能力专题研讨班上的讲话」(2005년 2월 19일), 『十六大以来重要文献选编』(中), 706쪽, 北京, 中央文献出版社, 2011.

조화로운 사회를 건설하는 수많은 조치들을 취하기도 했고, 적지 않은 시범 사업도 있었지만, 수많은 기층 인민 대중들은 오히려 자신이 국가의 주인이라는 사실을 잘 느끼지 못하고 있다.

어떤 사람은, 지역의 산업 계획에 우리가 참여한 적이 있느냐고 묻는다. 전해알루미늄 프로젝트를 도입하는 것을 우리가 알 수 있느냐고 묻는다. 환경법이 공포되어 실시되는 것을 우리가 동의했느냐고 묻는다. 법 집행자가 어떤 행위를 할 때, 우리가 영향을 미칠 수 있느냐고 묻는다.

2013년에 공무원 모집 시험 응시자가 137만 명에 달했다. 장기간 존재해 온 관본위 사상으로 인해, 중국 민중들의 공무원에 대한 인식은, "담배 한 대 피우고, 차 한 잔 마시고, 신문 한 부 보면서 한 나절을 보내는" "페이췌(肥缺: 부수입이 짭짤한 직업)"라는 관념 안에 오랫동안 머물러 있다. 그리고 권력이 효과적인 감독을 받지 않는 상황에서, 공무원 계통에 취직한다는 것은 또한 회색수입(灰色收入)[163]과 그 부문의 복리를 얻을 수 있다는 것을 의미하기도 한다.

당과 정부는 인민의 다원화된 요구와 민의에 대한 응답 등을 해결하는 방면들에서 적극적으로 창조와 혁신하고 있다. 그러나 토지·환경 등의 문제들로 인해 발생하는 집단성 사건들이 빈번하게 발생하고 있다. 사회가 형태를 전환하는 시기와 모순이 많이 발생하는 시기에, 집권자의 사회 관리 능력은 엄준한 시험에 직면하게 된다.

저명한 작가인 량샤오성(梁曉聲)은 중국의 현재 상황에 대해 언급하면서 이렇게 말했다. "지금 세 개의 중국이 있다. 하나는 숫자 중국, 즉 정부 당국의 표현법 속에 나오는 중국으로, 고속·고속철도·고층 빌딩·GDP·국가

163 회색수입(灰色收入): 중국에서 '흑색수입(黑色收入)'은 불법적 수입을 가리키고, '백색수입(白色收入)'은 완전히 합법적이고 투명한 수입을 가리키는데, '회색수입'은 그 중간적 성격의 수입을 가리킨다. '회색수입'이라는 말에 내포된 의미는 좀 복잡한데, 1980년대부터 중국 사람들은 봉급과 수당 이외의 경제적 수입, 예컨대 원고료, 겸직 수입, 특허 양도비 등을 통틀어서 '회색수입'이라고 부른다.

실력·외환 보유·부호방(富豪榜: 부호 순위) 등등이다. ……다른 하나는 네트워크 중국으로, 대단히 많은 사람들이 대부분 즐겁지 않고, 답답해하며, 분노하고, 욕설을 하면서, '모두 다 박살내 버려'라고 외쳐댄다. 또 다른 하나는 신변(身邊)의 중국, 다시 말하자면 모든 개인들이 매일 살아가는 날들로, 종전에 비해 확실히 좋아졌다." 그는, 오로지 세 개의 중국이 한데 합쳐져야만, 비로소 하나의 진실한 중국을 비추어 낼 수 있다고 생각한다. 하지만 당장 이들 셋 사이에서 나타나고 있는 충돌에 대해, 량샤오성은 전에 없던 것이라고 생각한다.[164]

모순을 제거할 새로운 방법을 탐구하는 것은, 사실 이미 낡은 주제다. '왕조 흥망성쇠의 주기율'에 관해, 1945년에 마오쩌둥과 황옌페이(黃炎培)[165]가 옌안(延安)에서 그 유명한 '요동대(窯洞對)'[166]를 가졌다. 황옌페이는 이렇게 말했다. "내가 60여 년을 살았는데, 들은 것은 빼고, 직접 눈으로 본 것만 해도, 정말이지 '그 흥하는 것도 순간이고, 그 망하는 것도 잠깐이었으며[其興也浡焉, 其亡也忽焉]', 한 개인, 한 집안, 한 단체, 한 지방, 더 나아가 한 국가 등, 많은 단위들이 모두 이 주기율의 지배력을 벗어날 수 없었습니다. 대개 처음에는 정신을 집중하며, 어떤 일에도 심혈을 기울이지 않는 게 없고, 한 사람도 전심전력하지 않는 사람이 없었는데, 아마도 그때는 힘들고 어려워서, 죽을 가능성이 매우 높고 살 수 있는 가능성은 매우 적었을 것입니다. 그 후 환경이 점차 호전되면서, 정신도 점차 해이해졌습니다. 어떤 경우는 오랜 시간이 흐르면서 자연히 타성이 나타났는데, 소수에서 다수로 확대되어, 이것이 기풍으로까지 발전하자, 비록 큰 힘이 있어도 되돌릴 수도 없었고, 고칠 수도 없게 되었습니다. 또한 구역도 점점 확

164 叶弥杉, 「梁晓声乡愿与鬪士」, 『南方人物周刊』, 2012(7)을 참조하라.

165 황옌페이(黃炎培): 1878~1965년. 중국 근·현대의 애국주의자이자 민주주의 교육자이다.

166 요동대(窯洞對): '요동(窯洞)'은 중국 서북부의 황토 고원지대에 사는 주민들의 전통 주거 형태로, 황토 절벽에 굴을 파서 만든, 일종의 토굴집을 가리킨다. 1945년 7월 1일에 마오쩌둥과 황옌페이가 옌안의 한 요동에서 만나 '역사 주기율'에 대해 나눈 대화를 말한다.

대되었는바, 구역의 확대는, 자연스럽게 확대된 경우도 있고, 어떤 경우에는 공훈과 업적을 세우려는 욕심에 사로잡혀, 무리하게 발전을 추구하다가, 간부 인재들이 점차 고갈되어 대응하기 어려워졌을 때, 환경은 거꾸로 갈수록 더욱 복잡해졌고, 통제력은 약화될 수밖에 없었습니다. 일부 역사에서 '황제가 태만하여 조정을 방임함으로써, 환관이 권력을 농단한' 경우도 있었고, '집권자가 죽자 그가 추진했던 정책도 폐지된' 경우도 있었으며, '개인의 성공과 명리를 추구하다가 오히려 치욕을 당한' 경우도 있었습니다. 결국 모두 이 주기율을 벗어나지 못했습니다."

그러자 마오쩌둥은 이렇게 말했다. "우리는 이미 새로운 길을 찾았으며, 우리는 이 주기율을 벗어날 수 있습니다. 이 새로운 길이란, 바로 민주주의입니다. 인민이 정부를 감독해야만, 정부가 해이해지지 않을 수 있습니다. 사람들이 책임을 져야만, 권력자가 죽더라도 그가 추진했던 정치적 조치들이 중단되지 않을 수 있습니다."

이 말은 후세 사람들에게 정권 건설에 관한 고전적인 말로 인용되었다.

위인 마오쩌둥의 정권 건설에 관한 고전적인 말은, 이미 중국과 세계 각 나라들의 역사에 의해 증명되었다. 즉 민주적으로 정권을 건설하는 길로 나아가야만, 비로소 "그 흥하는 것도 순간이고, 그 망하는 것도 잠깐이라는" 이 주기율을 벗어날 수 있다는 것이다.

1979년 3월, 덩샤오핑은 〈네 가지 기본 원칙을 견지하자〉라는 중요한 담화에서 이렇게 말했다. "민주주의가 없으면 곧 사회주의는 없으며, 사회주의의 현대화도 없다."[167] 그는 또한 대단히 예리하게 지적했다. "당의 핵심 업무는, 인민이 주인 되도록 지지하고 영도하는 것이다. 전체 국가가 그러하며, 각급 당 조직도 그러하다."[168]

167 邓小平, 「坚持四项基本塬则」, 『邓小平文选』, 2版, 第2卷, 168쪽, 北京, 人民出版社, 1994.

168 『邓小平思想年谱』(1975~1997), 173쪽, 北京, 中央文献出版社, 1998.

원자바오(溫家寶)는 제12기 전국인민대표대회 제1차 회의석상에서 정부 업무 보고를 할 때, 사회주의 민주주의의 법치 건설을 추진해야 한다고 지적했다. 인민의 주체적 지위를 견지하며, 더욱 광범위하고, 더욱 충분하며, 더욱 건전한 인민 민주주의를 발전시켜, 인민이 법에 의해 폭넓은 권리와 자유를 누리도록 보장하고, 사람들의 전면적 발전을 촉진해야 한다. 법에 의한 국가의 통치를 견지하고, 헌법과 법률의 권위를 충분히 존중하며, 정책 결정권과 집행권 및 감독권이 상호 견제하면서도 상호 협조하여, 국가 행정기관이 법에서 정한 권한과 절차에 따라 권력을 행사하도록 확실히 보장해야 한다.

사실상 진실은 다음 말 속에 명명백백히 드러나 있다. "민주주의는 햇빛이며, 햇빛은 가장 좋은 소독제이다."

민주주의 행정은 정부의 면역력을 크게 증강시켜, 공무원의 자리행위(自利行爲: 자신을 이롭게 하는 행위)와 심조행위(尋租行爲: 정부의 보호에 의지하여 부를 추구하는 행위)를 억제할 수 있고, 민주주의 행정은 정부의 관리(管理)와 사회 속에 있는 수많은 불량한 행위들을 해결할 수 있으며, 민주주의 행정은 대중들이 더욱 많이 국가의 관리에 참여할 수 있게 하여, 모든 가능한 통제력을 응집하게 하고, 공공부문들로 하여금 더욱 많은 공중의 감독을 받도록 하며, 민심을 응집시킬 수 있다. 또 민주주의 행정은 인민이 주인 되는 것의 구체적인 구현이며, 민주주의 행정은 사회주의 시기에 당의 대중 노선의 구체적인 구현이다. 민주주의 행정은 사회주의 건설이 반드시 거쳐야 할 길이다.

민주주의 행정만이 국가의 거대한 구심력·응집력을 형성할 수 있으며, '가화만사흥(家和萬事興)'할 수 있다.

위에서 우리가 분명히 알 수 있었듯이, 중국의 정치 개혁 목표가 지향하는 것은 매우 분명하다. 그것은 바로, 민주주의를 더욱 많이 실현하여, 인민이 주인 되는 사회를 실현하는 것이다.

문제는 어떻게 실현할 것인가이다.

우리가 생각하기에, 중국의 정치 체제는 개혁·개방 이후의 실행 과정 중에 있는데, 국가의 종적(縱的) 방면에서 말하자면, 중앙 일급(一級)은 비교적 잘 실행되고 있고, 성급(省級)[169]은 상대적으로 약간 부족하며, 지급시(地級市) 및 그 이하는 문제가 비교적 많다. 따라서 이 책에 담긴 개혁 구상은 지급시(地級市)와 그 이하의 방면을 더욱 많이 포함하고 있다.

중국의 1982년 헌법 규정에 따르면, 중국의 각 민족 인민은 중국공산당의 영도하에 사회주의 노선을 견지하고, 사회주의의 현대화 국가 건설을 진행하며, 중국의 집권 정당은 중국공산당이고, 국가의 모든 권력은 인민에게 속하며, 나머지 8개 민주 당파들은 참정당(參政黨)[170]이다. 참정당은 중국공산당의 영도하에 장기간 공존하며, 상호 감독하고, 서로 진심을 터놓고 대하며, 영욕을 함께하고, 상호 협력하며, 사회주의 국가의 안정·번영·발전을 위해 힘써 분투한다. 그를 위한 조직 형식이 중국인민정치협상회의다. 중국인민정치협상회의는 폭넓은 대표성을 가진 중국 인민의 애국통일전선 조직이며, 중국공산당이 영도하는 다당(多黨) 합작과 정치협상의 중요한 기구이며, 중국의 정치 생활 속에서 사회주의 민주주의를 발양하는 중요한 형식이다.

중화인민공화국 1982년 헌법은 다음과 같이 규정하고 있다. "중국공산

169 성급(省級): 현재 중국의 행정구역은 크게 성급·지급(地級)·현급(縣級)으로 나눌 수 있다. 성급에는 성·자치구·직할시·특별 행정구가 포함된다. 지급은 다시 지구(地區)·자치주·지급시(地級市)·맹(盟)으로 나뉘며, 현급에는 현(縣)·자치현·직할시·현급시(縣級市)·기(旗)·자치기(自治旗)·특구(特區)·임구(林區)가 포함된다. 그리고 현과 자치현 아래에는 지방 3급 행정단위인 향(鄉)과 진(鎭)이 있다. 자치구·자치주·자치현은 모두 소수민족의 자치 행정단위이며, 맹·기는 네이멍구(內蒙古) 자치구 내에만 설치되어 있다.

170 참정당(參政黨): 중국은 기본적으로 공산당 일당이 통치하는 인민 민주주의 독재 국가지만, 민주주의를 표방하기 때문에, 공산당 이외의 정당 설립을 허용하고 있다. 하지만 공산당 이외의 정당들은 서방 민주국가들의 야당처럼 집권당에 대해 반대하거나 맞서는 것을 허용하지 않고, 공산당의 정책에 협조하고 통치에 함께 참여하도록 강제하고 있다. 즉 공산당이 주도하는 정치에 함께 참여하는 정당이라는 의미에서 이들을 '참정당'이라고 부른다.

당이 영도하는 다당 합작과 정치협상제도는 장기간 존재하고 발전해 왔다."

어떻게 하면 위에서 서술한 사상을 현장에서 실천하고, 기층의 민주주의를 진정으로 충분히 실현되게 할 것인가? 그러기 위해서는 바로 사회주의 시기에 대중노선을 더욱 많이 실천해야 하며, 마땅히 마오쩌둥이 창도한 "대중 속에서 와서, 대중 속으로 가고[從群衆中來, 到群衆中去]", "집중해 가고[集中起來]", "견지해 가는[堅持下去]" 영도 방법을 실현해야 한다. 우리는 마땅히 제도 건설에서부터 시작하여, 장기적으로 운용할 수 있는 시스템을 잘 건설해야 한다. 아래의 몇 가지 방면으로부터 제도 개혁을 진행할 수 있을 것이다.

1. 인민대표대회에 참여하는 대표들을 구성하는 구조의 비례를 변경하여, 대중의 정치 참여 수준을 높인다. 인민대표대회는 중국의 권력기관으로, 실제 상황을 보면, 현행 지급시(地級市) 및 그 이하 인민대표대회 대표의 구성에서, 각급 정부 관원과 기타 단위의 영도급 간부의 비례가 지나치게 높고, 의사(議事) 능력을 갖춘 기타 인원과 일반 대중의 비례가 지나치게 낮다. 따라서 마땅히 일반 대중의 비례를 증가시킴으로써, 대중의 참정과 의정 범위를 확대하고, 대중의 알 권리와 참여권을 확대해야 한다. 그 지역의 정치·경제·민생 및 사회 관리 등의 방면에 관련된 비교적 중대한 문제들에 대해, 인민대표대회가 당연히 더욱 많은 발언권을 가짐으로써, 대중이 더욱 큰 참여도를 갖는 데 유리하게 해야 한다.

2. 정치협상회의[政協]의 의정 수준을 제고하고, 대중의 정치협상회의의 인원수를 확충한다. 정치협상회의는 집권당을 제외한 기타 각 당파들과 무당파 인사들이 정치에 참여하여 국정을 논의하는 주요 무대로, 일반 대중의 정치협상회의에서의 비례를 높여, 정치협상회의가 참정의정(參政議政)[171]하는 데에서의 감독력과 발언권을 높임으로써, 대중의 주인으로서의

171 참정의정(參政議政): 중국의 각 민주 정파와 무당파 인사들이 국가 정권에 참가하여, 국가의 국정 방침과 국가 지도자를 선출하는 협상에 참여하고, 국가 사무의 관리에 참여하

지위를 제고할 수 있다.

3. 기관단위·기업단위·사업단위[172] 안에서 노동조합의 참정의정 역할을 확대해야 한다.

4. 관리 체제 개혁을 진행하여, 지방 당위원회와 지방 정부에 대한 감독을 확대한다. 첫째는 지방의 각급 기율검사위원회가 동급 당위원회의 지도를 받는 것을 상급 기율검사위원회의 지도를 받는 것을 주로 하고, 동급 지방 당위원회의 관리는 보조로 하도록 바꾼다. 둘째는 사법 부문에 대해서는, 상급 사법 부서가 지도하는 것을 주로 하고, 동급 지방 정부는 부분적 관리에 참여하도록 바꾼다. 이러한 개혁은 현급(縣級) 혹은 시급(市級)에서부터 시험적으로 시작하는 것이 더 좋다.

지방에 대해 정치 체제 개혁 및 기타 개혁을 진행할 때, 국가 차원의 개혁은 당연히 그와 조화되게 진행함으로써, 정부를 '작은 정부'가 되도록 건설하여, '작은 정부, 큰 복무(服務)'의 목표를 달성하도록 힘써야 한다.

당정 기관은 법에 의거하여 행정을 하고, 행정 과정과 행정 결과를 최대한 공개함으로써, 공개적이고 투명하게 하여, 대중의 감독을 받아야 한다.

5. 기층 민주주의 건설을 강화한다. 기층 민주주의는 인민이 직접 민주적 권리를 행사하는 통로이자, 인민 대중이 법에 의거하여 스스로 관리하고, 스스로 복무하고, 스스로 발전하는 주요 형식으로, 중국 특색의 사회주의 민주주의가 가장 폭넓게 작동하는 형식이다. 기층 대중의 자치제도는 중국 특색의 사회주의 민주 제도의 중요한 내용이다. 기층 민주주의를 발전시키고, 기층 대중의 자치제도를 발전시키는 것은, 사회주의 민주주의

며, 국가의 방침·정책·법률의 제정과 집행에 참여하는 것을 가리킨다. 이는 중국공산당이 영도하는 다당 합작과 정치협상제도의 중요한 내용이다.

172 기관단위·기업단위·사업단위: 기관단위란, 행정·입법·사법 등 국가기관을 가리킨다. 기업단위란, 말 그대로 영리를 목적으로 하는 기업을 가리킨다. 사업단위란, 정식 국가 기관은 아니지만, 정부의 기능과 공익 서비스를 위주로 하는 기관들을 가리킨다. 즉 학교, 병원 등이 여기에 속한다.

를 발전시키는 기초적 작업이며, 완전한 중국 특색의 사회주의 민주주의 정치를 발전시키는 필연적인 추세이자 중요한 기초이다.

기층 민주주의 건설을 강화하면, 인민이 더욱 많은 민주적 권리를 향유하도록 보장하는 데 유리하고, 인민이 직접 민주적 권리를 행사하여, 기층 공공사무와 공익사업을 관리하도록 보장하는 데 유리하며, 인민 대중이 법에 의거하여 자기의 일을 관리하고, 자기의 행복한 생활을 창조하여, 인민이 국가의 주인이라는 건국이념을 구체적으로 구현하는 것을 보장하는 데 유리하다. 이렇게 해야만 비로소 우리의 정권이 두터운 대중적 기초와 믿음직한 힘의 원천을 갖게 할 수 있으며, 우리의 사업이 영원히 불패의 땅 위에 설 수 있도록 할 수 있다.

우리가 생각하기에, 만약 위와 같은 개혁들이 실시될 수 있다면, 당 중앙집행위원회가 2013년 6월에 전개하기 시작한 대중노선 교육 실천 활동이 집중적으로 해결하려 하는 형식주의·관료주의·향락주의 및 사치스러운 낭비 풍조 등 '사풍(四風)' 문제를 틀림없이 근본적으로 해결할 수 있을 것이며, 정부의 정책 결정 과정에 더욱 많은 대중이 참여할 수 있고, 더욱 많은 민의를 구체적으로 실현하여, 대중의 주인으로서의 지위는 반드시 확실하게 구현될 수 있을 것이다. 이런 식으로 나아가면, 곧 확실하게 "대중 속에서 와서, 대중 속으로 가며" "집중해 가고", "견지해 나갈" 수 있게 되어, 사회주의 강대국의 건설이 끊이지 않는 원천을 갖게 됨으로써, "인민이 곧 강산이고, 강산이 곧 인민인[人民就是江山, 江山就是人民]"목표를 달성하게 될 것이다.[173]

(2) 경제 체제 개혁에 관한 건의

공산주의를 실현하는 것은, 마르크스의 구상에 따르면, 반드시 사회가

173 시중쉰(习仲勋)의 말, 中央电视臺(CCTV) 방송 프로 〈习仲勋〉, 2013-10-17을 보라.

물질적으로 매우 풍부해지는 것을 전제로 하며, 사회가 물질적으로 매우 풍부하지 않으면, 공산주의를 건설한다는 것은 공염불에 불과하다. 빈궁하고 낙후하며 물질적으로 궁핍하면 결코 공산주의가 아니다. 뒤집어 말하면, 사회주의 사회는 당연히 자본주의 사회보다 더욱 높은 종합적인 경제적 효과와 이익을 창조해 내야 한다. 덩샤오핑은 이렇게 지적했다. "공산주의는 사람이 사람을 착취하지 않는 제도로, 생산물이 매우 풍부하고, 각자 능력을 다해 일하며, 필요에 따라 분배한다. 필요에 따라 분배하려면, 대단히 풍부한 물질적 조건이 없이는 불가능하다. 공산주의를 실현하려면, 반드시 사회주의 단계의 임무를 완성해야만 한다. 사회주의의 임무는 매우 많지만, 근본적인 한 가지는 바로 생산력을 발전시키는 것이며, 생산력을 발전시킨 기초 위에서 자본주의보다 우월함을 구현해 내어, 공산주의를 실현하기 위한 물질적 조건을 창조하는 것이다."[174]

사회주의가 흥기한 지는 아직 100년의 시간도 지나지 않았는데, 그 기간에 매우 많이 매우 잘 탐색을 진행함으로써, 사회주의가 전 세계적으로 왕성하게 발전했다. 하지만 소련의 영도하에서, 사상이 경직되고, 스스로 옳다고 여기는 대로 독단적으로 마르크스주의를 이해하고 해석함으로써, 사회주의가 발전하는 과정에서 나타난 문제들을 실사구시적으로 해결하지 못했으며, 특히 경제를 전면적으로 발전시키는 문제에 주의를 기울이지 않아, 인민의 생활수준이 오랫동안 높아지지 않았다. 그리하여 마침내 전체 사회주의 진영의 동요를 초래하여, 세계 사회주의 운동이 거대한 타격을 받았으니, 그 교훈은 뼈저린 것이었다.

시진핑은 전국선전사상공작회의(全國宣傳思想工作會議)에서 다음과 같이 지적했다. "우리의 전통 문화에 대해, 나라 밖의 것들에 대해, 옛것을 오늘을 위해 사용하고, 서양의 것을 중국을 위해 사용한다는 입장을 견지함으

174 『邓小平文选』, 2版, 第3卷, 137쪽, 北京, 人民出版社, 1993.

로써, 쓸모없는 찌꺼기는 버리고 정수는 취하며, 거짓은 버리고 진실은 간수하여, 과학적 지양(止揚)[175]을 거친 후에 그것을 우리에게 유용하도록 만들어야 한다."[176] 인류 사회가 발전하는 데에는 자체의 법칙이 있으니, 우리는 마땅히 그 법칙을 존중하여, 사회주의 사업을 실사구시적으로 발전시켜야 한다. 또 인류 사회의 발전은 계승성을 갖고 있으며, 자본주의 국가는 인류 사회가 발전하는 하나의 단계로, 일정하게 인류 사회 발전의 정수를 지니고 있으므로, 우리는 당연히 그 정수는 취하고 그 찌꺼기는 버려야만, 비로소 우리의 사회주의 사업을 더욱 잘 발전시킬 수 있다. 경제 발전은 인류 사회가 발전하는 한 가지 중요한 방면으로, 그 객관적 법칙과 발전의 계승성 또한 말할 필요도 없이 분명한 것이다.

자본주의의 발전은 이미 수백 년의 역사를 가지고 있는데, 사회주의의 흥기는 아직 100년도 되지 않아, 이들 두 사회가 뒤엉켜 복잡한 상태는 여전히 장기간 존재할 것이므로, 우리는 사회주의 초기 단계의 장기성을 충분히 자세하게 파악해야 한다. 이러한 전제하에, 중국의 발전 전략을 잘 수립해야 한다. 제도 설계는 너무 앞서 나가서는 안 된다. 그러지 않으면 정반대의 결과를 얻게 될 것이다. 실사구시적으로 적시에 국가 발전 전략을 제정하는 것은, 포착하기가 매우 어려운 고난도의 과제인데, 경제 발전 전략도 예외가 아니다.

확고부동하게 사회주의적 시장경제를 추진해야 한다. 세계 경제 발전 역사에 의하면, 시장경제는 현 단계에서 경제를 발전시키는 가장 유효한 수단임이 증명되었다. 서방 자본주의 국가, 특히 미국은 시장경제 수단을 이용

175 과학적 지양(止揚): 변증법에서 낡은 사물이 새로운 사물로 질적 발전을 할 때, 낡은 사물 속에 있던 부정적인 요소를 완전히 부정하는 것이 아니라, 그 속에 있는 긍정적인 요소를 더욱 긍정적으로 발전시킴으로써, 새로운 질적 단계로 발전한다고 하는데, 이 과정을 '지양'이라 한다. 바로 변증법적 지양이 과학적 지양이다.

176 习近平, 「2013年8月19日在全国宣传思想工作会议上的讲话」, 『人民日报』, 2013-08-21에 게재.

하여 자기의 국력을 강대하게 했으며, 이는 논쟁의 여지가 없는 사실이다.

사회주의 경제의 가장 주요한 특징은 국유제가 지배적 지위를 차지하는 것이지만, 소련공산당의 기계적 교조주의는 국제적으로나 국내적으로 변화하는 정치·경제·과학기술·사회 환경 및 상응하는 시기 등의 정황에 근거하여 상응하는 조정을 하지 못함으로써, 결국 소련의 당과 국가는 멸망에 이르고 말았다. 그리고 소련은 국유 경제의 지배적 지위를 지나치게 강조하고, 기타 경제 성분의 보충 작용을 소홀히 하여, 시장경제의 조절 작용을 받지 못하면서, 경제 발전은 나날이 쇠약해졌는데, 이것은 소련이 멸망한 중요한 원인 중 하나다. 중국의 일부 사람들은 여전히 소련식 국유경제가 지배적인 지위를 차지하는 모델이어야 한다는 지도 사상을 고수하고 있는데, 그렇다면 설마 아직도 중국이 소련의 뒤를 따르기를 바라기라도 한단 말인가?

국유경제가 지배적 지위를 차지하는 모델을 지나치게 강조하는 것은, 사회주의 건설의 현 단계에서는 부적절하다. 두 가지 방면에 문제가 있는데, 하나는 사회주의 건설의 실천 측면의 문제이고, 다른 하나는 사회 발전의 법칙성 측면의 문제이다.

먼저 사회주의 건설의 실천 측면에서 보자. 첫째, 국제 사회주의 건설의 교훈이다. 소련은 스탈린 집권 후에 점차 국유경제가 지배적 지위를 차지하는 모델을 채용하여 사회주의 경제 건설을 진행했는데, 실제 상황에 근거하여 제때 경제 건설 모델을 조정하지 못함으로써, 또 경제 법칙을 준수하여 경제 발전을 지도하지 않음으로써, 결국 강대한 소련을 망하게 하였다. 똑같은 모델을 이용하여 사회주의 경제 건설을 지도한 동유럽 국가들도 모두 실패로 끝나고 말았다. 영국의 저명한 역사학자인 토인비는 말하기를, "문명의 쇠락이 조성한 고통으로부터 배우는 지식이 아마도 진보하는 데 가장 유효한 도구일 것이다"라고 했다. 우리는 마땅히 소련의 당과 국가가 멸망한 비통한 교훈으로부터 진보를 이루어야 한다. 둘째, 중국의 사회주의 건설 실천 경험으로부터 보면, 국유경제 비중이 매우 높은 모델은, 현 단계에서도 부적합한 것이다. 개혁·개방 전에, 중국은 이미 국유경제가 하나의 큰 폐단이라는 것을 발견했다. 개혁·개방 후, 중국은 경제 건설을 적극적으로 널리 시행하여, 여러 방면들에서 발전하고 있지만, 국유경제·집단경제 단위의 경제 활력이 대단히 부족하여, 결국 국영기업의 개혁을 초래했으며, 국유기업에서 기본적으로 경쟁적 성격이 비교적 강한 업무를 퇴출시켰다. 이는 다른 소유제 경제가 발전하도록 활력을 증가시켜 주어, 경제 사회가 한층 더 빠른 발전을 지속하게 하고, 중국이 신속하게 성장하여 세계 제2의 경제 대국이 되게 하는 활력을 증가시켜 주었다.

다음으로 사회 발전의 법칙 측면에서 보자. 사회 역사의 발전은 그 자체의 법칙을 지니고 있는데, 그것은 인간의 의지로 변화시킬 수 있는 것이 아니다. 법칙이란, 사물이 발전하는 과정에서 자신의 고유하고 본질적이고 필연적이며 안정적인 관계를 표현해 준다. 사회는 사람이 만드는 것이며, 사회의 운동과 발전은 사람의 활동이 추동하고 실현하는 것이고, 사회생활에서의 모든 것은 사람의 활동과 떼어 놓을 수 없으며, 사람들 자신이 자신의 역사를 창조한다. 사람들은 자기의 역사를 창조할 때, 자기가 하고 싶은 대로 하는 것이 아니며, 사람은 자주적으로 자기의 생산력을 선택할 수도 없고, 마음대로 사회관계를 변화시킬 수도 없다. 역사의 발전 과정은 사람의 의지로 변화시키는 객관적 과정이 아니다.

사회는 사람의 활동을 떠나 독립적으로 존재할 수 없으며, 사회 법칙도 마찬가지로 사람의 활동을 떠나 존재할 수 없다. 이른바 사회 법칙 혹은 역사 법칙은 사람의 활동의 법칙에 지나지 않는다. 즉 사람의 활동을 관통하면서도 또한 사람의 활동을 제약하기도 하는 그러한 객관적 필연성의 관계이다.

생산 활동은 사람의 가장 기본적인 사회 역사적 활동이다. 사회와 역사가 진화·발전하는 방식은 실질적으로 사람의 실천 활동인데, 그 가운데 가장 기초적인 것은 물질을 생산하는 활동이 진화·발전하는 방식이다.

사람의 생산 활동은 또 반드시 일정한 조건에 의지해야만 비로소 진행될 수 있다. 우선 사람들의 활동 이외의 자연 조건의 제약을 받으며, 그 다음으로는 사람들의 활동 그 자체 조건의 제한을 받는다. 그런데 사회적 법칙을 구성하는 조건이라고 하면, 주로 인간 활동 자체의 조건을 가리킨다. 이 조건이 나타내 주는 것은, 각 시대마다 사람들은 모두 반드시 이왕에 인류가 창조해 놓은 생산력을 기초로 삼아 자기의 생산 활동에 종사한다는 것이다. 1846년 12월 28일에 마르크스는 파벨 바실리예비치 안넨코프(Pavel Vasilyevich Annenkov)에게 보낸 편지에서 이렇게 말했다. "사람들은 자기의 생산력—이것이 그들의 전체 역사의 기초이다—을 자유롭게 선택할 수 없습니다. 왜냐하면 어떤 생산력이든 모두 이전에 이미 확보된 역량이며, 과거 활동의 산물이기 때문입니다."[177]

사회주의는 자본주의나 자본주의와 유사한 사회에서 생겨나는데, 이는 사회 발전 양식의 질적 변화이자, 외재적 형식의 질적 변화이다. 그러니 이 사회에 포함되어 있는 매우 많은 품질들도 "과거 활동의 산물"이며, 왕왕 구사회의 흔적을 띠고 있기도 한데, 역시 장기적인 사회주의 건설 과정에서 점차 변화시키고 제고시켜서, 이러한 품질들을 점점 사회주의 사회의 요구에 부합하도록 만들어 나가야 한다. 바로 이렇기 때문에, 덩샤오핑은 마침내 이렇게 말했다. "사회주의 제도를 공고히 하고 발전시키는 데에는, 아직 매우 긴 역사 단계가 필요하여, 우리의 몇 대(代)의 사람들, 십 대 이상의 사람들, 심지어는 수십(數十) 대의 사람들이 꾸준히 태만하지 않게 노력하고 분투해 나가야 하며, 결코 방심해서는 안 된다."[178] 우리는 다시는 조급해 하는 실수를 범해서는 안 된다. 현 단계의 사회주의 건설은 아직 초급 단계로, 우리는 당연히 인류가 발전하는 데 유용한 것들을 계승

177 「马克思致帕瓦安年科夫」, 『马克思恩格斯选集』, 3版, 第4卷, 409쪽, 北京, 人民出版社, 2012.

178 「在深圳·武昌·上海等地的谈话要点」, 『邓小平文选』, 2版, 第3卷, 379, 380쪽, 北京, 人民出版社, 1993.

함으로써, 사회주의 사회가 더욱 잘 발전하도록 촉진해야 한다.

개인의 활동 법칙 가운데, 우리는 '공유지의 비극'을 이야기하곤 한다.

1968년, 미국의 학자 개럿 하딘(Garrett Hardin)은 과학 잡지 '*Science*'에 「공유지의 비극(The Tragedy of the Commons)」이라는 한 편의 글을 발표했다. 이 글에서 말하기를, 영국은 일찍이 이런 토지제도를 갖고 있었다고 한다. 즉 봉건 영주가 자신의 영지 내에 항상 경작을 하지 않는 한 뙈기의 토지를 떼어 목장('공유지'라고 불렀다)으로 삼고, 무상으로 목축민들에게 개방했다고 한다. 원래는 주민을 행복하게 하려는 것이었는데, 무상으로 방목했기 때문에, 목축인들이 모두 가능한 한 많은 소와 양들을 길렀다. 그리하여 소와 양의 숫자가 무절제하게 증가함에 따라, 공유지 목장은 마침내 "과적(過積)하게 되어" 불모의 땅이 되었고, 목축민의 소와 양들은 모두 굶어 죽었다.

'공유지의 비극'이 말해 주는 것은 경제학의 한 가지 원리이다. 개인의 재산을 공동체의 재산보다 더 소중히 여기는 것은, 현 단계에서 인류의 한 가지 주요 특징이라고 할 수 있다. 중국 사회주의 건설 과정에서의 매우 많은 일들은, 경제학에 나오는 유명한 '공유지의 비극' 원리와 매우 우연히 일치한다. 즉, 목장은 공공의 것이고, 소와 양은 자기의 것이며, 한 마리를 더 방목하면 수입이 그만큼 많아진다. 소와 양이 목장의 수용 능력을 초과하여 조만간 황폐화되는 것은 개인들이 마땅히 관심을 가져야 할 일은 아니다. 중국은 사회주의 국가인데, 지나간 역사와 지금의 현실에서, '공유지의 비극'의 사례는 많다. 예를 들면, 중국에서는 1959년부터 1961년까지 3년 동안 자연재해가 발생했는데, 자연재해 말고도 또한 당시 정책도 부적절했던 원인—인민공사(人民公社)[179]가 공동 취사를 실시한 것 등—으로 인해, 결국 사람이 자연재해의 손해 정도를 가중시켰다. 또 농업이

179 인민공사(人民公社): 중국에서 1958년 7월 1일부터 추진해 온 농공 합작의 기층 생산조직이다.

다짜이(大寨)[180]를 배울 때, 사원들은 모두 집단으로 노동하러 갔는데, 일부 사람들은 힘써 일하지 않고, 되는대로 시간을 때울 수 있었는가 하면, 공금으로 먹고 마시며 낭비하자 공금은 갈수록 늘어났다(새로운 정부가 이러한 나쁜 풍조를 단호히 조치하여, 만연하던 추세를 억제했다). 또한 개혁·개방 이후 다른 체제의 기업은 활력이 무한했는데, 국유기업은 활력을 갖기 어려웠고, 국유기업은 무절제하게 고액을 임금·상여금·복리에 지출할 수 있었다. 그리고 형상공정(形象工程)과 정적공정(政績工程)[181]이라든가, 여전히 큰 폭으로 증가하는 지방채(地方債)와 주식시장의 융자 정책 등등도 그러한 사례들이다. 따라서 이런 각도에서 말하자면, 사회주의 건설의 초급 단계에서, 우리는 마땅히 가능한 한 '공유지'를 감소시켰다가, 사람들의 사상적 각성·도덕 수준·사회 관리 수준 등등이 모두 높아진 다음에 점차 '공유지'의 범위를 확대하고, 점차 공유제(公有制)를 더 많이 구현해야 한다. 이렇게 순서에 따라 점진적으로 나아가, 점차 전면적으로 공유경제를 실행하는 정도까지 나아가서, 마침내 사회주의와 공산주의 사회를 건설한다는 목적에 도달하는 것이야말로, 우리의 현명한 자세이다.

이리하여 경제 방면의 개혁에 대해 우리는 다음과 같이 건의한다.

1. 사회주의 시장경제를 확고부동하게 추진해야 한다. 우징롄(吳敬璉) 같은 경제학자들이 주창한 바와 같이, 독점을 해소하고, 시장으로 하여금 주체적이고 평등하게 경쟁에 참여하게 하여, 시장이 가장 우수한 자원을 선택하여 배치함으로써, 전체 경제의 효과와 이익 및 효율을 제고해야 한다.

180 농업이 다짜이(大寨)를 배우다: 다짜이는 산시성(山西省) 시양현(昔陽縣)에 있는 지방으로, 다짜이 공사의 한 대대(大隊)였으며, 원래 빈궁한 작은 산골 마을이었는데, 농업 합작 이후 공사 사원들이 산비탈을 개간하여 계단식 논을 만들어, 식량 생산이 7배로 증가했다. 그러자 1963년에 마오쩌둥은 "공업은 다칭(大慶)을 배우고, 농업은 다짜이를 배우며, 전국적으로 인민해방군을 배우자"라는 지시를 발표했다.

181 형상공정(形象工程)과 정적공정(政績工程): 지도적 지위에 있는 간부가 자기 개인이나 소집단의 목적과 이익을 위해, 대중의 필요나 그 지역의 실정을 무시하고, 자신의 권력을 함부로 이용하여 인민을 혹사하고 물자를 낭비하면서, 겉만 화려하고 효과는 없지만 자신과 소집단의 정치적 치적을 치켜세울 수 있는 공사를 가리킨다.

2. 전방위적으로 중국의 과학기술 창조가 경제에 기여하는 발걸음을 빠르게 해야 한다. 중국이 과학기술 창조를 강력하게 추진한 지 이미 몇 년이 흘렀지만, 효과는 그다지 좋지 않다. 신화망(新華網)의 보도에 따르면, 2015년 상반기에 중국 경제는 7% 성장했다. 해외 수요의 약세와 공업 활동이 회복될 힘이 부족한 상황에서 7%의 성장을 유지하기는 사실 쉽지 않다. 그 성장의 주요 동력은 여전히 기본 건설 투자였다. 중국 경제의 성장 동력을 유지하기 위해, 2014년 말부터 국가발개위(國家發改委)[182]는 일련의 지방 기본 건설 프로젝트들에 여러 팀으로 나누어 밀도 있게 회답하고 있는데, 도로·철도·공항 및 수리시설 등에 관련된 것들이다. 중국의 관련 전문가들도, 당장 수출을 개선하기 어렵고 부동산 투자 회복 태세가 불명확한 배경하에서, 국가는 마땅히 계속해서 기본 건설 투자를 증대하여, 연간 경제 성장 목표를 실현하도록 보증해야 한다고 여기고 있다. 이로부터 중국의 과학기술 창조가 경제에 기여하는 힘은 여전히 매우 작다는 것을 알 수 있다. 즉 중국 경제는 30여 년에 걸친 따라잡기 식의 빠른 발전으로 인해, 중국의 과학기술 수준은 선진국과의 격차가 이미 크게 줄어들어, 비교 우위와 후발국 우위는 사라지고 있으며, 기술 혁신과 산업 업그레이드에서 선진국의 기술과 산업 업그레이드를 참고할 수 있는 방법은 갈수록 적어지고 있다. 이후에는 기술 창조는 물론이고, 산업 업그레이드도, 모두 반드시 스스로 발명하고 창조해 가야 하는 것 등등이다. 이러한 곤란과 문제들이 종합적으로 나타남으로써, 경제의 형태 전환은 이미 발등의 불처럼 절박한 일이 되어 버렸다.

최근 몇 년 동안, 중국의 과학기술 창조와 혁신은 큰 진보를 이루었다.

182 국가발개위(國家發改委): 중화인민공화국 국가 발전 및 개혁위원회(中華人民共和國國家發展和改革委員會, National Development and Reform Commission)의 약칭이다. 이 기구는 국무원(國務院)의 직능기구로, 국가계획위원회와 국가발전계획위원회가 확대 개편된 조직이다. 이곳은 경제와 사회 발전 정책을 연구하여 입안하고, 전체적으로 균형 있게 진행하여, 총체적인 경제 체제 개혁을 지도하는 거시적 조정 통제 부서다.

2008년 말, 국가는 '백천만인재공정(百千万人才工程: 431쪽 설명 참조)'을 실시하여, 이미 뚜렷한 효과를 거두었다. 세계지적재산권기구(World Intellectual Property Organization, WIPO)가 최근 공표한 『2012년 전 세계 지식재산권 지표 보고(*World Intellectual Property Indicators 2012*)』는 밝히기를, 중국 국가지식산권국(國家知識産權局, SIPO)이 접수한 특허 신청 건수는 잇달아 일본과 미국을 초과하여, 2011년에는 세계 제1위가 되었다. 2010년에는 일본 특허국(JPO)을 추월한 뒤, 2011년과 2012년에 중국 국가지식산권국은 한 걸음 더 나아가 미국의 특허상표국(USPTO)을 제치고, 전 세계 최대의 특허 기구가 되었다. 2013년, 중국의 발명특허 신청은 82.5만 건이었고, 2014년에 중국의 특허 신청 접수 처리량은 236.1만 건에 달했는데, 그 가운데 실질적 가치가 비교적 높은 발명 특허 신청 접수 처리량은 92.8만 건으로 신기록을 수립했으며, 여전히 세계 제1위를 차지했다. 연속 4년 동안 세계 제1위를 차지한 것이다.

강대국이 되는 길의 네 가지 요소에 따르면, 세계 제일의 강대국이 되려고 한다면, 반드시 '일류 수준의 핵심 과학기술'로 나아가는 발걸음을 빠르게 해야 한다. 하지만 2013년 12월 21일에 '중국 국가 발전과 개혁위원회' 부주임인 장샤오창(張曉强)이 북경에서 밝히기를, 중국의 과학기술 성과의 전환율은 고작 10% 정도로, 선진국의 40% 수준보다 훨씬 낮다고 했다. 기타 자료에 근하면, 중국의 2013년의 전반 9개월은 여전히 "투자의 기조가 부동산 의존에 중독"된 상황이다. 그 가운데 일부 원인들은 아마도, 지방 정부가 경제의 형태 전환에 대한 긴박성을 인식하지 못했기 때문이거나, 과학기술 창조에 대한 이해가 전면적이지 못하여 지원이 부족했기 때문이거나, 과학기술 창조 프로젝트에 참여할 인력의 시장과의 연결이나 시장에 대한 추천이 부족했기 때문이거나 등등일 것이다. 당연히 경제가 창조형으로 방향을 바꾸려면 육성과 과정이 있어야 하지만, 우리는 당연히 시장·사회 및 과학기술 창조 프로젝트 인력의 통합력을 확대해야 하며,

정부는 거기에 최대한 참여하여, 육성 역량을 확대하고, 육성 과정을 단축함으로써, 경제 발전이 더욱 빠르고 더욱 많이 창조와 혁신으로 나아가 효과와 이익을 거두도록 해야 한다.

3. 금융업은 마땅히 더욱 전면적으로 실물경제(인터넷 포함)의 발전을 지지하여, 금융업이 경제 위기를 불러일으키는 것을 주의하고 예방해야 한다.

4. 경제 발전 과정에서, 최대한 공정한 경쟁을 하게 하여, 직업의 독점을 방지해야 한다.

(3) 과학기술 교육 개혁 건의

사회주의 제도가 자본주의 제도보다 우월하다는 것을 증명하려면, 우리의 효율이 당연히 자본주의 국가보다 높아야 하며, 사회주의 국가가 생산한 물질은 당연히 자본주의 국가보다 더 풍부해야 한다. 그 경쟁의 감제고지는 바로 원천적 창조이다. 누구든 이 감제고지를 지배할 수 있으면, 누구든 승리의 발언권을 획득했다. 시장은 눈물을 믿지 않으며, 인심의 향배는 사실을 이용하여 말해야 하고, 실력이 웅변보다 낫다.

바로 이러하기 때문에, 세계 각 나라들은 모두 온 힘을 다해 과학기술 창조 계획과 운용 역량을 확대하였다. 개혁·개방 이후의 중국공산당은, 수많은 사실들의 교육 과정에서 "과학기술은 제1의 생산력"이라는 진리를 명백히 함과 아울러, 분발하여 줄곧 추격했으며, 이미 좋은 성적을 거두었다. 특히 새로운 세기에 들어선 이래, 과학기술 창조의 발걸음을 더욱 빠르게 했다. 당의 제17차 전국대표대회(2007년 10월 15일부터 21일까지 베이징에서 개최—옮긴이)는 2020년 국가 발전 목표와 발전 전략을 확립함과 아울러, 계속해서 다음과 같은 세 가지 정식 국가 발전 특별 계획을 수립했다. 즉 〈국가 중·장기 과학과 기술 발전 계획(2006-2020)〉(2006년 제정), 〈국가 중·장기 교육 개혁 및 발전 계획(2010-2020)〉(2010년 제정), 〈국가 중장기 인재 발전 계획(2010-2020)〉(2010년 제정)이 그것이다. 이런 계획들이 순차적으로 실행되었다. 예를 들어, 국가 인재의 백천만공정[百千万工程, 백천만인재공정은 국가 과학기술 발전 계획과 경제 사회 발전 필요에 근거하여 제정한 것으로, 그 취지는 세기를 뛰어넘는 중국의 우수한 청년 인재 양성을 강화하는 데 있는 중대한 조치다. 1994년 7월에 국가 인사부(人事部)가 제출했으며, 1995년 말에 인사부·과학기술부·교육부·재정부(財政部)·전 국가계획위원회(國家計劃委員會: 현재의 國家發展和改革委員會)·중국과학기술협회·국가자연과학기금위원회 등 7개 부서가 연합하여 전국적 범위 내에서 조직하여 실시했다. 백천만인재공정은 모두 다음과 같은 세 단계로 나뉜다. 제1단계는, 2000년까지, 백 명 이상의 45세 전후 연령에, 세계 과학기술의 선두에 진입할 수 있고, 세계 과학기술계에서 명성을 누리는 학술과 기술의 리더들을 양성한다. 제2단계는, 천 명 이상의 45세 이하 연령에, 국내에서 선진 수준을 지녔고, 학과별로 우수한 학술과 기술 리더들을 보유한다. 제3단계는, 만 명 이상의 30세부터 45세까지 연령의, 각 학과 영역에서 비교적 높은 학술적 조예가 있고, 성적이 뛰어나며, 근간이 되거나 핵심적 역할을 하는 학술과 기술 리더들의 예비 인물들을 양성해 낸다.]은, 실천 강도가 분명했으며, 그 효과가 뚜렷했다.

1). 비록 중국의 과학기술 발전 효과가 현저하기는 했지만, 세계 제일 강국과 비교하면 여전히 적지 않은 격차가 있으므로, 중국은 당연히 개혁에 노력하고, 분초를 다투어 가능한 한 빨리 이 격차를 좁혀야 한다. 과학기술 개혁에 관한 건의는 다음과 같은 몇 가지가 있다.

① 국내의 민주주의와 자유의 수준을 높여야 한다. 원천 과학기술 창조의 감제고지를 점령하려면, 반드시 민주주의와 자유의 수준을 높여야 하며, 이는 우리가 개혁을 진행하기 위한 기초 작업들 중 하나이다. 러시아 역사상 문화적 기초는 여전히 비교적 좋은 편이었는데, 소련 건국 후, 스탈린이 집정하여 내부에 대해 고압적 관리를 실행하면서부터, 국내에 민주주의와 자유가 결핍된 것은, 소련의 과학기술 창조에 영향을 미친 중대한 문제였다. 무엇이 미국의 창조 능력을 세계 제일이 되게 했을까? 미국

이 국가 사무를 처리한 무수한 사례들로부터 우리는 다음과 같은 사실을 발견할 수 있다. 바로 헌법의 범위 내에서만, 시민들은 매우 민주적이고 자유롭다는 것이다. 자유로운 사상은 전기(電氣) 성질을 띤 입자여서, 운동 중에는 항상 충돌하여 눈부신 불꽃을 내뿜을 수 있다. 자유를 추구하는 것은 모든 개인의 권리이며, 과학자는 창조적 지식을 만드는 주체인데, 충분한 자유가 없으면, 사상의 교류에 장애가 생겨 창조적 사상의 형성에 영향을 미칠 수 있다. 때문에 자유는 과학자에 대해 매우 특수한 의의를 가지며, 자유는 결국은 사회의 발전에도 영향을 미치게 된다. 앞의 제10장과 제13장에서 우리가 이미 분석했듯이, 비교적 양호한 정도의 민주주의와 자유는 과학기술 창조가 발전해 나가도록 힘차게 촉진할 수 있다. 만약 방법이 마땅하다면, 비교적 높은 정도의 민주주의와 자유는 무산계급 독재정치와 서로 용납하고, 상호 촉진하며, 양자는 병행하면서 상충되지 않을 수 있다.

② 세계의 입장에서 과학기술 창조에 매진하라. 경제의 세계화는 이미 오늘날 거센 흐름이며, 세계화의 4대 요소들(상품 무역의 자유로운 이동, 서비스 무역의 자유로운 이동, 자금의 자유로운 이동 및 인력 자원의 자유로운 이동을 가리킨다) 가운데, 인력 자원의 자유로운 이동은 바로 그 중 하나다. 매우 많은 나라들이 모두 적극적인 조치를 취하여, 세계의 출중한 인재들을 받아들이고 이용하면서 자국의 경제 건설에 복무하도록 하고 있다. 예를 들면, 1930년대의 세계 경제 대공황 시기에, 소련은 자본주의 각 나라들의 경제가 쇠퇴한 때를 이용하여, 세계 각국의 인재들이 와서 사회주의 건설과 과학기술 사업에 참여하도록 적극적으로 받아들임으로써, 짧은 시간 내에 소련을 농업국에서 공업국으로 변화시켰다. 세계 최대의 이민국가인 미국은 첨단 기술 인재들을 끌어들인 이득을 크게 보자, 갖가지 방법을 이용하여 세계 각국의 출중한 인재들을 미국으로 불러들이는 공작을 벌였으며, 일부 실력이 풍부한 다국적기업들은 더더욱 수단과 방법을 가

리지 않고 인재를 빼앗아 갔다. 현재 미국의 많은 첨단 기술 회사들 가운데, 외국 국적 과학자와 엔지니어들은 전체 과학기술 인력의 대부분을 차지하는데, 캘리포니아 '실리콘밸리'에서 일하는 고급 과학기술 인력 가운데 33%가 외국인이며, 최고급 공학 박사후(博士後) 과학기술 인력 가운데 66%가 외국인이다.[183] 1993년, 미국의 37%의 공과대학 교수와 27%의 수학과와 컴퓨터학과 교수들이 외국인이었다.[184] 현재 세계 노벨상 수상자의 70%가 미국의 대학을 비롯한 여러 부서들에서 일하고 있다. 중국은 세계의 인재들을 중국으로 받아들이는 일을 이미 매우 여러 해 동안 전개했는데, 한층 더 종합적인 개혁 노력을 확대함으로써, 더욱 많은 세계의 우수한 인재들을 중국으로 불러들여 일하도록 해야 한다.

③ 국가의 우세함을 이용하고, 전국적인 입장에서, 자원을 조정하고 통합하여 창조해야 한다. 중국은 사회주의 국가로, 전국적으로 우세한 자원을 동원하여, 국가가 주도적으로 특정 프로젝트에 대해 집중적으로 연구하는 것이 중국의 강점이다. 예를 들면 '양탄일성(兩彈一星)'[185]에 대한 연구 몰두 같은 것이다. 성과를 거둔 후에는, 다시 우대 가격으로 기업에 양도해 주어 시장 개척을 진행한다. 일본은 메이지 유신 시기에 탈아입구(脫亞入歐: 아시아를 벗어나 유럽을 지향함)를 학습하는 과정에서, 이러한 방법을 이용하여 학습 과정을 빠르게 하여, 학습 시간을 단축했는데, 효과가 뛰어났다.

④ 과학기술과 경제가 긴밀하게 연계를 맺지 못하고 있다. 매년 중국이 생산해 내는 과학기술 성과는 매우 많지만, 대다수는 견본품이나 전시품

183 全国干部培训教材编审指导委员会组织 编, 『21世纪干部科技修养必备』, 10쪽, 北京, 人民出版社, 2002를 참조하라.

184 위의 책 280쪽을 참조하라.

185 양탄일성(兩彈一星): 두 가지 폭탄, 즉 원자폭탄과 수소폭탄, 그리고 인공위성을 일컫는 말이다. 두 가지 폭탄은, 처음에는 원자폭탄과 수소폭탄을 가리켰으나, 후에 이 둘은 '핵폭탄'으로 합쳐져 하나가 되었고, 대신 또 하나의 폭탄에 '미사일'이 추가되어, 후에는 미사일, 핵폭탄, 인공위성을 가리키는 말이 되었다.

으로, 과학기술 성과의 전환율이 높지 않아, 선진국의 성과 전환율보다 월등히 낮다. 과학기술과 시장 수요는 '양장피(兩張皮)'[186]가 되고 말았다. 국가의 관련 부서들은 응당 '양장피'를 융합시킬 방법을 생각해 내어, 그것을 가능한 한 빨리 연결시키고 보완해야 한다.

⑤ 현재 시행하고 있는 사실상의 '관본위'의 과학 연구 체제를 개혁해야 한다. 중국의 현행 과학 연구 운영 시스템은 실제로는 행정 관리 체제여서, 과학 연구 인력이 일단 어느 정도 성취를 하면, 관련 부문의 지도자는 왕왕 그들에게 일정한 등급의 행정 직무(여기에서 말하는 것은 주로 국가의 중대한 프로젝트이다)를 맡기기도 하는데, 마치 관리가 되어야만 과학기술 인력의 성적과 학식을 증명할 수 있다는 듯이 말이다. 일부 중대 프로젝트의 입안과 계획 목표의 설정은, 과학 발전의 법칙을 무시하고, 상당히 주관성을 띠는데, 어떤 프로젝트는 사람에 따라 다르게 정하여, 중국의 과학기술이 더욱 빠르게 발전하는 데 나쁜 영향을 미쳤다.

미국의 과학 연구 비용은 세계에서 가장 많은데, 그들은 이 과학 연구 비용을 어떻게 안배할까? 미국 국립과학재단(The National Science Foundation)의 총재 리타 콜웰(Rita R. Colwell)은 말하기를, "우리는 가장 우수하고 뛰어난 사람들에게 자금을 지원한다"고 했다. 이들 과학자는 보통 사람의 사고방식과 다른 방법으로 사고하도록 격려 받는다. 미국에는 "연공서열을 따지는 방법"이 존재하지 않는다. "그러나 수많은 나라들에는 전통적인 경향이 존재하고 있는데, 감히 현상을 타파하지 못하고, 연장자나 상사에 대해 반드시 공손한 태도를 취해야 한다. 나는 감히 말하건대, 미국의 과학자들은 약간 시대에 뒤떨어진 사고방식에 결코 순종하지 않는다고 할 수 있다."

186 양장피(兩張皮): 원래 산시성(山西省)의 전통 음식명인데, 다음과 같은 파생된 의미가 있다. 즉 상호간에 원래는 필연적인 관계나 의존 관계가 있는 두 종류의 사물이, 따로 떨어져 홀로 존재하는 것을 가리키기도 한다.

중국의 과학 연구 프로젝트는, 당신이 '공손한 태도를 취하지 않으면', 일반적으로는 쉽게 얻을 수 없다.

관직을 중시하고 학술을 경시하는 중국의 '관본위' 관리 체계는, 대량의 과학 연구 인력 모두를 관직에 앉힐 수 없어, 상당 부분 연구 인력의 심리적 엇박자를 초래하고, 과학 연구 인력의 마음을 상하게 하여, 필연적으로 대량의 과학 연구 인력이 진정으로 전심전력하여 과학에 헌신할 수 없도록 함으로써, 전체 국가의 과학 발전에 지극히 불리하므로, 반드시 최대한 빨리 바로잡아야 한다.

바로 그러한 '관본위' 관리 시스템 때문에, 과학 연구 비용 사용의 효과와 이익이 결코 좋지 않다. 어떤 관리는 말하기를, 전국의 과학 연구 비용은 대략 40% 정도만이 진정으로 과학기술 연구 개발에 사용되고, 그 나머지 60%는 모두 회의 개최나 출장 등에 사용된다고 했다.

⑥ 과학기술 인력의 임금 처우를 제고해야 한다. 중국 과학기술 인력의 임금 처우가 지나치게 낮은 것도, 중국의 과학기술 성과를 매우 적게 하는 중요한 원인들 중 하나다. 따라서 과학기술 인력의 임금 처우를 적당한 수준으로 높여야 한다.

2) 좋은 교육에 중점을 두어 창조를 촉진해야 한다. 중국의 교육 사업은 매우 좋은 성적을 거두었지만, 중국의 교육에는 분명한 약점도 있다.

① 교육 유형의 차이. 중국의 교육을 미국과 비교하면, 각자 장·단점이 있다. 중국은 시험을 치르기 위한 교육이고, 미국은 계발식(啓發式) 교육이다.

이와 관련된 연구는 다음과 같은 사실을 분명히 보여 준다. 즉 중국은 학생들에게 무턱대고 기계적으로 외울 것을 더 많이 강조하고, 미국은 아이들이 어떻게 모색하고 탐색할 것인가를 가르치려 한다는 것이다. 중국의 교육은 정독(精讀: 한 분야의 책을 깊이 있게 읽음)이 많고, 왕왕 심도 있는 분석을 강조하기도 하는데, 미국은 범독(泛讀: 여러 분야의 책을 폭넓게 읽음)이 많다. 연구에 따르면, 대량의 범독은 한 개인이 평생 발전하는 데 대단히 유리하다는 것이 증명되었다. 중국의 교육은 학생이 어떻게 시험을 치를 것인가를 가르치고 있고, 미국의 교육은 학생들이 문제를 찾아내는 것을 가르치고 있다. 중국과 미국의 가정교육도 매우 큰 차이가 있다. 일부 연구 결과들을 보면, 미국 학생들은 일반적으로 지식 면에서 비교적 폭이 넓으며, 중국 학생들은 지식 면에서 폭이 비교적 좁지만, 어떤 점에 대해 비교적 깊게 연구한다. 또 다른 방면에서, 미국 학생들은 교실에서 비교적 활발하게 표현하지만, 중국의 교육은 상대적으로 폐쇄적인 체계이며, 학습이 비교적 무겁고 딱딱한데, 이러한 중국 학생들은 창조성과 이런 저런 문제들을 돌파해 내는 능력도 상대적으로 약간 떨어진다. 이와 같이 책을 통한 학습은 현실 생활과 거리가 있다. 중국의 교육은 "네가 배우도록 요구되는 것[要你學]"이어서, 학생들이 피동적으로 받아들인다. 미국은 바로 어떻게 학생의 능동성을 동원해 낼 것인가를 강조하여, "내가 배우려는 것[我要學]"이 되었다.

노벨상 수상자인 양전닝(楊振寧)은, 중국이 주입식 교육에 편중하고 있다고 여긴다. 중국 학생의 기초는 매우 튼튼하며, 그것은 장점이지만, 또한 단점이기도 한데, 중국 학생이 새로운 사물을 대하면 대체로 심리가 위축되어, 미국 학생과 비교하여 창조 의식이 비교적 뒤떨어진다. 중국식과 미국식 교육은 어느 것이 좋고, 어느 것이 좋지 않다고 말할 수는 없으며, 사람에 따라 다르게 마련이다. 타고난 재능이 높은 사람에 대해서는, 미국 교육이 더 좋을 것이지만, 대다수의 학생들에 대해서는, 기본적으로 중국의 교육이 비교적 낫다고 할 수 있다.

우리가 생각하기에, 양전닝 선생의 관점은 실사구시적인 것이다.

미국 물리연구소(物理研究所)의 필립 시비는 로이터(Reuters) 기자와의 전화 인터뷰에서 이렇게 말했다. "초등학교와 중학교 단계에서, 미국은 세계에서 고작 28위와 30위에 올라 있어, 모든 스칸디나비아 반도 국가들·스위스·프랑스 및 독일보다 뒤떨어진다. 이는 사람들로 하여금 다소 이해할 수 없게 한다." 그는 예를 들어 말하기를, 어떤 조사에서, 미국의 학생들은 수학과 기타 과목의 시험 성적이 다른 나라의 학생들보다 뒤떨어진다는 것이 밝혀졌다고 했다. "그러나 대학 단계에서는 다시 다른 상황이 나타났다." 그는 말하기를, 미국 학생들은 독립적 사고를 더욱 중시하고, 기계적인 학습 방법을 가볍게 여긴다고 했다.

두 가지 학습 방식은, 창조성의 획득라는 각도에서 보면, 미국의 학습 방식이 더 우수해 보인다. 그는 이렇게 말했다. "만약 인구수에 따라 계산한다면, 중국은 당연히 15명의 아인슈타인을 가졌어야 하며, 인도는 10명, 미국은 3명을 가졌어야 한다."

어떻게 학생들이 사회의 진실한 상황을 가능한 한 많이 이해하게 할 수 있을까? 어떻게 학생들의 창조 의식을 길러 줄 것인가? 어떻게 사람에 따라 그에 맞는 교육을 할 것인가? 이러한 것들은 당연히 우리의 개혁 방향이어야 한다.

② 중국 대학의 행정 시스템을 개혁함으로써, 대학의 시스템 혁신이 과학기술 창조를 촉진하게 해야 한다.

주지하듯이, 대학은 인재를 배양하는 곳일 뿐 아니라, 국가의 중요한 과학 연구 기지이기도 하여, 대학은 국가 과학 연구에서의 지위가 매우 중요하다. 개혁·개방 이래, 중국의 교육 시스템은 일정한 개혁을 이루었지만, 대체적으로 말하면, 대학에 대한 관리는 기본적으로 아직 "계획경제 시스템" 형태이다. 정부의 주관 부서가 사실상 그 부서가 관할하는 학교의 기본적인 방면들을 관리하고 있다. 예를 들면, 교육부는 어떤 등급(예컨대 학부)의 학교 강의 수준의 평가 문건을 교부하는데, 전국의 동·서·남·북·중 어느 지역의 학교를 막론하고, 모두가 이 기준에 따라 수준의 평가를 진행해야 한다. 대학은 본교 졸업생에게 졸업장을 발행해 줄 권한이 없고, 성급(省級) 이상의 교육행정 주관 부서가 도장을 찍어야만 비로소 유효하다. 비록 또한 이미 공문을 보내 학교의 행정 등급을 취소하기는 했지만, 사실상 현재 상황에서는 실행되지 않고 있다. 이와 같은 것 등등을 예로 들 수 있다. 중국의 대학은 고질적인 관본위·행정본위 속에 뿌리박고 있다. 고도로 집중적인 관리 시스템은 대학으로 하여금 독립성을 상실하게 하고, 대학의 자주권에 대해 심각한 간섭과 제한을 가했다. 규정대로 처리하게 되면서, 대학교 내의 행정 권력의 지고무상함은 또한 교수의 학술적 권리와 학문의 자유에 대해서도 심각한 간섭과 제한을 가했다. 학교에 '강의의 민주주의'와 '학문의 민주주의'가 결핍되자, 중국 대학의 과학기술 연구 능력이 평범해지는 결과를 초래하여, 활력이 부족해졌다. 특히 미국 대학의 과학기술 연구 능력에 비해, 중국 대학의 열세는 더욱 분명해졌다.

이러한 대통합적인 방법은 사실상 사상적인 논쟁을 저해하고, 민주주의와 자유의 정도를 부족하게 하여, 중국의 대학들이 원천 과학기술 성과를 좀 더 빠르고 좀 더 많이 창출해 내는 것을 방해하고 있으며, 중국이 세계 제일의 강국을 창건하는 데 중대한 숨은 폐단이다.

싱가포르의 전 총리인 리콴유(李光耀)는 중국의 발전에 대해 이야기하면서, "중국의 GDP가 장차 미국을 추월하는 것은 피할 수 없겠지만, 창조력은 영원히 미국에 필적할 수 없을 것이다. 왜냐하면 중국의 문화는 자유로운 교류와 사상적 경쟁을 허락하지 않기 때문"[187]이라고 했다. 노벨상을 수상했던 어떤 사람이 말하기를, 중국 경제의 잠재적인 최대의 위험은 사상의 자유가 부족한 것이라고 했다. 중국의 많은 학자들도 여러 차례 강조하기를, 중국이 세계 강대국이 되는 데에 거대한 장애는 바로 사상의 자유가 부족한 것이라고 했다.

중국의 역사학자인 장리판(章立凡)의 연구에 따르면, "중국 사상사에서 백가쟁명의 시대는 고작 두 번밖에 없었다. 한 번은 2천여 년 전의 춘추시대였는데, 한(漢) 무제(武帝) 시대가 되자 '백가를 몰아내고, 유가만을 존

187 罗万卡里克, 「中国须避免犯下德日曾经的错误」, 王晓雄 译, 环球网, 2013. 2. 20을 참조하라.

중했으며', 다른 한 번은 청말(淸末)에 시작된 동서 문화의 충돌 시대인데, 민국(民國)의 신문화운동을 거쳐, 1949년 후에는 다시 최고의 권위자(마오쩌둥을 가리킴–옮긴이)를 유일한 기준으로 삼게 되었다." 또한 그는 이렇게 주장했다. "이견을 용납하지 않는 나라의 법률 제도와 기구는 사상의 자유로운 충돌을 견디지 못하며, 또한 진정한 소프트 파워도 가질 수 없다. 사상적인 일원화는 한 민족의 창조력을 압살할 것이다." 이 후자의 주장과 관련하여, 소련의 사회주의 건설 과정에서 창조력이 소실된 경우가 바로 하나의 사례이다. 이전의 러시아는 약간의 사상 대가들을 배출했으며, 20세기 초 당시에는 국민 교육 수준의 기초도 매우 좋았고, 얼마 후에는 경제적 실력도 매우 좋았는데, 왜 강대한 창조력이 소실되었을까? 그 가운데 한 가지 중요한 원인이 바로 국가의 고압적 정책인데, 강력하게 일원화된 스탈린 체제는 인간의 사상을 속박했다. 유연한 영도 체제를 가진 미국의 과학기술 경쟁력은 매우 강대하다. 이처럼 선명한 사실적 대비가 아직도 사람들에게 깊은 깨달음을 주지 못한 것일까?

인민망(人民網)은 도쿄(東京)발 2013년 9월 4일자로 다음과 같이 보도했다. 즉 일본의 『홋카이도신문(北海島新聞)』 보도에 따르면, 스위스 경제연구기구이며 세계경제포럼(WEF)인 다보스포럼은 4일, 「2013년 국가·지역 경쟁력 순위 보고」를 발표했는데, 1위에 이름을 올린 것은 5년 연속 경쟁력의 월계관을 획득한 스위스다. 맨 앞의 세 나라는 각각 스위스를 비롯해 싱가포르와 핀란드이며, 미국이 5위, 일본이 9위이고, 중국은 29위로, 전년과 같았다.

세계화 시대에 국가와 국가 간의 경쟁은 곧 물살을 거슬러 배를 모는 것과 같아, 나아가지 못하면 곧 밀려나게 된다. 만약 기회를 움켜쥐지 못하고, 전략적 실수를 줄이지 못한다면, 곧 추월당할 것이다. 지적할 필요가 있는 것은, 지금 세계의 경쟁은 이미 역사상 여느 시기와 달리, 그것은 한두 지역이나 한두 나라의 경쟁이 아니라, 전 세계의 수많은 나라들이 서로 다투어 경쟁하고 있으며, 그 기세의 장관과 웅대함은 역사상 보기 드문 일이다. 오늘날 세계의 발전은 마치 중국의 춘추전국 시대와 같은데, 세계가 경쟁하는 무대에서는 오로지 최적의 경쟁 기술을 장악한 국가만이 세계 제일의 강국으로 발전할 수 있을 뿐이다.

실제 상황을 보면, 춘추 시대에 중국은 매우 풍성한 문화적 성과를 창조했는데, 그러한 성과들 가운데 또한 매우 많은 성과들은 지금도 여전히 중국과 세계의 지식인들이 발굴하고 있으며, 오늘날 유용하게 써먹고 있다. 민국 시기의 신문화 운동을 거치면서도 중국의 역사에 매우 많은 영향을 미친 '대가(大家)'들을 배출했다.

사회주의 건설이 이미 60여 년이 지났고, 개혁·개방을 시작한 지도 30여 년이나 되었지만, 중국의 사상적 성과와 과학기술 성과가 뚜렷하지 못한데, 그 원인 도대체 어디에 있는가?

영국의 '더 타임스 하이어 에듀케이션 서플먼트(THES, The Times Higher Education Supplement)'와 전 세계 최대의 유학 서비스 기구인 IDP 에듀케이션(International Development Program Education) 그룹이 발표한 2012~2013년 세계 대학 순위를 보면, 세계의 탑(top) 100개 대학들 가운데, 미국이 46개인데, 중국 대륙에는 겨우 2개 대학만이 포함되었다. 베이징대학이 46위, 칭화대학이 52위였다. 차이가 대단히 크다!

따라서 우리는 다음과 같이 건의한다. 첫째, 공산당의 영도를 옹호하고, 사회주의 제도를 옹호하기만 한다면, 헌법이 허락하는 범위 내에서, 정치적 사상을 견지하는 것 외에, 백가쟁명을 강력하게 주창하고, 문화적 사상은 모든 것을 전부 받아들이도록 제창하여, 사상의 교류와 충돌을 확대하도록 한다. 둘째, 당이 대학을 관리하는 것을 견지하는 원칙하에, 대학교의 행정 관리 시스템을 개혁하여, 행정화(行政化)를 제거하고, 관본위화를 제거함으로써, 대학교의 경영 자주권을 실현하며, 전문가위원회와 학술위원회의 학술 권력을 확대하여, 교육 민주주의와 학술 민주주의의 수준을 높이고, 노동조합의 민주적 감독권을 강화한다. 이러한 개혁을 통해, 교직원이 학교의 주인임을 확실히 하고, 교수는 교육과 학술활동의 주인임을 분명히 하여, 인민 대중이 국가의 주인임을 실현하는 집정 목표를 달성한다.

이상 건의의 목적은 바로 대학교의 사상이 활발해지도록 하려는 것이다. 사상의 자유를 분방하게 해야, 과학기술 창조가 비로소 끊임없는 원천을 갖게 된다. 우리는 마땅히 우리의 교수들을 믿어야 하고, 사회주의 제도의 우월성을 믿어야 하며, 당의 집권 능력을 믿어야 한다. 속도가 적당하고, 조치가 타당하기만 하다면, 이상의 개혁이 대학을 혼란에 빠뜨리지 않을 것이다. 오히려 대학교는 분명히 중국 과학기술 창조의 첨병이 될 것이다. 대학의 과학기술 창조 에너지가 분출해야만, 중국의 과학기술 발전의 기초를 견실하게 할 수 있으며, 중국의 핵심 과학기술이 세계 제일이 되고 또 안정적으로 유지하도록 보장할 수 있을 것이다.

대학은 국가 과학기술 창조의 원천이자 중요한 주력 부대로, 대학의 과학기술 에너지의 분출은 반드시 중국의 과학기술 창조가 세계에서 제일 강력한 소리를 더욱 빨리 분출해 내도록 촉진할 것이다.

③ 인재를 존중하고 경제적 처우를 높여서 창조를 추진해야 한다. 중국의 경제 발전은 매우 빠르지만, 노동자의 임금은 아직 비교적 낮다. 우리가 알고 있기로는, 중국 대학 교수들의 임금 수준은 높지 않다. 상하이교육신문망(上海教育新聞網)-『동방교육시보(東方教育時報)』의 보도에 따르면, 2012~2013학년도 미국 공립대학 교수의 평균 보수는 8만 578달러인데,[188] 달러:인민폐=1:6.2의 환율에 따라 환산하면 인민폐로 약 49만 9583위안이다. 미국 교수의 임금은 분명히 중국에 비해 훨씬 높다. 미국 교수의 급여가 높은 것과 과학기술 성과가 많은 것은 비교적 많은 관련성이 있다. 드

188 邱文佳 编译, 「美国公私立大学教师工资差距加大」, 2013-05-15, http://www.shedunews.com/zixun/guoji/tashanzhishi/2013/05/15/518649.html을 보라.

문 경우이지만 반대되는 경우도 있으니, 민국 시기에 중국의 저명한 학자인 원이둬(聞一多)의 월급은 340위안이었으며, 1936년도에는 380위안으로 올랐는데, 이는 상당히 높은 대우였다. 학자 첸밍위엔(陳明遠)의 연구에 따르면, 1930년대에 "베이핑(北平: 베이징의 다른 이름)의 보통 가정에서 매월 생활비는 평균 30위안 정도가 필요했으니", 원이둬의 월급은 가구 평균 생활비의 10배가 넘었다.[189] 원이둬뿐만 아니라, 실제로 민국 시기에 교수의 봉급은 매우 높았는데, 왜 이 시기에는 문인 대가들을 그렇게 많이 배출할 수 있었을까? 당연히 처우가 높은 것과 창조 성과를 내는 것은 비교적 많은 관련성이 있다고 할 수 있다.

2012년 연말까지, 중국의 해외 유학생 수의 누계는 264만 명인데, 유학을 마치고 중국으로 돌아온 인원은 고작 109만 명으로, 출국자가 귀국자보다 150만 명을 초과했다. 지금 중국이 잃어버린 최고급 인재의 숫자가 세계 제1위를 차지하는데, 그 가운데 과학과 공학 분야의 해외 체류율은 평균87%에 달한다. "세계 첨단 과학기술 산업의 중심인 실리콘밸리에서, 소프트웨어 회사의 기술 책임자와 실험실 책임자들 가운데 35%가 중국인이다."[190] 중국은 유출되는 "인재의 열토(熱土)"가 되었다. 어떻게 하면 유출되는 "인재의 열토"를 유입되는 "인재의 열토"로 바꿀 것인가? 봉급 면에서도 반드시 성과가 있어야 한다.

중국이 "인재의 열토"·"인재의 저수지"가 될 때가, 아마도 바로 중국의 핵심 과학기술이 세계 일류가 되는 때일 것이다.

(4) 사회 관리에 관한 개혁 건의

사회 관리의 몇 가지 큰 방면에서, 중국의 당과 정부는 성과가 탁월한 많은 일들을 했는데, 이러한 일들은 모두 중국이 안정적으로 발전하고 중

189 江锡铨, 「闻一多的"清华六年"」, 『人民日报』, 2013-07-18, 第5版에 게재.

190 吴晶·管浩·郑天虹·张捷, 「逾150万中国留学生未归国」, 新华网, 2013-10-25를 보라.

국의 개혁·개방이 오늘날 세계의 주목을 받는 성적을 거두도록 하는 데에 커다란 추동작용을 했다. 하지만 문제는 여전히 적지 않다. 어떻게 사회 관리와 개혁을 강화할 것인가? 어떻게 더 잘 사회주의의 조화로운 사회를 건립할 것인가? "한층 더 생산력을 해방하고, 생산력을 발전시켜, 점차 사회주의 현대화를 실현하고"[191], 사회가 발전하여 오랫동안 나라가 태평하고 사회질서와 생활이 안정된 상태의 실현을 촉진하도록, 우리는 다음과 같이 건의한다.

1) 조화로운 사회를 건설하도록 노력하여, 중국의 소프트 파워를 제고하라.

소련과 미국의 사회 관리 모델을 잠시 비교해 보자. 스탈린 시대부터 소련은 스탈린이 해석한 사회주의 모델에 따라 건설을 진행했는데, 만약 이러한 모델에 대해 의심하거나 반대하면, 스탈린은 심지어 그들을 계급의 적으로 간주하기까지 하였다. 그리하여 그가 생각하기에, 전진하는 동안 장애가 되거나 장애가 될 가능성이 있는 사람에 대해 무자비하게 진압하는 방법으로 맞섰다. 그는 강경한 억압 정책으로 사회를 관리하여, 사회에 대단히 큰 손상을 가했다. 미국의 사회 관리는, 바로 사람들이 국가의 헌법과 법률의 범위 내에서 활동하기만 한다면, 개인의 자유의 정도가 비교적 크고, 선택성이 대단히 많아, "우세한 것은 살아남고 열등한 것은 도태되며, 적응하는 자가 살아남는[優勝劣汰, 適者生存]" 진화 정신으로 충만하게 했다. 미국은 개인에 눈을 돌려, 개인의 능력과 개인의 가치를 드러나게 하는 것을 기본 관리 철학으로 삼았다. 미국의 사회 관리는 유연하며, 비교적 좋은 오류 시정 메커니즘을 갖추고 있다. 예를 들면, 미국의 '진보 운동'은 사회에서 자연적으로 발생한 것이다. 한국전쟁이 발발한 후에, 만약 미국 사회에 비교적 좋은 오류 시정 메커니즘이 없었다면, 아마도 이것은

191 『中国共産党章程』, 7쪽, 北京, 人民出版社, 2012.

제3차 세계대전을 불러 왔을 것이다.

중국의 현재 사회 관리는, 여전히 고압적인 정책을 비교적 많이 사용하고 있다. 중국이 설정한 국체(國體)와 정체(政體)의 목표는 매우 좋은 것으로, 인민이 주인이며, 국가의 주인이라는 것이지만, 완전히 잘 실현되지는 못하고 있다. 중국공산당은 대중노선을 채택하여 대중을 움직이게 함으로써, 신민주주의 혁명에서 성공을 거두어, 신중국(新中國)을 건립했지만, 사회주의 건설 시기에는 결코 좋은 대중노선을 이용하지 못했다. 개혁·개방 후에 많이 좋아지기는 했지만, 대중의 불만은 여전히 비교적 많은 편이다. 당의 제18기 삼중전회(三中全會)는 다음과 같이 지적했다. "인민은 개혁의 주체로, 당의 대중노선을 견지하고, 사회 참여 시스템을 확립하여, 인민 대중의 적극성·자발성·창조성을 충분히 발휘하게 해야 한다."[192] 인민 대중이 주인의 권리를 비교적 잘 행사하면, 필연적으로 적극성·자발성·창조성을 충분히 발휘하게 되는데, 그때 중국 사회 관리의 자기 오류 시정 메커니즘은 곧 전면적으로 확립될 것이다(현재의 오류 시정은 주로 당내에서 발견하고 또한 시정하고 있다). 그때, 중국 사회는 조화로울 수 있고, 중국의 소프트 파워는 높은 단계로 뛰어오를 수 있을 것이다. 중국몽을 실현하는 것은 바로 그 노정에 있다.

어떻게 인민이 주인 되는 길을 실현할 것인지에 대해, 앞의 정치 개혁 부분에서 우리는 이미 제시했으므로, 여기에서는 다시 반복하지 않는다.

2) 민주주의와 공평성 및 사상의 자유는 중국몽을 실현하는 초석이다.

민주주의와 공평성 및 사상의 자유는 중국이 추구하는 사회 관리의 목표들 중 하나이자, 또한 장차 사회가 발전해 갈 필연적인 방향들 중 하나다. 하지만 현재의 구체적인 상황을 보면, 사회의 각 방면들이 모두 만족스럽지 못하다(당과 국가를 포함하여). 앞에서 민주주의와 공평성의 문제에

192 「中共中央關于全面深化改革若干重大問題的決定」, 第(60條), 中華文本庫, 2013-11-15, http://www.chinadmd.com/file/rci6coeurvoz6eavc6ovipa6_33.html을 보라.

대해 이미 토론했는데, 여기에서 우리는 다시 사상의 자유 문제를 토론하기로 한다.

사상의 자유 문제에 관해, 당 중앙위원회도 좀 더 많이 개방하려고 생각하고 있지만, 주로 너무 많이 개방하여 사회의 장기적 안정 상태에 영향을 미치거나, 더 나아가 중국의 사회주의 건설과 개혁·개방의 대업에 영향을 미치지나 않을까 하는 것을 염려하고 있다. 그렇다면 개방의 정도는 도대체 어느 정도 되는 게 비교적 좋을까?

우리가 먼저 설명해야 할 것은, 여기에서 말하는 민주주의는 서방에서 말하는 삼권 분립 형식의 민주주의가 아니고, 중국 특색의 사회주의 민주주의라는 것이다. 여기에서 토론하려는 사상의 자유도 서방에서 말하는 그런 것이 아니다.

『공산당 선언』에서 지적하기를, 공산주의는 "계급과 계급 대립이 존재하는 그런 자산계급의 낡은 사회를 대체하는 것, 혹은 그러한 연합체인데, 거기에서 각 개인의 자유로운 발전은 모든 사람이 발전하는 조건이다"[193]라고 했다. 우리는, 여기에서 말하는 자유는 당연히 넓은 의미의 사회주의 혹은 공산주의의 자유이어야 한다고 생각한다. 사회주의 사회는 낡은 사회에서 생겨났고, 자유는 모든 사회 발전 단계(공산주의 단계를 포함하여)가 공통으로 갖는 진리이다. 그렇다면 사회 발전을 촉진할 수 있는 그런 "우수한 자유에 내포된 의미"는 당연히 그 사회 단계의 진리다. 그것이 바로 우리가 공산주의 이론 속에서 얻어 낸 자유에 대한 이해다.

우리는 다시 사회적 실천으로부터, 가능한 한 광범위한 자유가 사회 발전에 영향을 미쳐 어떤 결과를 초래하는지를 살펴보자.

소련은 레닌 시기에, 인민들의 사회주의 건설 열정이 고조되어 왕성한 토요일 의무노동[194]을 전개했으며, 스탈린이 영도한 1930년대에는 사회주

193 『马克思恩格斯选集』, 3版, 第一卷, 422쪽, 北京, 人民出版社, 2012.

194 토요일 의무노동: 1919년에 소련의 노동자계급이 토요일에 퇴근한 후에도 자원하여 6시

의 공업화 실현을 가속화하는 과정에서, 방대한 소련 노동자들은 전에 없는 노동 열정을 나타냈다. 그들은 각 직장과 각 직업에서 광범위하고도 꾸준하게 사회주의 경쟁 운동을 벌여, 소련이 짧은 시간 동안에 농업국에서 공업국으로 변화하도록 촉진했다. 후에 스탈린이 고압적인 정책을 실시하여 사회를 관리하면서, 사회는 활력을 잃어 갔다. 후임 소련 지도자들은 원칙적인 개혁을 하지 않고, 국내 인민의 사상이 억압당하면서, 인민은 적극성을 잃어 갔다. 그리하여 1980년대 초에 소련의 경제 발전은 정체 상태에 빠졌고, 이는 결국 소련의 분열을 초래했다.

미국이 강력하게 굴기하여 세계 초강대국이 된 연유는, 사람들이 흔히 말하는 '미국 정신'인데, 자유도 미국 정신에 내포된 핵심 내용 중 하나다. 미국 컬럼비아대학 역사학과 교수이자 미국역사학자조직·미국역사학회 회장이었던 에릭 포너(Eric Foner)는 미국의 자유에 대해 깊이 있는 연구를 진행했는데, 그는 다음과 같이 말했다. "자유는 미국인이 개인과 민족을 판단하고 정의를 내리는 첫째 개념이다." 그는 또 말하기를, "한 명의 미국인이 된다는 의미는 바로 자유를 갖는다는 데 있다"[195]고도 했다. 미국인들에게는 다음과 같은 명언이 있다. "자유가 아니면 죽느니만 못하다!" 이로부터 알 수 있듯이, 자유가 미국 사회에 미친 영향은 대단히 크다. 정치·경제·사회·문화를 막론하고, 자유는 그 모든 것들 안에 깊이 들어 있다. 자유는 정의하기 어려운 말이다. 언론의 자유 방면에서의 예를 들어 설명해 보자. 몇몇 사람들의 연구에 따르면, 다음과 같은 사실을 알 수 있다. 즉 미국 법률에 의하면, 말하는 것은 모두 합법적이라는 것이다. "솔직히 말한다면, 그것이 의미하는 것은 바로 당신이 무엇을 말하고, 무

간 동안의 초과노동을 한 것을 가리킨다. 이 행위는 작업량으로 계산하지 않았고, 보수도 요구하지 않았으며, 스스로 깨닫고 스스로 원해서 한 것이다. 레닌은 10월 혁명이 성공한 후, 러시아 노동자들 속에서 일어난 공산주의 토요일 의무노동을 "위대한 창거"라고 칭송했다.

195 Eric Foner, 『美国自由的故事』 원본 英文版序言, 王希 译, 9쪽, 北京, 商务印书馆, 2013.

엇을 쓰든지 간에, 다른 이들을 불쾌하게 하지만 않는다면, 아무도 간섭할 수가 없다. 다른 이들을 불쾌하게 하는 말은 반드시 법률의 제약을 받아야만, 합법적인 것이 행해지고, 불법적인 것이 행해지지 않는다."[196] 이는 미국의 사상의 자유에 대한 직설적 화법이다. 미국이 널리 시행하고 있는 자유로운 사상은, 어째서 미국 사회의 고도의 안정을 유지시켰을까? 어째서 '아메리칸 드림'을 성취했을까? 중국은 거기에서 무엇을 배워야 하는가?

중국과 외국의 사실들이 이미 증명했듯이, 인류의 사유가 활발해야, 영재를 배출할 수 있으며, 사회가 빠르게 발전할 수 있다. 과학기술·문학·예술이 번영했던 시대는 또한 왕왕 사상과 언론도 상대적으로 자유로웠던 시대였다. 예를 들면, 서양의 고대 그리스 시대와 르네상스 시대가 그러하며, 중국의 춘추 시대와 '5.4운동' 시대 등등이 그러하다. 그와 반대로, 사상의 자유가 부족했던 시대는 또한 반드시 과학 정신이 부족하고 과학기술·문화의 성취가 저조했던 시대이기도 했다. 예컨대 소련 시기와 중국의 명·청 시기가 그러했다.

자유에 내포된 의미에 관해 말하자면, 시대의 발전에 따라, 나라에 따라, 자유에 내포된 의미도 모두 다르기 때문에, 이 말은 세계적으로 대단히 논쟁적인 의미를 지니고 있다.

중국의 〈헌법〉도 중국의 공민(公民)은 언론·출판·집회·결사·여행·시위 등의 자유를 갖는다고 규정하고 있지만, 실제 시행하는 과정에서는, 미국과 비교하면 제한성을 띤 것들도 비교적 많고, 사상의 관리와 통제는 다소간 많을 것이다. 사회주의 국가로서, 추구하는 목표 중 하나가 "각 개인들의 자유로운 발전"인데, 그렇다면 사상의 자유는 당연히 그 핵심 내용 중 하나이어야 한다. 춘추전국 시기에, 중국은 백가(百家)들이 논쟁을 벌이면서, 갖가지 사상들이 격렬히 격돌하여, 중국의 위대한 사상적 성과를

196 林达, 「叁K党的故事」, 『近距离看美系列之一: 歷史深处的忧虑第叁封信』, 48쪽, 北京, 生活·读书·新知叁联书店, 2006.

일궈 냈다. 그 후, 중국의 사상은 대부분 한 사람의 사상이 되었는데, 바로 '황제'의 사상이다. 누구라도 이 사상을 위배하는 것은, 바로 대역부도(大逆不道)였으며, 누구라도 처벌을 받았고, 심지어는 목을 베이기도 했다. 그 결과 중국은 영토를 떼어 배상을 하고, 국권을 잃고 치욕을 당하여, 남은 목숨을 겨우 부지해 나가는 지경에 이르렀으니, 그 교훈은 심각한 것이었다. 신중국이 수립된 이후, 특히 개혁·개방 이후, 중국은 다방면에서 모두 뚜렷한 성취를 거두었으며, 이미 세계 제2의 경제 대국이 되었다. 관련 보도에 따르면, 구매력 평가에 따라 계산할 경우, 2014년 9월 말에 중국은 이미 미국을 추월하여, 세계 최대의 경제 대국이 되었다고 한다. 현재 중국은 주로 세계 제1의 강대국과 경쟁하고 있는데, 이는 사실상 세계 사회주의와 자본주의의 경쟁이다. 강대국의 네 가지 요소라는 측면에서 보면, '일류 수준의 핵심 과학기술' 방면에서, 중국은 미국에 훨씬 뒤떨어지며, '적정한 민주주의와 공평성' 방면에서는, 중국은 더욱 많이 개선해야 하고, 민주주의와 자유의 수준을 더욱 많이 제고해야 한다. 앞에서 말했듯이, 중국의 상층 민주주의는 비교적 잘 이루어지고 있지만, 기층의 민주주의는 뚜렷이 부족하여, 더욱 많은 민주적 형식과 민주적 수단을 이용하여 기층 민주주의 건설을 힘껏 강화해야 한다. 중국의 사회주의 건설 사업이 발전함에 따라, 중국 사회가 안정을 유지한다는 전제하에, 사상 통제를 점차 더욱 감소시키고, 사상적 자유의 수준을 확대해 가야 한다. 사상 통제를 더욱 많이 완화하기만 하면, 중국의 과학기술 창조는 비로소 더욱 활력이 넘칠 것이고, 중국 경제 체제의 형태 전환은 비로소 완전히 성공하게 될 것이며, 중국은 비로소 핵심 과학기술의 세계 제일의 위치에 더욱 빨리 도달함과 동시에 이를 장기간 유지하게 될 것이며, 중국의 소프트 파워가 비로소 하드 파워와 함께할 것이며, 중국을 세계 최고 강대국의 자리 위에 올려 놓아, 중국몽을 실현할 것이다. 그때가 되면, 우리는 비로소 늠름하게 세계인들을 향해, 우리는 이미 사회주의 제도가 자본주의 제도보다 더 우월하다는 것을 성취해 냈다고 선포할 수 있을 것이다.

정치 제도는 개방할 부류에서 제외하고, 기타 몇몇 방면들은 모두 제때에 적당한 정도로 좀 더 개방해도 된다. 리커창(李克强) 총리는 중앙 국가기관과 당의 공작회의(工作會議) 대표를 접견할 때, 다음과 같이 지적했다. "계속해서 간정방권(簡政放權: 정부나 기업의 기구를 간소화하고, 권한을 하부기관에 이양하는 것을 골자로 하는, 정치 경제 분야의 개혁 조치)을 추진해야 하며, 권력청단제도(權力淸單制度)[197]를 확립해야 하며, 부면청단관리(負面淸單管理) 방식[198]을 탐색해야 한다. 시장에서 결정해야 할 것들을 시장에 주어서, 시장을 활력 있게 만들고, 사회의 창조력을 불러일으켜야 한다."[199] 사회 관리와 사상 관리 방면에서도, '부면청단(네거티브 리스트-옮긴이)'을 둘 수 있을까 없을까? 만약 우리가 완화할 정도와 시기를 잘 파악하고, 국가 기구를 잘 장악하기만 한다면, 크게 고민하지 않아도 될 것이다. 사회 발전 과정에서, 사소한 고민은 피할 길이 없는 법이다.

지금의 개혁이 대중에게 다가가, 대중이 보편적으로 관심을 갖고 있는 두드러진 모순과 문제를 원만하고 적절하게 잘 처리하여 성실하게 해결할

197 권력청단제도(權力淸單制度): 정부 및 그 부서들이 행사하는 공권력에 대해 전면적인 정리를 한 기초 위에서, 법에 의거하여 각 부처와 각 부서의 직책과 권한의 범위를 확정한 다음, 직권(職權)의 리스트·실시 주체·관련 법률의 근거·구체적인 처리 절차 등을 명세표 방식으로 나열하고 도해(圖解)함과 아울러, 이를 대중에게 공개하는 제도를 가리킨다.

198 부면청단관리(負面淸單管理) 방식: '부면청단'이란, 투자 영역에 대한 일종의 '네거티브 리스트' 혹은 '블랙리스트'에 해당하는 것으로, 기업이 투자해서는 안 되는 영역과 산업 등을 열거하여 밝히고 있는 것이다. 한 나라가 외자를 도입하는 과정에서, 국민의 대우와 부합하지 않는 몇몇 관리 조치들에 대해, 리스트 형식으로 분명하게 열거하여 공개하고, 외자에 대해 최혜국 대우를 실행하는 일부 국가들에서, 그 방면과 관련이 있는 요구사항도 리스트 형식으로 분명하게 열거하여 공개하는 것을 가리킨다. 이러한 방식의 장점은, 외자 기업이 이 리스트를 보고 스스로 자기 검열을 하면서 조심할 수 있도록 하여, 그 가운데 요구사항에 부합하지 않는 일에 대해 먼저 정리하고 수정할 수 있게 함으로써, 외자가 진입하는 효율을 높인다는 점이다. 하지만 중국의 경우 외자 진입에 대해 지금도 여전히 정부의 심사 허가제를 실행하고 있는데, 이것이 외자기업들로 하여금 매우 적응하기 어렵게 하고 있어, 항상 심사 허가 과정에서 말다툼을 하게 함으로써, 외자가 진입하는 효율성을 저하시키고 있다.

199 中國政府網, 2015-04-01을 보라.

수 있는지 여부는, 우리 당이 당면한 엄중한 시험이다.

개혁은 우리가 피해 갈 수도 없고 돌아갈 수도 없으며, 세계의 정세·국가의 정세·당의 상황은 시시각각 심각한 변화가 일어나고 있다. 세계는 바로 하나의 지구촌으로, 각 나라들은 빠른 발전을 위해 모두 혼신의 노력을 다하고 있으며, 우리는 바로 세계 각 나라들이 대대적으로 경쟁하는 역사 발전 시기에 놓여 있으니, "침몰한 배 옆으로는 수많은 배들이 지나가고, 병든 고목 앞에서는 온갖 나무들이 봄을 맞이하고 있다[沈舟側畔千帆過, 病樹前頭萬木春[200]]." 우리는 세계적으로 가장 우수한 경쟁 기술을 장악해야만, 비로소 중국이 세계 제일의 강대국이 되는 꿈을 실현할 수 있다.

우리는 당연히 우리의 인민을 믿어야 하며, 우리는 당연히 우리 사회주의 제도의 우월성을 믿어야 하며, 당연히 우리의 당을 믿어야 한다. 진정으로 시진핑이 〈마오쩌둥 동지 탄신 120주년 좌담회에서의 담화〉(2013년 12월 26일)에서 다음과 같이 지적한 것처럼. "960만 평방킬로미터의 넓디넓은 대지 위에서, 중화 민족이 오랜 세월 동안 분투하여 쌓아 온 문화의 자양분을 흡수했으며, 13억 중국 인민이 한데 모아 놓은 성대한 힘을 보유하고 있습니다. 우리는 우리 자신의 길로 나아가고 있고, 비할 데 없이 광활한 무대를 갖고 있으며, 비할 데 없이 심후한 역사의 유산을 갖고 있고, 비할 데 없이 강대한 전진 의지를 갖고 있습니다. 중국 인민은 마땅히 이러한 믿음을 가져야 하며, 각각의 중국인 모두 이러한 믿음을 가져야 합니다."

중화 민족은 반드시 빠르게 부흥할 것이며, 중국몽은 반드시 승리를 거둘 것이다!

200 沈舟側畔千帆過, 病樹前頭萬木春: 이 문구는 당나라의 시인이자 재상을 지낸 유우석(劉禹錫)의 시에서 인용한 말로, 그 의미는 "모든 낡은 것들이 사라지고, 뒤이어 새로운 것들이 왕성하게 생겨난다"는 것을 비유한 말이다.

〈참고문헌〉

1. 中央电视臺电视记录片, 〈大国崛起〉, 2006-11-13.
2. 王加丰, 陈勇 等.『强国之鑑』, 北京, 人民出版社, 2007.
3. 中央电视臺电视记录片, 〈復兴之路〉, 2007-10-05.
4. Paul Kennedy, 大国的兴衰—1500-2000年的经济变革与军事衝突, 王保存 等 译, 北京, 求实出版社, 1988.
5. 郝侠君, 毛磊, 石光荣 等.『中西500年比较』, 北京, 中国工人出版社, 1996.
6. 胡鞍钢, 中国的位置—胡鞍钢与世界的对话之二, 北京, 东方出版中心, 2012.
7. 胡省三, 王淼洋.『科学技术发展简史』, 上海, 上海科技教育出版社, 1996.
8. 谢春涛.『中国为什么能』, 北京, 新世界出版社, 2011.
9. 汪涛, 柯其成.『世界近代史』, 上海, 上海社会科学出版社, 1987.
10. 周尚文, 叶书宗, 王斯德.『苏联兴亡史』, 北京, 人民出版社, 1993.
11. Arthur S. Link, William B. Catton (美).『1900年以来的美国史』, 刘緒贻 等 译, 北京, 中国社会科学出版社, 1983.
12. 北京师范大学 歷史系 中国现代史教研室.『中国现代史』, 北京, 北京师范大学学出版社, 1983.
13. 教育部人事司,『高等教育心理学』, 北京, 高等教育出版社, 1999.
14. 吴敬琏.「当前体制存在重大缺陷, 改革需全民参与」, 财经网, 2012-12-27.
15. 庞忠甲, 陈思进.『美国凭什么』, 北京, 北京聯合出版公司, 2012.
16. 全国党的建设研究会, 中国社科院课题组. 居安思危—苏共亡党的歷史教训, 北京, 中国方正出版社, 2006.
17. 全国干部培训教材编审指导委员会.『马克思列宁主义基本问题』, 北京, 人民出版社, 2002.
18. 全国干部培训教材编审指导委员会.『21世纪干部科技修养必备』, 北京, 人民出版社, 2002.
19. 远山茂树 (日).『日本近现代史』第1卷, 邹有恒 译, 北京, 商务印书馆出版, 1983.
20. 黄树东.『中国你要警惕』, 北京, 中国人民大学出版社, 2011.
21. 郎咸平.『中国经济到了最危险的边缘』, 北京, 东方出版社, 2012.
22. 赵展慧.「基础研究该投多少钱」,『人民日报』, 2014-05-09, 第20版에 게재.
23. 喻思娈.「基础研究该做什么」,『人民日报』, 2014-05-16, 第20版에 게재.

24. Eric Foner (美),『美国自由的故事』, 王希泽, 北京, 商务印书馆, 2013.
25. 林毅夫,「双轨制是最糟糕的改革一定会腐败」,『上海证券报』2013-10-31에 게재.

〈지은이 소개〉

● **허리궈**(何礼果): 스촨(四川) 출신으로, 중국공산당원, 대학교수, 사법감정인(司法鑑定人), 현재 멘양(綿陽)직업기술학원 당위원회 부서기 겸 원장.
주요 연구 분야는 중국 내외의 정치제도·법리학·교육학 등이다. 저서로는 『强国之路』, 『现代科技法研究』를 주편(主編)했으며, 여러 가지 교재 편찬에 참여했고, 『黑龙江高教研究』, 『四川大学学报』 등 국가 학술지에 80여 편의 논문을 발표했다.
주요 사회적 직위로는, 중국 법학연구회 회원, 중국 고등교육과학기술법 연구회 이사, 스촨성 사회과학계연합회 이사회 이사, 멘양시 사회과학연합회 이사회 겸직부주석, 멘양직업교육집단 이사장, 멘양직업교육연구중심 주임(主任) 등을 역임했거나 현직으로 있다.

● **허친잉**(何琴英): 스촨 출신으로, 스촨대학(四川大学) 문학석사연구생(文学硕士研究生), 부교수, 멘양직업기술학원 고등교육 연구 중심에서 과학 연구 관리 및 사회과학 연구 등에 종사하고 있으며, 현재 공자학원총부/국가한판(孔子学院总部/国家汉办) 국비로 라오스 국립대학 언어학원 중문학과에 파견되어 교육을 담당하고 있다.
저서로는 『强国之路』가 있으며, 「灾后羌文化重建现状及对策」, 「灾后羌文化重建现状及对策」 등 여러 편의 논문이 있다.
주요 사회적 직위로는, 중국 당대 소수민족 문학연구회(中国当代少数民族文学研究会) 이사, 멘양시 문예평론가협회 부비서장(绵阳市文艺评论家协会副秘书长) 등을 역임했거나 현직으로 있다.

● **웨이수민**(魏树民): 스촨 출신으로, 중국공산당원이고, 부교수이며, 주로 교육학 강의 및 과학 연구 등에 종사하고 있다.
주요 연구 분야는, 사회주의 제도 발전의 실천과 국가 관리, 학교 관리와 교사 양성, 기업 관리 문제 등이다. 저서로는 『强国之路』가 있으며, 「制度领先, 发展超前」, 「找准高职当前不足, 加快高职健康发展」, 「我校校办企业的发展现状与对策」 등 많은 논문들이 있다.